VIRGINIA COWLES

DIE ROTHSCHILDS

1763–1973

Geschichte einer Familie

VERLAG PLOETZ KG WÜRZBURG

Aus dem Englischen übersetzt
von Hans Jürgen von Koskull
Originaltitel: The Rothschilds. A Family of Fortune
Erschienen bei: Weidenfeld and Nicolson, London

ZWEITE AUFLAGE

Druck der Farbtafeln: Librex, Mailand
Druck des Textes und Einband: Freiburger Graphische Betriebe 1975
Einbandgestaltung: Reinhard Klein
ISBN 3-87640-062-7

Ploetz-Bildbiografien

DIE ROTHSCHILDS

Meinen lieben Kindern Andrew, Harriet und Randall gewidmet, deren innere Verbundenheit sicher den Beifall von Mayer Amschel Rothschild gewonnen hätte, eine Verbundenheit, die stets zum Ausdruck kam, wenn sie nicht gerade miteinander rauften.

Danksagung

Mein besonderer Dank gilt den zahlreichen Rothschilds in England und Frankreich, die mir geholfen haben, Informationen und Abbildungen zu beschaffen. Ebenso möchte ich Lord Rosebery danken, der mir die Erlaubnis gegeben hat, den Brief zu veröffentlichen, den sein Vater zur Bekanntgabe seiner Verlobung mit Hannah Rothschild geschrieben hat.

Ich danke auch John Curtis und Jonathan Martin vom Verlag Weidenfeld für ihr Interesse und ihr fachmännisches Urteil und Mrs. Enid Gordon, die die Herstellung dieses Buches schrittweise überwacht und die Abbildungen ausgewählt hat.

Schließlich habe ich Mrs. Joanna Birt zu danken, die das Manuskript ungezählte Male auf der Maschine geschrieben hat.

VIRGINIA COWLES
19 Chester Square, London
April 1973

Bildquellennachweis

Der Verfasser und der Verleger möchten allen Mitgliedern der Familie Rothschild für die großzügige Hilfe danken, die sie ihnen bei der Herstellung dieses Buches gewährt haben, besonders aber auch für die Erlaubnis, ihre Häuser und die Kunstgegenstände in ihren Sammlungen zu photographieren. In Frankreich gilt dieser Dank insbesondere Baron und Baronin Élie, Baron und Baronin Philippe, Baron und Baronin Guy, Baronin Cécile, Baronin Édouard und Madame Armand de la Baumelle; in England Mrs. James de Rothschild. Lord Rothschild, Mrs. Miriam Lane, Mr. Evelyn de Rothschild, Mr. Edmund de Rothschild und dem ehrenwerten Jacob Rothschild.

Unser Dank gilt ebenso dem Earl und der Countess of Rosebery für die Erlaubnis, einige Gemälde in Mentmore zu photographieren; Sir Cecil Beaton für die Erlaubnis, die Porträts von Baronin Cécile auf S. 292 und Baronin Élie auf S. 293 zu reproduzieren; Mr. David Rutherson für die Erlaubnis zur Wiedergabe der Karikatur von Alfred de Rothschild von Beerbohm (Photo Eva Reichmann mit Genehmigung von Sir Rupert Hart-Davis, in dessen Buch *A Catalogue of the Caricatures of Max Beerbohm,* bei Macmillan Ltd. sie erschienen ist) und Hauptmann R. Eggers, dem Lager- und Sicherheitsoffizier auf Schloß Colditz in den Jahren 1940–1945 für die Erlaubnis zum Abdruck der Photographie von Baron Élie auf S. 257, die seinem Buch *Documentation on Oflag 4C, Colditz Castle,* entnommen ist.

Die folgenden Photos wurden von Werner Forman für den Verlag Weidenfeld and Nicolson aufgenommen: 34, 44, 51, 52 unten, 69, 72, 77, 80, 114–115, 159, 160, 195, 222–223, 224, 258–259, 260, 287 unten, 288, 294; von Derrick Witty: 20, 33, 52 oben, 61, 68 links, 68 rechts, 78–79, 93, 122, 133, 141, 196, 250.

Verfasser und Verleger danken außerdem den folgenden Sammlungen für die Erlaubnis, ihre Photographien zu benutzen: Agence d'Illustrations pour la Presse: 266, 281; Archiv Gerstenberg: 17, 27, 71, 108, 136; Bibliothèque Nationale, Paris: 10; Roland Bonnefoy: 257; British Museum (Photo A. C. Cooper): 31, 61, 86, 87, 91 oben, 126, 134, 137 oben, 137 unten, 139, 140, 155, 165, 167, 180, 190, 215, 279; Camera Press (Photo Patrick Ward): 256, 264, 278; J. Allan Cash: 245; Central Press Photos: 263; Central Zionist Archives: 205; *Country Life* (mit frdl. Erlaubnis vom National Trust, Waddesdon, und von Frau James de Rothschild): 177; Mary Evans Picture Library: 48, 54, 94, 101, 111, 153, 163; Staatsbibliothek Frankfurt: 90; Gunnersbury House Museum: 93, 171; J. Hillelson Agency (Photo I. Yeomans): 143, 172 unten, 173 (Photo Ian Berry) 284 oben, 284 unten, 289; A. F. Kersting: 157; Keystone Agency: 273; London Museum: 91 unten, 117; Mansell Collection: 12, 211 unten, 216 rechts; National Portrait Gallery: 92; The National Trust: (mit frdl. Erlaubnis von Frau James de Rothschild) 178, (mit frdl. Erlaubnis von Herrn Evelyn de Rothschild) 222–223, 224; Österreichische Nationalbibliothek: 187, 188 oben, 216 links, 228; Paul Popper: 64, 90, 204, 229; Radio Times Hulton Picture Library: 8, 40, 55, 58, 66, 82, 107, 109, 123 oben, 124, 138, 170, 174, 189, 198, 213, 222; *Réalités – Connaissance des Arts* (Photo R. Guillemot): 116, 142, 287 oben, 290; H. Roger-Viollet: 98, 122 unten, 127, 150, 185, 199, 209, 211 oben; Georges Sirot: 145 oben, 145 unten, 152, 154; Snark International: 76, 182.

Inhalt

1 Der Jude und der Fürst

(1763–1806)

Als der Siebenjährige Krieg 1763 zu Ende gegangen war, kehrten zwei junge Männer – beide waren zwanzig Jahre alt – in die große Kaiserstadt Frankfurt am Main zurück. Sie befanden sich an den entgegengesetzten Enden der sozialen Stufenleiter: der eine war ein Fürst, der andere ein Jude. Der Fürst hatte noch nie etwas von seinem niedrig geborenen Zeitgenossen gehört, und doch sollten sich ihre Wege immer wieder kreuzen, bis der Ruhm des Juden und seiner Söhne sich über ganz Europa verbreitete, während der Fürst so vollständig in die Bedeutungslosigkeit versank, daß man sich seines Namens nur noch im Zusammenhang mit dem Aufstieg der Familie Rothschild erinnert.

Mayer Amschel Rothschild war ein hochgewachsener, hagerer Mann mit durchdringenden schwarzen Augen und einem etwas spöttischen Lächeln. Er trug einen tintenschwarzen Spitzbart und eine Perücke, die er als Jude nicht pudern durfte. Auf seinen Rock war der gelbe Flicken aufgenäht, den die Angehörigen seiner Rasse in Frankfurt tragen mußten. Wenn er die über den Main führende Brücke überquerte, mußte er den Judenzoll zahlen, und wenn er sich in Frankfurt auf den Straßen zeigte, erlebte er es immer wieder, daß die Lausbuben ihm nachriefen: „Jud', tu deine Pflicht!" Fast automatisch und mit erstaunlichem Gleichmut zog er dann den Hut und verbeugte sich.

Das Ghetto ließ sich nicht übersehen. Zwar war es nicht mehr als eine etwa vier Meter breite Straße, die man zwischen die Stadtmauer und einen Graben hineingezwängt hatte, aber sie unterschied sich von den anderen durch ihren auffallenden Eingang. Hier befand sich ein doppeltes eisernes Gittertor, das an Sonn- und Feiertagen geschlossen blieb. Auf dem Torbogen darüber war die Aufschrift angebracht: „Unter dem Schutz Seiner Majestät, des Römischen Kaisers, und des Heiligen Römischen Reiches".

Für diesen fiktiven Schutz mußten die 2800 Bewohner des Ghettos hohe Steuern zahlen. Diese Einrichtung stammte aus dem 13. Jahrhundert und war nach einem Pogrom eingeführt worden, bei dem die zweihundert jüdischen Einwohner Frankfurts umgekommen waren, deren Vorfahren seit der Zeit Karls des Großen in der Stadt gelebt hatten. Obwohl die Juden damals noch nicht im Ghetto leben mußten und die gleichen Rechte genossen wie die Christen, hatte der damalige Kaiser Friedrich II. die Idee aufgegriffen, die Juden unter seinen besonderen Schutz zu stellen, um so zusätzliche Steuern erheben zu können. Aber die periodisch wiederkehrenden Pogrome, deren Ursache eine unerklärliche Massenhysterie zu sein schien, ließen sich dadurch nicht verhindern. Im Jahre 1349, als die Pest wütete, strömten Scharen von Flagellanten nach Frankfurt und beschuldigten die Juden, sie hätten die Brunnen vergiftet. Als die Bürger sich dadurch nicht provozieren ließen, legten die frommen Brüder unbemerkt Feuer an mehrere Häuser, liefen dann durch die Straßen und riefen: „Jetzt brennen die Juden eure Häuser nieder!" Das war der Anlaß für ein schreckliches Blutbad.

Friedrich II., 1212–1250.

Der 1348–1352 in Deutschland herrschenden Pest fiel etwa ein Drittel der Bevölkerung zum Opfer.

Die Judengasse in Frankfurt.

Aber erst hundert Jahre später, 1442, beugte sich der Kaiser des Heiligen Römischen Reiches dem Druck der Kirche und befahl, die Juden seien in einem besonders für sie bestimmten Stadtviertel unterzubringen. Die Judengasse bot Raum genug für 150 Bewohner, aber 1760 drängten sich in den dreihundert Häusern nahezu 3000 Menschen. Die Straße war fast immer von Schlamm und Unrat bedeckt, und der Gestank war unerträglich. Die langbärtigen, in Kaftane gehüllten orientalischen Gestalten mit ihren hohen Hüten, die in dem Trödelkram der Verkaufsstände herumwühlten, machten schon auf den jungen Goethe, der in Frankfurt aufwuchs, einen tiefen Eindruck: „Die Enge, der Schmutz, das Gewimmel, der Akzent einer unerfreulichen Sprache, alles zusammen machte den unangenehmsten Eindruck, wenn man auch nur am Tore vorbeigehend hineinsah.“[1] Der Eindruck war nicht nur unangenehm, sondern auch furchterregend, denn in *Gottfrieds Chronik*, die zur Lektüre der deutschen Schuljugend gehörte, wurde behauptet, daß die Juden Christenkinder raubten und als Menschenopfer darbrachten. Bei Mayer Amschel Rothschild jedoch weckten das Gedränge und das Feilschen wehmütige Erinnerungen. Wie sein Vater und Großvater war er in der Judengasse mitten unter den Trödlern und Altwarenhändlern aufgewachsen. Obwohl mancher Chronist das behauptet, war es den Juden nicht untersagt, einen Familiennamen zu führen, aber der Umstand, daß sie an der orientalischen Sitte festhielten, ihre männlichen Nachkommen als „Söhne des Soundso“ zu bezeichnen, war eine Quelle des Ärgers und ständiger Verwirrung für die Behörden, die schließlich die Juden dazu zwangen, sich der bei Christen üblichen Praxis anzupassen. Bis es aber soweit war, kennzeichneten sich viele Familien dadurch, daß sie über ihrer Wohnungstür ein Bild oder ein anderes Zeichen annagelten. Urkunden aus dem Jahr 1585 zeigen, daß die Vorfahren Mayers in einem Hause gelebt hatten, an dem ein rotes Schild angebracht war – daher der Name Rot-schildt.

Jetzt aber war das Zuhause für Mayer ein kleines, feuchtes Gebäude, bekannt als das „Haus zur Bratpfanne“, das er mit seinen Brüdern Moses und Kalmann bewohnte. Die Knaben hatten ihre Eltern 1755 während einer Pockenepidemie verloren, als Mayer elf Jahre alt war. Der Vater war Hausierer gewesen, und in seiner frühen Kindheit hatte es für Mayer nichts Schöneres gegeben, als ihn auf seinen Reisen in die Umgebung zu begleiten und hinter einem mit Warenmustern beladenen Esel herzumarschieren. Obwohl Vater und Sohn nur selten mehr als fünfzehn oder zwanzig Kilometer am Tage zurücklegten, kamen sie dabei doch über die Grenzen mehrerer Fürstentümer; denn fast ganz Deutschland gehörte damals noch zum Heiligen Römischen Reich, das schon seit etwa tausend Jahren Mitteleuropa beherrschte. Als staatliche Einrichtung war es dem Tode geweiht, ja Voltaire hatte mit beißender Schärfe gefragt, in welchem Sinne es denn heilig, römisch oder ein Reich sei. Die gewählten Kaiser, die fast ausschließlich dem Hause Habsburg angehörten, waren nur noch die Ehrenpräsidenten einer lockeren Konföderation, die in der Mitte des Jahrhunderts aus mehr als dreihundert unabhängigen Staaten bestand. In diesen Staaten regierten absolute Herrscher im Range von Reichsrittern bis zu souveränen Äbten, von Landgrafen bis zu Herzögen, von Kurfürsten bis zu Fürsten und Königen, und fast alle diese Regierungssysteme waren feudal und militärisch.

Da jeder dieser Staaten ein eigenes Schatzamt hatte und jedes Schatzamt seine eigenen Münzen prägte, mußte sich Mayer Amschel schon im frühen Kindesalter mit den schwierigen Fragen der Geldwirtschaft vertraut ma-

Karikatur von Mayer Amschel Rotschild aus dem frühen 19. Jahrhundert: „Blauschild, Reisender für Kaufleute, macht Geschäfte in allen Zweigen des Handels.“

chen. Er lernte nicht nur, Gold- und Silbermünzen in die allgemein im Umlauf befindlichen Kupfermünzen umzuwechseln, sondern er konnte auch blitzschnell den Wechselkurs von Talern, Dukaten, Florint und Gulden berechnen. Er war auf diesem Gebiet so beschlagen, daß sein Vater, als er im Ghetto eine Wechselstube einrichtete, es oft seinem jüngsten Sohn überließ, dort die Geschäfte zu führen. Die vielen außer Kurs gesetzten prachtvollen Münzen, die durch seine Hände gingen, weckten in Mayer den Sammlerinstinkt. In kurzer Zeit besaß der Knabe eine umfangreiche Sammlung seltener Stücke aus fernen Ländern, wie etwa aus der Pfalz, aus Rußland oder China.

Als Mayer zehn Jahre alt war, schickten ihn seine Eltern auf eine *Yeshiva,* eine jüdische Religionsschule bei Nürnberg, wo er zum Rabbiner ausgebildet werden sollte. Diesen Beruf hatten schon mehrere seiner Vorfahren ergriffen. Das Ghetto war berühmt für seine Schriftkundigen und Gelehrten, und niemand genoß mehr Achtung als derjenige, der sich damit beschäftigte, Wissen zu erwerben. Man glaubte, Mayer sei zu einem solchen Leben berufen, aber schon nach wenigen Monaten wurde der Knabe von Unruhe erfaßt. Das Klimpern von Münzen beschwor nicht nur alte Erinnerungen, sondern der Junge aus dem Ghetto glaubte darin ein Lied von Freiheit und Macht zu vernehmen, und das war die Musik, die ihn faszinierte.

Mayer blieb noch achtzehn Monate nach dem Tode seiner Eltern auf der Schule, konnte aber schließlich einen Verwandten seiner Mutter davon überzeugen, daß er nicht für den Beruf des Gelehrten geeignet wäre. Obwohl er 1757 erst dreizehn Jahre alt war, schickte man ihn nach Hannover, wo er bei einem Vetter lebte, der ihm eine Stelle als Lehrling bei dem berühmten Bankhaus Oppenheimer besorgte. Hier war das Leben alles andere als langweilig, denn der Siebenjährige Krieg war in vollem Gange, und in der Stadt wimmelte es von Soldaten. Der Konflikt hatte begonnen, als Friedrich der Große von Preußen sich in den Besitz Schlesiens setzte, das bis dahin zu dem von Maria Theresia regierten Österreich gehörte. Die Kaiserin überredete Rußland, Schweden und Frankreich dazu, ihr zu helfen, und bald waren fast alle Staaten des Heiligen Römischen Reiches an der Auseinandersetzung beteiligt. Friedrich verglich sich treffend mit „einem Hirsch, der von einer aus Königen und Fürsten bestehenden Meute verfolgt wird“. Obwohl er die meisten Schlachten im Östlichen Deutschland schlug, kämpfte einer seiner wenigen militärischen Verbündeten, Herzog Ferdinand von Braunschweig, mit einer aus Hessen und Hannoveranern bestehenden und von Großbritannien mit Geld unterstützten Armee innerhalb und außerhalb von Hannover, bei Frankfurt und Kassel, gegen die Franzosen.

Der Siebenjährige Krieg (1756–1763) endet mit dem Frieden von Hubertusburg zwischen Preußen, Österreich und Sachsen. Preußen behält Schlesien und Glatz und behauptet seine Großmachtstellung.

Über das Leben von Mayer Amschel in Hannover weiß man nur wenig außer den Tatsachen, daß die Stadt mehrmals belagert wurde und daß er die Bekanntschaft des Generals von Estorff machte, eines begeisterten Münzensammlers, der von den seltenen Münzen des jungen Mannes so begeistert war, daß er ihn bat, ihm beim Ordnen seiner eigenen Sammlung zu helfen. Der General scheint sich nicht besonders aktiv am Kriege beteiligt zu haben, aber er verfolgte die Entwicklung des Kriegsglücks seines Herzogs sehr aufmerksam, weil die Kämpfe zum großen Teil in dem nicht weit von Hannover gelegenen Fürstentum Hessen-Kassel stattfanden, das von seinem Freund, dem Landgrafen Friedrich II., regiert wurde.

Als der Friedensvertrag im Jahre 1763 unterzeichnet wurde, nahm der General sogar eine Einladung an den Hof des Sohnes und Thronfolgers des Landgrafen, des Prinzen Wilhelm, an, der in der Armee des Herzogs von Braunschweig gekämpft hatte. Obwohl Wilhelms Vater in Kassel residierte, das die Franzosen mehrere Jahre besetzt hatten, hatte der Prinz von seinem Großvater einen Besitz in Hanau bei Frankfurt geerbt, wo er die Gewalt über Leben und Tod von 50000 Untertanen ausübte.

Wenige Monate später folgte Mayer Amschel dem General nach Süden. Einige seiner Biographen rätseln darüber, weshalb er Hannover, wo die Juden ein erträgliches Leben führten, verlassen hat, um die Bedrückungen auf sich zu nehmen, denen sie im Ghetto von Frankfurt ausgesetzt waren. Aber die Stadt am Main vibrierte vor Energie und Unternehmungsgeist, und es gab hier mehr Gelegenheit, zu Wohlstand zu kommen, als an irgendeinem anderen Ort in Deutschland. Wegen ihrer Lage dicht am Rhein, wegen ihres Wagemutes und des lebhaften Konkurrenzkampfes hatte sich diese Stadt zu einem der großen Handelszentren Europas entwickelt. Schon seit Jahrhunderten hatten sich die Kaufleute die geographische Lage Frankfurts dadurch zunutze gemacht, daß sie Messen veranstalteten, die Käufer aus allen Teilen des Kontinents anlockten. Das vielleicht bekannteste Ereignis war die Herbstmesse, die im 18. Jahrhundert von dem ehrgeizigen Besitzer einer Druckerei ins Leben gerufen wurde. Sie zog die unglaubliche Zahl von 400000 Besuchern an und findet noch jetzt alljährlich statt.

Das jüdische Gemeinwesen in Frankfurt bemühte sich eifrig darum, den Handel zu fördern, denn der Kaufmannsberuf war einer der wenigen, die den Angehörigen der jüdischen Rasse offenstanden. Die Juden förderten

Frankfurt, Mitte des 18. Jahrhunderts.

den Warenaustausch durch die Einführung von Wechseln, die damals zum erstenmal auf dem europäischen Kontinent erschienen und dem heutigen Scheck entsprachen. Ein Zeitgenosse berichtet: „Ich glaube nicht, daß ich übertreibe, wenn ich behaupte, daß unsere Stadt ohne die Juden nicht so blühend oder so bedeutend wäre, wie sie es heute ist.“ Die Silbermünzen waren schwer, und es war gefährlich, sie bei sich zu führen. Der Umstand, daß die Messebesucher einkaufen konnten, ohne die Waren bar zu bezahlen, erhöhte nicht nur die Umsätze, sondern brachte Frankfurt auch den Ruf ein, eine moderne Stadt zu sein.

Mayer Rothschild trieb nicht nur die Anziehungskraft Frankfurts dorthin, sondern er wollte auch seine Beziehungen zu General von Estorff dazu benutzen, eine Verbindung zum Prinzen Wilhelm von Hessen herzustellen. Der Prinz war ein reicher Mann, und wenn es einem Rothschild gelang, sein Vertrauen zu gewinnen, dann standen für die Zukunft alle Möglichkeiten offen.

Die deutschen Fürstenhäuser waren im 18. Jahrhundert für unerquickliche Familienverhältnisse bekannt, und das Haus Hessen-Kassel bildete darin keine Ausnahme. Der Sohn des Landgrafen Friedrich II. hatte sich von seiner Frau entfremdet und sah seine Söhne und Töchter nur selten. Die Komplikationen hatten begonnen, als er sich vom protestantischen Glauben abwendete und den römisch-katholischen Glauben annahm. Seine Gattin, eine Tochter Georgs II. von England, war darüber so empört, daß sie ihre Sachen packte, mit den Kindern das Haus ihres Mannes verließ und nie wieder zurückkehrte. Weil die Familie der hessischen Fürsten zahlreiche Häuser besaß, wurde sie deshalb nicht obdachlos, aber die Vorstellung, ihre Kinder könnten von den verderblichen Ideen des Vaters beeinflußt werden, machte sie so hysterisch, daß sie den Gedanken an eine Rückkehr immer wieder aufgab. Mit der Unterstützung ihres Schwiegervaters, des damals regierenden Landgrafen, schickte sie ihre beiden Söhne nach Kopenhagen, wo sie unter den wachsamen Augen ihrer Schwester, der Königin von Dänemark, erzogen wurden. Der Älteste, Prinz Wilhelm, schloß Freundschaft mit seiner Kusine, Prinzessin Caroline, die er viele Jahre später im Alter von 21 Jahren heiratete. Der jüngere Bruder folgte gehorsam seinem Beispiel und heiratete Carolines Schwester.

Der alte Landgraf war inzwischen gestorben, und der unbußfertige katholische Konvertit Friedrich II. zog nach Kassel, wo er ohne seine Familie in einsamem Glanz residierte. In dieser kleinen Residenz, etwa 200 Kilometer nördlich von Frankfurt, herrschte er über ein Gebiet von 80 Quadratkilometern mit 330000 Einwohnern. Weil ein großer Teil des Landes in den Kämpfen des Siebenjährigen Krieges verwüstet worden war, bestand seine Hauptaufgabe darin, den Wohlstand seiner Untertanen wiederherzustellen. Er reformierte das Landrecht, führte ein neues Maß- und Gewichtssystem ein und ließ die bis dahin in Deutschland noch unbekannte Kartoffel anbauen. Er lebte sehr bescheiden in einem häßlichen Schloß, besuchte zweimal täglich die Messe und betete zu Gott, er möge seiner Seele gnädig sein.

Sein Sohn, Prinz Wilhelm, war aus ganz anderem Holz geschnitzt. Er war weder religiös, noch hatte er ein zu zartes Gewissen. Er lebte 16 Kilometer vom Stadtkern Frankfurts entfernt in dem schönen Schloß Hanau, das sein Großvater ihm hinterlassen hatte. Er besaß eine besondere Begabung für Tischlerei und Nadelarbeiten und hatte ein gutes Auge für den Ankauf wertvoller Gemälde. Der einzige Charakterzug, den er von seinem

Vater geerbt zu haben schien, war seine Sparsamkeit, die sich, als er älter wurde, in Habsucht und im Greisenalter in Geiz verwandelte. Als junger Mann interessierte er sich nur für zwei in damaliger Zeit recht ausgefallene Dinge: für den Gelderwerb und für das Zeugen illegitimer Kinder. Als Bettgenossin war Caroline von Dänemark eine bittere Enttäuschung. Der Geschlechtsakt widerte sie so sehr an, daß sie laut kreischte, wenn Wilhelm sich ihr näherte. Sie gab seinem Werben jedoch immerhin so weit nach, daß sie ihm drei Kinder gebar. Es überrascht nicht, daß er sich von sinnlicher veranlagten Damen trösten ließ, und augenscheinlich war er so potent, daß fast jede Frau, mit der er schlief, schwanger wurde. Einige seiner Biographen behaupten, er habe siebzig Kinder gezeugt. Andere nennen die Zahl vierzig, und die vorsichtigsten sprechen immerhin von einundzwanzig.

Seine sexuelle Aktivität hinderte den Prinzen nicht daran, auch zu lieben. Nachdem er mit einer Frau, die längst in Vergessenheit geraten ist, ein halbes Dutzend Bastarde gezeugt hatte, faßte er eine tiefe Zuneigung zu Fräulein Ritter, der Tochter eines Apothekers, die Anfang der 1770er Jahre seine Mätresse wurde und ihm acht Kinder gebar. Als sie an seinem Tisch saß und ihm den Haushalt führte, machte er sich die Mühe, an den Kaiser des Heiligen Römischen Reiches zu schreiben, um für die gemeinsamen Kinder Adelspatente und für die Dame selbst den achtbaren Titel „Frau von Lindenthal" zu erwirken.

Die gleiche Leidenschaft, mit der er für Nachkommenschaft sorgte, verwendete Wilhelm auf den Gelderwerb. Täglich informierte er sich über die Marktlage und lieh sein Geld an Leute aus, die genügende Sicherheit bieten und hohe Zinsen zahlen konnten. Anders als die christlichen Bürger Frankfurts bewunderte er die finanzielle Geschicklichkeit der Juden und lernte eifrig von ihnen. Ihn interessierte jede Methode, mit der sich sein Kapital vermehren ließ, ja, als General von Estorff ihn 1765 davon überzeugte, daß seltene Münzen im Wert steigen würden, beschloß er, eine Sammlung anzulegen, und er begrüßte den Vorschlag, Mayer Amschel Rotschild auf das Schloß zu befehlen, um hier seine Waren zu zeigen.

Man weiß nicht, ob der Fürst und der Jude sich bei dieser Gelegenheit begegnet sind. Romantische Anekdotenerzähler behaupten, Wilhelm habe mit Estorff am Schachbrett gesessen, als Mayer in das Zimmer geführt wurde. Der Jude habe schweigend dagestanden und das Spiel beobachtet. Plötzlich habe Seine Hoheit aufgeblickt und gesagt: „Verstehen Sie etwas vom Schachspiel?" Mayer habe auf das Brett gedeutet und den Vorschlag gemacht: „Wenn Eure Hoheit vielleicht diese Figur auf jenes Feld setzen wollten ..." Damit habe sich die Niederlage in einen Sieg verwandelt, und Wilhelm habe den General dafür beglückwünscht, daß er ihm „keinen Dummkopf" geschickt habe.

Wenn einige Biographen diesen Bericht auch als eine Erfindung zurückweisen und behaupten, es sei höchst unwahrscheinlich, daß der Prinz einen jüdischen Hausierer empfangen hätte, so ist es ebenso unwahrscheinlich, daß ein kluger Geschäftsmann wie Wilhelm es einem Untergebenen erlaubt hätte, Münzen für ihn zu kaufen. Aber wie sich das auch verhalten mag, zwei Tatsachen lassen sich nicht bestreiten: Mayer Amschel verkaufte dem Prinzen während der folgenden vier Jahre Münzen zu lächerlich niedrigen Preisen und forderte 1769 seine Belohnung, indem er an „Seine erhabene fürstliche Hoheit" eine untertänige Bittschrift richtete, in der um die Gunst bat, „zum Kronagenten des Prinzen von Hessen-Nassau ernannt zu werden":

Ich wage es mit um so größerem Vertrauen, darum zu bitten, weil ich sicher bin, dadurch keine Ungelegenheiten zu schaffen, während auf meiner Seite eine solche Auszeichnung mein kaufmännisches Ansehen heben und mir in so vieler Hinsicht nützlich sein würde, daß ich überzeugt davon bin, dadurch in der Stadt Frankfurt meinen Weg und mein Glück zu machen[2].

Was Mayer verlangte, war kein außergewöhnlicher Gnadenerweis. Mit der Ernennung wurde nur bestätigt, daß der betreffende Kaufmann mit besagter Fürstlichkeit Geschäfte getätigt hatte und daß diese Fürstlichkeit bereit war, das zu bescheinigen. Es entsprach der heute üblichen Ernennung von Hoflieferanten. Sie erfolgte jedoch nicht automatisch und war daher eine besondere Ehre.

Zwar lag eine gewisse Unverfrorenheit darin, daß Mayer seinen Antrag nur aufgrund der Tatsache stellte, daß er Seiner Hoheit einige Münzen verkauft hatte, aber seine uneingeschränkte Offenheit war erfrischend. Außerdem kannte er seinen Prinzen, und der Prinz hatte ohne Zweifel die Absicht, auch in Zukunft Münzen zu billigen Preisen von ihm zu kaufen, denn der Antrag wurde bewilligt. Mayer feierte das Ereignis damit, daß er sich eine Perücke mit einem Zopf kaufte sowie einen Dreispitz und ein Spitzenjabot, das er im Rockausschnitt trug. Er hatte allen Grund, sich so prächtig wie möglich auszustaffieren, denn er war der erste Jude, der das Schild eines Hoflieferanten an seinem Hause anbringen durfte, und das erregte einiges Aufsehen im Ghetto. Nicht nur die Nachbarn waren beeindruckt, sondern auch der Hausherr gab dem Drängen Rothschilds endlich nach und erlaubte es Mayer, das „Haus zur Bratpfanne" käuflich zu erwerben, was er schon sieben Jahre lang versucht hatte. Aber das wichtigste war, daß der wohlhabende Kaufmann Wolf Schnapper, der ebenfalls in der Judengasse lebte, es nun für richtig hielt, Mayer Amschel zu seinem Schwiegersohn zu machen. Mayer Amschel bewarb sich um die intelligente, glutäugige, siebzehnjährige Tochter Wolfs mit Namen Gutel. Der Vater gab dem jungen Paar seinen Segen, und die Hochzeit wurde 1770 gefeiert. Die beiden Brüder von Mayer zogen in ein anderes Haus, und er verwendete ein frei gewordenes Schlafzimmer dazu, eine Wechselstube einzurichten. Außerdem ließ er einen Katalog für alte Münzen drucken, den er in seiner neuen Eigenschaft als Hoflieferant an alle hochstehenden Persönlichkeiten in der Umgebung versandte. Zu ihnen gehörte auch der Schirmherr Goethes, Herzog Karl August von Weimar, der anscheinend jedoch kein Interesse zeigte.

Karl August von Sachsen-Weimar (1758–1828) ernennt Goethe zu seinem Staatsminister.

Doch Mayer Rothschild wollte nicht sein Leben lang Antiquitätenhändler bleiben. In ihm vereinigten sich in seltsamer Weise die Eigenschaften des Philosophen und des Unternehmers, und darin zeigten sich die beiden Haupttendenzen, von denen das Leben im Ghetto beherrscht wurde. Als Münzensammler hatte er sich ein umfangreiches Wissen über die Sitten und Gebräuche früherer Zeiten angeeignet, und mit seinen gebildeten Nachbarn sprach er gern über die Welt des Mittelalters. Dennoch war er alles andere als ein kultivierter Mann. Sobald er den Mund auftat, erwies er sich als ungeschliffener Ignoramus. In drei Schuljahren hatte er es nicht gelernt, die deutsche Sprache zu beherrschen. Er konnte sich weder schriftlich noch mündlich korrekt darin ausdrücken. Er sprach den komischen, aus Jiddisch und Deutsch zusammengemischten Dialekt des Ghettos.

Augenscheinlich hat er sich um diese Unzulänglichkeiten keine Sorgen gemacht, denn er hatte ein sanftes, höfliches Betragen, das den Menschen, die ihm sonst überlegen waren, gefiel und das sie für ihn einnahm. Sein Ehrgeiz bestand darin, Geld zu verdienen, und zunächst wollte er den schwerreichen Wilhelm von Hanau veranlassen, ihm geschäftlich eine Chance zu geben. Das Bankwesen befand sich damals erst in seinen Anfängen, und die Wohlhabenden mußten für die Verwaltung ihrer Einkünfte hohe Provisionen zahlen. Wer Geld auslieh, übergab dem Kreditnehmer oft die geforderte Summe in Gold- und Silbermünzen. Zinsen zu zahlen bedeutete buchstäblich, daß man die entsprechende Summe bar zum Geldverleiher brachte und ihm übergab.

Prinz Wilhelm beschäftigte eine ganze Reihe von Leuten, die sein Vermögen verwalteten. Zu ihnen gehörten zwei alte, angesehene Firmen, die Gebrüder Bethmann, das Haus Ruppell und Harnier sowie ein halbes Dutzend jüdischer Mittelsmänner, die für ihre Arbeit hohe Honorare einstrichen. Doch obwohl Mayer Seine Hoheit jahrelang hofierte und ihm Münzen zu lächerlich niedrigen Preisen verkaufte, war dieser davon überzeugt, daß sein Vermögen gut verwaltet wurde, und weigerte sich, die Verwaltung einem Neuling zu übergeben.

Deshalb brachte sich Mayer Amschel auch weiterhin mit dem Verkauf von Stoffen, Tabak und Wein durchs Leben und mit den Geschäften, die er in seiner Wechselstube tätigte. Er hoffte, die Zukunft werde ihm doch eines Tages den Goldregen aus den fürstlichen Schatzkammern bringen. Trotzdem aber verdiente er genug, um angenehm zu leben, nämlich etwa £ 4 in der Woche, was dem Einkommen der als wohlhabend geltenden Familie Goethe entsprach. Durch ihre wirtschaftlich günstigen Verhältnisse ermutigt, legten sich die Rothschilds in den 1770er Jahren etliche Kinder zu, von denen jedoch mehrere starben. Die Überlebenden aus diesem Jahrzehnt waren eine Tochter und drei Söhne: Amschel, Salomon und Nathan. In den 1780er Jahren wurden noch drei Töchter sowie der Sohn Carl und in den 1790er Jahren eine Tochter und der Sohn Jacob geboren*.

Indessen beschäftigten sich Seine Hoheit Wilhelm von Hanau und sein Vater, der Landgraf, damit, auf eine besondere Weise ein großes Vermögen zu erwerben. Seit Anfang des Jahrhunderts hatten die Landgrafen von Hessen-Kassel hessische Soldaten an die jeweils Meistbietenden vermietet. Der Herzog von Marlborough war einer ihrer Kunden gewesen. Das gleiche galt für Friedrich den Großen im Österreichischen Erbfolgekrieg. Auch im Siebenjährigen Krieg hatte Wilhelm VIII. (der Vater Friedrichs und der Großvater Wilhelms) mit Georg II. von England ein erstaunliches Geschäft abgewickelt. Seine britannische Majestät hatte ein Regiment Hessen gemietet, das er dem Herzog von Braunschweig lieh, der diese Soldaten wiederum dazu verwendete, ihre hessischen Dörfer gegen die Franzosen zu verteidigen. Der Landgraf konnte sich dazu beglückwünschen, denn nicht jeder brachte es fertig, einen anderen für die Verteidigung des eigenen Hauses und Herdes bezahlen zu lassen.

Als die nordamerikanischen Untertanen Georgs III. in den 1770er Jahren anfingen, Schwierigkeiten zu machen, witterte mancher deutsche Fürst die Gelegenheit, daraus Kapital zu schlagen. Wie Burke schreibt, wimmelte es am Himmel über dem britischen Schatzamt von königlichen Geiern. Aber kein Fürstenhaus machte dabei ein solches Riesengeschäft wie

John Churchill, Herzog von Marlborough (1650–1722), entscheidet in der Schlacht bei Höchstädt und Blindheim mit dem Prinzen Eugen von Savoyen den Spanischen Erbfolgekrieg gegen die Franzosen (1704).

Der Österreichische Erbfolgekrieg (1740–1748) wird ausgelöst durch den Einmarsch Friedrichs des Großen in Schlesien. Es geht um die Erbfolge Maria Theresias in den habsburgischen Stammlanden, die Kurfürst Albert von Bayern nicht anerkennt. Friedrich verbündet sich mit Frankreich, Bayern und Sachsen, 1748 Friede von Aachen nach Abschluß des I. und II. Schlesischen Krieges.

* Mayer Amschel gab allen fünf Söhnen den Namen Mayer. Sie hießen zwar Amschel Mayer, Salomon Mayer, Carl Mayer usw., aber um den Leser nicht zu verwirren, werden wir in diesem Zeitraum nur den Vater als Mayer bezeichnen, die Söhne aber mit ihren anderen Vornamen benennen.

das Haus von Hessen-Kassel, das im „Handel mit Vermögenswerten“ mehr Erfahrungen hatte als irgend jemand sonst. Der neue Landgraf, der Katholik Friedrich II., brachte es fertig, eine 17000 Mann starke Armee zu rekrutieren, was bedeutete, daß jeder dritte wehrfähige junge Mann sich der Fahne stellen mußte. Tausende versuchten, der Zwangsrekrutierung zu entgehen, indem sie in die Nachbarstaaten flohen, aber die Fürsten setzten einen besonderen Stolz in ihre Solidarität und hatten ein wachsames Auge für „Deserteure“, die, mit Handschellen gefesselt, unverzüglich an ihre rechtmäßigen Herren zurückgeschickt wurden.

Sogar dem Prinzen Wilhelm gelang es, in dem winzigen Hanau eine aus zweitausend Mann bestehende Armee zusammenzukratzen. Er bildete seine Soldaten persönlich aus und war bekannt als strenger Exerziermeister, der darauf achtete, daß die Uniformknöpfe und Stiefel stets auf Hochglanz poliert waren. Er verlangte, daß die Offiziere gleich lange Zöpfe trugen, und schritt auf dem Kasernenhof die Front seiner Soldaten oft mit einem Zollstock in der Hand ab.

Obwohl die hessischen Soldaten keine besonderen Qualitäten besaßen, machte der Landgraf dadurch Geschichte, daß er in seinen Verhandlungen mit der britischen Regierung rücksichtslos seinen Vorteil zu wahren wußte. Er veranlaßte London, einen sogenannten Subventionsvertrag mit ihm zu unterzeichnen, und danach mußte für jeden Verwundeten neben einem Pauschalbetrag eine Extrasumme gezahlt werden. Eine weitere Summe war für jeden Gefallenen zu entrichten. Der Vertrag verlor außerdem nicht seine Gültigkeit, wenn die Feindseligkeiten beendet waren, sondern erst zwölf Monate, nachdem die Hessen nach Deutschland zurückgekehrt waren. Man nimmt an, daß er durch diese Abmachungen einen Nettogewinn von £ 5000000 gemacht hat. Noch 1785, als er beim Mittagessen einen Herzanfall erlitt und eine Stunde später starb, flossen große Summen aus diesem Geschäft in seine Staatskasse. Als Wilhelm das Testament seines Vaters las, entnahm er daraus zu seiner großen Freude, daß er der reichste Monarch in Europa war. Er hatte etwa 40 bis 50 Millionen Taler geerbt (zwischen £ 8000000 und £ 10000000), eine für damalige Zeiten unglaublich hohe Summe. Der junge Landgraf verlegte seinen Hof, seinen Beamtenapparat, seine Mätressen und illegitimen Kinder von Hanau nach Kassel, und da er hier nicht genügend Platz fand, beauftragte er einen italienischen Architekten, ihm Pläne für ein schönes neues Schloß vorzulegen.

Das „Haus zum grünen Schild“, das Mayer Amschel Rothschild mit seiner Familie 1785 bezog.

Im Jahre des Umzuges des Landgrafen Wilhelm nach Kassel zog auch Mayer Amschel Rothschild aus dem „Haus zur Bratpfanne“ in das „Haus zum grünen Schild“. Die neue Wohnung bildete die eine Hälfte eines Doppelhauses, dessen andere Hälfte von der Familie Schiff bewohnt wurde, die ihren Namen von dem lustigen kleinen Schiff ableitete, welches das Türschild schmückte. Ihre Nachkommen sollten später eine bekannte Bankiersfamilie in Amerika bilden, die bis auf den heutigen Tag mit den Rothschilds in geschäftlichen Beziehungen steht.

Weil das Ghetto hoffnungslos überfüllt war, grenzte es an ein Wunder, daß ein Haus frei wurde, und die Rothschilds betrachteten es als einen direkten Gnadenerweis Gottes. Die neue Wohnung war nicht so feucht wie die im „Haus zur Bratpfanne“, und sie hatte den seltenen Vorzug, über eine Wasserpumpe zu verfügen. Sie lag in einem schmalen und dunklen dreistöckigen Haus und war eigentlich viel zu klein für eine Familie mit zehn Kindern, fünf Mädchen und fünf Knaben. Für alle zehn Kinder stand nur ein Schlafzimmer zur Verfügung, und außer dem Wohnzimmer, das wegen seiner grün gepolsterten Möbel das „grüne Zimmer" hieß, gab es nur noch drei Räume. In dem einen wohnten die Eltern Rothschild, und eines war die Wechselstube, die erste Bank des Hauses Rothschild.

Der große Vorzug der Wohnung war die bei allen Familienmitgliedern beliebte, zum Hinterhof hinausführende Terrasse. Weil die Juden in Frankfurt die öffentlichen Anlagen nicht betreten durften, konnte die Familie wenigstens hier bei schönem Wetter im Freien sitzen. Dabei beschäftigte sich Gutel mit einer Näharbeit, während Mayer über die sorgfältig gepflegten Topfblumen sprach. Hier unter dem sich über dem Ghetto wölbenden Sternenhimmel feierte man auch das Laubhüttenfest, das nicht unter einem Dach begangen werden durfte.

Das Haus besaß auch noch andere bemerkenswerte Einrichtungen. Wenn sich die Wohnungstür öffnete, läutete eine Glocke. Man hatte die Türglocken schon vor einigen Jahren angebracht, als es noch häufig zu Pogromen kam, und auch der Besuch der Polizei konnte unangenehm sein. Die hölzernen Treppenstufen knarrten, und in jedem Treppenabsatz waren versteckte Regale und Vorratsschränke angebracht, um jeden Raum in dem engen Haus auszunutzen. Auf der gegenüberliegenden Seite des Hinterhofes stand ein Schuppen, der eine Fläche von knapp neun Quadratmetern einnahm, und hier spielten die Mädchen mit ihren Puppen. Als die Kinder älter wurden, richtete Mayer Amschel in dem Schuppen seine Buchhaltung ein. Dort stand nun eine große eiserne Truhe, die sich nur öffnen ließ, wenn man den Deckel an der Rückseite über den Scharnieren anhob. Die Truhe diente nur der Tarnung. Unter ihr lag eine Falltür, die in einen unterirdischen Raum führte, zu dem es aus dem Keller des Hauses keinen Zugang gab. In diesem Raum verwahrte Mayer Amschel sein Geld und seine Kontobücher. 1785 konnte er noch nicht ahnen, wie wertvoll dieses Versteck zwanzig Jahre später für ihn sein würde.

Die Rothschilds hatten keine Geheimnisse vor ihren Kindern. Weil die große Familie auf engem Raum zusammenlebte, hätte dieses Leben unerträglich sein können. Es war jedoch ein Abenteuer; denn von frühester Jugend an nahm jeder aktiv am Kampf um das tägliche Leben teil. Alles, was Mayer Amschel anfaßte und womit er sich beschäftigte, erhielt dadurch einen besonderen Nachdruck. Der Erfolg mochte für andere Ruhm oder Luxus bedeuten: den Rotschilds öffnete er den Zugang zu einer neuen Welt. Dabei kam es auf Solidarität an. Als Angehöriger einer verfolgten Rasse betrachtete Mayer das Leben als Herausforderung, und zwar nicht nur für den einzelnen, sondern auch für die Gemeinschaft. Er lehrte seine Kinder: „Alle Brüder müssen zusammenhalten. Alle müssen für die Handlungen eines jeden einzelnen verantwortlich sein."

Mayer und Gutel waren tief religiös. Wie die anderen orthodoxen verheirateten Frauen schnitt sich Gutel die Haare ab und bedeckte den Kopf mit einer mächtigen Perücke, auf der sie eine noch größere Haube trug. Am Abend nahm Mayer den Talmud in die Hand und las mit leise summender Stimme die heiligen Worte, während Gutel an ihrer Näharbeit saß und die unruhigen Söhne ermahnte zuzuhören. Die jungen Rothschilds fanden keinen besonderen Gefallen an der Philosophie. Die fein gesponnenen gedanklichen Spitzfindigkeiten konnten sie nicht fesseln. Nur wenn es um Geld ging, begannen ihre Augen zu glänzen.

Wie der Vater rebellierten auch sie gegen die Schule, und Mayer erlaubte es jedem von ihnen, im reifen Alter von zwölf Jahren in das Familiengeschäft einzutreten. Der Handel schien ihnen im Blut zu liegen, denn sie erlernten das Rechnen, ehe sie lesen konnten. Das Leben drehte sich für sie um den Grundsatz: Kaufe billig und verkaufe teuer.

Was die Knaben sich vorgenommen hatten, betrieben sie mit erstaunlicher Zähigkeit. Darin folgten sie zweifellos dem Beispiel von Mayer Amschel und dessen Hartnäckigkeit im Hinblick auf die Beziehungen zu Wilhelm von Hessen. Zwanzig Jahre hatte Mayer sich umsonst darum bemüht, an einem nur geringen Teil der umfangreichen geschäftlichen Unternehmungen des Prinzen beteiligt zu werden. Als der letztere 1785 Landgraf wurde und nach Norden zog, hätte man sich nicht gewundert, wenn der wohlhabende Kaufmann Mayer die ganze unbefriedigende Angelegenheit auf sich hätte beruhen lassen. Doch 1787 unternahm er die weite Reise nach Kassel, um die Verbindung zum Hof aufrechtzuerhalten. Wie üblich verkaufte Mayer dem Landgrafen auch diesmal Antiquitäten, aber ungewöhnlich war die neue Freundschaft, die er schloß. Die Gattin Wilhelms, die unglückliche Caroline von Dänemark, lebte zwar mit ihren drei Kindern im Schloß. Aber auch Wilhelms Mätresse, Frau von Lindenthal, wohnte mit ihren acht Kindern dort. Die lärmenden kleinen Bastarde, die damals drei bis fünfzehn Jahre alt waren, wurden von dem Schulmeister Buderus unterrichtet. Mayer erfuhr nun, daß der Sohn des Lehrers, Carl Buderus, im Schatzamt des Landgrafen augenscheinlich eine glänzende Laufbahn vor sich hatte.

Allem Anschein nach war Carl seinem Fürsten vor zwei Jahren aufgefallen, als er darauf hingewiesen hatte, daß die Gewinne aus dem Verkauf der Milch, die auf den Gütern Seiner Hoheit erzeugt wurde, erhöht werden könnten, wenn man aufhören würde, bei den Rechnungen der Molkerei die Stellen hinter dem Komma fortzulassen. Da der Landgraf immer geiziger wurde und sich ständig damit beschäftigte, sein Geld zu zählen, wobei er Stunden damit zubrachte, mit Papier und Bleistift die anfallenden Zinsen zu berechnen, hatte der Vorschlag von Carl in ihm große Begeisterung ausgelöst. Er beförderte den jungen Mann nicht nur über die Köpfe dienstälterer Beamter hinweg, sondern übergab ihm auch die Verwaltung seiner Privatschatulle. Als Wilhelm sich im folgenden Jahr über die Kosten beschwerte, die seine zahlreiche Nachkommenschaft ihm verursachte, schlug Buderus vor, eine Salzsteuer zu erheben. Es stellte sich nicht nur heraus, daß diese Neuerung verwaltungstechnisch leicht durchzuführen war, sondern die Einnahmen erhöhten sich so sehr, daß, nachdem die Kosten für den Unterhalt der Kinder gedeckt waren, noch ein ansehnlicher Überschuß übrigblieb. Wieder wurde Buderus befördert und rückte nun zum wichtigsten Finanzberater des Landgrafen auf.

Carl war ein umgänglicher Mann, ernsthaft und ehrgeizig, und er war in dieser Hinsicht Mayer Amschel Rothschild nicht unähnlich. Die beiden schienen sich sofort gut zu verstehen. Mayer schenkte Carl Buderus eine seltene, wertvolle Münze und gab ihm zu verstehen, er werde ihn am Gewinn beteiligen, wenn es ihm gelingen sollte, Seine Hoheit dazu zu bewegen, die Rothschilds an einigen seiner Geschäfte zu beteiligen... Bis 1789, als Mayer die zweite Reise nach Kassel unternahm, geschah nichts. Doch nun wurde der Einfluß von Buderus plötzlich spürbar, und Mayer erhielt Wechsel im Wert von £ 800, um sie für den Landgrafen zu diskontieren.

Die Französische Revolution beginnt 1789 mit dem Aufstand des Bürgertums gegen den privilegierten Adel. Es folgen die Erklärung der Menschen-

War nun diese winzige Episode der Beginn der Entwicklung, in deren Verlauf die Familie Rothschild ihr großes Vermögen erwerben sollte, oder begann sie mit der folgenschweren Französischen Revolution, welche die politische Ruhe in Europa im gleichen Jahre 1789 aus den Fugen geraten

rechte, Absetzung und Hinrichtung Ludwigs XVI. und seiner Gemahlin Marie-Antoinette, die Verkündung des allgemeinen Wahlrechts und die Schreckensherrschaft (1793–1794), zu der sich Wohlfahrtsausschuß und Nationalkonvent bekennen.

ließ? Niemand konnte wissen, daß jetzt der Vorhang für eine fünfundzwanzig Jahre dauernde Periode der Kriege aufging und daß die kriegerischen Ereignisse akute Mangelerscheinungen mit sich bringen würden, welche für sich selbst und den Landgrafen auszunutzen die Rothschilds die einzigartige Gelegenheit haben sollten. Wie üblich schien die günstige Gelegenheit in ihrem Anfangsstadium das Kind des Zufalls zu sein.

Und doch glaubten viele, mit dem Jahr 1790 sei das Ende der Welt nahegekommen. Am Hof des Landgrafen Wilhelm drängten sich französische Flüchtlinge, die von nichts anderem reden konnten als von den Schrecken der Revolution. Der Landgraf fürchtete so sehr, das Revolutionsfieber könnte sich als ansteckend erweisen, daß er nachts nicht schlafen konnte. Die Vorstellung, der Pöbel würde sein Schloß stürmen und ihm sein Gold rauben, brachte ihn zu dem Entschluß, nicht länger damit zu zögern, sein Geld in Bauten zu investieren, die sich nicht so leicht forttragen ließen. Er stimmte den Plänen seines italienischen Baumeisters zu und erteilte den Auftrag für den Bau eines gewaltigen Schlosses in den Maßstäben von Versailles. Die Residenz erhielt den Namen Wilhelmshöhe. Zwar behaupteten manche, sie sei zu gewaltig, um schön zu sein, aber man kann sie noch heute inmitten, eines herrlichen Parks bewundern.

Das Bauvorhaben wurde in den turbulenten Jahren 1791 bis 1798 abgeschlossen. Die schlimmen Zeiten schienen gerade in dem Augenblick zu beginnen, als die Bauarbeiter sich an der Baustelle versammelten, denn im Sommer 1791 folgte der Kaiser des Heiligen Römischen Reiches, Leopold II., dem Rat seiner Minister und traf mit Friedrich Wilhelm II. von Preußen zusammen, um mit ihm zu überlegen, welche militärischen Maßnahmen man gemeinsam gegen das revolutionäre Frankreich ergreifen könnte. „Wenn die Kabinette ausländischer Höfe versuchen, zum Kriege der Könige gegen Frankreich aufzurufen", rief zornig der Außenminister der Revolutionsregierung in Paris, „dann werden wir zum Kriege der Völker gegen die Könige aufrufen."

Erster Koalitionskrieg Preußens und Österreichs gegen Frankreich (1792–1797), der mit dem Frieden von Campo Formio und dem Sieg der französischen Revolutionsarmee endet.

Dennoch zogen Österreich und Preußen 1792 gegen die Franzosen ins Feld, und diesmal verpflichtete sich der Landgraf aus voller Überzeugung, das Unternehmen zu unterstützen. In einem Brief an den Erzherzog Franz von Österreich bemerkte er, jeder, „der von Gott mit irgendwelchem Besitz gesegnet ist ... muß erkennen ..., daß dieser Krieg ein allgemeiner Krieg ist, der sich gegen jede Form des Privateigentums richtet ..."

Die militärischen Leistungen waren auf allen Seiten gleich schlecht. Der Einfall der Franzosen in Belgien war ein Fiasko. Das gleiche galt für die Invasion Frankreichs durch österreichische, preußische und braunschweigische Truppen im Gebiet der Champagne. Es gelang dem französischen General Custine, den Rhein zu überschreiten und Frankfurt eine Zeitlang zu besetzen. Er ließ Aufrufe an die Mauern befestigen, in denen er die hessischen Soldaten aufforderte, „den Tyrannen und Tiger zu verlassen, der ihr Blut verkauft hat, um seine Truhen zu füllen".

Seine Hoheit war in Kassel; als der Landgraf jedoch von diesen Ereignissen hörte, war er so wütend, daß er zum ersten und einzigen Mal in seinem Leben wenige Bataillone auf eigene Kosten ausrüstete und die Eindringlinge aus der Stadt vertrieb. Obwohl er über die hohen Kosten dieser Operation jammerte, machte er seine Ausgaben sehr bald dadurch wett, daß er mit Großbritannien einen Subventionsvertrag für 8000 Soldaten abschloß, welche die Briten auf das Schlachtfeld warfen.

Kurfürst Wilhelm IX. von Hessen-Kassel in der Uniform eines preußischen Feldmarschalls.

Zwar wuchs die Zahl der an dem Bündnis gegen die Franzosen beteiligten Staaten, aber die militärische Führung war unglaublich unfähig, und nach drei Jahren planloser Kämpfe ließ 1795 der König von Preußen, ein törichter blonder Riese, der sich wesentlich von seinem Onkel, Friedrich dem Großen, unterschied, Österreich im Stich und schloß einen Separatfrieden mit Frankreich. Wilhelm von Kassel, der den Rang eines preußischen Feldmarschalls innehatte, freute sich, seinem Beispiel folgen zu können, und er hielt es für viel einträglicher, seine Soldaten an Großbritannien zu vermieten, als selbst militärische Verbände aufzustellen und einzusetzen. Der neue Kaiser, Franz II., war entrüstet über dieses Verhalten, das er als Verrat ansah. Weil er aber in großer Geldverlegenheit war, gelang es Wilhelm, ihn durch ein Darlehen von £ 120000 zu beschwichtigen.

Inzwischen hatte sich das Familienunternehmen der Rothschilds sehr günstig entwickelt. 1790 hatten sie bereits ein halbes Dutzend Eisen im Feuer. Neben der Wechselstube und dem Antiquitätenhandel betrieben sie ein Speditionsgeschäft und einen gut gehenden Weinhandel. Aber das Hauptgeschäft war der Import von Fertigwaren aus England. Das waren in der Hauptsache Stoffe zum Wiederverkauf. Weil die Kriege nicht aufhörten und auf dem Kontinent ein akuter Mangel an Verbrauchsgütern eingetreten war, war die Bevölkerung bereit, überhöhte Preise zu bezahlen. Mayer Amschel verdoppelte und verdreifachte sowohl seine Aufträge als auch die Höhe seiner Umsätze, und die Gewinne steigerten sich rapide.

In dieser Lage unterbreitete Mayer dem unternehmungslustigen Carl Buderus einen Vorschlag. England zahlte dem Landgrafen hohe Geldsummen für die gemieteten hessischen Soldaten, und die Rothschilds mußten für die Importe, die sie aus England bezogen, große Barbeträge dorthin abführen. Weshalb sollte man daher die Zahlungen in beiden Richtungen nicht aufgeben und den Diskont für die von beiden Seiten auszustellenden Wechsel kassieren? Buderus stimmte zu, und sehr bald brachte das neue Geschäft den Rothschilds hohe Gewinne.

Es sah in der Tat so aus, als blähe jeder für alle anderen ungünstige Wind die Segel der Familie Rothschild. Als die Franzosen 1795 in den Niederlanden einmarschierten und die Börse in Amsterdam geschlossen wurde, brachte das den Finanziers in Frankfurt und natürlich auch Mayer Amschel Vorteile, und als die Franzosen die österreichische Armee durch eine Beschießung von Frankfurt abzuschneiden versuchten, durften die Juden das Ghetto verlassen. Mehr als 150 Häuser in der Judengasse wurden durch Artilleriefeuer zerstört, und die christlichen Bürger der Stadt hatten keine andere Wahl, als es den Juden zu erlauben, sich im ganzen Stadtgebiet anzusiedeln. Mayer Amschel ergriff sofort die Gelegenheit und mietete Lagerhäuser, in denen er seine englischen Importe stapelte.

Ende der 1790er Jahre waren die Rothschilds reich und unabhängig geworden. Im Lauf von sechs kurzen Jahren hatte sich ihre Lage von Grund auf geändert. Bis 1794 war das Familieneinkommen zwanzig Jahre lang auf die gleiche Summe von 2000 Gulden veranschlagt worden (etwa £ 170). Mayer hatte jährlich Steuern im Gegenwert von 27 englischen Shilling zahlen müssen. 1795, in dem Jahr, in dem Holland besetzt wurde, verdoppelte sich plötzlich der Betrag, und im folgenden Jahr rückte das Familienunternehmen in die höchste Steuerklasse derjenigen auf, die 15000 Gulden oder mehr verdienten. Hinter dieser Zahl verbarg sich ein großes Vermögen, denn um 1800 verfügte Mayer über ein Kapital von etwa £ 13000. Damit lag die Familie Rothschild unter den wohlhabenden Bewohnern des Ghettos an elfter Stelle und war viel reicher als die meisten christlichen Bürger, die sie immer noch mit Herablassung behandelten[3].

Aber der Aufschwung des Familienunternehmens der Rothschilds hatte damit gerade erst begonnen. 1798 kam es zu einem Streit, den man als den vielleicht größten Glücksfall für die Familie Rothschild bezeichnen muß. Hätte ein bedeutender Baumwollfabrikant aus Lancashire nicht den dritten Sohn Mayers geärgert, den rothaarigen, temperamentvollen einundzwanzigjährigen Nathan, dann wären die Rothschilds vielleicht nie zu ihrer Weltberühmtheit gelangt. Weil Deutschland im Hinblick auf die Versorgung mit Baumwollwaren vollständig von Großbritannien abhängig war, zeigten sich die englischen Handelsreisenden oft unhöflich und arrogant. Viele Jahre später schilderte Nathan den Vorfall: „Einer der großen Handelsreisenden, der den ganzen Markt beherrschte, kam nach Frankfurt. Er betrug sich ganz als der große Mann, der uns einen Gefallen tut, wenn er uns etwas verkaufte. Irgendwie beleidigte ich ihn, und er weigerte sich, mir seine Muster zu zeigen. Das geschah an einem Dienstag. Ich sagte meinem Vater: ‚Ich werde nach England gehen'... Am Donnerstag reiste ich ab."[4]

Mit ein paar Empfehlungsschreiben und ohne ein Wort Englisch sprechen zu können traf Nathan in Manchester ein. Er brachte aber etwas viel Wertvolleres mit: mindestens £ 10000 in bar und das Versprechen seines Vaters, er werde ihm mehr Geld schicken, wenn er Erfolg hätte. Mayer hielt Nathan für den klügsten seiner Söhne. Wenn jemand günstig einkaufen konnte, dann war das Nathan, obwohl man im Augenblick nicht sehr wählerisch zu sein brauchte, weil auf dem Festland ein solcher Warenmangel bestand, daß man für fast alle englischen Waren hohe Preise erzielte.

Trotz des Verkäufermarktes wußten Mayer Amschel und der Landgraf von Hessen, die inzwischen beide 56 Jahre alt geworden waren, daß ihr künftiger Wohlstand von Ereignissen abhing, die sie selbst nicht beeinflussen konnten. Als das Jahr 1800 heraufstieg, hörte man überall in Europa den Namen des neuernannten französischen Ersten Konsuls Napoleon Bonaparte. Beide Männer beobachteten die Entwicklung der Ereignisse mit gespannter Aufmerksamkeit, denn das folgende Jahrzehnt mußte sie ebenso wie das vergangene in sein bewegtes politisches Kielwasser ziehen, und beide hatten schwere Bedenken. Der Fürst war darauf bedacht, sein großes Vermögen zu erhalten, und der Jude, ein solches zu erwerben.

Napoleon wird 1799 Erster Konsul und 1802 durch Volksabstimmung auf Lebenszeit in diesem Amt bestätigt.

„Solange ich lebe, wird Frankreich Frieden haben", erklärte Bonaparte seinen begeisterten Landsleuten. Aber schon nach wenigen Monaten befand sich Frankreich wieder im Kriege gegen Österreich. „Zwischen alten Monarchien und einer jungen Republik muß es immer Feindschaft geben", meinte Bonaparte mit einem entwaffnenden Mangel an Verlegenheit. „... Ich glaube, daß es, solange ich mein gegenwärtiges Amt innehabe, mein Schicksal sein wird, fast ununterbrochen Krieg zu führen."

Aber Österreich war zu erschöpft, um ihm länger diesen Gefallen tun zu können, und unterzeichnete ein Jahr darauf den demütigenden Frieden von Lunéville, in dem es nicht nur Napoleon als Herrn von Italien und den Niederlanden anerkannte, sondern ihm auch das gesamte linksrheinische deutsche Gebiet überließ. Um die deutschen Fürsten zu besänftigen, die solche Verluste hinnehmen mußten, erklärte der Erste Konsul, er werde sie auf Kosten der Kirche entschädigen. Wilhelm von Hessen-Kassel gehörte zu den vielen Hoheiten, die nach Paris reisten, um dort an der „großen Versteigerung" teilzunehmen, auf der Napoleon den Hammer schwang. Er kehrte mit einem ansehnlichen Stück Mainzer Gebiets in der Tasche und dem Titel „Kurfürst", den er sich schon lange gewünscht hatte, nach Deutschland zurück.

Aber Wilhelm von Hessen war dennoch nicht bereit, sich dem korsischen Emporkömmling zu unterwerfen. Er wollte sich England nicht entfremden, denn beim Handel mit Soldaten strich er gewaltige Beträge in britischer Währung ein, und er hatte in Großbritannien mehr als £ 500 000 in Wertpapieren und weitere £ 100 000 als Darlehen an den Prinzen von Wales und die Herzöge von York und Clarence investiert. Außerdem machte es ihm einen tiefen Eindruck, wie Großbritannien seine Überlegenheit zur See demonstrierte.

Das kam besonders 1802 zum Ausdruck, als Napoleon Rußland, Preußen, Schweden und Dänemark für einen gegen England gerichteten Pakt der „bewaffneten Neutralität" gewann. Die britische Admiralität ließ eine Flotte in die Ostsee auslaufen und zerschlug das Bündnis an einem einzigen Nachmittag. Die Schiffe griffen die dänische Flotille an, die unter dem Schutz von 700 Geschützen im Hafen von Kopenhagen lag. Das Gefecht war so hitzig und verlustreich, daß die englische Admiralität schließlich den Befehl gab, die Schlacht abzubrechen. Aber der stellvertretende Befehlshaber, Horatio Nelson, legte das Teleskop an sein blindes Auge und gab das Signal „gegen den Feind aufrücken". Die Briten verloren zwar 943 Mann, aber die dänischen Verluste betrugen 1700 Mann. Dazu mußten die Dänen noch die Demütigung hinnehmen, daß viele ihrer Schiffe vor ihren Augen in Schlepp genommen und nach England gebracht wurden.

Friede von Amiens zwischen England und Frankreich (1802).

Der dänische König, ein Schwager Wilhelms von Hessen-Kassel, glaubte sich betrogen. Er sah nicht ein, weshalb die Briten sich gegen ihn und nicht gegen Preußen oder Schweden gewendet hatten. Der Kurs der dänischen Staatspapiere fiel, und die Privatschatulle des Königs erlitt so schwere Einbußen, daß die Bankiers ihre Fühler ausstreckten, um irgendwo ein Darlehen zu bekommen. Doch obwohl der Kurfürst von Hessen-Kassel ein großes Barvermögen besaß, sagte er Buderus, er wolle seinem Schwager nichts leihen, weil dieser nicht wissen dürfe, wie reich er sei.

Buderus erzählte Mayer Amschel von diesem Gespräch, der den Vorschlag machte, das Darlehen anonym zu gewähren. Der Kurfürst war begeistert von diesem schlauen Schachzug und beauftragte auf Empfehlung von Buderus zwei Mittelsmänner: Rothschild und einen Hamburger Juden namens Lawaertz. Der letztere nahm die Verbindung mit Kopenhagen auf und schrieb: „Der Kreditgeber ist ein ungewöhnlich reicher Kapitalist, und er ist dem dänischen Hof außerordentlich freundlich gesonnen. Es ist möglich, daß man künftig noch höhere Beträge unter günstigeren Bedingungen von ihm erhalten kann." Im September 1803 wurde das Geschäft abgeschlossen, und zwar mit der Maßgabe, daß die Zinsen regelmäßig an Rothschild abzuführen seien.

Nach sechsunddreißig Jahren geduldigen Wartens hatte Mayer Amschel zum erstenmal ein größeres Geschäft für den Kurfürsten abzuwickeln. Obwohl die Transaktion monatelang geheim blieb, erhielt er nach einiger Zeit die Erlaubnis, sein Hoflieferantenschild zu ändern und sich als Kronagenten von Hessen-Nassau und nicht mehr von Hessen-Hanau zu bezeichnen. Mayer war sich natürlich des Umstandes bewußt, daß er sein Glück Buderus verdankte, und bot diesem die stille Teilhaberschaft an seinem Geschäft an. Carl war entzückt. Er schätzte nicht nur Rothschild und vertraute ihm, sondern wußte auch genau, daß er allein mit dem Gehalt, das der geizige Kurfürst ihm zahlte, nie reich werden konnte. Auch für Rothschild war es ein gutes Geschäft, denn im Verlauf der folgenden drei Jahre gewährte der Kurfürst Dänemark noch sechs Darlehen, die alle von Mayer abgewickelt wurden.

Zwar zahlte Kurfürst Wilhelm pünktlich die fälligen Provisionen, aber es war nicht einfach, ihm zu dienen. Die künstlerischen Neigungen und die intellektuelle Wißbegier seiner Jugend war im Alter einer neurotischen Verdrossenheit gewichen. Er konnte an nichts anderes denken und über nichts reden als darüber, wie sich sein großes Vermögen in den unsicheren Kriegszeiten sichern ließe. Solange Napoleon damit beschäftigt war, ein Feldlager bei Boulogne einzurichten, 2000 Landungsboote zu bauen und die Engländer zu bedrohen, fühlte er sich sicher. „Ich behaupte nicht", erklärte der britische Erste Seelord hochmütig, „daß die Franzosen nicht kommen können. Ich sage nur, daß sie nicht über das Wasser kommen können." Offenbar kam der Erste Konsul zum gleichen Schluß, denn er wendete seine Aufmerksamkeit wieder dem Kontinent zu, und dabei fiel sein Blick auch auf den sagenhaft reichen Kurfürsten von Hessen-Kassel.

Seiner kurfürstlichen Hoheit war das sehr peinlich, denn er hatte gehofft, so lange unbemerkt zu bleiben, bis deutlich geworden war, wer der Gewinner sein würde, und er sich ungestraft auf dessen Seite stellen könnte. Doch Napoleon lag viel daran, den wohlhabenden Fürsten zu seinem Verbündeten zu machen, und er fragte ihn, ob er nicht ein Stück des englischen Hannover kaufen wolle. Wilhelm lehnte höflich ab. Darauf forderte Bonaparte ihn auf, sich der Union der Fürsten anzuschließen, die in Mainz zusammentrafen, um über die Gründung des Rheinbundes zu sprechen. Wieder weigerte sich der Kurfürst, diesmal unter dem Vorwand, er leide an der Gicht. „*On n'oublie pas*", meinte der französische Botschafter drohend und fügte hinzu, daß die Geschichte Frankreich begünstige. Seine Vorhersage schien in besorgniserregender Weise richtig zu sein, denn 1804 ließ sich Napoleon zum Kaiser der Franzosen ausrufen. Franz II., der sich klar darüber war, daß der nächste Schritt Napoleons darin bestehen würde, als Kaiser des Heiligen Römischen Reiches an seine Stelle zu treten, verzichtete auf diesen Titel und nahm die bescheidenere Bezeichnung Franz I., Kaiser von Österreich, an.

1806 schließen sich 16 deutsche Fürstentümer unter dem Protektorat Napoleons zum Rheinbund zusammen, dem sich bis 1811 20 weitere deutsche Territorien anschließen.

Am 2. Dezember 1804 krönt Napoleon sich und seine Gemahlin, Josephine Beauharnais, in der Kirche Notre-Dame in Paris nach der Salbung durch Papst Pius VII. zum Kaiser der Franzosen.

Der arme Wilhelm sah sich in der Klemme, denn während er einerseits von Frankreich bedrängt wurde, boten die Feinde Frankreichs ihm Vorteile an, wenn er sich der gegen Napoleon gerichteten Koalition anschlösse. Der Köder waren Subventionsgelder in Höhe von £ 1250000 für je 100000 Mann, die ins Feld gestellt wurden. Weil Hessen-Kassel eine 20000 Mann starke Armee aufstellen konnte, bedeutete das eine runde Viertelmillion Pfund Sterling für die Tasche des Kurfürsten.

Der Umstand, daß er zu ängstlich war, auf dieses verführerische Angebot einzugehen, erhöhte die Gereiztheit Wilhelms. Sogar Frau von Lindenthal, die jetzt schon 30 Jahre lang seine Mätresse war, konnte seine schlechte Laune nicht mehr ertragen und lief ihm mit einem halb so alten Subalternen davon. Wilhelm tröstete sich mit einer jungen russischen Schönheit, Caroline von Schlotheim, die ihn zu besänftigen versuchte, während er durch seinen großen Palast wanderte und die Türen auf- und zuschloß, hinter denen er die Hunderte seiner Schatztruhen verwahrte.

Diese Truhen nahmen einen ganzen Flügel des Schlosses ein und enthielten alles nur Denkbare, von Juwelen und Kunstgegenständen bis zu Silber und Gemälden, von Hypothekenbriefen bis zu Porzellan. Die Hälfte gehörte dem Kurfürsten, die andere Hälfte Kreditnehmern, die gezwungen worden waren, Sicherheiten zu hinterlegen. Außerdem besaß er etwa zehn Millionen Taler in barem Gelde oder Wechseln.

1805 beauftragte Mayer Amschel seinen ältesten Sohn, den zweiunddreißigjährigen Amschel, in Kassel zu bleiben, um bereit zu sein, wenn der Kurfürst plötzlich auf den Gedanken kommen sollte, ein Geschäft abzuschließen. Aber Wilhelm war nicht in der Lage, klar zu denken. Er wetterte gegen die Kräfte, die sein Eigentum bedrohten, und als Österreich sich gemeinsam mit Rußland der gegen die Franzosen gerichteten Koalition anschloß und erklärte, daß es aus Mangel an Gold und Silber künftig die Zinsen für seine Darlehen in Papiergeld und nicht mehr in Münzen bezahlen werde, bekam der Kurfürst einen hysterischen Anfall. Er schrieb an Kaiser Franz II., erinnerte ihn an sein Darlehen in Höhe von £ 120000 und bat ihn, in diesem Falle eine Ausnahme zu machen. Der österreichische Botschafter von Wessenberg riet seinem kaiserlichen Herrn, den Kurfürsten zu besänftigen, da Seine Majestät unter Umständen noch weitere Darlehen aufnehmen müsse. „Da die Habsucht die größte Schwäche des Kurfürsten ist", riet er dem Kaiser, „wäre es vielleicht am ehesten möglich, ihn zu beruhigen, wenn man Frau von Schlotheim ohne Bezahlung den Titel einer Gräfin verliehe." Der Kaiser folgte diesem Rat, aber der Kurfürst lehnte sich auch weiter verzweifelt gegen sein grausames Schicksal auf.

1805 beginnt der dritte Koalitionskrieg gegen Frankreich. Die Verbündeten sind England, Rußland, Österreich und Schweden. Spanien und die süddeutschen Staaten sind mit Frankreich verbündet. Preußen bleibt zunächst neutral.

Carl Buderus und Mayer Rothschild empfahlen dem Kurfürsten dringend, noch höhere Beträge zu verleihen, und zwar mit der Begründung, daß das Geld außerhalb des Landes sicherer sei, als wenn man es im Schloß Wilhelmshöhe aufbewahrte. Der Kurfürst weigerte sich. Die Hälfte der gekrönten Häupter in Europa gehörten schon jetzt zu seinen Schuldnern und dazu zahlreiche kleinere Fürsten. Insgesamt hatte er etwa 30 Millionen Taler (etwa £ 6000000) ausgeliehen – gar nicht zu reden von den in England investierten Sterlingbeträgen –, und er behauptete, diese Summe sei viel zu hoch, um bei dem Gedanken an solche Außenstände ruhig schlafen zu können. Im übrigen sei er nicht sicher, ob er es in Zukunft noch Mayer überlassen wolle, seine Geschäfte abzuwickeln. Die Gebrüder Bethmann sowie die Firma Ruppell und Harnier hatten erfahren, daß die „Firma aus dem Ghetto", wie sie die Rothschilds nannten, sie aus dem einträglichen Geschäft verdrängt hatte. Ruppell und Harnier hatten alle möglichen Gerüchte gegen den alten Mayer in die Welt gesetzt, und der Kurfürst war geneigt, zu glauben, was diese Flüsterpropaganda berichtete. Buderus tat natürlich sein Bestes, um das seinem Freunde abträgliche Gerede zu widerlegen, aber Wilhelm hielt starr an seinen eigenen Vorstellungen fest.

Ja, seine Hoheit machte sich über die Entwicklung der kriegerischen Ereignisse so große Sorgen, daß es schwierig war, überhaupt mit ihm zu sprechen. Er klammerte sich an die Hoffnung, daß Rußland und Österreich der Großen Armee Napoleons einen vernichtenden Schlag beibringen würden. In diesem Falle würde nicht nur der Wert seiner englischen Papiere gewaltig steigen, sondern die Bankiers würden auch dazu ermutigt werden, Wien Darlehen zu gewähren und ihn dadurch vielleicht in die Lage versetzen, seine Außenstände vom Kaiser zurückzufordern. Unglücklicherweise zerschlugen sich seine Hoffnungen, denn Napoleon griff die Österreicher bei Ulm an, bevor die Russen ihnen zu Hilfe kommen konnten, und wendete sich dann bei Austerlitz gegen die Russen, ehe die Preußen sich dazu entschlossen hatten, der Koalition beizutreten.

2. Dezember 1805 Dreikaiserschlacht bei Austerlitz.

Die Kanonen von Austerlitz zerschlugen die gegen Bonaparte gerichtete Koalition. Die Russen zogen nach Hause, die Österreicher baten um Frieden, und sogar Großbritannien fühlte den Schlag. „Auch ich wurde bei Austerlitz geschlagen", murmelte William Pitt, bevor er starb. Napoleon zwang den österreichischen Kaiser zum Verzicht auf die Krone des Deutschen Reiches und errichtete unter seinem Protektorat aus sechzehn regierenden Königen und Fürsten einen deutschen Rheinbund.

Die Errichtung des Rheinbundes. Die deutschen Könige und Fürsten schwören ihrem Schutzherrn Napoleon den Treueid.

Doppelschlacht bei Jena und Auerstedt (14. Oktober 1806).

Zu spät erkannte Preußen die Gefahr und begann, sich auf den Krieg vorzubereiten. Dabei versuchte es mit aller Macht, seinen traditionellen Verbündeten Hessen auf seine Seite zu ziehen. Aber Wilhelm war so beunruhigt, daß nicht einmal seine Gräfin ihn trösten konnte. Zunächst ließ er überall in seinem Kurfürstentum Plakate mit der Aufschrift „*Pays Neutre*“ anbringen. Dann benahm er sich wie ein Verrückter bei dem Versuch, sich beiden Seiten gefällig zu erweisen. Er nahm Verbindung zur französischen Regierung auf und bat, ihm als Belohnung für seine Neutralität die Stadt Frankfurt zu überlassen. Zugleich schrieb er an den König von Preußen, lehnte es ab, ein Bündnis mit ihm einzugehen, bot ihm aber 20000 hessische Soldaten für die Viertelmillion Pfund an, die er schon vor einem Jahr so gerne verdient hätte. Als die Preußen auf sein Angebot eingingen, behauptete er, dieses Geschäft beeinträchtigte in keiner Weise seine Neutralität. Zu seinem Unglück wurden die Preußen und Hessen bei Jena und Auerstedt von Napoleon vernichtend geschlagen. Im Oktober 1806 hielt Bonaparte seinen triumphalen Einzug in Berlin. Als er mit seinem Gefolge das Grab Friedrichs des Großen besuchte, sagte er: „Entblößen Sie Ihre Häupter, meine Herren – wenn er noch lebte, stünden wir nicht hier.“

Dann wendete der Kaiser der Franzosen seine Aufmerksamkeit dem Kurfürsten von Hessen-Kassel zu, und indem er das tat, öffnete er, ohne es zu wollen, für die Rothschilds die Schatzhöhle Aladdins.

2 Die Rothschilds und Napoleon

(1806–1815)

„Sie werden alle Schatzkammern und Vorratshäuser versiegeln", befahl Napoleon dem Marschall Mortier, der gegen Kassel marschierte, „und den General Lagrange zum Gouverneur des Landes ernennen ... Ich beabsichtige, das regierende Haus Hessen-Kassel abzusetzen und es aus der Liste der regierenden Fürstenhäuser zu streichen."[1]

Zehn Tage zuvor hatte auf Schloß Wilhelmshöhe eine fieberhafte Tätigkeit eingesetzt. Mit Gold- und Silbertruhen beladene und von einer militärischen Eskorte begleitete Wagen waren nach Kopenhagen und Prag in Marsch gesetzt worden. Aber es fehlte die Zeit, alles in Sicherheit zu bringen. Fünfzig Truhen mit Juwelen, Silber und Antiquitäten sowie die ganze Münzen- und Medaillensammlung, zu der Rothschild viele wertvolle Stücke beigetragen hatte, wurden unter den Treppen und in Geheimkammern versteckt. Weitere Wertsachen, Hypothekenbriefe und Wertpapiere brachte man in die Löwenburg im Park von Wilhelmshöhe, während ein Teil der Schätze in die in einem abgelegenen Walde gelegene Salaburg geschafft wurde.

Bald darauf bezogen französische Truppen Feldlager auf den die Stadt Kassel umgebenden Höhen. Von den Fenstern des Schlosses aus konnte der Kurfürst die Lagerfeuer sehen, während er abwechselnd vor Verzweiflung in Tränen ausbrach oder in ohnmächtiger Wut raste. Er schickte einen Adjutanten nach dem anderen zu Mortier, um diesen um eine Unterredung zu bitten. Aber Napoleon war unerbittlich. Als der Marschall dem Kurfürsten schließlich einen Parlamentär schickte, brachte dieser ein persönliches Ultimatum des Kaisers mit, das bezeichnenderweise „An den Kurfürsten von Hessen-Kassel, Feldmarschall im Dienste Preußens", gerichtet war.

Obwohl Wilhelm in einem unterwürfigen Antwortschreiben anbot, auf die Seite Frankreichs zu treten und sich dem Rheinbund anzuschließen, fand er kein Gehör, sondern man ließ ihn wissen, wenn er das Land nicht verlasse, werde er zum Kriegsgefangenen gemacht. Napoleon lag so viel daran, ein Mißverständnis zu vermeiden, daß er nicht nur Mortier, sondern auch Lagrange seine Instruktionen gab: „Lassen Sie die gesamte Artillerie, die Munitionsvorräte, die Möbel, Skulpturen und anderen Gegenstände im Schloß nach Mainz bringen ... Ich werde die Gegenwart eines feindlichen Fürsten an meinen Grenzen nicht länger dulden, besonders nicht die eines Mannes, der praktisch ein Preuße, um nicht zu sagen, ein Engländer ist und der seine Untertanen verkauft ..."[2]

Siehe Marginalie Seite 25 oben.

In der Nacht, bevor die französischen Truppen in Kassel eindrangen, weckte ein Abgesandter des Kurfürsten den österreichischen Botschafter,

Baron von Wessenberg, aus dem Schlaf und übergab ihm eine Schatulle mit Juwelen und Umschlägen, die £ 100000 in diskontfähigen Wechseln enthielten. Eine Stunde später klopfte Carl Buderus an die Tür des Barons und händigte ihm zwei Schachteln mit Wertpapieren aus mit der Bitte, der Botschafter möge sie in Verwahrung nehmen. Indessen befand sich der Kurfürst in einem sechsspännigen Wagen auf der Flucht. Er kam dabei zuerst an ein Stadttor, das von französischen Soldaten bewacht wurde. Es gelang ihm jedoch, durch ein anderes zu entkommen. Am späten Abend des folgenden Tages traf er in Gottorp in Dänemark ein und bezog dort das Schloß seines jüngeren Bruders Carl. Dieser hatte auch eine dänische Prinzessin geheiratet und war zum residierenden Gouverneur der Herzogtümer Schleswig und Holstein ernannt worden, die er von Gottorp aus verwaltete.

Buderus blieb in Kassel und versuchte hier, die Auswirkungen der Besetzung zu mildern. Der Gouverneur, General Lagrange, war ein derber und gutmütiger Soldat. Er führte die Befehle seines Kaisers aus und hatte dabei über Erwarten große Erfolge. Innerhalb von zwei Tagen hatte er die in den Mauern des Schlosses Wilhelmshöhe versteckten fünfzig Truhen des Kurfürsten gefunden. Das Tafelsilber wurde nach Mainz geschickt, um eingeschmolzen zu werden, während die Sammlung seltener Münzen und Antiquitäten zur Versteigerung nach Paris ging.

Hier schaltete sich Carl Buderus ein. Er suchte den General Lagrange auf, und nach einem Gespräch, in dessen Verlauf er die üblichen Andeutungen gemacht hatte, verabschiedete er sich und ließ dabei 260000 Francs (£10800) auf dem Tisch liegen. Am folgenden Tag übergab der General den hessischen Beamten 42 Truhen mit Wertpapieren, Hypotheken und Akten. Napoleon meldete er, der Kurfürst habe etwa 10000000 Taler (£2000000) besessen. Das war weniger als ein Viertel seines tatsächlichen Vermögens.

Neunzehn Truhen schickte man nach Frankfurt zur Firma Preye und Jordis, die sie in ihren Tresoren aufbewahrte. Vier weitere mit den Akten von Wilhelms Kronrat wurden während der Frühjahrsmesse 1807 in das „Haus zum grünen Schild" gebracht. Die Akten enthielten nicht nur Aufzeichnungen über den tatsächlichen Vermögensstand des Kurfürsten, sondern auch eine Liste seiner Schuldner und eine Aufstellung der von ihnen bezahlten Zinsen. Weil Napoleon seinen Beamten befohlen hatte, „die Staatseinnahmen des Kurfürsten zu beschlagnahmen", war es wichtig, dafür zu sorgen, daß diese Unterlagen nicht in die Hände der Franzosen fielen. Mayer Amschel brachte die Truhen in den Geheimkeller, der ursprünglich als Versteck für verfolgte Juden gebaut worden war.

Napoleon erließ während dieser Zeit seine berühmte Verfügung zur Errichtung der Kontinentalsperre gegen England. Er konnte sich nicht zum Herrn Europas machen, bevor er nicht die Beherrscherin der Meere unterworfen hatte, und da sich eine Invasion als undurchführbar erwies, mußte er England aushungern. Er glaubte, wenn er sich der Goldreserven der Bank von England bemächtigen könnte, dann würde er damit die Struktur der britischen Industriegesellschaft zerstören. In seinen kühnsten Träumen stellte er sich eine von Arbeitslosigkeit und Hungersnot betroffene Bevölkerung vor und glaubte, es würde schließlich zu einer Revolution kommen, die eine seinen Ideen zugängliche Regierung an die Macht bringen könnte.

Napoleon übersah jedoch die Tatsache, daß das Festland britische Waren ebensosehr brauchte, wie Großbritannien die Märkte auf dem Festland benötigte. In dem vom Kriege zerrissenen Europa herrschte ein großer Mangel an allen Verbrauchsgütern, von Mänteln bis zu Schuhen, von Baumwolle und Seide bis zu Zucker und Kaffee. Der von der öffentlichen Meinung ausgehende Druck erschwerte es, die Durchführung seiner Anordnungen zu erzwingen, und in den ersten Jahren lag die unangenehmste Auswirkung der Kontinentalsperre für alle in den höheren Preisen.

Die Maßnahmen Napoleons bewirkten jedoch andererseits, daß sich die Lebensumstände der Rothschilds verbesserten; denn als Folge seiner Anordnungen im November 1806 – der Besetzung von Hessen-Kassel und der Einführung der Kontinentalsperre – strich die Familie Rothschild ungewöhnlich große Gewinne ein. Der nach Dänemark geflüchtete Kurfürst hatte keine andere Wahl, als Carl Buderus seine Geldangelegenheiten anzuvertrauen, und Buderus ernannte sofort Mayer Amschel zu seinem Hauptbankier. Die Kontinentalsperre wirkte sich in doppelter Weise günstig aus, denn durch sie nahm nicht nur der Umfang der Geschäfte Mayers in Frankfurt zu, sondern auch für Nathan in London eröffneten sich neue Möglichkeiten.

Dieser rothaarige junge Mann mit der herabhängenden Unterlippe und den vorstehenden blauen Augen hatte in den sechs Jahren, die er nun schon in Manchester lebte, glänzende Erfolge gehabt. Bei seinem Vater hatte er nur einen Geschäftszweig kennengelernt, den des Wiederverkäufers, aber in England fing er an, Rohgewebe zu kaufen, die er färben und dann verarbeiten ließ, um die fertigen Bekleidungsstücke zu verkaufen. Jahre später schrieb er: „Bald stellte ich fest, daß darin ein dreifacher Gewinn lag." 1804 hatte er sein Kapital auf £ 50000 aufgestockt und beschloß, nach London zu ziehen, wo er sich auch an der Börse betätigen konnte.

Hier lernte er den Leinenkaufmann Levi Cohen kennen, der 1770 seine Heimat Holland verlassen und dann in Angel's Court, Throgmorton Street, eine Wirtschaftsberaterfirma gegründet hatte. Cohen war damals der reichste Jude in England. Augenscheinlich hat der energische Rothschild einen sehr günstigen Eindruck auf ihn gemacht, obwohl der junge Mann ein entsetzliches Englisch sprach, das, wie Nathan selbst zugeben mußte, fast so schlecht war wie sein Deutsch. Er entschuldigte sich damit, daß er zu beschäftigt sei, um den vornehmen Mann zu spielen. Levi hatte eine Reihe schöner Töchter, und es lag ihm viel daran, sie gut zu verheiraten. Er war deshalb entzückt, als Nathan, der über ein ansehnliches Bankkonto zu verfügen schien, um die Erlaubnis bat, Hannah Cohen den Hof zu machen.

Doch sehr bald begann der junge Mann, mit Gold zu spekulieren, und betrieb dieses Geschäft mit einer fast beängstigenden Leidenschaft. Levi machte sich seine Gedanken. Nathans große, vorstehende Augen schienen einen etwas zu wilden Ausdruck anzunehmen. Konnte er mit seinem eigenen Geld solche Risiken eingehen? Oder war er ein verantwortungsloser Hasardeur, der als Mittelsmann für einen anderen auftrat? Der vorsichtige Levi bat Nathan in höflicher Form, er möge ihm Beweise für seinen Reichtum bringen. Aber der hitzköpfige Freier wurde böse und weigerte sich. Er sagte, Levi könne nichts besseres tun, als ihm alle seine Töchter zur Frau zu geben. Diese Unverfrorenheit amüsierte den Vater Cohen, und im Oktober 1806, einen Monat vor Inkrafttreten der Kontinentalsperre, fand die Hochzeit statt. Hannah kam nicht mit leeren Händen. Sie brachte Nathan eine Mitgift von £ 10000.

Der dritte Sohn von Mayer Amschel Rothschild, Nathan oder „N. M.", wie man ihn nannte, der Stammvater der englischen Rothschilds.

Nathan schrieb an seinen Vater, er sei überzeugt, daß er jeden Betrag, den man ihm anvertraute, vermehren könne, und er bat ihn dringend, alles verfügbare Kapital zu schicken. Mayer gab die Nachricht an Buderus weiter, der gerade nach Gottorp abreisen wollte, um seinem schwierigen Herrn den ersten Besuch abzustatten, dem Kurfürsten, der im Exil noch unleidlicher geworden war. Aber diesmal freute sich der Kurfürst so sehr, ihn wiederzusehen und zu hören, wieviel Geld er vor dem Feinde hatte retten können, daß er ihn mit dem Titel „von Carlhausen" in den Adelsstand erhob. Außerdem erteilte er ihm Generalvollmacht, was ihn in die Lage versetzte, selbständig über das kurfürstliche Vermögen zu verfügen. Aber der Kurfürst war launisch und unberechenbar. Im ersten Augenblick konnte er außer sich vor Freude sein, um gleich darauf in tiefe Verzweiflung zu geraten und in bittere Klagen über sein Unglück auszubrechen. Besonders beleidigt war er darüber, daß er, als der dänische Kronprinz nach Gottorp kam, aus dem Teil des Schlosses ausziehen mußte, den sein Bruder ihm zur Verfügung gestellt hatte, um im gegenüberliegenden Flügel in recht einfach ausgestatteten Räumen einquartiert zu werden.

Buderus blieb eine Woche bei seinem Herrn und besprach mit ihm die strategischen Pläne für die Zukunft. Aber der alte Mann konnte von nichts anderem reden als von der Gräfin von Schlotheim. Er bezeichnete sie als seine beste Freundin, auf die er voller Verlangen wartete. Endlich traf die Dame mit ihren Kindern bei ihm ein – es waren zu guter Letzt neun – und gab sich alle Mühe, den Geliebten zu trösten. Zunächst mietete sie ein Haus in Rendsburg, später eines in Itzehoe. Beide Häuser waren geräumig, und sie verfügte dort über ein ganzes Heer von Dienstboten. „Fast fühle ich mich wieder zu Hause", schrieb Wilhelm, der für eine kurze Zeit seine endlosen Beschwerden vergaß.

Seine Hauptsorge galt natürlich seinem Geld, und als Buderus sich verabschiedete, bat er ihn fast flehentlich darum, sich nach Kräften für ihn einzusetzen. Als Buderus nach Kassel zurückgekehrt war, schickte er Mayer Rothschild eine Botschaft nach Frankfurt und bat ihn, persönlich die Zinsen für das vom Kurfürsten ausgeliehene Geld einzutreiben. Sehr hohe Summen befanden sich in den Händen deutscher und österreichischer Fürstlichkeiten und Aristokraten. Mayer war entschlossen, die Stellung, um die er sich fast ein halbes Jahrhundert mit aller Energie bemüht hatte, jetzt auszunutzen, und ging auf den Vorschlag ein.

Der Auftrag war jedoch in mancher Hinsicht auch gefährlich. In ganz Deutschland wimmelte es von Franzosen, und Napoleon hatte erklärt, weil das Kurfürstentum Hessen-Kassel nicht mehr bestehe, müsse alles Geld, das man dem Kurfürsten schulde, an die französische Staatskasse abgeführt werden. Es gab gewisse Schwierigkeiten, diese Anordnung durchzusetzen; denn die französischen Beamten kannten die Namen der Schuldner nicht. Sie vermuteten jedoch, daß Mayer Rothschild in Frankfurt zu diesem Thema wichtige Informationen besäße, und gingen so weit, ihm 25 Prozent Provision für alle Schulden anzubieten, die er eintrieb.

Der alte Mann nickte zwar zustimmend, bewahrte aber seinem Kurfürsten gewissenhaft die Treue. Sehr bald war die ganze Familie Rothschild in dieses illegale Unternehmen verwickelt. Die beiden ältesten Söhne, Amschel und Salomon, übernahmen das Geschäft in Frankfurt, das heißt, sie nahmen geschmuggelte Waren in Empfang und verkauften sie. Er selbst und die beiden jüngsten Söhne, der achtzehnjährige Carl und der vierzehnjährige Jacob, reisten in einer mit Geheimfächern versehenen Kutsche in ganz Deutschland umher und sammelten das Gold und Silber ein, das Seiner kurfürstlichen Hoheit gehörte. Dabei verwendeten sie ihre eigene Geheimsprache, die übliche Mischung aus Jiddisch und Deutsch, und eine Reihe von Decknamen. Mayer Amschel hieß dabei „Arnoldi", während der Kurfürst den jüdisch klingenden Namen „Goldtstein" erhielt. Gelegentlich unternahm Mayer die sieben Tage dauernde Reise nach Schleswig, um sich mit dem Kurfürsten zu beraten, aber die langen Fahrten auf den holperigen Straßen bekamen seiner Gesundheit so schlecht, daß Carl Rothschild nach einiger Zeit die Aufgaben des Familienkuriers übernehmen mußte. Obwohl sich zunächst einige Schuldner weigerten, die geforderten Beträge an Wilhelm zu zahlen, weil sie fürchteten, damit gegen die von Napoleon erlassenen Verfügungen zu verstoßen, reagierten die meisten doch positiv, denn sie wußten, daß sie, wenn sie künftig in Geldverlegenheit geraten sollten, eher mit dem Kurfürsten als mit der französischen Regierung rechnen konnten.

Mayer Rothschild versuchte, die Gefahren, denen er sich aussetzen mußte, zu verringern, indem er die Freundschaft mächtiger Persönlichkeiten gewann, die ihn schützen konnten. 1807 wurde das Gebiet von Hessen-Kassel dem Königreich Westfalen zugeschlagen, während Frankfurt die Hauptstadt des Rheinbundes wurde, den der 1810 zum Großherzog

Gegenüber: Zwei Miniaturen illustrieren die überlieferte Entstehungsgeschichte des Rothschildschen Vermögens: Der Kurfürst von Hessen vertraut Mayer Amschel Rothschild seine Schätze an, der ihm die Truhen nach fünf Jahren unversehrt zurückbringt.

König von Westfalen wird Napoleons jüngster Bruder Jérôme Bonaparte.

Gegenüber: Das 1791 bis 1798 auf den Hängen des Habichtswaldes durch Wilhelm von Hessen erbaute Schloß Wilhelmshöhe.

von Frankfurt ernannte deutsche Fürst-Primas Carl von Dalberg verwaltete. Zum Glück für Mayer Amschel hatte dieser Mann nicht nur liberale Ideen, sondern er war auch ein Verschwender. Mayer lieh ihm Geld zu günstigen Bedingungen und drängte ihn, die für die Juden geltenden einschränkenden Bestimmungen zu lockern. Dalberg gewährte der jüdischen Gemeinde schließlich die politische Gleichstellung mit den Christen und das Recht, eine eigene Verwaltung einzurichten. Er forderte jedoch einen hohen Preis dafür, eine halbe Million Gulden (£ 48 000). Mayer Amschel brachte die Hälfte der verlangten Summe auf. Das war ein großer Betrag, der direkt in die Taschen Dalbergs floß.

Trotz des hohen Preises machte sich die Freundschaft des Großherzogs für Mayer bezahlt. 1807 wurde Rothschild von den Polizeispitzeln Napoleons verdächtigt, als Bankier des Kurfürsten tätig zu sein, und man verlangte von ihm Einblick in die Bücher seiner Firma. Da er zwei Ausfertigungen von Kontobüchern führte, erlaubte er ihnen gerne, die von seiner Schwiegertochter für diesen Zweck angefertigten zu prüfen. Doch die Polizei gab sich damit nicht zufrieden und wendete sich an den Großherzog von Dalberg, der den Prüfern versicherte, Mayer sei ein absolut gesetzestreuer Bürger, und man dürfe nicht annehmen, daß er sich mit ungesetzlichen Dingen beschäftige.

Siehe Marginalie Seite 32.

In Kassel ging der gute Freund Mayers, Carl Buderus, mit den gleichen Bestechungsmethoden vor, um sich bei dem neuen König von Westfalen, dem liederlichen Bruder Napoleons, Jérôme, beliebt zu machen. Jérôme war in das kurfürstliche Schloß Wilhelmshöhe gezogen und beschwerte sich bitter über die einfache Lebensweise und den Provinzialismus der gehobenen Stände. Der geizige Kurfürst geriet in Wut, wenn er daran dachte, daß ein so extravaganter Mann in seinem Schloß lebte und sich bei jedem, der es hören wollte, über den kargen Lebensstil beschwerte, obwohl er über Tausende Pfund Sterling in bar verfügte und regelmäßig aus den von Mayer eingetriebenen Schulden hohe Summen von Buderus erhielt.

Buderus war sich der großen Risiken bewußt, die sein Freund Rothschild einging, und zur Belohnung übertrug er ihm die weniger anstrengende und ebenso einträgliche Aufgabe, die schriftlichen Zahlungsanweisungen der Engländer und Dänen für die fälligen Zinsen zu diskontieren, welche direkt an Rothschild gingen. Weil der Kurfürst in England £ 600 000 investiert hatte, betrug sein Einkommen allein aus dieser Quelle monatlich etwa £ 2000.

Diese Regelung war der Konkurrenz Rothschilds, dem Bankhaus Ruppell und Harnier, das früher den größten Teil der Geschäfte des Kurfürsten abgewickelt hatte, offensichtlich gar nicht recht. Die zweite Firma, die sich in ähnlicher Lage befand, die der Gebrüder Bethmann, hatte sich höflich zurückgezogen. Aber im Juni 1807 begab sich Herr Ruppell selbst nach Rendsburg, um dem Kurfürsten seinen Fall vorzutragen. Er gründete seine Beschwerden darauf, daß er Seine kurfürstliche Hoheit immer reell bedient habe, daß er jedoch von Rothschild hereingelegt worden sei, der offenbar einen schwer erklärbaren Einfluß auf Buderus hätte. Vielleicht spiele sogar Erpressung eine Rolle. Der Kurfürst war von Natur mißtrauisch, und der Verdacht erregte ihn schwer, besonders weil er eben erst einen Brief von seinem hessischen Geschäftsträger in London, Lorentz, erhalten hatte, der ihm mitteilte, Nathan Rothschild sei wegen eines Darlehens an ihn herangetreten. Nach der Weigerung von Lorentz hatte Nathan angedeutet, er werde das Geld ohnedies bekommen, wenn er an seinen Vater schriebe.

Der eifersüchtige Lorentz hatte den Kurfürsten mit dieser Geschichte in Wut bringen wollen, und das gelang ihm besser, als er gehofft hatte, denn der Kurfürst bestrafte nicht nur Buderus damit, daß er Herrn Ruppell mit einer wichtigen finanziellen Transaktion beauftragte, sondern teilte auch seinem geheimen Staatsrat mit, die von Rothschild eingezogenen englischen und dänischen Schecks sollten unberührt in seine neue Residenz nach Itzehoe geschickt werden. Er wetterte: „Ich erwarte von Ihnen, daß Sie meine Entscheidung sofort bestätigen und entsprechend handeln."[3] Zugleich schrieb er an Lorentz nach London und befahl ihm, Nathan Rothschild keine Auskünfte zu geben, wenn er es wagen sollte, sich nach den finanziellen Angelegenheiten des Kurfürsten zu erkundigen.

Die Maßnahmen des Kurfürsten schlugen wie eine Bombe ein, besonders weil Rothschild und Buderus viel daran gelegen war, Nathan nach London Geld zu überweisen; denn dieser hatte ihnen versichert, er könne dem Kurfürsten die gewünschten drei oder vier Prozent garantieren, in Wirklichkeit aber zehn bis zwölf Prozent verdienen und es dadurch ermöglichen, daß der Differenzbetrag in ihre Taschen flösse. Nun zerschlugen sich nicht nur ihre kurzfristigen Pläne, sondern Buderus fürchtete auch, daß seine ganze Zukunft gefährdet sei. Dennoch zeigte er keine Eile, sein Ansehen bei seinem Herrn und Meister wiederherzustellen, denn er kannte ihn nur zu gut. Er schickte die Zahlungsanweisungen befehlsgemäß nach Itzehoe und verschob die Reise nach Dänemark bis zum September. Als er schließlich Seiner kurfürstlichen Hoheit gegenübertrat, gab er sich ganz als der in seiner Würde gekränkte Mann.

Am ersten Abend ließ er den Kurfürsten reden, der Buderus sagte, er könne nicht verstehen, weshalb er alle geschäftlichen Transaktionen einem Juden dunkler Herkunft überließe. Er sei zutiefst darüber besorgt, daß durch die Einschaltung von Rothschild so angesehene Firmen wie das Haus Ruppell und Harnier und noch mehr die Gebrüder Bethmann ausgeschaltet würden, die einen so guten Ruf genössen. Buderus wollte sich seine Antwort genau zurechtlegen und ging deshalb erst am nächsten Tage auf die Vorwürfe ein. Er erinnerte den Kurfürsten an die Risiken, die Mayer Rothschild für ihn auf sich genommen hatte, als er durch ganz Deutschland gereist war, um die Zinsen für ihn einzutreiben. Die Tatsache, daß er dunkler Herkunft sei, spräche sogar besonders für ihn. Er habe mehr zu gewinnen als die sicher etablierte Firma Bethmann und übertreffe sie im Hinblick auf Energie und Tatkraft. Außerdem seien die Finanzreserven der Bethmanns 1806, als Preußen überrannt wurde, erschöpft worden. Die Rothschilds seien pünktlich mit ihren Zahlungen; sie richteten sich stets genau nach den am Zahlungstermin geltenden Wechselkursen, und sie könnten schweigen. Dann fügte Buderus hinzu: „... und da ich nicht in der Lage bin, den geringsten Unterschied zwischen einem Gulden der Rothschilds und einem Gulden der Bethmanns festzustellen, habe ich geglaubt, mein Bestes zu tun. Es verletzt mich jedoch, zu sehen, daß Eure kurfürstliche Gnaden nach dessen mündlicher Äußerung von gestern nicht die Gnade zu haben scheinen, mir zuzustimmen. Ich erlaube mir daher, um eine definitive Anweisung darüber zu bitten, wie künftig mit den englischen Zahlungsanweisungen verfahren werden soll."

Doch bevor Seine Hoheit antworten konnte, fügte Buderus hinzu, daß es seine Pflicht sei, folgendes zu sagen: „Wären Eure kurfürstlichen Gnaden damit zufrieden gewesen, nicht in meine Geschäftsführung einzugreifen, dann hätte ich £ 20000 zu 141 1/2 Prozent verkaufen können. Heute sind sie mindestens 6000 Gulden weniger wert, und keine menschliche Geschicklichkeit der Welt kann diesen Verlust jetzt noch wettmachen."[4]

Mit dieser letzten Breitseite zerschlug er die Abwehrkraft des Kurfürsten. Daß durch sein Eingreifen Geldverluste entstanden waren, konnte er nicht ertragen. Er versicherte Buderus erneut seines Vertrauens und erteilte ihm noch einmal die Vollmacht, seine Finanzen so zu verwalten, wie er es für richtig hielt. Er entschuldigte sein Verhalten mit dem Kummer darüber, daß sein geliebtes Hessen-Kassel jetzt zu Westfalen gehörte und von einem Emporkömmling und Verschwender regiert wurde.

Wenige Monate später marschierte die Armee Napoleons in die Herzogtümer Schleswig und Holstein ein, und Kurfürst Wilhelm sah sich noch einmal zur Flucht gezwungen. Als Frau verkleidet, reiste er in einem hoch mit Ballen beladenen Wagen ab. Diese Pakete sahen aus wie Baumwollballen, sie waren jedoch mit Geld und Wertsachen vollgestopft. Das Fahrzeug verlor in einer Stadt, in der es von Franzosen wimmelte, ein Rad, die Reisenden mußten ihr Gepäck umladen und die Fahrt in einem anderen Wagen fortsetzen, aber weder der Kurfürst noch seine Begleiterin, die Gräfin von Schlotheim, wurden erkannt oder belästigt.

Wilhelm ließ sich nun bei Prag in Böhmen nieder, das zu Österreich gehörte. Er kaufte ein Schloß an der Kleinseite, wo er einen Haushalt mit 36 Personen unterhielt, und eine Burg in Bubenetsch, auf der er residierte. dennoch tat er so, als müsse er am Hungertuch nagen, und er bewirtete seine Gäste mit sehr kargen Mahlzeiten. Ein preußischer Regierungsbeamter schrieb: „Der persönliche Umgang mit ihm ist unbeschreiblich unerfreulich. Man muß sehr geduldig sein, um seine endlosen Beschwerden und plötzlichen Gefühlsausbrüche zu ertragen.“[5]

Wieder begann die Zusammenarbeit zwischen Rothschild und Buderus, aber diesmal auf eine waghalsige und unorthodoxe Weise. Sie leiteten jene Operation in die Wege, die das Fundament für das große Vermögen der Familie Rothschild legen und Buderus zum reichen Mann machen sollte. Bei seinem schwierigen Gespräch mit dem Kurfürsten hatte sich Buderus nicht nur Zurückhaltung auferlegt, sondern war am Schluß auch mit noch weiter reichenden Vollmachten ausgestattet worden, als er sie je zuvor gehabt hatte. Der Kurfürst brauchte einen zuverlässigen Menschen, und die ruhige Würde von Buderus hatte ihn beeindruckt. Deshalb übernahm dieser jetzt wieder die Rolle seines wichtigsten Finanzberaters.

Buderus wollte sich jedoch nicht damit zufriedengeben, dem Kurfürsten auf unabsehbare Zeit zu dienen, ohne entsprechend belohnt zu werden. Er mußte an seine Familie denken, und als Rothschild mit solcher Begeisterung davon sprach, daß Nathan in London, wenn man ihm größere Summen zur Verfügung stellte, diese zum Nutzen aller Beteiligten schnell verdoppeln und verdreifachen könnte, ließ auch er sich für den Gedanken gewinnen. Nathan lebte auf einem Verkäufermarkt. Auf dem Kontinent wurde nicht nur die Warenknappheit immer deutlicher fühlbar, sondern an der Londoner Börse stiegen auch die Kurse ständig. Außerdem war ein solcher Mangel an Gold- und Silbermünzen eingetreten, daß jeder, der genug Kapital hatte, um Hartgeld zu kaufen und es festzuhalten, gewaltige Gewinne einstreichen mußte. Die Rothschilds hätten am liebsten vom Kurfürsten Geld zu den üblichen Zinssätzen geliehen, aber Buderus kannte seinen Herrn gut genug, um zu wissen, daß er an Emporkömmlinge wie die Rothschilds niemals etwas verleihen würde. Der Kurfürst war hochmütig und wollte seine Geschäfte nur mit Königen, Fürsten oder Adeligen betreiben. Zudem, welche Sicherheiten konnten die Rothschilds schon bieten?

Dennoch gelang es Buderus, auch ohne den Kurfürsten einiges Bargeld aufzutreiben. Er erlaubte es Mayer Rothschild, die für den Kurfürsten eingetriebenen Außenstände zu einem Zinssatz von drei Prozent zu behalten, und Mayer schickte das Geld natürlich an Nathan. Dann bevollmächtigte Buderus Mayer, die holländischen Makler des Kurfürsten in London, die Firma van Trotten, anzuweisen, daß sie die Zinsen, die für die in England investierten £ 600000 des Kurfürsten fällig waren, nicht mehr nach Frankfurt, sondern direkt an Nathan auszahlen sollten. Obwohl Nathan bereit war, drei Prozent Zinsen für das Geld zu bezahlen, mußte die Angelegenheit vor Herrn Lorentz, dem Agenten des Kurfürsten in London, und natürlich auch vor dem Kurfürsten selbst, geheim gehalten werden. Das war nicht einfach, denn Wilhelm verlangte von Buderus die Vorlage der Abrechnungen. Buderus schrieb jedoch an Wilhelm: „Sicherlich wissen Eure Gnaden, daß meine Papiere in einem Versteck liegen, so daß ich (auch wenn ich die Zeit dazu hätte) die Konten unmöglich bearbeiten könnte.“[6]

Die Entschuldigung war stichhaltig, denn sowohl er als auch die Rothschilds befanden sich als Beauftragte des Kurfürsten in ständiger Gefahr. Kurfürst Wilhelm hatte dem Tugendbund des Freiherrn vom Stein einen Geldbetrag zur Verfügung gestellt, einer preußischen Organisation, die mit dem Ziel gegründet worden war, die deutschen Staaten vom napoleonischen Joch zu befreien. Man hatte Briefe aufgefangen, und die Rothschilds und Buderus wurden der Mitwisserschaft beschuldigt. Die Polizei nahm sie alle ins Verhör, mußte sie dann aber aus Mangel an Beweisen freilassen.

1807 beruft Friedrich Wilhelm III. von Preußen den Reichsfreiherrn vom und zum Stein als leitenden Minister, der nach dem Frieden von Tilsit (7.–9. Juli 1807) weitgehende soziale Reformen einführt.

Nun drängte Buderus auf Veranlassung der Rothschilds den Kurfürsten, seine Investitionen in den so gut verzinsbaren britischen Papieren zu verdoppeln. Die konsolidierten Staatsanleihen brachten nicht nur feste Zinssätze, sondern sie würden auch im Wert steigen, wenn Napoleon geschlagen war. So war dies ein vernünftiger Rat, aber es steckte mehr dahinter, als man zunächst erkennen konnte. Niemand weiß, wer zuerst auf den Gedanken gekommen ist, Buderus, Mayer oder Nathan. Wenn man den Kurfürsten veranlassen konnte, hohe Summen nach London zu transferieren, dann war es dem Konsortium Rothschild-Buderus möglich, dieses Geld für einige Monate auszuleihen, bevor die Investititionen vorgenommen wurden. Und in diesen wenigen Monaten ließ sich unter Umständen ein großes Vermögen damit machen. Buderus brauchte fast ein Jahr, um den Kurfürsten für seinen Plan zu gewinnen. Aber in den ersten Monaten des Jahres 1809 überwies der Kurfürst £ 150000 an Buderus mit der Anweisung, damit britische Staatspapiere zu kaufen, deren Kurs mit 72 Prozent notiert war. Das Geld wurde an Nathan überwiesen, der sich auf den Standpunkt stellte, er habe den Auftrag, zum Kurs von 72 Prozent zu kaufen, die Papiere seien jedoch auf 60 Prozent gefallen, und nun habe er das Recht, den Ankauf so lange hinauszuzögern, bis der Kurs wieder auf die angegebene Höhe gestiegen sei.

Ein solches Vorgehen würde zu allen Zeiten als Gaunerei gelten, aber niemand kann leugnen, daß Nathan Rothschild die glänzendsten Geschäfte mit dem Gelde machte. Zwischen 1809 und Ende 1811 erhielt er auf dem Wege über Buderus und seinen Vater £ 550000 vom Kurfürsten, und kein roter Heller wurde in Staatspapieren angelegt. Der schwierigste Teil der Transaktion bestand darin, den Kurfürsten zu täuschen und davon abzubringen, daß er die Vorlage von Zertifikaten der Bank von England zum Nachweis, daß die Papiere gekauft worden waren, verlangte. Wilhelm war ein Zyniker, und sosehr er sich darum bemühte, seinen Beauftragten zu vertrauen, so gelang ihm das doch niemals vollständig. Deshalb drängte er Buderus immer wieder, ihm die Zertifikate zu zeigen, und Buderus redete sich mit einer ganzen Flut von Entschuldigungen heraus: mit den Schwierigkeiten im Reiseverkehr, mit der Gefahr, mit verräterischen Papieren ergriffen zu werden, und mit der Furcht vor der Überwachung durch die Polizei Napoleons.

Letzteres war mehr als wahrscheinlich, denn die Kontinentalsperre hatte eine ganze Kette von Aktionen und Reaktionen in Bewegung gesetzt. Der Vatikan weigerte sich, die Bestimmungen der Kontinentalsperre anzuwenden, worauf der französische Kaiser nach Rom marschierte und den Papst gefangennahm. Die Russen waren wütend, denn sie konnten ihr Bauholz und ihren Hanf nicht mehr nach England verkaufen, und die Portugiesen versuchten, ihren Wein auf Umwegen nach London zu bringen, worauf Napoleon das Haus Braganza absetzte. Großbritannien schickte daraufhin Truppen unter dem Kommando von Sir Arthur Wellesley, dem späteren Herzog von Wellington, nach Portugal und Spanien.

Wellington siegt 1809 bei Talavera und führt den Kleinkrieg gegen die Franzosen in Spanien und Portugal fort.

1809 erklärten sich die Österreicher, nachdem sie von Großbritannien mit hohen Summen unterstützt worden waren, wieder bereit, gegen Frankreich ins Feld zu ziehen. Der Kurfürst von Hessen bot Kaiser Franz 4000 Soldaten an, stellte ihm aber in letzter Minute nur 2000 zur Verfügung. Er erteilte Mayer Rothschild den gefährlichen Auftrag, die für den Unterhalt dieser winzigen Armee benötigten £ 30000 abzuliefern. Dann rief er seine hessischen Untertanen zum Aufstand gegen König Jérôme auf. Im April 1809 schrieb er in einer Proklamation: „Ich komme, um eure Fesseln zu lösen. Österreichs hoher Monarch schützt mich und schützt euch ..."

Aber leider blieben die Anstrengungen Österreichs ohne Erfolg, und die Hessen folgten der Aufforderung ihres Herrn nicht. In dieser Lage soll der Bankier Simon, ein eifersüchtiger Rivale von Mayer Rothschild, der westfälischen Polizei hinterbracht haben, Mayer Amschel sei der Zahlmeister der Armee des Kurfürsten von Hessen gewesen. Der Polizeichef in Kassel, M. Savagner, erwirkte einen Haftbefehl gegen Rothschild und reiste nach Frankfurt, um eine Untersuchung einzuleiten.

Siehe Text Seite 32 unten.

Der Großherzog von Dalberg war wütend, weil man sich über seine souveränen Rechte hinweggesetzt habe. Daß die Polizei einer anderen Provinz sich in die Zuständigkeit Frankfurts einschaltete, konnte er nicht ertragen. Er warnte daher Mayer Amschel und riet ihm, sich auf den Besuch vorzubereiten. Als Savagner eintraf, fand er den alten Mann krank und bettlägerig vor. Er stellte ihn in seinem Zimmer unter Hausarrest, während Jakob und Salomon in dem darunter gelegenen Büro bleiben mußten. Gutel jammerte und weinte mit verständnislosem Ausdruck in den Augen und rang ihre verarbeiteten Hände. Dabei stellte sie die Geduld eines jeden durch ihre unaufhörlichen Fragen nach dem Sinn und Zweck der Aktion auf eine harte Probe. Mayer Amschel steckte Savagner ein Bündel Banknoten zu, und obwohl die Familie als „außerordentlich klug und verschlagen" bezeichnet wurde, enthielt der offizielle Bericht nur die eine konkrete Angabe, daß Amschel sich in Prag befände, um den Kurfürsten bei seinen Investitionen zu beraten.

Der Kurfürst war so sehr damit beschäftigt, sein eigenes Unglück zu beklagen, daß er sich der Gefahren, in denen sich seine Diener befanden, kaum bewußt war. Der unglückliche Feldzug von 1809 hatte zur Folge, daß der österreichische Außenminister Graf Stadion zurücktrat und Graf Clemens Metternich, der in den folgenden vierzig Jahren eine für das

Schicksal Europas bedeutende Rolle spielen sollte, ihn ablöste. Der Kurfürst schrieb sofort an Metternich und bat ihn, „seinen verwaisten Untertanen ihren richtigen Fürsten zurückzugeben, nach dessen Gegenwart sie sich so sehr sehnen". An den zurückgetretenen Stadion schrieb er einen wütenden Brief:

So viele unwürdige Menschen, die sich unter den Schutz der Franzosen stellen, können sich jetzt ungestraft gegen mich versündigen, und niemand glaubt heute, daß er mir gegenüber irgendwelche Verpflichtungen habe. Jedermann tut, was ihm gefällt, und wird durch niedrige, selbstsüchtige Motive dazu veranlaßt. So habe ich mehr als zwei Drittel meines Vermögens eingebüßt, das nie sehr umfangreich gewesen ist. Das ist hart; aber härter als alles andere ist mein gegenwärtiger Zustand[7].

Fürst Clemens von Metternich (1773–1859) wird 1809 österreichischer Außenminister, 1821 Staatskanzler, vertritt die überlieferte Sozialordnung in Europa und ist ein unversöhnlicher Gegner des Liberalismus und aller revolutionären Bestrebungen.

Das war natürlich ganz falsch. Ende 1810 hatte der Kurfürst £ 450000 nach England geschickt, um sie dort zu investieren. Obwohl er Buderus unaufhörlich drängte, ihm die Zertifikate vorzulegen, suchte dieser immer neue Ausflüchte. Jetzt verlor der Kurfürst die Geduld und drohte mit unangenehmen Maßnahmen, aber zum Glück für Buderus und die Rothschilds entschloß sich Napoleon gerade in diesem Augenblick zu dem Versuch, den schwarzen Markt zu zerschlagen und seine Kontinentalsperre zu erzwingen. Er trat vor eine Landkarte, legte den Finger auf die Stadt Frankfurt und behauptete, hier befinde sich die Brutstätte der Subversion. Die französische Armee erhielt den Befehl, die Lagerhäuser nach Schmuggelwaren zu durchsuchen.

Wieder wurde Mayer Rothschild von Dalberg gewarnt und konnte seine Lager räumen, bevor die Kontrolleure erschienen. „... Mehrere französische Regimenter mit Artillerie sind in die Stadt gekommen, und mit ihnen eine ganze Schar Zollbeamte", schrieb Buderus aus Frankfurt an den Kurfürsten in Prag. „Alle Tore sind besetzt, und niemand darf hinaus, ohne vorher genau untersucht worden zu sein. Alle Lagerhäuser sind geschlossen, und es hat eine intensive Nachforschung nach englischen Waren und Kolonialwaren begonnen. Schwere Strafen werden verhängt, wenn man solche Waren entdeckt."[8] Güter im Werte von vielen tausend Pfund wurden öffentlich verbrannt, und mehr als zweihundert Kaufleute mußten Strafe zahlen. Obwohl einigen eine Geldbuße in Höhe von fast einer Million Francs auferlegt wurde, mußten die 68 Rothschilds, die auf der Fahndungsliste standen, nur 19000 Francs entrichten.

Eine idealisierende Zeichnung von Mayer Amschel Rothschild: Nach dem Erwerb seines Vermögens trägt er einen schwarzen Anzug mit weißem Spitzenhemd.

Das war für Mayer Amschel, den damals reichsten Mann in Frankfurt, eine Bagatelle. Nach außen stellte er seine Wohlhabenheit dadurch zur Schau, daß er teure schwarze Anzüge, Spitzenjabots und Perücken trug, die aus Menschenhaar erster Qualität angefertigt waren. Im Sommer 1810 veranlaßte ihn sein wachsendes Vermögen, ein neues Testament aufzusetzen. Die Firma wurde in „M. A. Rothschild und Söhne" umbenannt, und die vier in Frankfurt lebenden Söhne wurden als Teilhaber aufgenommen. Nathan gehörte noch nicht dazu, weil er seinen Wohnsitz im feindlichen Gebiet hatte. Aber der jetzt 67 Jahre alter Mayer brachte klar zum Ausdruck, daß sein eigener Anteil für Nathan vorbehalten war. In der Urkunde hieß es:

... Mit der Hilfe des Allmächtigen hat Mayer Rothschild durch seinen von Jugend an gezeigten Fleiß, durch seinen Scharfsinn und durch unermüdliches Tätigsein bis ins hohe Alter allein das Fundament des heute blühenden Unternehmens geschaffen und dadurch für das weltliche Glück seiner Kinder gesorgt.

Aber Mayer dachte an mehr als an vergänglichen Reichtum. Er träumte davon, eine Dynastie zu gründen, und überdachte die dabei zu befolgenden Regeln so gründlich, als sei er das Oberhaupt eines Fürstenhauses. Die Solidarität der Rothschilds durfte nicht durch Außenseiter geschwächt werden, die durch Heirat in die Familie aufgenommen wurden.

Das Testament enthielt die Bestimmung, daß die weiblichen Mitglieder der Familie Rothschild, die Männer mit anderen Namen heirateten, und deren Ehemänner nicht an dem Familienunternehmen beteiligt sein durften. Als daher die älteste Tochter Mayers, Schönche, heiratete, wurden weder sie noch ihr Mann von der Firma angestellt. Als jedoch der älteste Sohn Amschel Eva Hanau zur Frau genommen hatte, erhielt diese sofort einen Posten. Der Name allein war ausschlaggebend.

1811 war es fast unmöglich geworden, mit dem Kurfürsten auszukommen. Zwar hatte er sich in den ersten Monaten des Jahres bereit erklärt, zum letztenmal die Summe von £ 100000 in britischen Staatspapieren anzulegen und damit die Gesamtsumme auf £ 550000 zu erhöhen, doch plötzlich bekam er bei dem Gedanken, daß er kein einziges Stück Papier besaß, um nachzuweisen, daß das Geld seinen Anweisungen gemäß angelegt war, einen hysterischen Anfall. Seit dreieinhalb Jahren hatte er die Vorlage der Zertifikate verlangt. Das war durchaus normal, aber man hatte ihn immer wieder vertröstet.

Buderus versuchte, ihn abzulenken, indem er ihn mit Briefen bombardierte, die ihn zum Teil in Aufregung versetzten, dann aber auch wieder beruhigen sollten. Aber der Kurfürst ließ sich nicht besänftigen. So kam Nathan Rothschild zu der Auffassung, daß nun der Augenblick gekommen sei, die Forderungen seines Auftraggebers zu erfüllen. Er schickte eine Quittung über £ 189500 an Jakob Rothschild nach Holland, der sie an den Kurfürsten weiterleitete. Sie bescheinigte den ersten Ankauf britischer Staatspapiere, der bis dahin getätigt worden war.

Das Geld des Kurfürsten war zu waghalsigen Spekulationen verwendet worden. 1810 hatte Nathan eine große Chance entdeckt. Es war dasselbe Jahr, in dem Georg III. in die Zwangsjacke gesteckt wurde. Die Zeiten waren hart, denn obwohl die Bevölkerung weniger als 10 Millionen zählte, sah sich das britische Schatzamt gezwungen, die jährlichen Steuern von 1805 an auf die gewaltige Summe von £ 100000000 anzuheben*.

Obwohl die Regierung das Heer und die Flotte vergrößerte, Hilfsgelder an fremde Mächte zahlte, die bereit waren, Napoleon Widerstand zu leisten, und Handelsschiffe in alle Welt auslaufen ließ, um neue Märkte zu erschließen, begann sich die Blockade im Winter 1810 bis 1811 deutlicher fühlbar zu machen, und es kam zu der schlimmsten Wirtschaftskrise in der Geschichte Großbritanniens. Die Ostsee war für die britische Schiffahrt gesperrt, Nordamerika zeigte eine feindliche Haltung, der amerikanische Markt war gesättigt, und nur behördlich genehmigte Waren erreichten den europäischen Kontinent. Die Lage war daher undurchsichtig und gefährlich.

1809 hatte Nathan Rothschild die britische Staatsbürgerschaft angenommen, und im folgenden Jahr gründete er unter der Firma N. M. Rothschild seine eigene Bank. Mit Scharfblick erkannte er, daß Napoleon versuchen wollte, den britischen Kredit durch die Senkung des Wechselkurses für das Pfund zu untergraben, und das bedeutete, daß Goldmünzen auch

* 1815 war dieser Betrag auf mehr als £ 176000000 gestiegen.

weiterhin teurer werden würden. Monatelang bemühte er sich darum, Gold aufzutreiben, bis er Mitte 1810 erfuhr, daß die East India Company Gold im Werte von £ 800000 verkaufen wollte. „Ich ging zur Versteigerung und kaufte alles", berichtete er einige Jahre später. „Ich wußte, daß der Herzog von Wellington es dringend brauchte. Die Regierung ließ mich kommen, und man sagte mir, sie benötige das Gold dringend. Ich verkaufte ihr das Gold, aber man wußte nicht, wie man es dem Herzog nach Portugal schicken sollte. Ich kannte alle Möglichkeiten und schickte es auf dem Wege über Frankreich."[9]

Die Ostindische Kompagnie wurde 1610 im Rahmen der englischen Kolonialgründungen durch privilegierte Einzelpersonen („Proprietors") errichtet.

Das ist ein lakonischer Bericht über eine der glänzendsten und geschicktesten Finanzoperationen, die je erdacht worden sind. Nathan wußte, in Großbritannien herrschte ein solcher Mangel an gemünztem Gelde, daß England während der vergangenen zwei Jahre nicht in der Lage gewesen war, genug zusammenzukratzen, um die Bedürfnisse der Armee Wellingtons in Portugal und Spanien zu befriedigen. Ja, man war sogar gezwungen gewesen, den Herzog anzuweisen, er möge Zahlungsanweisungen auf Banknoten des britischen Schatzamtes ausgeben. Da niemand Papiergeld annehmen wollte, verlangten die Käufer – eine Gruppe von Finanzleuten aus Malta und Sizilien – riesige Nachlässe, durch welche die Geldreserven des Herzogs um ein Viertel verringert wurden. Deshalb war es ihm oft nicht möglich, seine Soldaten zu bezahlen. 1810 schrieb Wellington böse an Lord Liverpool: „Wenn Sie uns nicht mit Geld versorgen können, dann sollten Sie uns zurückbefehlen. Wir befinden uns in einer äußerst schwierigen Lage."[10]

Während die Zahlungsanweisungen auf dem Wege nach London durch die Hände zahlreicher Spekulanten gingen, kaufte Nathan Rothschild sie oft sehr billig auf. Er wußte daher genau, in welch schwieriger Lage sich Wellington befand, und als er hörte, die East India Company habe Gold abzugeben, kaufte er es, verwendete dazu die £ 500000 des Kurfürsten und borgte sich das Geld für den Rest anderswo. Aber warum überließ man das Gold Rothschild, wenn die britische Regierung einen so dringenden Bedarf an gemünztem Gelde hatte? „Wie können Sie von uns erwarten, daß wir hier Gold- und Silbermünzen kaufen, da der Wechselkurs 30 Prozent gegen uns steht, und eine Guinee 24 Shilling kostet?" hatte sich der Beamte des Schatzamtes, William Huskisson, 1809 beklagt[11]. 1810 hatte er seine Meinung wahrscheinlich nicht geändert. Während britische Beamte darauf warteten, daß die Kurse fielen, zahlte Nathan Rothschild den geforderten Preis, und als die Beamten erkannten, daß die Kurse nicht fallen würden, verkaufte Nathan das Gold und Silber an sie und strich dabei einen hohen Gewinn ein.

Das war nicht alles. Als das Gold in den Besitz der Regierung Seiner Majestät übergegangen war, bot Nathan ihr an, es dem Herzog von Wellington nach Spanien zu bringen. Der Beamte des Schatzamtes, Mr. John Herries, der 1811 zum Hauptkommissar ernannt wurde, überließ die Verantwortung nur zu gerne einem anderen, denn in letzter Zeit war mehr als ein Schiff mit einer Ladung Bargeld unterwegs versenkt worden.

Nathan hatte einen viel schlaueren Plan, als das Gold auf dem Seewege zu transportieren. Zunächst bat er seinen Vater, er möge seinen jüngsten Bruder, den neunzehnjährigen Jakob, nach Paris schicken; denn er brauchte einen zuverlässigen Mitarbeiter in Feindesland. Zwar war es damals für einen Deutschen nicht einfach, die Aufenthaltsgenehmigung für die französische Hauptstadt zu bekommen, aber 1811 veranlaßte der Großherzog von Dalberg als Gegenleistung für die ihm von Rothschild

1811 Geburt eines Sohnes Napoleons, dem der Titel eines Königs von Rom verliehen wird (1832 als Herzog von Reichstadt gestorben).

erwiesenen Gefälligkeiten das Nötige. Im Jahr zuvor hatte Napoleon die achtzehnjährige Erzherzogin Marie Louise von Österreich geheiratet. Die junge Frau hatte den ersehnten Sohn und Erben zur Welt gebracht, und Großherzog von Dalberg wollte an den offiziellen Feierlichkeiten in Paris teilnehmen. Aber die Kosten für die Equipage und die Garderobe, die der Fürstprimas von Frankfurt dazu benötigte, waren so hoch, daß der Großherzog sie nicht aufbringen konnte. Hier griff Mayer Amschel ein. Er bot ihm ein Darlehen an, und dafür verschaffte Dalberg nicht nur Jakob einen Paß, sondern erwirkte auch für Carl und Salomon die Erlaubnis, Frankreich zu bereisen.

Nathans Methode, das Geld zu Wellington zu bringen, ließe sich mit einem Bankeinbruch am hellichten Tage vergleichen. Diese zweite kombinierte Operation der Rothschilds nutzte schlau den Umstand aus, daß Napoleon die Blockade etwas gelockert hatte, um die Lage der französischen Verbraucher zu erleichtern. Bestimmte britische Waren durften mit Genehmigung der Regierung in das Land eingeführt werden. Man richtete daher bei Gravelingen, nicht weit von Dünkirchen, einen umzäunten Sperrbezirk ein, innerhalb dessen das „legale Schmuggeln" erlaubt war. Obwohl es sich in der Hauptsache um Fertigwaren handelte, durfte auch englisches Gold und Silber eingeführt werden, da der Kaiser erreichen wollte, daß sich die britischen Reserven erschöpften. Der französische Finanzminister Molliens schrieb im März 1811 an Napoleon: „Ein Frankfurter namens Rothschild beschäftigt sich in der Hauptsache damit, britische Gold- und Silbermünzen von der Küste nach Paris zu bringen."

Jacob Rothschild ließ die Sache nicht dabei bewenden. Mit beredten Worten erklärte er, Großbritannien plane drastische Maßnahmen gegen den sich für die Briten so ungünstig auswirkenden Verlust von Münzgold. „Er behauptet, er habe kürzlich einen vom 20. dieses Monats datierten Brief aus London erhalten", fuhr Molliens fort, „nach dem die Engländer beabsichtigen, zur Kontrolle der Ausfuhr von Gold- und Silbermünzen den Wert der Krone von fünf auf fünfeinhalb Shilling und den Wert der Guinee von 21 auf 30 Shilling zu erhöhen ... Ich hoffe wirklich, daß der Rothschild aus Frankfurt in dieser Angelegenheit richtig informiert ist und daß die Minister in London töricht genug sein werden, das zu tun."[12]

So erlaubte nun die französische Regierung den Rothschilds, eine durch ganz Frankreich führende und im Zentrum des feindlichen Widerstandes, im Hauptquartier Wellingtons in Spanien, endende Lebensader einzurichten, durch die das Gold fließen konnte. Molliens hingegen war stolz darauf, es ermöglicht zu haben, daß der Abfluß des Edelmetalls aus England der Bank von Frankreich half, ihre Stellung zu festigen.

In Paris wechselte Jacob die aus britischen Guineen, portugiesischen Goldunzen und französischen *Napoléons d'or* bestehenden Beträge gegen Wechsel auf spanische, sizilianische und maltesische Banken um. Er übergab die Wechsel an Carl. Derweilen reiste Salomon ständig zwischen Toulouse und Saint-Jean-de-Luz hin und her, um sicherzustellen, daß die Transitstellen weit auseinanderlagen, damit die Franzosen keinen Verdacht schöpften und der britische Wechselkurs nicht in Gefahr geriet. Dann verschwand Carl in die Pyrenäen, um nach einiger Zeit mit den Quittungen des Herzogs von Wellington zurückzukehren.

Auch der alte Mayer Amschel und sein ältester Sohn Amschel waren vollauf im Rahmen dieser Transaktion beschäftigt. Sie blieben in Frankfurt und beobachteten die Vorgänge von dort aus genau, um die neuesten Entwicklungen durch Kuriere nach London und Paris zu melden. Mayer be-

Der junge Jacob Rothschild half seinem Bruder Nathan, Wellingtons Armee in Spanien mit Gold zu versorgen.

fand sich in der besonders glücklichen Lage, auch an die geheimsten Nachrichten heranzukommen, denn er war eng mit der fürstlichen Familie von Thurn und Taxis befreundet, die den Postdienst in Mitteleuropa versah. Die Rothschilds hatten dem in Frankfurt lebenden Fürsten, der das erbliche Amt des Generalpostmeisters innehatte, große Geldsummen geliehen. Als Gegenleistung war dieser bereit, bestimmte Briefe über Dampf öffnen zu lassen und dem alten Mayer den Hauptinhalt zu übermitteln, der solche Informationen an seine Söhne weitergab.

Wenige Monate nach Abschluß dieses Rothschildschen Gemeinschaftsunternehmens, das Nathan später als das beste Geschäft seines Lebens bezeichnet hat, setzte Mayer Amschel ein neues Testament auf. Wieder betonte er darin, daß es vor allem auf den Namen Rothschild ankäme und daß nur seine Söhne das Geschäft weiterführen dürften:

„... meine Töchter, Schwiegersöhne und ihre Erben sollen in keiner Weise an der bestehenden Firma M. A. Rothschild und Söhne beteiligt sein... und nicht das Recht haben, das besagte Geschäft, seine Bücher, Papiere, sein Inventar etc. zu prüfen... Ich werde es meinen Kindern nie vergeben, wenn sie es gegen meinen väterlichen Willen unternehmen sollten, meinen Söhnen den friedlichen Besitz ihres Geschäfts streitig zu ma-

1812 beginnt der mit Österreich und Preußen verbündete Napoleon seinen mit einem verlustreichen Rückzug im Winter endenden Krieg gegen Rußland.

chen." Dann bestimmte er, daß jeder, der den Familienfrieden störte, nur den Pflichtteil aus dem weit unter seinem wirklichen Wert geschätzten Vermögen erhalten sollte. Nachdem er dieses Testament aufgesetzt hatte, starb er am 19. September 1812 in den Armen von Gutel mit der befriedigenden Gewißheit, daß er eine Dynastie gegründet hatte.

Immer wieder beklagten die Söhne, daß dem Vater nicht noch zwei weitere Lebensjahre beschieden waren und daß er nicht die Abdankung Napoleons erlebt habe. Doch noch im gleichen Monat, in dem Mayer Amschel starb, zeichnete sich auch das Ende des korsischen Abenteurers ab. Im Sommer war Napoleon nach Rußland marschiert, um den Zaren Alexander I. zur Anerkennung der gegen die Briten verhängten Blockade zu zwingen. Zwölf Tage bevor Mayer Amschel den letzten Atemzug tat, kam es zur großen Schlacht bei Borodino, in der beide Seiten enorme Verluste hinnehmen mußten. Die russische Armee zog sich zurück und zwang damit die Große Armee, den Vormarsch gegen Moskau fortzusetzen.

Bald erfuhr die Welt vom Brand Moskaus und wurde sich der Tatsache bewußt, daß dies nicht das Vorspiel für die russische Kapitulation, sondern für den Rückzug der Franzosen war. Im Oktober schlug sich die Große Armee bei Frost und unter chaotischen Verhältnissen wieder nach Westeuropa durch. Die Verwundeten erfroren, und die Überlebenden verhungerten. Es war ihnen unmöglich, Verpflegung zu kaufen, denn die Fahrzeuge der Zahlmeister mit dem Gold waren geplündert, vom Feind erbeutet oder durch Artilleriebeschuß vernichtet worden. Der französische Generalintendant war mit 78 Schreibern und 55 vierspännigen Geldtransporten ins Feld gezogen. Er hatte nur einen einzigen Wagen mit Goldmünzen im Wert von zwei Millionen retten können. Er meldete: „Mein Stab existiert nicht mehr. Meine Leute sind alle an Kälte und Hunger zugrunde gegangen. Einige von ihnen, denen Hände und Füße erfroren sind, wurden in Wilna zurückgelassen. Alle Abrechnungen sind dem Feind in die Hände gefallen. Jeder denkt nur daran, seine eigene Haut zu retten, und es ist ganz unmöglich, die Panik aufzuhalten ..." Der britische General im russischen Hauptquartier, Sir Robert Wilson, schrieb damals: „Die Beute an feindlichem Nachschub ist gewaltig und ihr Wert ungeheuer groß. Ein Fahrzeug war voll beladen mit Gold- und Silberbarren. In einer Truhe befanden sich £ 200000 in Gold- und Silbermünzen."[13]

Da man eine Armee damals noch nicht versorgen konnte, ohne daß man das Bargeld in Gefechtsfahrzeugen mitführte, ließ sich eine Staatskasse am schnellsten erschöpfen, wenn man dem Gegner eine entscheidende militärische Niederlage beibrachte. Der Herzog von Wellington war hocherfreut über die Auflösung der französischen Armee und begann mit den Vorbereitungen für einen Marsch durch Frankreich in die Niederlande. Er meldete jedoch nach London, er könne nicht abmarschieren, ehe er ausreichend mit Gold versorgt sei.

Das britische Schatzamt berief eine Konferenz ein, und John Herries bat den klugen Nathan Rothschild, sich einen vernünftigen Plan auszudenken. Wieder sprang dieser erstaunliche Mann, dessen Namen vom britischen Schatzamt immer noch falsch geschrieben wurde, in die Bresche. Er reiste nach Holland und kaufte mit Hilfe seiner vier Brüder, die er zu einer Besprechung zu sich gebeten hatte, Millionen französischer Goldstücke, die Napoleon für die Verwendung auf dem Festland hatte prägen lassen, zu einem sehr günstigen Preis. Dann ließ er die Münzen vom holländischen Hafen Helvoetsluys per Schiff nach Spanien in das Hauptquartier Wellingtons bringen und ermöglichte es damit dem Herzog, auf seinem Marsch durch Frankreich in der dort geltenden Münzwährung zu bezahlen. Er schaltete so die Notwendigkeit aus, Wechselstuben in Anspruch zu nehmen, und erhöhte die Kaufkraft dieser Beträge erheblich.

Nathan hatte jede ihm anvertraute Aufgabe auf das glänzendste gelöst. Jetzt besaß er nicht nur das volle Vertrauen von John Herries, sondern auch das des Schatzkanzlers Vansittart. Die beiden Männer baten ihn nun, auch die Auszahlung der hohen Beträge zu übernehmen, die Großbritannien seinen Verbündeten auf dem Festland als Subventionen zukommen ließ. Von 1812 bis 1814 bezahlte das britische Schatzamt die immense Summe von £ 30000000 an die Länder auf dem Kontinent. Mehr als die Hälfte dieses Betrages wickelte Nathan ab und tat das so geschickt, so schnell und so geräuschlos, daß der Wechselkurs keinerlei Einbußen erlitt. Ein Historiker schreibt: „Das einzige Geräusch, das sich vernehmen ließ, war das Klicken der Kugeln an den Rechenmaschinen in den Büros, wo das Geld gezählt wurde." Dies war alles andere als ein einfaches Unternehmen. Die von Nathan eingerichtete erste Girozentrale entsprach einer originellen Idee, und um sie in die Tat umzusetzen, bedurfte es subtiler und komplexer Verfahren. John Herries, der sagen konnte, er habe dieses Wunderkind Nathan entdeckt, sonnte sich im Erfolge Rothschilds. 1822 schrieb er an einen Freund:

> Ihre Lordschaften (das Schatzamt) haben mich damit betraut, die Verteilung dieser sehr großen Summe für Subventionen im Ausland vornehmen zu lassen..., und zwar nach einem ganz neuen System, das vor allem darin bestand, daß das für solche Dienstleistungen notwendige gemünzte Geld durch einen einzigen und vertraulichen Agenten beschafft wurde... Die Einzelheiten der Durchführung umfaßten jede mögliche Methode, mit der ausländische Währungen entweder gegen britisches Geld oder auf Kredit beschafft werden konnten, wie den Einkauf von gemünztem Gelde auf allen Weltmärkten, das Prägen von Münzen aus Barrengold- und Silber an unseren und an ausländischen Münzämtern, das Prägen ausländischer Münzen in England und den Ankauf von Wechseln, und zwar so, daß eine Behörde als Auftraggeber nicht in Erscheinung trat. Schließlich kam es dabei darauf an, britische Wechsel auf lange Sicht unterzubringen, um einen Druck auf die Kurse zu vermeiden etc. ...[14]

Nathans Provision hat wahrscheinlich etwa £ 1000000 betragen, doch glaubte man, er habe sie verdient. Den Umstand, daß es ihm gelang, die englischen Hilfsgelder zu transferieren, ohne daß der Wechselkurs fiel, betrachtete man als Hexerei. Bis zu diesem Zeitpunkt mußte jede Regierung, die Geld vorstreckte, mit dem Verluste von bis zu einem Drittel der Gesamtsumme rechnen. Aber Nathan hatte Brüder. Jacob in Paris und Amschel, Salomon und Carl in Frankfurt arbeiteten so rasch und harmonisch zusammen, daß die Überweisungen ohne ungünstige Auswirkungen vorgenommen wurden und sie damit der Regierung des Prinzregenten den Verlust von Hunderttausenden von Pfunden ersparten.

Nathan und Jacob unternahmen auch gemeinsame Anstrengungen, um die Rückkehr eines bourbonischen Fürsten auf den französischen Thron zu finanzieren. Seit 1807 hatte der spätere Ludwig XVIII. in Hartwell in Buckinghamshire gelebt. Der Prinz wendete sich an den englischen König, der englische König wendete sich an das Schatzamt, und das Schatzamt konsultierte wie gewöhnlich Nathan Rothschild. Gemeinsam brachten Nathan und Jacob £ 200000 auf, und der künftige Ludwig XVIII. betrat am 5. Mai 1814 Paris.

Zehn Monate später fand die aufsehenerregende Versammlung von Fürsten und Diplomaten in Wien statt, um den Frieden in Europa zu sichern. Die Festmusik und das höfische Leben wurden jedoch jäh unterbrochen, als die Welt von einer unglaublichen Nachricht aufgeschreckt wurde. Nathan in England erfuhr sie zuerst.

Napoleon Bonaparte war aus Elba geflohen und auf französischem Boden gelandet. Ludwig XVIII. und sein Hof flohen aus Paris nach Gent in Belgien, und im März 1815 bezog Bonaparte wieder die Tuilerien. Im britischen Schatzamt begann sofort eine fieberhafte Tätigkeit, und man verpflichtete sich zu hohen Subventionszahlungen an die Kontinentalmächte, um mit ihrer Hilfe den anscheinend unbesiegbaren Abenteurer zu stürzen.

Nathan Rothschild hatte von jeher den Wert zutreffender Nachrichten gekannt und arbeitete schon seit einigen Jahren mit einem privaten Kuriersystem. Seine Agenten in Dover waren die Herren Nathan, Rice und Co. Diese Firma war wohlausgerüstet mit leichten Schiffen, die jederzeit mit Depeschen Rothschilds auslaufen konnten. Ein weiterer Agent in Calais, James Levereau (der Kurier, der Nathan die erste Meldung über Napoleons Flucht aus Elba nach London in sein Haus in New Court brachte), war ähnlich ausgerüstet. Auf beiden Seiten arbeiteten „Spezialkuriere", die die Briefe an ihre Bestimmungsorte beförderten. Außerdem setzte Nathan den Kapitänen gewöhnlicher Handelsschiffe und dem Bewachungspersonal der Postkutschen nach einem festen Tarif Belohnungen aus, wenn sie sich besonders für ihn einsetzten.

Bald wimmelte es nicht nur in Dover und Calais, sondern auch in Ostende, Gent, Brüssel und Amsterdam von Agenten Rothschilds, deren Hilfe Nathan bei seiner Aufgabe, die weitverzweigten Bankgeschäfte der britischen Regierung abzuwickeln, für nötig hielt. Der Nathan von John Herries erteilte Auftrag bestand darin, Ludwig XVIII. und seinen Hofstaat im Exil mit Geld zu versorgen. Das geschah über Ostende und Gent. Weiter sollte er Subventionszahlungen an Rußland und Preußen leisten, und zwar über Ostende und Amsterdam, und schließlich die jetzt in Belgien stationierte Armee Wellingtons über Ostende und Brüssel mit gemünztem Geld versorgen.

Ludwig XVIII., ein Bruder Ludwigs XVI., regierte 1814–1824.

Gemeinsamer Sieg der englischen und preußischen Truppen Wellingtons und Blüchers über Napoleon.

Am Sonntag, dem 18. Juni 1815, kam es zur Schlacht von Waterloo. Es gibt ein ganzes Dutzend verschiedener Berichte darüber, wie Nathan Rothschild davon erfuhr und was er darauf unternahm, und keiner dieser Berichte ist korrekt. Viele Chronisten sprechen von Brieftauben, und manche behaupten sogar, Nathan sei Wellington auf das Schlachtfeld gefolgt und so lange dort geblieben, bis er sich über den Ausgang des Treffens vergewissert hatte. Fast alle stimmen darin überein, er habe die Nachricht vom Sieg bei Waterloo nicht weitergegeben, sondern behauptet, alles sei verloren, um die Kurse an der Börse zu drücken und selbst ein großes Geschäft zu machen. Sogar die von Léopold de Rothschild 1903 auf einem offiziellen Diner gegebene Version war falsch. Er behauptete, ein das Vertrauen Rothschilds besitzender Kapitän habe eine holländische Zeitung, die *Gazette*, auf die er zufällig gestoßen sei, nach England gebracht. Nathan sei dann sofort zu Lord Liverpool geeilt, um ihm die Nachricht zu überbringen, die dieser nicht habe glauben wollen.

Das entsprach zwar eher der Wahrheit, ist aber immer noch ungenau. Erstens erschien die *Gazette* in Brüssel und nicht in Amsterdam; zweitens brachte der Kapitän das Nachrichtenblatt nicht „zufällig" nach England, drittens ging Nathan nicht zu Lord Liverpool. Am Tage der Schlacht, Sonntag, dem 18. Juni, kamen mehrere Zeitungen heraus, und zwar einige

Die Schlacht von Waterloo fand am Sonntag, dem 18. Juni 1815, statt. Nathan Rothschild erfuhr durch seinen tüchtigen Kurierdienst als einer der ersten in England von dem britischen Sieg.

als normale Ausgaben, andere als „Extrablätter". Sie alle enthielten vom Staatssekretär Baron de Capellen gezeichnete Schlachtberichte. Es gab insgesamt vier Sonntagsausgaben, und am Montag um 3.00 Uhr morgens kam eine fünfte Ausgabe heraus, die meldete, der Prinz von Oranien sei als Verwundeter geborgen worden und der „gestrige Sieg" sei „blutig, aber glänzend" gewesen. Als Erwiderung auf die unrichtige Darstellung von Léopold de Rothschild schrieb ein Historiker am 15. April 1903 in der Londoner Zeitschrift *Graphic:*

> ... daß ein Extrablatt der *Gazette* erschienen war, das eine kurze Meldung über den großen Sieg brachte. Dieses Extrablatt kam vor 3.00 Uhr morgens heraus. Ein zweifellos noch druckfeuchtes Exemplar wurde – sagen wir gegen 2.00 Uhr morgens – in aller Eile von einem Kurier Rothschilds oder von einer Kurierstafette nach Ostende gebracht. Dort muß es gegen 10.00 Uhr morgens eingetroffen sein. Der dortige Agent mag sofort selbst an Bord eines der Schiffe Rothschilds gegangen sein und am Abend englischen Boden betreten haben, um schleunigst mit den von dem Agenten in Dover besorgten Postpferden nach London weiterzureisen. So könnte die *Gazette* sehr wohl schon am Dienstagmorgen, dem 20., vor dem Frühstück bei Nathan gewesen sein bzw. schon etwa 40 Stunden vor Eintreffen der offiziellen Depeschen Wellingtons in die Downingstreet gelangt sein.

Genau das ist nach dem Bericht auch geschehen, den eine Verwandte der Rothschilds, Lady Colyer Fergusson, am 9. November 1962 in einem Brief an die Redaktion des *Daily Telegraph* geschrieben hat:

> Mein Großvater, Benjamin Cohen, suchte gemeinsam mit Nathan Rothschild Lord Castlereagh auf..., um ihm zu sagen, daß die Schlacht von Waterloo gewonnen sei. Als sie eintrafen, weigerte sich der Butler, sie vorzulassen, und auf alle ihre Vorstellungen erhielten sie immer wieder die gleiche Antwort: „Seine Lordschaft schlafen und dürfen nicht gestört werden."

Endlich wachte Lord Castlereagh auf, aber als er die Meldung an seine Beamten im Außenministerium weitergab, nahmen diese sie skeptisch auf, denn sie hatten eben erst von der englischen Niederlage am Vortage bei Quatre-Bras gehört. Nathan Rothschild verabschiedete sich und ging sofort auf die Börse, wo er eine große Anzahl britischer Staatspapiere kaufte.

Der Londoner *Courier* vom 20. Juni brachte darüber eine kurze Notiz: „Rothschild kaufte große Mengen von Wertpapieren."

Doch wie sah es bei Lord Liverpool aus? Augenscheinlich meldete sich am Dienstag, dem 21. Juni, einen Tag nach dem Besuch Rothschilds bei Castlereagh, ein unabhängiger belgischer Agent in Downingstreet Nr. 10, der wahrscheinlich berühmt werden und eine Belohnung kassieren wollte. Am Abend des 21. erschien im Londoner *Courier* folgender Bericht:

> Die folgende Nachricht wurde angeblich von einem Herrn überbracht, der behauptete, am Tage zuvor sei es zu einer großen Schlacht gekommen. Am Montag sei er in Gent vor dem Hotel Ludwigs XVIII. gewesen, als um 1.00 Uhr nachmittags ein mit Staub bedeckter Offizier eintraf. Da der König alle Depeschen persönlich entgegennimmt, sei er sofort mit dem Offizier in das Hotel hineingegangen. Dieser habe den König zu dem großen Siege beglückwünscht, der soeben erfochten worden sei. „Die gesamte schwere Artillerie ist uns in die Hände gefallen", erklärte er, „und wir haben einen großen und entscheidenden Sieg erfochten." Unter den versammelten Offizieren herrschte große Freude. Der König umarmte den Offizier, der die Nachricht gebracht hatte. Dieser sagte dann, an der Schlacht am Sonntag seien alle Truppen beteiligt gewesen, und sie habe neun Stunden gedauert. Man habe zahlreiche Gefangene gemacht, die Franzosen zögen sich in großer Verwirrung zurück und hätten die gesamte schwere Artillerie auf dem Schlachtfeld stehengelassen. Der Herr, der diese Botschaft brachte, verließ Gent und kam am Montag abend in Ostende an. Das Paketboot *Nymph* lief gerade aus, und ohne einen Augenblick zu zögern, ging er an Bord, um die gute Nachricht als erster zu überbringen...

Er war nicht der erste, sondern der zweite Überbringer der Nachricht. Augenscheinlich konnte Lord Liverpool das schlechte Englisch des Mannes nicht verstehen und ließ seinen Sekretär, Mr. Croker, kommen, der die Angelegenheit klären sollte. Croker, der den *Courier* regelmäßig mit Nachrichten versorgte, gab auch diesen Bericht an die Redaktion der Zeitung weiter. Als Mr. Jennings viele Jahre später die Aufzeichnungen von Mr. Croker herausgab, bezeichnete er den Informanten aus eigenen Stükken als „einen Agenten Rothschilds". Dadurch entstand die Unklarheit darüber, ob Nathan zu Castlereagh oder zu Liverpool ging, an welchem Tage dies geschah und welche Nachricht er überbrachte.

Der *Courier* war erst am späten Abend des 21. bei den Straßenverkäufern. Während dieser Zeit saßen Lord und Lady Willoughby de Eresby mit ihrem Freunde Thomas Raikes beim Abendessen. Letzterer schrieb in seinem *Journal,* man habe „in atemloser Ungeduld auf Nachrichten über den Verlauf der Schlacht" gewartet. „Es hat mich kaum erregt", fügte er hinzu, „als ich hörte, daß Rothschild an der Börse große Mengen von Wertpapieren kaufte und daß der Kurs um zwei Prozent gestiegen war."[15]

Raikes nahm die Ereignisse damit jedoch vorweg. Am Freitag, dem 16. Juni, standen die konsolidierten Staatspapiere auf einem Kurs von $69^1/_{16}$ und hielten diesen Kurs bis zum 20., als Nathan Rothschild zu kaufen begann. Mittwoch, den 21. Juni, waren sie auf 70 gestiegen und wurden drei Tage später zu $71^1/_2$ gehandelt.

Soviel über die Berichte, in denen behauptet wird, Nathan habe die Kurse gedrückt und ein Vermögen gemacht. In Wirklichkeit war er schon ein reicher Mann. Woher stammte jedoch die phantastische Geschichte, er sei auf dem Schlachtfeld von Waterloo gewesen? Augenscheinlich war sie Jahre nach Nathans Tod von einem niederträchtigen französischen Journalisten, Georges Mathieu-Dairnvaell, erfunden, der damit zeigen wollte, zu welchen ungewöhnlichen Schritten die Geldgier Nathan habe treiben können. Dairnvaell legte Jacob Rothschild in Paris die noch nicht veröffentlichte Version vor und verlangte von ihm eine hohe Geldsumme dafür, daß er sie nicht drucken ließ. Jacob weigerte sich zu zahlen, und der Bericht erschien in einem Pamphlet mit dem Titel *Histoire Édifiante et Curieuse de Rothschild I.* Jacob veröffentlichte seinerseits eine Erwiderung, dementierte darin, daß Nathan überhaupt in der Nähe von Waterloo gewesen sei, und berichtete von dem Versuch des Verfassers, ihn zu erpressen.

Schon einige Zeit vor dem Sieg bei Waterloo war der Kurfürst von Hessen-Kassel in das Schloß Wilhelmshöhe zurückgekehrt und beschäftigte sich nun damit, die Zustände und Einrichtungen wiederherzustellen, wie sie vor dem Kriege gewesen waren. Er verlangte sogar von seinen Soldaten, daß sie sich wieder die Zöpfe wachsen ließen. Jeder Pfennig, den er den Rothschilds anvertraut hatte, wurde ihm mit den Zinsen zurückbezahlt, die für die britischen Staatspapiere galten, also für jene sicheren Investitionen, in denen sein Vermögen *nicht* angelegt worden war. Da er vorher schon oft daran gezweifelt hatte, dieses Geld je wieder zu sehen, freute es ihn jetzt um so mehr, eine so hohe Summe zu erhalten, und er überschüttete den inzwischen reich gewordenen Buderus mit Ehrungen. Er hatte ihn bereits als Baron Buderus von Carlhausen in den Adelsstand erhoben. Nun ernannte er ihn zum Geheimen Staatsrat und zu seinem Vertreter beim Bundestag in Frankfurt am Main, einer Versammlung der Gesandten des Deutschen Bundes, dessen Schaffung man auf dem Wiener Kongreß beschlossen hatte und dem alle deutschen Staaten angehörten.

Am Wiener Kongreß (1814–1815) nahmen die acht Signatarmächte des I. Pariser Friedens (Österreich, Rußland, Preußen, England, Frankreich, Spanien, Portugal, Schweden) und die Souveräne und Vertreter von etwa 200 Staaten, Städten, Herrschaften und Körperschaften teil. An die Stelle des Heiligen Römischen Reiches Deutscher Nation tritt der Deutsche Bund mit dem Bundestag in Frankfurt am Main, einer Versammlung von Gesandten der Bundesstaaten unter Vorsitz des österreichischen Gesandten.

Die Beziehungen zwischen dem Kurfürsten und den Rothschilds waren ebenso herzlich, obwohl die Verhältnisse sich verschoben hatten. Jetzt war es Wilhelm, der sich darum bemühte, die Verbindung nicht abreißen zu lassen. Zwar war der Kurfürst immer noch der reichste Fürst Europas, aber er hatte seine Machtposition eingebüßt; denn die Rothschilds hatten neue Maßstäbe für den Begriff des Reichtums geschaffen. Jahre später sagte Nathan, er habe in der Zeit von seinem Eintreffen in England bis zum Ende der Napoleonischen Kriege seinen ersten Vermögensanteil auf das 2500fache vermehrt. Das stimmte nicht ganz; denn er erwarb die Masse seines Vermögens durch Spekulationen mit den £ 500000 des Kurfürsten. Drückt man es jedoch mathematisch aus, dann vermehrten die Rothschilds, die ihre Geschäfte als Angehörige einer Familie gemeinsam abwickelten, wenn der Anteil Nathans £ 20000 betrug, ihr Vermögen auf £ 50000000. Sie waren nicht nur die reichsten Bankiers in Europa, sondern sie hatten auch die „Hochfinanz" erfunden, jene geheimnisvolle neue Macht, die später dem Kapitalismus des 19. Jahrhunderts seine Form geben sollte.

Die Frau von Carl Rothschild, Adelheid, gemalt zu Beginn ihres Aufenthalts in Neapel.

R.B.
1877
NEW COURT in 1819

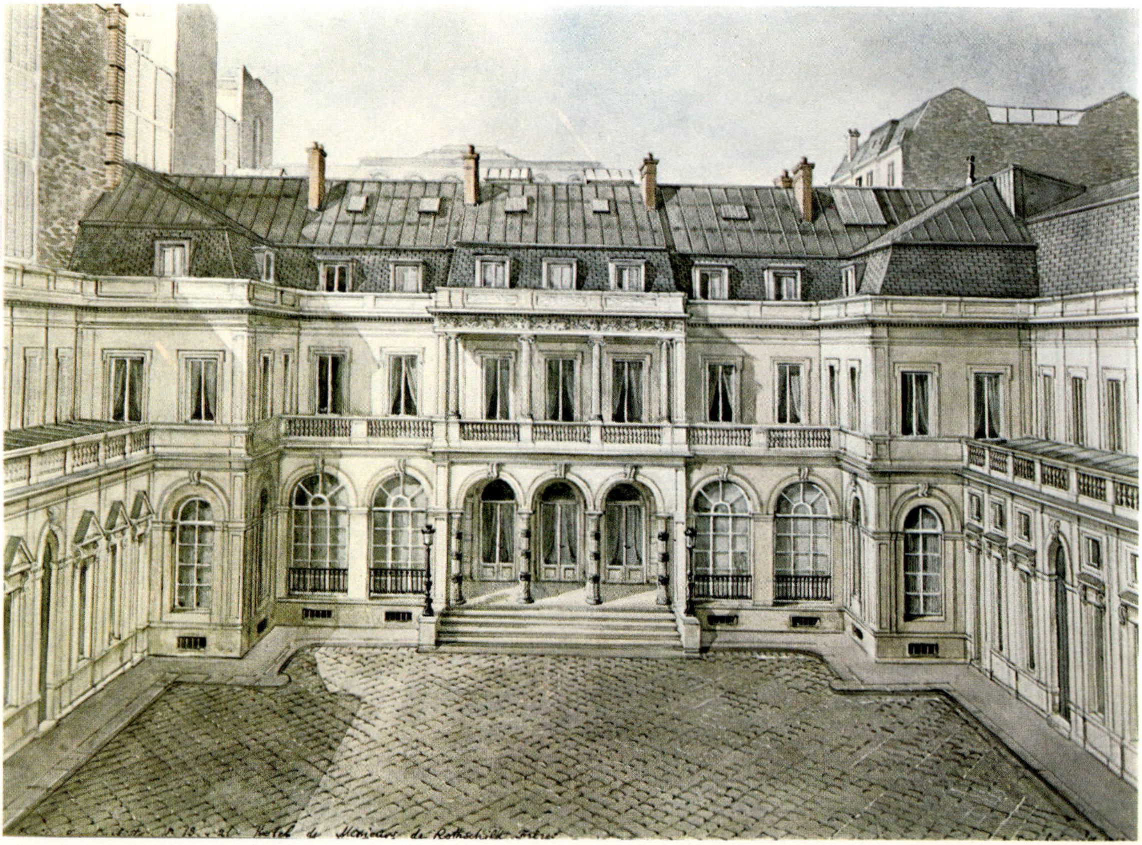
Hotel de Messieurs de Rothschild Frères

3 Fünf Brüder in fünf Ländern
(1815–1825)

Oben: New Court im Jahre 1819. Nathan lebte mit seiner Familie zunächst über der Bank, zog dann nach Stamford Hill und schließlich in das Haus am Piccadilly 107.

Unten: Das Hôtel de Laborde, das spätere Hôtel Fouché, an der Rue Laffitte 19 in Paris, das ehemalige Stadtpalais des Polizeipräfekten Napoleons. Hier wohnte Jacob Rothschild.

„Die Rothschilds stellten in der Tat eine besondere *species plantarum* dar...", schrieb Friedrich von Gentz, der Sekretär des großen österreichischen Kanzlers Fürst Metternich im Jahre 1818:

> Sie sind gewöhnliche, unwissende Juden von ansehnlichem Äußeren, in ihrem Geschäft die reinsten Empiriker und ohne die geringste Neigung zu etwas Höherem. Aber sie sind mit einem bemerkenswerten Instinkt begabt, der sie stets veranlaßt, das Richtige zu wählen, und von zwei Richtigen das Bessere. Ihr ungeheurer Reichtum (sie sind die reichsten Leute in Europa) ist allein diesem Instinkt zu verdanken, den man im allgemeinen als Glück zu bezeichnen geneigt ist...[1]

Und doch mußten die Brüder darum kämpfen, ihre Stellung in der Nachkriegswelt zu festigen. Als Hauptbankier der britischen Regierung befand sich der hochbegabte achtunddreißigjährige Nathan in London, der das Familienvermögen erworben hatte, in der stärksten Position. Der nächste war der dreiundzwanzigjährige Jacob in Paris, der das Vertrauen des neuen französischen Königs genoß. Aber die drei Rothschilds in Frankfurt, Amschel, Salomon und Carl, genossen kein vergleichbares Ansehen, denn in Mitteleuropa herrschte immer noch ein tief verwurzelter Antisemitismus.

Weil die drei Rothschild-Banken eine Firma bildeten und die Teilhaber Gewinne wie Verluste teilten, beschloß Nathan, seinen Brüdern zu dem gleichen Ansehen zu verhelfen, wie er selbst es genoß. Es war klar, daß ihre Zukunft in der großen Kaiserstadt Wien lag, und die Schlüsselfigur in Wien war Fürst Metternich, der einflußreichste Staatsmann in Europa. Obwohl Metternich in bezug auf das weibliche Geschlecht ein Abenteurer war, nahm er als Politiker eine ganz konservative Haltung ein. Er glaubte, daß die Massen durch die Umwälzungen, die zunächst als Folge der Französischen Revolution und dann im Verlauf der Eroberungskriege Napoleons erfolgt waren, aus dem Gleichgewicht geraten seien und jetzt die Disziplin der alten Ordnung brauchten. Er glaubte nicht daran, daß die Gleichheit die Menschen glücklich machen könnte. Die Brüderlichkeit war für ihn ein Hirngespinst. Er war davon überzeugt, es müsse in der menschlichen Gesellschaft höhere Klassen geben, denn sonst verbrächten die Angehörigen der unteren Schichten ihre Zeit damit, sich gegenseitig die Kehlen durchzuschneiden.

Der Vertragsentwurf Alexanders I. wird am 26. September 1815 von Franz I. von Österreich, Alexander I. von Rußland und Friedrich Wilhelm III. von Preußen unterzeichnet.

Zar Alexander I. von Rußland handelte ganz im Sinne Metternichs, als er den Vorschlag machte, eine heilige Allianz zu gründen, welche die Souveränität eines jeden Menschen garantierte, der sich zu den christlichen Grundsätzen bekannte. Metternich erblickte klugerweise in der Erhaltung des *Status quo* einen Grundpfeiler der Heiligen Allianz. Auf dem Wiener Kongreß förderte er die Gründung eines neuen Deutschen Bundes mit einem Bundestag in Frankfurt. Dieser Bund setzte sich aus kleinen autonomen Staaten zusammen, die so schwach waren, daß sie sich auf Österreich stützen mußten.

Die Gebrüder Rothschild verfolgten aufmerksam jeden Schritt Metternichs, und 1815 riet Nathan seinen Brüdern Amschel und Salomon, in Wien um eine „Anerkennung ihrer Dienste" nachzusuchen. Damit meinte er natürlich die britischen Subventionen, die er über das Bankhaus Rothschild in Frankfurt an Österreich gezahlt hatte. Amschel und Salomon hatten damals die britischen Geldbeträge so rasch und geräuschlos in österreichische Währung umgewechselt, daß der volle Wert des Geldes erhalten blieb, denn die Transaktion hatte keine Schwächung des Wechselkurses zur Folge.

Fürst Metternich, „der Schlüssel zu Mitteleuropa".

Nathan hatte genau den richtigen Zeitpunkt abgepaßt; denn die österreichische Regierung hatte einen so hohen Kreditbedarf, daß sie es sich nicht leisten konnte, eine Gruppe mächtiger Bankiers vor den Kopf zu stoßen. Deshalb schickte der Finanzminister Graf Stadion den Brief Salomons an den Kaiser und empfahl, „Eure Majestät mögen gnädigst den beiden hier wohnhaften Brüdern aus dieser Firma den erblichen deutschen Adel verleihen ..." Stadion schlug damit nur die Verleihung des einfachen Adelsprädikats „von" vor, aber der geheime Staatsrat Baron von Lederer war empört darüber, daß eine so hohe Ehre den Inhabern einer Firma zuteil werden sollte, die nichts anderes getan hatte, als im eigenen Interesse Geschäfte zu machen. „Eure Majestät sollten den beiden Brüdern je eine goldene Schnupftabakdose mit dem Monogramm Eurer Majestät in Brillanten zum Geschenk machen ..." Schließlich überließ man dem Fürsten Metternich die Entscheidung, und der Fürst sprach sich auf Empfehlung seines jüdischen Sekretärs und Finanzberaters für das „von" aus.

Die Rothschilds in Frankfurt wurden nun aufgefordert, den Entwurf eines Wappens vorzulegen. Salomon übersah, als er diesem Ersuchen nachkam, die Tatsache, daß nur von zwei Brüdern die Rede gewesen war, und bat um die Ausfertigung von Adelspatenten für jeden der fünf Brüder. Als der Entwurf für das Wappen beim Heroldsamt eintraf, schlug er dort wie eine Bombe ein. Die alten Aristokraten, die die Verleihungsurkunden bearbeitet hatten, glaubten ihren Augen nicht mehr trauen zu können. In der langen Geschichte der Heraldik war noch niemals ein so absurder, anmaßender, aggressiver und arroganter Vorschlag vorgelegt worden: Das erste Viertel des Wappenschildes zeigte einen Adler (aus dem kaiserlich österreichischen Wappen), das zweite einen Leoparden (aus dem königlich englischen Wappen), das dritte einen Löwen (aus dem hessischen Wappen) und das vierte einen Arm mit fünf Pfeilen in der Hand (die fünf Brüder). Als Schildhalter am Mittelschild war auf der einen Seite ein Windhund als Symbol der Treue und auf der anderen Seite ein Storch als Symbol der Frömmigkeit zu sehen. Über dem Wappen befand sich eine Krone, aus der der hessische Löwe emporstieg – und das alles für die Verleihung des einfachen „von".

Vgl. zum Rothschild-Wappen auch Abb. und Text S. 64 sowie die Vorderseite des Schutzumschlags.

Empört schrieb das Heroldsamt:

Sie (d. h. die Rothschilds) verlangen eine Krone, Mittelschild-Halter, den englischen Leoparden und den hessischen Löwen. Nach den Regeln der Heraldik steht dem niederen Adel nur ein Helm zu. Ihr Vorschlag ist völlig unzulässig; denn sonst gäbe es nichts, um die höheren Ränge zu unterscheiden. Kronen, Schildhalter und Mittelschild werden nur vom Hochadel geführt. Außerdem kann keine Regierung die Embleme anderer

Regierungen verleihen, weil der Adelstitel für Dienste vergeben wird, die dem eigenen Fürsten oder dem eigenen Lande geleistet wurden. Der Löwe ist ausschließlich das Symbol der Tapferkeit, was für die Antragsteller nicht zutrifft[2].

Der vom Heroldsamt zurückgereichte Entwurf war allen Glanzes entkleidet. Hier gab es keine Krone, keinen Löwen, keinen Storch und keinen Windhund mehr. Auf zwei Vierteln des Wappenschildes befand sich nun ein Arm, und zwar mit vier und nicht mit fünf Pfeilen. In den beiden anderen Vierteln war je ein halber Adler zu sehen, und diese Hälften vereinigten sich oben irgendwie zu einem ganzen Adler. Aber die Rothschilds konnten nichts dagegen unternehmen, und so wurde dies im März 1817 ihr Familienwappen.

Der Herzog von Richelieu erreicht auf dem Kongreß von Aachen (1818) den vorzeitigen Abzug der Besatzungstruppen aus Frankreich und die Aufnahme Frankreichs in den Rat der Großmächte.

Wenn Metternich der „Schlüssel zu Mitteleuropa" war, dann war Friedrich von Gentz der Schlüssel zu Metternich. Dieser erstaunliche Mann, der als österreichischer Jude geboren wurde und als Beamter in preußischen Diensten gestanden hatte, konnte seinen Herrn, den Fürsten, um den Finger wickeln. Er besaß einen unwiderstehlichen Charme und hatte eine besondere Vorliebe für elegante Kleidung, Bälle und schöne Frauen. Als guter Gesprächspartner und geschickter Propagandist war er der erste Werbefachmann des frühen 19. Jahrhunderts. Wenn er wollte, konnte er jedem beliebigen Menschen nützlich sein. Er konnte einer Geschmacksrichtung zum Durchbruch verhelfen, eine Mode kreieren oder ein Schlagwort bekanntmachen. Gentz wurde als Sekretär des Wiener Kongresses bekannt, eine Stellung, auf die sich später Disraeli berief, als er nachweisen wollte, daß die Juden noch immer das Schicksal der Menschheit in der Hand hätten.

Jetzt war Gentz Metternichs Sekretär und, was noch wichtiger war, sein Finanzberater. Gentz behauptete nicht nur, viel von Geldangelegenheiten zu verstehen, sondern sein Hauptinteresse galt der Anhäufung von Geld für sich selbst. Er verhehlte es nicht – und jedermann wußte es –, daß er nicht nur bestechlich war, sondern daß er es übelnahm, wenn er nicht bestochen wurde. In seinem Tagebuch bezeichnet er Bestechungsgelder als „erfreuliche Nachrichten" oder „vorteilhafte Geldgeschäfte". Er war dringend auf solche Einkünfte angewiesen, denn er mußte die ausgefallenen Wünsche seiner jugendlichen Mätresse, der berühmten Tänzerin Fanny Elßler, befriedigen.

Friedrich von Gentz, „der Schlüssel zu Metternich".

Die Rothschilds konzentrierten ihre Bemühungen auf Friedrich von Gentz. Als er vor und nach dem Kongreß von Aachen 1818 Frankfurt besuchte, kam er täglich mit der Familie zusammen, und nach Abwicklung einer Reihe „vorteilhafter Geschäfte" versprach er, seinen Einfluß bei Metternich dafür einzusetzen, daß das Los der Juden in Frankfurt erleichtert würde, die seit dem Sturz Napoleons in mancher Weise wieder unter den alten Bedrückungsmethoden zu leiden hatten.

Das war aber nicht alles, was die Rothschilds von Metternich erwarteten. Die Brüder waren vielmehr gekränkt darüber, daß man sie nicht an der Abwicklung der Frankreich 1817 gewährten Anleihe beteiligt hatte, einer Anleihe, die aufgelegt wurde, um Frankreich die Reparationszahlungen an die siegreichen Verbündeten zu ermöglichen. Während des Krieges hatte man das Geld der Rothschilds dringend gebraucht, aber jetzt nach Friedensschluß sah es aus, als gelänge es den alten etablierten Bankiers, die *parvenues* aus dem Geschäft zu verdrängen.

So jedenfalls sahen es die Rothschilds. Der Gedanke, eine Anleihe von so gewaltiger Höhe – es waren eine Milliarde Francs – aufzulegen, stammte ursprünglich von dem berühmten französischen Bankier Gabriel-Julien Ouvrard, der die Hundert Tage Napoleons finanziert hatte und dann in das Lager Ludwigs XVIII. übergewechselt war.

Ouvrard forderte Alexander Baring aus London und dessen Schwager Labouchère, den Chef der Firma Hope und Co. in Amsterdam, auf, gemeinsam mit ihm das Geld zu beschaffen, doch unter keinen Umständen wollte er zulassen, daß sein verhaßter Rivale, der energische, aggressive und unverzeihlich erfolgreiche Jacob Rothschild an dem Geschäft beteiligt würde. Jacob protestierte empört, und Baring versuchte, Ouvrard mit allen Mitteln umzustimmen. Doch dieser blieb hart. Er konnte sich das leisten, weil der französische Außenminister, der Herzog von Richelieu, die Rothschilds nicht mochte und sie als „Parvenüs" und „Geldwechsler" bezeichnete. Er zog sich sogar den besonderen Unwillen der Brüder Rothschild dadurch zu, daß er behauptete: „Es gibt sechs Großmächte in Europa: England, Frankreich, Rußland, Österreich, Preußen und die Gebrüder Baring."

Die erste Auflage der von Ouvrard und Baring organisierten Anleihe in Höhe von 350 Millionen Francs mit fünf Prozent Dividende wurde Anfang 1817 zu einem Kurs von 53 auf den Markt gebracht. Die Bankiers waren erleichtert, als sie feststellen konnten, daß die Anleihe innerhalb weniger Tage vollständig gezeichnet war. Sie wußten natürlich nicht, daß die Rothschilds den größten Teil davon an sich gebracht hatten, weil sie nun, da sie sich an der Auflage nicht hatten beteiligen können, auf andere Art davon profitieren wollten.

Als 1818 der Aachener Kongreß begann, waren bereits zwei Auflagen der Anleihe ausgegeben worden. Obwohl die Großmächte erklärt hatten, sie würden mit ihren Armeen so lange in Frankreich bleiben, bis die Kriegsschulden vollständig getilgt seien, stellte es sich heraus, daß die Kosten für den Unterhalt der Besatzungsstreitkräfte bedeutend höher waren, als man es sich vorgestellt hatte. Man kam daher zu der Überzeugung, es wäre besser, sich auf die niedrigere Reparationssumme von 24 Millionen Francs (£ 1 000 000) zu einigen und die Truppen aus dem besetzten Lande herauszuziehen als die Zahlung des Gesamtbetrages zu verlangen, was monatelange Verhandlungen zur Folge haben und die Besatzungskosten wesentlich erhöhen würde.

Salomon und Carl Rothschild nahmen an dem Kongreß teil und versuchten noch einmal, an der dritten Auflage der Anleihe beteiligt zu werden. Aber die vornehmen Herren nahmen kaum von ihnen Notiz. Lady Castlereagh veranstaltete unglaublich langweilige Gesellschaften. Metternich und Gentz flirteten mit den hübschesten Diplomatenfrauen. Der Herzog von Richelieu ritt im Park spazieren. Nesselrode spielte Karten, und Carl Rothschild führte seine Braut, die schöne Adelheid Herz, die aus einer der vornehmsten jüdischen Familien in Deutschland stammte, durch den großen Konferenzsaal, aber niemand sah sich nach ihnen um. Salomon ging indessen in seinem Hotelzimmer auf und ab und überlegte, wie er der blasierten Versammlung die Gegenwart der Rothschilds bewußt machen könnte. Die Beamten waren unzugänglich und wiesen darauf hin, daß Ouvrard, Baring und Hope im vergangenen Jahr mit ihren Auflagen Erfolg gehabt hätten und es daher keinen Sinn habe, etwas zu ändern. Im übrigen steige doch der Kurswert der Anleihen an der Börse von Paris gerade in diesem Augenblick.

Zu Adelheid Rothschild, geb. Herz, vgl. Abb. S. 51.

Den ganzen Oktober hindurch kümmerte sich niemand um die Brüder

Fürst von Hardenberg (1750–1822) wird Nachfolger des Freiherrn vom Stein (s. Marginalie S. 38) und setzt dessen Reformpolitik fort (Regulierung der bäuerlichen Verhältnisse, Judenemanzipation).

Rothschild. Am 5. November aber setzte eine erstaunliche Entwicklung ein. Die Auflage von 1817, die französischen *rentes*, fiel, und zwar zunächst von 74 auf 73, dann auf 71 Punkte, von 71 auf 69 und schließlich auf 68. Es kam fast zu einer Panik, denn fast jeder Diplomat hatte mit den Anteilscheinen spekuliert, und zwar mit Vorschüssen der Banken.

Friedrich von Gentz, der im Gesicht Salomons ein verstecktes Lächeln bemerkte, erkannte plötzlich, was hier gespielt wurde. Die Rothschilds kontrollierten die hohe französische Anleihe und hatten nun als Warnung die Kurse gedrückt. Ouvrard berief in aller Eile eine Sitzung der Bankiers ein. Da sie versprochen hatten, die neue Anleihe zu einem Kurs von 70 aufzulegen und diese Zusage nicht zurücknehmen konnten, mußten sie jetzt die Anteilscheine mit gewaltigen Verlusten ausgeben, denn der Kurs stand auf 65. Doch Alexander Baring fand eine geniale Lösung. Auf einer zweiten Sitzung, an der Fürst Metternich für Österreich, Fürst Hardenberg für den Deutschen Bund und der Herzog von Richelieu für Frankreich teilnahmen, erklärte er, er sei bereit, sich an seine Zusage zu halten, doch Kreditgeschäfte von Privatpersonen seien nur auf einem Markt mit steigenden Kursen zulässig. Die Anleger würden daher den vollen Preis bezahlen müssen. Den Staatsmännern war das gar nicht recht, denn keiner von ihnen verfügte über das notwendige Bargeld. Fürst Metternich murmelte indigniert etwas vor sich hin, rettete die Situation aber schließlich mit dem Vorschlag, man solle die bis jetzt geltende Absprache für null und nichtig erklären und einen neuen Vertrag aufsetzen, der sowohl den Banken als auch den Anlegern Vorteile bot. Baring, Hope und Ouvrard atmeten erleichtert auf.

Als jedoch die dritte Anleihe aufgelegt wurde, beging man nicht mehr den Fehler, die Rothschilds auszuschließen. Die Brüder Rothschild hatten nicht nur durch den Ankauf der Anleihe von 1817 auf rein privater Basis hohe Gewinne eingesteckt, sondern sie hatten ganz Europa gezwungen, ihre finanzielle Überlegenheit anzuerkennen. Ouvrard mochte rasen, Hope vor Neid blaß werden und Baring protestieren: die Rothschilds hatten erreicht, was sie wollten. „Festungen, die so lange belagert worden waren, daß sie schon fast für uneinnehmbar galten, kapitulierten plötzlich, ohne weiteren Widerstand zu leisten und ohne wesentliche Kampfhandlungen, bedingungslos. Die ganze Front brach auseinander und löste sich auf. Die fünf Sieger marschierten unter Trommelwirbeln und mit fliegenden Fahnen zum Erfolg – die ungewöhnlichste Streitmacht, welche die Geschichte je gesehen hat ...“[3] Der Anführer der fünf Krieger war Nathan Mayer Rothschild, von der Familie und seinen Freunden „N. M.“ genannt.

Das ausgabefreudige England zur Zeit der Regentschaft brachte manche bizarre Gestalt hervor, aber niemand machte einen skurrileren Eindruck als der Nachkriegs-Krösus. Klein und wohlbeleibt, das gummiartige Gesicht von einem roten Haarkranz umrahmt, betrachtete er die Welt aus seinen hervorquellenden blauen Augen, sah aus wie ein Zirkusclown und war auch nicht viel gebildeter. Obwohl er britischer Untertan geworden war, beherrschte er das Englische immer noch nicht und verständigte sich mit Hilfe einer Mischung aus gebrochenem Englisch und vulgärem Jiddisch. Wenn es jedoch darauf ankam, konnte er fluchen wie ein gemeiner Soldat. Nathan war alles andere als freigebig und schätzte es gar nicht, wenn caritative Organisationen um Spenden baten. Wenn er sich, was nur sehr selten geschah, zu einer Spende hatte überreden lassen, bereute er es jedesmal. Wie ein aufgeregter Schuljunge rannte er dann in seinem Büro herum und rief einem seiner Schreiber zu: „Schreiben Sie den Scheck aus! Ich habe mich wieder einmal zum verd... Narren halten lassen.“[4]

Die Hälfte des Tages widmete Nathan seinen Bankgeschäften, die andere Hälfte spekulierte er in Wertpapieren. In der Börse stand er stets neben der gleichen Säule und war sich wohl bewußt, den Mittelpunkt der Aufmerksamkeit zu bilden. Die anderen Makler beobachteten jede seiner Gesten und hofften, irgendeinen Anhaltspunkt entdecken zu können, der ihnen einen verborgenen Schatz anzeigte. Aber Nathan bereitete es besonderes Vergnügen, seine Konkurrenten zu necken und hinters Licht zu führen. Deshalb blieb sein Gesicht meist völlig ausdruckslos.

Man bezeichnet die Augen gewöhnlich als die Fenster der Seele, aber im Falle von Rothschild würde man glauben, daß es blinde Fenster sind oder daß er keine Seele habe, die hinausblicken könnte. Es dringt kein einziger Lichtstrahl aus dem Inneren, und man erkennt auch nicht den Widerschein dessen, was, von außen kommend, darin reflektiert werden könnte. Der ganze Mann macht den Eindruck einer leeren Haut, und man überlegt sich, warum er aufrecht steht, ohne daß ihn etwas von innen stützt. Manchmal nähert sich ein anderer dieser Gestalt. Sie tritt dann zwei Schritte beiseite, und der fragendste Blick, den man je gesehen hat, ein Blick, der bohrender ist, als man es sich vorstellen kann, kommt aus den starren, bleiernen Augen, als werde ein Schwert aus der Scheide gezogen...[5]

Eine Lieblingsfigur der Londoner Karikaturisten war der untersetzte Nathan mit seiner wulstigen Unterlippe. Hier steht er als „Säule der Börse“ neben seiner Lieblingssäule an seinem Stammplatz in der Londoner Börse.

Der einzige Mensch, dem Nathan rückhaltlos vertraute, war seine gut aussehende Frau Hannah. Sie schenkte ihm vier Söhne und drei Töchter. Das jüngste Kind wurde 1820 geboren. Die Rothschilds lebten bescheiden und, als die Familie wuchs, recht unbequem an der St. Swithin's Lane in der City, wohin Nathan 1810 gezogen war. Das Haus hieß New Court, denn es war nach dem großen Feuer von 1666 neu aufgebaut worden. Im unteren Stockwerk befand sich die Bank, darüber die Wohnung der Familie. Das Haus hatte einen vorstehenden Sims, an der Südseite eine überdachte Kolonnade mit einer zur Haustür hinaufführenden Treppe, eine aus Ziegelsteinen aufgeführte Brüstung, Dachkammern, Mansarden und Vorbauten. Im Inneren gab es mit Marmor verkleidete Kamine, eine Küche, eine Abwaschküche, Lagerräume und Büros[6]. Nathans Miete betrug £ 175 im Jahr.

Das gesellschaftliche Leben der Rothschilds drehte sich um Hannahs zahlreiche Brüder und Schwestern, die Cohens, die durch ihre Heiraten die prominentesten jüdischen Familien in England zu einem großen Klan zusammengeschweißt hatten. Eine der Schwestern war die Frau von Moses Montefiore, eines Kaufmannes und Börsenmaklers; eine andere Schwester hatte den Bruder von Moses geheiratet. Eine Schwester und ein Bruder waren mit den Geschwistern von Moses Samuel verheiratet, der ebenfalls Bankier und Makler war. Ein weiterer Bruder hatte eine Nichte von Abraham Goldsmith zur Frau.

Die Cohens waren fromme Juden, und Judith Cohen berichtet, wie Admiral Sir Sidney Smith einmal unerwartet zu Besuch kam und zu seiner Überraschung die Familie auf Stühlen sitzend vorfand, die so niedrig waren, daß sie sich kaum über den Fußboden erhoben. Als er nach dem Grund fragte, „antwortete ich, wir sitzen so niedrig, weil dies der Jahrestag der Zerstörung Jerusalems ist, der von frommen Juden als ein Tag der Trauer und der Demütigung begangen wird...“[7]. Um ihrer orthodoxen Familie einen Gefallen zu tun, überredete Hannah Nathan, gemeinsam mit Salomon Cohen das Amt des Synagogenvorstehers in der großen Synagoge zu übernehmen. Obwohl sich Nathan weigerte, Geld zu spenden, gelang

Herzog Charles Maurice von Talleyrand (1754–1838) tritt als Bischof von Autun auf die Seite der Revolution, bis 1807 Außenminister Napoleons, nach seiner Entlassung dessen heimlicher Gegner.

es ihm, die drei Aschkenazim-Synagogen in der City zusammenzubringen und ihre Bemühungen zur Unterstützung der Armen zu koordinieren.

Zwar bemühte sich Nathan nicht um den Kontakt mit Menschen außerhalb seiner Familie, doch zahlreiche hochgestellte Persönlichkeiten legten Wert auf den Verkehr mit ihm. Der Herzog von Wellington war ein häufiger Gast, ebenso auch der französische Botschafter am Hof von St. James, Fürst Talleyrand, der Hannah mit seinen höfischen Manieren entzückte und die Kinder mit den kleinen Figuren amüsierte, die er aus Brotstücken kneten konnte. Auch der preußische Gesandte, Graf Wilhelm von Humboldt, gehörte zu den diplomatischen Freunden Nathans. „Gestern dinierte Rothschild mit mir", schrieb Humboldt an seinen Bruder Alexander, den berühmten Naturforscher. „Er ist ganz grob und ungebildet, besitzt aber ein gut Teil natürlicher Intelligenz. Er war sehr schlagfertig im Gespräch mit Major Martins, der sich über die Schrecken des Krieges und die große Zahl der Gefallenen ungeheuer sentimental äußerte. ‚Nun', sagte Rothschild, ‚wenn sie nicht alle gefallen wären, Herr Major, dann wären Sie heute wahrscheinlich noch ein Trommler.'"[8]

Im Lauf der Zeit erwarb Nathan den Ruf, so derb zu sein, daß sogar der „Eiserne Herzog" ihn darin nicht übertreffen könnte. Eine Dame sagte ihm einmal, sie hoffe, Nathans Kinder schätzten das Geld und die Geschäfte nicht höher ein als andere wichtige Dinge, und meinte: „Ich bin sicher, Sie würden das nicht wünschen." „Ich bin sicher, daß ich es wünsche", erwiderte er temperamentvoll. „Ich wünsche, daß sie Geist, Seele, Herz und Körper, ja alles dem Geschäft geben ... Man braucht viel Kühnheit und viel Vorsicht, um ein großes Vermögen zu erwerben, und wenn man es hat, dann braucht man zehnmal so viel, um es zu behalten."[9]

Als ein ausländischer Fürst Nathan in dessen Büro besuchte, fand er ihn nicht nur derb, sondern unhöflich. Nachdem der Bankier seinem Gast mit einer schnellen Handbewegung einen Stuhl angeboten hatte, wendete er sich wieder den Papieren zu, die vor ihm auf dem Tisch lagen. Der Besucher sah dies als eine Kränkung an, fragte: „Haben Sie gehört, Sir, wer ich bin?" und knallte Nathan seine Visitenkarte auf den Tisch. Der Bankier warf einen kurzen Blick darauf und antwortete: „Nun gut, dann nehmen Sie zwei Stühle."

Wenn sich aber Nathan selbst beleidigt fühlte, so war das eine ganz andere Sache. Einmal hatte er sich augenscheinlich über die Bank von England geärgert, weil sie sich geweigert hatte, einen Wechsel zu diskontieren, den Nathans Bruder Amschel in Frankfurt auf ihn ausgestellt hatte. Einer der Direktoren erklärte dem Boten Rothschilds: „Die Bank diskontiert nur ihre eigenen Wechsel und nicht diejenigen von Privatpersonen." „Privatpersonen!" rief Nathan aus, als er das erfuhr, „ich werde diesen Herren zeigen, was für Privatpersonen wir sind!"

Nach ein paar Tagen ging Nathan zur Bank, zog eine Fünfpfundnote aus der Brieftasche und verlangte Gold dafür. Der Kassierer zählte fünf Sovereigns auf den Tisch und sah den großen Rothschild erstaunt an. Nathan steckte das Geld ein und präsentierte eine zweite Banknote, dann eine dritte, vierte, fünfte usw. Es dauerte sieben Stunden, bis er £ 21 000 umgewechselt hatte. Weil er aber auch neun seiner Bankangestellten beauftragt hatte, dasselbe zu tun, hatte die Bank von England am Abend £ 210 000 ihrer Goldreserven ausgeben müssen. Am folgenden Tage erschien Nathan mit seiner kleinen Streitmacht noch einmal. Den ungeduldig wartenden Kunden, die nicht bedient werden konnten, weil keine Geldzähler frei waren, erklärte er: „Diese Herren weigern sich, meine Wechsel zu nehmen; deshalb will ich auch ihre nicht behalten, und ich besitze genügend Banknoten, um sie zwei Monate lang zu beschäftigen.“ Zwei Monate! 11 Millionen Pfund Gold! Die Direktoren beraumten eine Sondersitzung an und beschlossen, sich in aller Form bei Nathan zu entschuldigen: In Zukunft würde die Bank von England die Wechsel der Rothschilds ebenso bereitwillig annehmen wie ihre eigenen[10].

Die Macht Nathans gründete sich nicht nur auf seinen Reichtum, sondern auch auf seine unglaubliche Vitalität. Schon 1817 meldete der preußische Botschafter nach Berlin, Rothschild sei der bei weitem unternehmendste Geschäftsmann im Lande. Er sei darüber hinaus ein Mann, auf den man sich verlassen könne und mit dem die Regierung in England große Geschäfte abschließe. Außerdem sei er... ehrlich und intelligent[11]. Der Direktor des preußischen Schatzamtes, der zu Besuch in London weilte, bestätigte diesen Bericht und fügte hinzu, Rothschild habe in London einen ungeheuren Einfluß in allen Finanzangelegenheiten. Überall könne man feststellen..., daß er die Wechselkurse in der City bestimme. Sein Einfluß als Bankier sei sehr groß[12].

Aufgrund dieser Beurteilung bat die preußische Regierung ihn, eine Staatsanleihe in Höhe von £ 5000000 aufzulegen, die erste, mit der er beauftragt wurde. Es gelang ihm, sie zu einem Durchschnittskurs von 72 unterzubringen, ein glänzendes Geschäft, denn der Kurs stieg bald auf 100. Es folgten weitere Anleihen: 1819 waren es £ 12000000 zu einem Zinssatz von 3 Prozent für die britische Regierung, 1821 £ 2000000 und 1822 £ 2500000 für die neapolitanische Regierung; 1822 £ 3500000 für Rußland, 1823 £ 1500000 für Portugal und 1824 £ 3500000 für Österreich[13]. Die Methoden von Nathans Bankgeschäften machten Geschichte. Er bewog mit einem neuen Verfahren das englische Publikum dazu, ausländische Anleihen zu zeichnen, indem er dafür sorgte, daß die Dividenden in Sterlingwährung ausgezahlt wurden.

1824 kam es in England zu wilden Spekulationen, die an den „Südseeschwindel“ von hundert Jahren zuvor erinnerten. Nachdem sich die lateinamerikanischen Länder von der spanischen Oberhoheit befreit hatten, empfahlen tüchtige Geschäftsleute, man solle in den jetzt selbständig gewordenen Staaten investieren, um hohe Gewinne einzustreichen, und die Spekulanten kauften ausländische Staatsanleihen in großer Menge. Obwohl alle Banken sich damit beschäftigten, neue Anleihen aufzulegen, hatte Nathan in jenem Jahr zu viel mit der Gründung der *Alliance Insurance Company* (Allianz-Versicherungs-Gesellschaft) zu tun, um sich in großem Maßstab an diesem Geschäft zu beteiligen. Er gründete die neue Firma gemeinsam mit seinem Schwager Moses Montefiore auf Anregung eines anderen Schwagers, Benjamin Gompertz'.

Gompertz gehörte zwar als „Fellow“ der Royal Society an, aber es gelang ihm nicht, eine Anstellung als Versicherungsstatistiker zu bekommen, weil man glaubte, die Juden seien ihrer Veranlagung nach Brandstifter. Deshalb kam Nathan auf die Idee, selbst eine Versicherungsgesellschaft zu gründen. Mit seiner Alliance hatte er sofort große Erfolge, und bald war sie die größte Versicherungsgesellschaft in Großbritannien. Gompertz erhielt natürlich die Stelle des Statistikers.

Die Royal Society (Königliche Akademie der Wissenschaften) wird 1622 unter Karl II. gegründet.

Nathan hatte Glück, sich jetzt mit anderen Dingen beschäftigt zu haben; denn Ende 1825 hatten mehr als dreitausend Firmen den Konkurs angemeldet. Gerüchte gingen sogar um, die Bank von England werde schließen, aber Nathan und Jacob sprangen in die Bresche, und ihnen gelang, als Notmaßnahme Gold aus Frankreich nach England zu transferieren.

Karikatur auf die Gründung der Alliance Assurance Company im Jahre 1824 durch Nathan Rothschild und Moses Montefiore.

Nathan hatte jetzt auch das Schicksal seines Bruders Jacob in Paris in die Hand genommen und ebenso das seiner drei Brüder Amschel, Salomon und Carl, die nach dem Ende der Napoleonischen Kriege ihre Zusammenarbeit in der Frankfurter Bank wiederaufgenommen hatten. Er empfahl, daß einer der Brüder nach Wien ging. Schließlich leitete Fürst Metternich nicht nur die Politik des Habsburgerreiches, das die Vormachtstellung in Mitteleuropa innehatte, sondern seine absolutistischen Vorstellungen bestimmten auch die Verhältnisse in einem großen Teil Westeuropas. Doch keinem der drei Brüder war viel daran gelegen, die Heimat zu verlassen und in das snobistische, antisemitische, von einem strengen Hofzeremoniell beherrschte Wien überzusiedeln.

Es war ein Zufall, daß sich ein Rothschild am Ende dennoch bereit fand, in die Donaumetropole zu ziehen. Im Sommer 1819 demonstrierten große Menschenmassen mit dem alten Schlachtruf „Hepp! Hepp!" auf den Straßen Frankfurts gegen die Juden. Sie schmierten ihre Parolen an die Hauswände und schlugen die Fenster der Rothschildbank ein. Es war zu diesen Unruhen gekommen, weil es vielen deutschen Staaten nicht paßte, jetzt unter das Joch Österreichs gekommen zu sein, nachdem sie sich von der Herrschaft Napoleons befreit hatten. Eine Welle des Nationalismus erfaßte den ganzen Deutschen Bund, der seinen Verwaltungssitz in Frankfurt hatte. Man betrachtete die Bankiers als Feinde, weil sie die reaktionären Ideen Metternichs unterstützten, und weil die meisten Bankiers Juden waren, drohten die Proteste in Pogrome auszuarten.

Die jüdischen Familien befürchteten ein Massaker und versteckten sich zitternd in ihren Kellern. Jacob Rothschild schrieb aus Paris an seinen ältesten Bruder Amschel und bat ihn dringend, die Bank zu schließen und nach Frankreich zu kommen. Der österreichische Gesandte in Frankfurt, Herr Handel, hörte gerüchtweise davon und schrieb in aller Eile an Fürst Metternich. In seinem Brief teilte er mit, das große und reiche Haus Rothschild sei angeblich nicht abgeneigt, Frankfurt zu verlassen. Jetzt stelle sich die Frage, ob es nicht im österreichischen Interesse läge, wenn man der Firma vorschlüge, nach Wien auszuwandern[14].

Fürst Metternich war durch die Demonstrationen sehr verärgert, denn in seinen Augen richteten sie sich gegen seine Politik. Er sprach sogar von „revolutionären Antisemiten". Um sein Mißfallen zum Ausdruck zu bringen, ernannte er Nathan Rothschild zum österreichischen Konsul in London und teilte der österreichischen Gesandtschaft in Frankfurt mit, wenn die Rothschilds ihren Geburtsort verlassen wollten, dann seien sie in Wien willkommen*. Dann bat er Salomon Rothschild um einen Vorschlag für die Auflage einer Anleihe in Höhe von 55 000 000 Gulden – etwa £ 5 000 000 – für den österreichischen Staat.

Wieder nahm Nathan die Sache in die Hand, und Salomon machte den ungewöhnlichen Vorschlag, man möge eine Lotterie auflegen, um die breite Öffentlichkeit zu interessieren. Metternich gab der Sache seinen Segen, und Salomon verwirklichte seine Idee mit der den Rothschilds eigenen Finesse. Die erste Auflage hatte eine Höhe von 20 000 000 Gulden, und die Leute beeilten sich, sie zu zeichnen, weil sie den Eindruck hatten, es sei die Gesamtsumme. Aufgrund der starken Nachfrage stiegen die Kurse schnell. Dann folgte die zweite Auflage in Höhe von 35 000 000 Gulden. Nun war man überzeugt, diese Investition sei eine sichere Sache, und niemand mußte zum Kauf überredet werden. Weil jetzt alle kauften, sank der Kurswert der ersten Auflage in besorgniserregender Weise, nachdem wenige schlaue Spekulanten sich ihren Gewinn gesichert hatten. Das war schlimm genug, aber als die Bedingungen der Auflage veröffentlicht wurden, kam es zu einem Skandal. Salomon sollte für die 55 000 000 Gulden, die er vorgestreckt hatte, 114 000 000 Gulden zurückgezahlt bekommen. Die Presse wütete und nannte das „einen schamlosen jüdischen Schwindel", „eine ungeheure Frivolität" und „eine unmoralische Transaktion". Ein erboster Spekulant erklärte, die Anleihe sei eine der niederträchtigsten Machenschaften, die es je auf Kosten fremder Taschen gegeben habe, und das wolle schon viel heißen. Man munkelte, der Finanzminister Graf Stadion und viele untergeordnete Beamte seien bestochen worden. Man darf kaum daran zweifeln, daß Gentz in einem wirklich epochalen Ausmaß „erfreuliche Nachrichten" erhalten hat. Fürst Metternich aber galt als ehrlich, und weil er sich mit den Bedingungen einverstanden erklärt hatte, hielt er zu Salomon. Zum Glück erholten sich die Kurse der ersten Anleihe, und der Wert beider Anleihen stieg beträchtlich. Damit besserte sich auch die Stimmung.

Zur Bestechlichkeit von Gentz vgl. S. 55.

Die Lotterie nahm Salomons Zeit so sehr in Anspruch, daß er sich in Wien niederließ und dort eine Filiale der Rothschildbank eröffnete. Obwohl er sich der Gunst Metternichs erfreute, war die Stellung eines Juden im Habsburgerreich alles andere als beneidenswert. Juden durften kein Land besitzen und nicht Richter, Beamte, Rechtsanwälte, Lehrer oder Offiziere werden. Wenn sie heirateten, mußten sie eine Sondersteuer zahlen, und sie mußten sich in regelmäßigen Zeitabständen bei der Judenbe-

* Ein Jahr darauf, 1822, wurde Jacob österreichischer Generalkonsul in Paris.

hörde melden. Im allgemeinen erhielten „ausländische Juden“ nur begrenzte Aufenthaltsgenehmigungen, doch im Falle von Salomon machte man eine Ausnahme.

Das Gesetz, das Juden verbot, Häuser zu erwerben, konnte jedoch nicht umgangen werden, und Salomon rächte sich damit, daß er sämtliche Zimmer im Hotel „Römischer Kaiser“, dem luxuriösesten der ganzen Stadt, mietete. Damit erzürnte er nicht nur den König von Württemberg, der oft dort abstieg und nun abgewiesen wurde, sondern er ärgerte auch den großen Komponisten Beethoven, der seine Konzerte jetzt nicht mehr in dem prächtigen Saal des Hotels geben konnte. Salomon ließ sich durch solche Beschwerden nicht beeindrucken und lebte mit seiner Frau Caroline, geborene Stern, der Tochter eines reichen Frankfurter Kaufmanns, und seinen beiden Kindern Amschel und Betty weiterhin sehr aufwendig.

Salomon war ebenso wie sein Bruder korpulent und rothaarig, und er hatte das gleiche runde Gesicht. Aber er war der umgänglichste von den fünf Brüdern Rothschild und weder so grob wie Nathan noch so launenhaft wie Jacob. Er war großzügig, freundlich und gefällig. Einige Jahre später schrieb der Frankfurter Bankier Moritz Bethmann aus Wien, Salomon habe sich die Sympathie der Menschen in Wien zum Teil durch sein bescheidenes Auftreten und zum Teil durch seine Hilfsbereitschaft erworben.

Auch Fürst Metternich erwies sich als hilfsbereit. Weil Österreich chronisch verschuldet war und Salomons Lotterie-Anleihe einen so großen

Der zweite Sohn von Mayer Amschel Rothschild, Salomon, der Stammvater des österreichischen Zweiges der Familie, wohl der freigebigste und liebenswürdigste der fünf Brüder.

Erfolg gehabt hatte, drängte der Sekretär Gentz den Kanzler, er möge sich der Familie Rothschild durch eine großzügige Geste erkenntlich zeigen, um damit die unentbehrlichen Bankiers auch für künftige Zeiten bei der Stange zu halten. Dementsprechend bat Metternich den Kaiser 1822, die fünf Brüder zu Baronen zu machen. Dem Habsburger Heroldsamt blieb jetzt nichts anderes übrig, als die Adler, den Helmschmuck und die auf den Hinterbeinen stehenden Löwen wieder in das Wappen aufzunehmen. Und diesmal hielt die Hand auf dem Wappenschild nicht vier, sondern fünf Pfeile.

Nathan aber legte den kaiserlichen Adelsbrief, mit dem ihm diese Ehrung offiziell mitgeteilt wurde, in eine Schublade und ließ sie dort ruhen. Er hatte das richtige Gefühl, die Briten würden sich durch einen deutschen Juden nicht beeindrucken lassen, der sich um die englische Staatsbürgerschaft bemüht hatte, wenn er dann doch Wert auf einen ausländischen Adelstitel legte. Er dankte Metternich wortreich, blieb aber der schlichte Mr. Rothschild.

Salomon andererseits glänzte jetzt nicht nur mit seinem neuen Baronstitel, sondern übernahm auch noch die Aufgabe, die Tochter des Kaisers Franz, Erzherzogin Marie Louise, in ihren privaten finanziellen Angelegenheiten zu beraten. Sie hatte ihrem gestürzten Gatten Napoleon Bonaparte nicht nur schamlos die Treue gebrochen, sondern versuchte es auch nicht, ihn im Exil zu besuchen. Auf dem Wiener Kongreß behandelte Metternich, der die Heirat mit Napoleon in die Wege geleitet hatte, sie sogar als das hilflose Opfer des Despotismus und verschaffte ihr als Wiedergutmachung die Herzogtümer Parma, Piacenza und Guastalla.

Das Wappen der Familie Rothschild, das ihr 1822 verliehen wurde. Es zeigt die 1817 nicht genehmigten Adler, den Helmschmuck und die auf den Hinterbeinen stehenden Löwen.

Der große Kanzler tröstete die Erzherzogin außerdem mit einem schneidigen jungen General, dem Grafen Albert von Neipperg, der im Kriege verwundet worden war und eine schwarze Augenklappe trug. Marie Louise gebar zwei Kinder, eines davon 1819. Solange Napoleon noch auf der fernen Insel St. Helena lebte, wurde die Geburt des kleinen Bastards geheimgehalten. Als er ihr jedoch 1821 den Gefallen tat, zu sterben, heiratete sie ihren Grafen. Der österreichische Kaiser verlieh den Kindern Titel und einen Namen, der in geschickter Weise dem ihres Vaters ähnelte. Die Bedeutung des Namens Neipperg ist „Neu-Berg". Sie durften sich nun Grafen von Montenuovo nennen, was die italienische Übersetzung von „Neu-Berg" ist.

Salomon wurde aufgefordert, den neuernannten Grafen ein Erbe zu sichern, das ihrer Stellung würdig sein sollte. Er besprach sich mit Nathan und machte dann einen genialen Vorschlag. Marie Louise sollte erklären, sie habe eine erhebliche Summe aus ihrer Privatschatulle für die öffentlichen Gebäude in Parma ausgegeben. Wenn sie das tue, könne das Schatzamt von Parma ihr das Geld zurückerstatten. Es werde dann von der Rothschildbank in Staatspapiere umgewandelt werden, die man an die verschiedensten Leute in verschiedenen Ländern verkaufen könnte. Metternich erklärte der Herzogin, Ihre Majestät könnte nichts Besseres tun, als sich Rothschild anzuvertrauen. Augenscheinlich war die Erzherzogin damit einverstanden, denn sie übergab Rothschild alle geschäftlichen Angelegenheiten und sicherte ihren Kindern damit ein ansehnliches Erbe.

Jetzt kam aber auch Carl an die Reihe. 1821 war der zweitjüngste der fünf Brüder 33 Jahre alt. Noch vor drei Jahren hatte Friedrich von Gentz behauptet, es mangele ihm an Intelligenz, denn er war langsam, bedächtig und sprach stockend. Wegen seines Mangels an Selbstvertrauen hatte man ihn viele Jahre nur als Familienkurier verwendet. Er war häufiger zwischen

Frankfurt und Kassel hin- und hergefahren, um dem Kurfürsten und Buderus irgendwelche Nachrichten zu überbringen, als alle anderen Brüder zusammen. 1821 aber schickten Amschel und Salomon Carl nach Neapel, der sich dort in einer Revolution und einer militärisch besetzten Stadt zurechtfinden mußte. Offenbar meinten sie, selbst ein untüchtiger Rothschild sei besser als gar kein Rothschild.

Die am 1. Januar 1820 in Spanien ausgebrochene Revolution ergreift unter der Führung der „Carbonari" (so genannt nach den Köhlern Calabriens) die italienischen Staaten. In Neapel wird die spanische Verfassung ausgerufen.

Die in Neapel ausgebrochene Revolte war die Folge von Schwierigkeiten, die in Deutschland begonnen hatten. Das Volk forderte eine Verfassung. Der vor Furcht zitternde siebzigjährige Ferdinand I. gab sofort nach und versprach alles, was man von ihm verlangte. Ferdinand war der Sohn eines spanischen Königs, von dem er das Königreich beider Sizilien geerbt hatte, und er war der Gatte von Maria Theresias Tochter Maria Carolina, einer Freundin von Nelsons Lady Hamilton. Ferdinands Sohn hatte die Schwester des regierenden österreichisch-ungarischen Kaisers, Franz II., zur Frau.

Trotz der nahen Verwandtschaft zwischen Ferdinand und dem habsburgischen Monarchen war Metternich wütend darüber, daß der alternde König den Forderungen der Insurgenten nachgegeben hatte, denn für ihn lag auch die mildeste Form des Liberalismus jenseits der Grenzen des Erträglichen. Er berief die Konferenz von Laibach ein, an der Alexander von Rußland und Friedrich Wilhelm von Preußen teilnahmen. Dem Zaren sagte er: „Es macht keinen Unterschied, ob man von Bonaparte oder von Volkssouveränität spricht. Beide sind gleich gefährlich, und beiden muß man daher widerstehen. Die Revolte in Neapel und alles, was damit zusammenhängt, muß restlos beseitigt werden; denn sonst werden die Großmächte selbst vernichtet." [15]

Der arme alte Ferdinand von Neapel wurde ebenfalls zur Konferenz befohlen und widerrief sofort alles, was er seinem Volk versprochen hatte. Er stimmte Metternich zu und erklärte, in dieser Lage könne man nichts anderes tun, als sein Königreich von österreichischen Truppen besetzen zu lassen. Wer aber sollte die Kosten für diese Besetzung tragen? Die österreichische Staatskasse war, wie üblich, leer. Fürst Metternich bat Salomon Rothschild, nach Laibach zu kommen, der sich jedoch damit entschuldigte, die Verwaltung der Lotterie-Anleihe verlange seine ständige Anwesenheit. An seiner Stelle schickte er Carl, den man bald als *un petit frère Rothschild* bezeichnete. Carl brachte einen von Nathan und Jacob zusammengebrauten Plan mit, nach dem in Neapel eine Anleihe aufgelegt werden sollte, aus deren Erlös die durch die Besatzungsarmee entstehenden Kosten gedeckt werden konnten. Der Vorschlag wurde von dem Kongreß in Laibach mit Freuden aufgenommen, und die österreichische Armee setzte sich in Marsch.

Auf den Mächtekongressen in Troppau (1820), Laibach (1821) Verona (1822) bahnt sich eine Spaltung zwischen den interventionistischen Ostmächten und England an.

Doch als die Truppen den Po überschritten hatten, wurde man in Wien zusehends nervöser, und als gar die Nachricht eintraf, im Norden sei es in Alessandria zu einem Aufstand gekommen und Piemont könne nachfolgen, verlor der österreichische Finanzminister Graf Stadion vollends den Kopf. Er schrieb an Metternich: „Die Lage ist verzweifelt. Nicht einmal in den dunkelsten Stunden der Revolutionskriege hat ein Ereignis an der Wiener Börse solche Auswirkungen gehabt wie die Nachrichten aus Italien... Die ganze Bevölkerung versucht, so schnell wie möglich die Staatspapiere loszuwerden... Dem Staat droht der Verlust jeglichen Kredits... Dies ist der erste Schritt zu unserer Vernichtung..." [16]

Sogar Metternich und Gentz waren so erregt, daß sie das Abendessen nicht hinunterbrachten. Aber der Fürst erholte sich und behauptete, es sei unmöglich, anders zu handeln. Er hoffe, ein oder zwei harte Schläge würden die Entscheidung bringen.

Seine Hoffnungen erfüllten sich, denn am 24. März 1821 traf die österreichische Armee nach einem 13 Tage dauernden, unblutigen Marsch in Neapel ein. Die Lage in Alessandria und Piemont beruhigte sich, und es kam nicht zu dem befürchteten Aufstand in der Lombardei. Carl von Rothschild begleitete König Ferdinand von Florenz nach Neapel und flößte ihm neuen Mut ein. Aus dem ängstlichen, schwerfälligen Carl wurde ein entschlossener Mann. Als ein italienisches Geldsyndikat in Neapel behauptete, es könne eine Anleihe erfolgreicher und billiger auflegen als *le petit frère Rothschild*, ging Carl zu dem General der österreichischen Besatzungsarmee und wurde von ihm zum alleinigen Herausgeber der Anleihe ernannt. Sie brachte einen großen Erfolg. Carl schrieb an den Fürsten Metternich: „Wenn der Frieden nur für kurze Zeit anhält, ist die Anleihe bald vollständig gezeichnet. Dann wird es nicht notwendig sein, im Hinblick auf die Rückzahlung Sicherheiten zu verlangen; denn in diesem Falle steigen alle Staatsanleihen, und die neapolitanischen werden dieser Tendenz folgen.“ [17]

Dem siegreichen Carl gefiel es in Neapel sehr gut, und Metternich, den der Erfolg des „jüngsten Rothschild“ außerordentlich freute, bat Salomon, er möge ihm empfehlen, in Neapel zu bleiben. Carls schöne Frau Adelheid traf die endgültige Entscheidung, denn sie überredete ihren Mann, einen wunderbaren Palazzo an der Küste vor dem Vesuv zu kaufen. Hier lebte das junge Paar mit seinen beiden Kindern, und in diesem Hause verkehrte die vornehmste Gesellschaft der damaligen Zeit. Zu den zahlreichen Fürstlichkeiten, die sich als Gäste einfanden, gehörte auch der Lieblings-

Neapel im Jahre 1812. Hier fühlten sich Carl von Rothschild und seine junge Frau Adelheid wohl. In ihrem Palais an der Küste unterhalb des Vesuv empfingen sie die vornehmsten Gäste.

onkel der Königin Viktoria, Leopold von Sachsen-Coburg, der spätere König der Belgier.

Schon nach kurzer Zeit galt die von Carl eröffnete Rothschildbank als eine italienische Institution, denn das Geld der Rothschilds floß durch alle italienischen Staaten. Mit ihm wurden die toskanischen Sümpfe trockengelegt, wurde Sardinien fruchtbar gemacht, und es hauchte dem Kirchenstaat neues Leben ein. Als Carl 1832 den Vatikan besuchte, setzte sich der Papst über alle Traditionen hinweg und hielt ihm die Hand hin. Ein Zeitgenosse berichtete: „Rothschild hat dem Papst die Hand geküßt und beim Abschied mit sehr beredten Worten seiner Anerkennung für den Nachfolger des heiligen Petrus Ausdruck verliehen ... Andere müssen sich zum großen Zeh des Heiligen Vaters hinabbeugen, aber Rothschild bekommt einen Finger."

Nathan beobachtete mit Befriedigung die Erfolge seiner Brüder in Mitteleuropa. Die chronische Insolvenz der Regierung Metternich, verbunden mit der chronischen Habgier seines Sekretärs Gentz, versetzte alle drei Rothschilds in die Lage, sich Anfang der 1820er Jahre eine unangreifbare Position zu sichern. Sogar der älteste Bruder Amschel, der in Frankfurt geblieben war und das Stammhaus der väterlichen Bank leitete, zog Vorteile aus den glänzenden Erfolgen von Salomon und Carl. „Gnädigster Fürst, allergnädigster Fürst und Herr!" schrieb er an den Fürsten Metternich, als dieser durch Frankfurt kam, „ich hoffe, Eure Hoheit werden es nicht als Anmaßung auffassen, wenn ich mich erdreiste, Eure Hoheit zu bitten, mir die Ehre zu geben, heute bei mir zu speisen. Eine solche Gnade würde einen Höhepunkt in meinem Leben bedeuten. Aber ich würde eine so kühne Bitte nicht ausgesprochen haben, wenn mein Bruder in Wien mir nicht versichert hätte, daß Eure Hoheit es nicht grundsätzlich ablehnen, mir diese besondere Gunst zu erweisen ..."[18]

Obwohl die Frankfurter Gesellschaft beeindruckt war, als Fürst Metternich in Begleitung seiner Mätresse, der Fürstin Lieven, die Einladung von Amschel annahm, war der Einfluß der Rothschilds damals ohnedies schon beträchtlich. Der Bürgermeister von Bremen schrieb 1823, seit er in Frankfurt eingetroffen sei, habe er zu seinem großen Erstaunen festgestellt, daß Leute wie die Bethmanns, Gontards und Brentanos mit prominenten Juden essen und trinken, sie in ihre Häuser einladen und von ihnen eingeladen werden, und daß man ihm, als er seine Verwunderung bekundet habe, gesagt hätte, weil keine größere finanzielle Transaktion ohne die Hilfe dieser Leute durchzuführen sei, müsse man sie als Freunde behandeln und dürfe sich nicht mit ihnen verfeinden[19].

Amschel war der religiöseste der fünf Brüder und auch der einzige, der eine schlanke Figur hatte. Er aß ausschließlich koschere Speisen und sah mehr wie ein Rabbiner als wie ein Bankier aus. Einer seiner Freunde schreibt:

> Er hat eine ganz orientalische Physiognomie und eine hebräische Art, sich zu geben. Er schiebt den Hut ins Genick ..., trägt einen offenen Mantel ... Aus einer Art Aberglauben hat er sein Büro im eigenen Hause. Er glaubt, das Glück könnte ihm untreu werden, wenn er das Haus verläßt. Wie ein Pascha sitzt er dort unter seinen Angestellten auf einer erhöhten Plattform, seine Sekretäre ihm zu Füßen, die Schreiber und Agenten eifrig an der Arbeit ... Niemand darf privat mit ihm über das Geschäft reden. Wie am alten chinesischen Hof bespricht man im Büro alles ganz offen ...[20]

Und doch erwies sich Amschel als geschickter Bankier und wurde schließlich Schatzmeister des Deutschen Bundes in Frankfurt, was, als Preußen die beherrschende Macht in diesem Bunde wurde, gleichbedeu-

Oben links: Carl, „le petit frère Rothschild".

Rechts: der älteste Sohn von Mayer Amschel, Amschel Rothschild, war Mitte der 1820er Jahre als einziger der fünf Brüder in Frankfurt geblieben.

tend mit der Stellung eines preußischen Finanzministers war. Amschels Bank in der Fahrgasse finanzierte den Bau von Eisenbahnen, Straßen und Fabriken. Er war ein sehr fleißiger Mann und hatte sogar einen Schreibtisch in seinem Schlafzimmer.

Obwohl es ihm freistand, zu leben, wo er wollte, weigerte er sich, Frankfurt zu verlassen, denn er litt an Heimweh, sobald er nicht in seiner Vaterstadt war. Sogar die jungen Leute, die in hohen Stiefeln durch die Straßen zogen und „Hepp! Hepp!" riefen, konnten ihn nicht aus der Ruhe bringen. Als eine judenfeindliche Menge eines Tages vor seinem Hause demonstrierte, kam er auf den Balkon hinaus und sagte: „Es gibt 40 Millionen Deutsche. Ich besitze etwa ebenso viele Gulden. Ich werde jedem von euch einen zuwerfen." Dann leerte er einen Beutel mit Silbermünzen, die jungen Leute lachten, fingen die Geldstücke auf und gingen nach Hause.

Da Amschel am stärksten mit der jüdischen Tradition verbunden war, eignete er sich auch am besten dazu, die Nachfolge des Vaters anzutreten. Er ließ es nicht zu, daß sich die Beziehungen der Rothschilds zum Kurfürsten von Hessen-Kassel und zu dessen Finanzberater, Buderus von Carlhausen, lockerten, die so viele Geschäfte mit dem Hause Rothschild abgeschlossen hatten. Beide Männer starben wenige Monate nacheinander; Buderus 1820 und der Kurfürst Wilhelm im folgenden Jahr. „Ich werde diese Schlacht nicht gewinnen", hatte er kurz vor seinem Tode gesagt und damit die Lage – wie immer – richtig beurteilt.

Nun hielt Amschel Verbindung zu Wilhelms Sohn und Erben, Wilhelm

X., nur daß das Geld jetzt in die andere Richtung floß, denn Amschel finanzierte den Fürsten. Oft kam es vor, daß man den ältesten Bruder Rothschild im Kaftan durch die Straßen Frankfurts gehen sah und er dann auf dem Wege zum Mittagessen im Hof seiner kurfürstlichen Hoheit verschwand. Verwundert schreibt ein Zeitgenosse: „Die Hessen nehmen ihre Mittagsmahlzeit *en famille* mit ihrem Geschäftsfreund ein."

Obwohl Amschel in ein großes Haus in der Innenstadt von Frankfurt umgezogen war, weigerte sich seine verwitwete Mutter Gutel, die 1825 zweiundsiebzig Jahre alt war und immer abergläubischer wurde, das Ghetto zu verlassen, weil sie fürchtete, damit ihren Kindern Unglück zu bringen. Sie bewohnte immer noch das Haus mit dem grünen Schild, und ihre in ganz Europa verstreut lebenden Söhne und Enkel besuchten sie regelmäßig. Gutel war ungebildet und hatte rauhe Hände. Aber sie wußte, welche Rolle ihre Söhne spielten. Als eine Nachbarin die Befürchtung äußerte, es könne zu einem Kriege zwischen zwei deutschen Staaten kommen, antwortete sie überzeugt: „Unsinn! Meine Söhne werden ihnen das Geld dafür nicht geben."

Gutel Rothschild als alte Frau. Sie weigerte sich, die Judengasse zu verlassen, weil sie fürchtete, das könnte ihren Kindern Unglück bringen.

4 Unruhige Zeiten

(1825–1836)

Die Rothschilds waren nicht bei jedermann beliebt. Wenn sie die besten Omeletts brieten, dann zerbrachen sie dabei auch die meisten Eier, und Mitte der 1820er Jahre gehörten zu ihren Feinden sowohl die konservativen Bankiers als auch die liberalen Intellektuellen, die sich beide aus verschiedenen Gründen gegen die Emporkömmlinge stellten. Die ersten, weil sie Neuerungen einführten, die zweiten, weil sich die Rothschilds den Neuerungen widersetzten.

Die Intellektuellen waren am gefährlichsten, denn sie bekämpften ihre Gegner damit, daß sie sie lächerlich machten. Es bereitete ihnen Vergnügen, den grotesken Gegensatz zwischen dem makellosen Fürsten Metternich und seiner imaginären Leibwache von „Halsabschneidern aus dem Ghetto" herauszustellen. Jede Generation braucht ihre Prügelknaben, und für die jungen Rebellen auf dem europäischen Kontinent, die sich lautstark für die parlamentarische Regierungsform einsetzten, verkörperte dieser Fürst, der Europa zugunsten des *Ancien régime* zusammengestükkelt und nach Möglichkeit die legitimistischen Herrscher wieder eingesetzt hatte, die finstersten Kräfte der Reaktion. Er war für sie der Architekt der „unheiligen Allianz", während die Rothschilds, mit deren Geld dieses System gestützt wurde, als personifizierte Teufel angesehen wurden. Die Karikaturisten der Linken wetteiferten darin, den „Fürsten der Reaktion" und den „König der klingenden Münze" so darzustellen, als arbeiteten sie gemeinsam daran, die Freiheit in Europa zu unterdrücken[1]. Eine Karikatur zeigte einen Herrn mit unverkennbar semitischen Zügen im schmutzigen Kaftan und Spitzenjabot auf einem Wagen, der wie eine Geldtruhe aussah und vom kaiserlich-österreichischen Doppeladler über Europa hinweggezogen wurde. Auf einer zweiten Karikatur mit der Unterschrift „Die Generalpumpe" steht der abstoßend häßlich dargestellte Rothschild bis zu den Knien in einem Geldsack, während er mit beiden Armen, die als Schwengel einer Saugpumpe fungieren, den Reichtum der Welt in die Taschen der Monarchen fließen läßt.

Nathan lachte über die Karikaturen und heftete sie sich an die Wand, denn in London genossen die Rothschilds ein solches Ansehen, daß ihnen derartige Angriffe nichts anhaben konnten, zumal die Engländer Metternich nicht ernst nahmen. Nathans Freund, der Herzog von Wellington, erklärte, der Fürst sei „ein Salonlöwe und sonst nichts". Lord Castlereagh bezeichnete ihn als einen „simplen Opportunisten", obwohl er gelegentlich mit seinen Machenschaften ganz einverstanden war. Was wäre denn auch für einen in Deutschland geborenen und in Frankreich erzogenen Aristokraten natürlicher als der Versuch, ein europäisches Gleichge-

Anonyme deutsche Karikatur auf das Haus Rothschild, die die Ereignisse des Jahres 1840 illustriert: „Die Generalpumpe". Der Bauchnabel, ein „Louis d'or", ist zugleich die Erdachse.

wichtssystem herzustellen, um den Frieden zu wahren; besonders da das auf so unsicheren Füßen stehende österreichische Kaiserreich, dem er diente, nur in einer friedlichen Welt überleben konnte?

Während Nathan die Angriffe gegen seine Familie mit Gleichmut ertrug, nahmen sich Jacob und Salomon die Kritik sehr zu Herzen. Die Artikel in der Presse beschmutzten nicht nur ihren Ruf, sondern auch ihre Vergangenheit. Sie stellten peinliche Fragen über den Ursprung ihres Reichtums und deuteten an, daß es anstößige Gründe für die Gunst gab, deren sie sich bei hochgestellten Persönlichkeiten erfreuten. Sogar der berühmte Kurierdienst der Rothschilds wurde zum Gegenstand scharfer Anklagen.

Seit Waterloo hatten sich die Brüder Rothschild darum bemüht, auf dem Kontinent das beste Agentennetz einzurichten und dafür zu sorgen, daß die Nachrichten aus ganz Europa auf dem schnellsten Wege zu ihnen gelangten. Alle Filialen verfügten über Brieftauben, die, wenn es notwendig war, von einer Hauptstadt zur anderen fliegen konnten. Jetzt gab es sogar auf allen großen europäischen Durchgangsstraßen Poststationen der Rothschilds, auf denen für ihre Kuriere frische Pferde und Wagen bereitstanden. Die Kuriere trugen eine prächtige Livree in den Familienfarben Blau-Gelb. In Calais und Dünkirchen lagen Schiffe, deren Kapitäne im Sold der Rothschilds standen und den Kanal bei jedem Wetter überqueren konnten.

Weil der Kurierdienst der Rothschilds besser organisiert und schneller war als jede andere Verkehrsverbindung, begannen auch die Regierungen, sich seiner zu bedienen. Zu jener Zeit gehörte die Verletzung des Briefgeheimnisses zu den stillschweigend geduldeten Praktiken der Nachrichtendienste, und auch die Rothschilds schreckten nicht davor zurück. Gelegentlich verschafften sie sich auf diese Weise Informationen, die ihnen finanzielle Vorteile brachten, aber sie mußten vorsichtig sein, denn schlaue Politiker taten nichts lieber, als Briefe mit falschen Informationen in die Post zu schmuggeln, um den Gegner zu verwirren und irrezuführen. Auf diese Weise wurde der Kurierdienst zu einem Faktor bei Staatsangelegenheiten, und die Gebrüder Rothschild waren deshalb oft die Zielscheibe wütender Beschimpfungen. Salomon wurde zum Beispiel einmal beschuldigt, er habe die Post aus Konstantinopel zwei Tage lang vor Wien aufgehalten, um Zeit dafür zu gewinnen, den Markt durch unlautere Machenschaften zu beeinflussen. Dabei habe er hohe Gewinne erzielt „für den Kanzler, für Zichy und für die übrige Diebesbande mit Rothschild, dem Hausmeister der deutschen Festung, dem König der Juden und Juden der Könige an der Spitze“[2].

Betty de Rothschild im Jahre 1824, als sie ihren Onkel Jacob heiratete.

Solche Breitseiten konnten Jacob und Salomon am wenigsten ertragen. Aber 1824 waren die Brüder Rothschild mit so wichtigen Vorhaben beschäftigt, daß sie sich nicht um derartige Dinge kümmern konnten. Im Juli heiratete Jacob die neunzehnjährige Tochter Salomons, Betty. Die junge Baronin hatte sofort große gesellschaftliche Erfolge. Die Neuvermählten bezogen das prächtige Hôtel de Laborde an der Rue Lafitte, wo früher der Polizeiminister Napoleons gewohnt hatte (später wurde es in Hôtel Fouché umbenannt), und schon bald gaben sie die glänzendsten Gesellschaften in Paris. Die königliche Familie nahm die junge Frau unter ihre Fittiche, Dichter und Künstler priesen ihre Schönheit. Ingres hat sie auf einem Porträt unsterblich gemacht, und Heinrich Heine widmete ihr sein Gedicht *Der Engel.*

Aber Jacob hatte nur wenig Zeit, seine Flitterwochen zu genießen, denn 1824 beschäftige ihn das größte Vorhaben, das die Brüder bisher unternommen hatten. Das war ein Plan zur Umwandlung der französischen Staatsschuldverschreibungen von 5 auf 3 Prozent Verzinsung. Wie Salomon der Hauptbankier des österreichischen Kaiserreichs war, so war Jacob der Hauptbankier Ludwigs XVIII., dessen reaktionäre Regierung vorzüglich in Metternichs „System“ paßte. Das Geld der Rothschilds hatte schließlich dem Bourbonen zu seinem Thron verholfen. Ludwig war keine beeindruckende Erscheinung. Lahm und aufgedunsen, „ein Invalide der Zeit und nicht des Krieges“, bildete er ein erbärmliches Gegenstück zu dem großen Bonaparte, der seine Armeen in fast jede europäische Hauptstadt geführt hatte. Dennoch gab er sich große Mühe, glanzvoll und königlich aufzutreten. Er legte so großen Wert auf das Zeremoniell, daß er es, als er einmal hinfiel, ablehnte, sich von einem anderen als dem Kapitän seiner Garde aufhelfen zu lassen. In seiner *Charte constitutionnelle* von 1814 hatte er zwar gewisse Konzessionen gemacht, war aber davor zurückgeschreckt, eine parlamentarische Regierungsform zuzulassen. Die Minister konnten von den Kammern entlassen werden, nur die 90000 reichsten Bürger durften wählen, und nur die 10000 allerreichsten konnten zu Deputierten gewählt werden.

Die „Charte constitutionnelle“ setzt eine Pairs- und Deputiertenkammer mit Steuerbewilligungsrecht, aber ohne Gesetzgebungsinitiative ein.

1823 schlug Herr de Villèle, der Chefminister Ludwigs, Nathan Rothschild vor, die Rothschildbank sollte gemeinsam mit den Barings in London und dem berühmten Finanzier Jacques Laffitte in Paris ein Konsortium bilden. Daß die Umwandlungsaktion der französischen Regierung Vorteile brachte, war offenkundig: Ersparnisse bei den Zinszahlungen in Höhe von 2 Prozent brachten dem Staat jährlich netto eine Million Francs ein. Doch wie sollte man die französischen Rentiers dazu bewegen, Staatspapiere, die fünf Prozent brachten, gegen solche einzutauschen, die nur drei Prozent jährlich abwarfen? Hier gab es zwei Lockmittel. Erstens mußten die Kurse der alten Papiere so sehr steigen, daß sie unerschwinglich wurden, und zweitens mußte der Anschein erweckt werden, die neuen Papiere würden dieser Tendenz folgen. Um dies zu erreichen, mußten die Bankiers wenigstens £ 150000000 aufbringen. Sie würden nicht nur sehr hohe Barbeträge benötigen, um die alten Papiere zu kaufen, sondern es war auch immer eine kostspielige Angelegenheit, die Anleihen-Marktpreise hochzutreiben. Nathan erklärte sich bereit, in das Geschäft einzusteigen, verlangte jedoch einen horrenden Profit, und zwar nicht weniger als die gesamten 2 Prozent, die die Regierung im ersten Jahr nach dem Umtausch sparen würde.

Das Geschäft ließ sich nur durchführen, wenn sich Herr de Villèle der Zustimmung der Deputiertenkammer versichern konnte. Der Minister war sich des Erfolgs jedoch so sicher, daß er die Bankiers ersuchte, sofort mit den Vorarbeiten zu beginnen. Die verschiedenen Konsortien kauften gemeinsam alte Papiere für Tausende von Francs und trieben den Kurs damit von 92 auf 106 hinauf. Als Villèle der Deputiertenkammer jedoch seine Vorschläge vortrug, traf er zu seinem Erstaunen auf große Empörung. Den Deputierten schien es gleichgültig zu sein, wie sehr die alten Papiere gestiegen waren. Daß man von ihnen verlangte, auf zwei Prozent der Zinsen zu verzichten, erschien ihnen eine unerhörte Zumutung. Sie beschuldigten die Regierung der Manipulation, Ausbeutung und Unehrlichkeit und behaupteten, Villèle wolle das Land ausplündern, um die Bankiers zu bereichern. Der arme, alte Ludwig XVIII. regte sich so auf, daß er es nicht wagte, sich auf der Straße zu zeigen. Schließlich gab die Deputiertenkammer der Gesetzesvorlage von Villèle dennoch ihre Zustimmung; doch zur allgemeinen Überraschung verwarfen die Pairs unter der Führung des Vicomte de Châteaubriand, der sowohl Ludwig XVIII. wie dessen Chefminister haßte, das Gesetz.

Man kann sich vorstellen, wie konsterniert die Bankiers nun waren, und zwar um so mehr, als Jacques Laffitte, eines der einflußreichsten Mitglieder des Konsortiums, plötzlich entdeckte, daß die Rothschilds schon seit einigen Tagen die mit fünf Prozent verzinslichen Papiere im geheimen verkauften. Da die anderen Mitglieder der Gruppe versuchten, den Marktpreis hochzutreiben, war ihre Reaktion auf diese hinterhältige Manipulation nicht gerade freundlich. Der Bankier Ouvrard unternahm ein weniger privates Manöver. Es gelang ihm, die Kurse zu drücken, und als sie gefallen waren, hatte er einen Millionenprofit gemacht. Baring und Laffitte gerieten in eine Panik und verkauften ihre Anteile mit hohem Verlust, während es der Gruppe Rothschild – mit Ausnahme der Rothschilds selbst – mit knapper Not gelang, ihre Haut zu retten.

Im folgenden Jahr gelang es Villèle, die Zustimmung beider Kammern für die Gesetzesvorlage zu bekommen und das Unternehmen von neuem zu beginnen. Jacob und Nathan erklärten sich zu einem zweiten Versuch bereit, sicherten sich aber diesmal mit der gegebenen Vorsicht ab. Es wurde ein absoluter Fehlschlag; denn nur acht Prozent der alten Anteilscheine wurden gegen die mit 3 Prozent verzinslichen neuen umgetauscht.

Die liberalen Pairs ergriffen die Gelegenheit, um einen neuen Angriff gegen die Rothschilds zu führen. Sie bezeichneten den Umtauschplan für die Staatspapiere als einen brutalen Versuch, die Armen zu berauben. Jacob und Salomon taten alles, um ihr Ansehen in der Öffentlichkeit wiederherzustellen. Doch während sich einige Journalisten und Zeitungsherausgeber dem sanften Druck Rothschildscher Gastfreundschaft und großzügiger Geschenke beugten, wurden die Angriffe von immer neuen Artikelschreibern und Zeitungen fortgesetzt. An diesem Punkt machte der unermüdliche Friedrich von Gentz einen Vorschlag. Er erklärte sich bereit, für eine gewisse und nicht unbeträchtliche Entschädigung eine Biographie der Familie Rothschild zu schreiben, die ihre Verleumder für lange Zeit zum Schweigen bringen würde. Salomon erklärte sich gern zur Mitarbeit bereit, und Gentz machte sich an die Arbeit. Er war über Erwarten erfolgreich; denn es gelang ihm, die Herausgeber des berühmten Konversationslexikons Brockhaus zu überreden, eine verkürzte Version seines Artikels in die Ausgabe von 1827 aufzunehmen.

Fast ein Jahrhundert lang galt diese Arbeit als authentische Geschichte der Familie. Das Grundthema war hier natürlich der Triumph der Menschenfreundlichkeit – eine simple Geschichte für simple Gemüter. Auf jede Darstellung der Rothschildschen Geschäftstüchtigkeit wurde verzichtet, und die Glanzlichter wurden nicht nur abgeblendet, sondern verschwanden völlig. Buderus als Schlüsselfigur des ganzen Dramas, der Mann, der den Rothschilds das Geld des Kurfürsten in die Hände gespielt hatte, verschwand in der Versenkung. Er existierte nicht. Und da er nicht existierte, konnte natürlich auch von den erfolgreichen Spekulationen Nathans mit dem Geld des Kurfürsten nicht die Rede sein, ebensowenig von der Versorgung der Armee Wellingtons mit Gold oder von dem Transfer britischer Subsidien. Auch die französische Anleihe, durch die Europa gezwungen werden sollte, die Macht der Rothschilds anzuerkennen, wurde mit keinem Wort erwähnt.

Der Erwerb des Familienvermögens wurde ausschließlich dem tugendhaften Verhalten des Vaters Amschel Mayer zugeschrieben, den Gentz als Bankier und nicht als kleinen Altwarenhändler darstellte. Mayer war der Freund und Vertraute des Kurfürsten, der ihm, als er vor den Franzosen fliehen mußte, alle seine weltlichen Güter anvertraut hatte. Mayer hatte die Millionen in seinem Keller im Ghetto versteckt, und als die französischen Polizisten das „Haus zum grünen Schild" durchsuchten, war es ihm gelungen, die Plünderer dadurch abzulenken, daß er sein eigenes, schwer verdientes Geld opferte. Nach Beendigung des Krieges gab er Wilhelm von Hessen den Schatz unberührt zurück, und der dankbare Fürst machte ihn zum reichen Mann. Es war die mit überschäumender Bewunderung erzählte Geschichte der belohnten Tugend. Gentz schrieb: „... Man darf nicht übersehen, daß es neben ihren vernünftigen Geschäftsbedingungen, der Pünktlichkeit ihrer Dienstleistungen, der Einfachheit und Klarheit ihre Methoden und der Intelligenz, mit der sie ihre Unternehmungen durchführten, die persönliche moralische Integrität der fünf Brüder gewesen ist, die am meisten zu ihrem Erfolg beigetragen hat ..."

Das war zwar richtig, aber natürlich wurde nicht erwähnt, daß die Rothschilds gemeinsam mit Carl Buderus, aber ohne Wissen und Erlaubnis des Kurfürsten, mit dessen Geld spekuliert hatten. Auch wenn Wilhelm das Geld mit Zinsen und Werterhöhung zurückerhalten hatte, würde das Bekanntwerden dieser Inkorrektheit nicht dazu beigetragen haben, den Ruf der Rothschilds als der korrektesten Bankiers der Welt zu festigen. Deshalb verschwieg Gentz diese Zusammenhänge, und das erforderte die

Auslassung einer ganzen Kette von Ereignissen, darunter auch des Ankaufs großer Goldmengen durch Nathan, der dazu führte, daß er mit John Herries bekannt wurde und für die britische Regierung arbeiten konnte.

Gentz wollte in seiner Parteilichkeit nicht einmal zugeben, daß die Rothschilds Glück gehabt hatten. Er schrieb, in besonderen Fällen könne Glück oder Unglück das Schicksal eines Menschen bestimmen, wenn auch nicht ausschließlich, aber der dauernde Erfolg sei ebenso wie der Mißerfolg in viel größerem Ausmaß, als allgemein angenommen, die Frucht der persönlichen Tüchtigkeit bzw. der persönlichen Untüchtigkeit und Fehler.

Diese ungeheuer moralische Geschichte von Gentz gefiel der Familie ausnehmend gut, und als er starb, schrieb Salomon betrübt an Jacob:

> Er war ein Freund, wie ich ihn nie wieder finden werde. Er hat mich entsetzlich viel gekostet – Du hast keine Ahnung, wieviel. Er schrieb einfach auf einen Zettel, welche Summe er brauchte, und man händigte ihm den geforderten Betrag ohne weitere Umstände aus. Doch jetzt, da er uns verlassen hat, sehe ich erst, was er uns wert gewesen ist. Ich würde gerne dreimal soviel ausgeben, wenn ich ihn dafür zurückbekäme[3].

Die Feinde der Familie behaupteten, der biographische Bericht von Gentz umgäbe die Rothschilds mit einem Heiligenschein, der eine verdächtige Ähnlichkeit mit einem Rettungsring habe. Das war natürlich übertrieben, denn was gut endet, wird von den Historikern gewöhnlich auch als gut beurteilt. Der Kurfürst, der augenscheinlich bis zum Schluß im dunklen darüber geblieben ist, wie man mit seinen Investitionsgeldern umgegangen war, war so überrascht und erfreut, mehr Geld zurückzuerhalten, als er den Rothschilds anvertraut hatte, daß er nur Lobendes über sie zu sagen wußte. Obwohl der Aufsatz die gegen die Brüder gerichteten Angriffe eine Zeitlang abwehrte, da er sie mit dem Schild der Achtbarkeit und Langeweile bedeckte, hinderte er sie doch nicht daran, einen neuen kühnen Beutezug zu unternehmen – eine kostspielige Fehlkalkulation –, der ihre Machtposition wiederum erschütterte.

Karl X. (1824–1830) regiert mit dem ultraroyalistischen Ministerpräsidenten Graf Villèle (1821–1828), der darauf bedacht ist, die restaurativen Maßnahmen nicht zu übertreiben.

Wie schon einmal begannen die Schwierigkeiten in Paris. Ludwig XVIII. starb im Sommer 1824. Der Nachfolger war sein Bruder Karl X., ein gutaussehender, weißhaariger Herr im Alter von 67 Jahren, der eine stürmische Jugend hinter sich hatte und jetzt ein dümmlicher alter Mann geworden war. Als österreichischer Generalkonsul nahm Jacob de Rothschild an der Krönung in Reims Teil, ohne zu wissen, daß Karl der letzte französische Monarch sein würde, der in der altehrwürdigen Stadt zum König gesalbt wurde. Jacob war mit der Entwicklung der Dinge zufrieden, denn Karl beließ Herrn de Villèle als Chefminister im Amt, und dieser beschäftigte Jacob weiterhin als seinen Hauptbankier.

Doch die Regierung stand bald vor den bei Regierungen üblichen Schwierigkeiten: steigenden Preisen, Arbeitslosigkeit und Unzufriedenheit der Massen. Im Oktober 1827 schrieb Castellane in sein Tagebuch: „Herr de Villèle hat viele Anhänger ... wie sie auch die Pest haben würde, wenn sie Staatspensionen verteilte." Der König entließ schließlich Villèle und ernannte einen noch größeren Reaktionär zu seinem Chefminister, den Sohn des Günstlings von Marie-Antoinette, Herrn de Polignac.

Aber die Verhältnisse besserten sich natürlich nicht. Man warf dem König und Polignac vor, die schlimme Lage der Bevölkerung sei ihnen gleichgültig, sie interessierten sich nur für den Wiederaufbau der Bastille und die Abschaffung des metrischen Systems, nicht aber für die Beschaffung von Lebensmitteln. Karl X. schmiedete mit Polignac Pläne, jedoch aus ganz anderen Gründen: Er stellte eine neue und ultraroyalistische Kabinettsliste auf. Als sie veröffentlicht wurde, kündigte Karl allgemeine Wahlen an und hoffte, die Wähler (auf 90000 beschränkt) würden sich für eine Kammer entscheiden, die dem konservativen Kabinett entsprach. Statt dessen wurde die Kammer in ihrer alten Zusammensetzung wiedergewählt, und für den König war das ein Schlag ins Gesicht.

Nun überschlugen sich die Gerüchte: Die Regierung wolle es auf eine Entscheidung ankommen lassen; der König wolle in Paris das Kriegsrecht ausrufen lassen; Polignac habe die Truppen in den Alarmzustand versetzen lassen, um ein Zusammentreten der Deputiertenkammer zu verhindern. Niemanden erregten diese Nachrichten mehr als Jacob de Rothschild, der eben erst einen Vertrag für eine große französische Anleihe abgeschlossen hatte. Die neue Staatsanleihe war für eine außerordentlich hohe Summe aufgelegt worden, und wenn an den Gerüchten etwas stimmte, dann mußte es zu Unruhen kommen, vielleicht sogar zur Revolution oder zum Kriege. Was würde dann aus der französischen Kreditfähigkeit und den teuren neuen Staatsanleihen werden? Aus London berichtete Nathan Rothschild, daß der energische Ouvrard französische Staatspapiere zu Panikpreisen und in beträchtlichem Umfang abstieß. Er riet Jacob, er solle versuchen, das Abbröckeln der Kurse dadurch aufzuhalten, daß er auf Hausse spekulierte. Aber vorher mußte Jacob natürlich in Erfahrung bringen, wieweit die Gerüchte zutrafen.

Jacob konnte nicht glauben, daß Ouvrard, der alles getan hatte, um den Umtausch der Staatspapiere zu hintertreiben, indem er auf Baisse spekulierte, vertrauliche Informationen besaß, die man ihm als dem Bankier und Vertrauten des Königs und dem besonderen Günstling der Bourbonen vorenthielt. Herr de Polignac beruhigte Jacob und versicherte ihm, Ouvrard habe sich zum Narren gemacht. Alles Gerede von einem Staatsstreich sei Unsinn. Wenn die Regierung entscheidende Schritte unternehmen wolle, dann sei Jacob de Rothschild der erste, der es erfahren würde. Er könne beruhigt nach Hause gehen und sich zu Bett legen.

Das war am Abend des 24. Juli. Am folgenden Morgen unterschrieb Karl X. die berühmten Polignac-Erlasse, löste die neugewählte Deputiertenkammer auf, schränkte das Wahlrecht ein und hob die Pressefreiheit auf.

Links: Am 28. Juli 1830 wurde in Paris der Belagerungszustand erklärt. Hier treffen sich die Deputierten Laffitte, Casimir Périer, Lobau, Gérard, Mauguin und der Duc de Raguse.

Rechts: Porträt der Baronin Betty, der Frau von Jacob, von Ingres. Sie war eine der beliebtesten Gastgeberinnen ihrer Zeit. In ihrem Hause verkehrten nicht nur Napoleon III. und die Kaiserin Eugénie, sondern auch Schriftsteller und Dichter wie George Sand, Balzac und Heinrich Heine, der durch sie zu seinem Gedicht „Der Engel“ angeregt wurde.

Nächste Seite: Nathan und seine Familie von W. A. Hobday. heute hängt das Gemälde in der Halle des Bankhauses von New Court.

Die Julirevolution von 1830 wird von Journalisten getragen, an deren Spitze der spätere Ministerpräsident Adolphe Thiers (1797–1877) steht.

Die Bevölkerung von Paris nahm die Herausforderung an, und über Nacht wurden in allen Straßen Barrikaden errichtet. Das Haus des Bankiers Jacques Laffitte, des Mannes, der sich während des Umtausches der Staatsanleihen über Jacob de Rothschild geärgert hatte, war der Treffpunkt der Rebellen. Es kam zu blutigen Zusammenstößen zwischen den Aufständischen und dem Militär, die zweitausend Menschenleben kosteten. Die älteren Einwohner von Paris sagten, das Ganze sei eine Wiederholung der Revolution von 1789. Auf der Börse kam es zu Tumulten, und die Rentenpapiere fielen an einem Tag um 30 Punkte. Der König und die Minister, überrascht und erschreckt von dem Sturm, den sie entfesselt hatten, flohen aus der Hauptstadt. Aber noch ehe er den Pariser Staub von den Schuhen geschüttelt hatte, ließ es sich der unvernünftige Karl X. nicht nehmen, eine Bitte an Jacob de Rothschild zu richten, den Mann, den er eben an den Rand des Abgrundes gebracht hatte. Ganz kaltblütig kam er in Jacobs am Bois de Boulogne gelegenes Haus und verlangte ein Darlehen, das Jacob ihm natürlich gewährte.

Der „Bürgerkönig" Louis-Philippe regiert 1830–1848.

Ganz unerwartet präsentierte der Bankier Laffitte nun einen Retter in der Not in der Person des Herzogs von Orleans, Louis-Philippe, eines Vetters Karls X. Er besaß alle notwendigen Voraussetzungen und war zudem der Sohn des berühmten *Philippe-Égalité* der ersten Revolution. Als Louis-Philippe sich dem Volk zeigte, wurde er mit lautem Beifall begrüßt. Die Julirevolution ging ebenso rasch zu Ende, wie sie begonnen hatte, und Frankreich hatte einen neuen Monarchen – einen Bürgerkönig. Jacques Laffitte erhielt seinen Lohn (der von einigen Leuten als viel zu hoch angesehen wurde) mit der Bestallung zum Chefminister und Minister der Finanzen.

Das war nur eine der bitteren Pillen, welche die Rothschilds schlucken mußten. Ihre Guthaben waren auf 17000000 Gulden zusammengeschmolzen, und einige Wochen hielt sich das Gerücht, die Familie stehe kurz vor dem Bankrott. Aber nun machte sich der Kurierdienst der Rothschilds buchstäblich in reinem Golde bezahlt. Lange bevor der allmächtige Metternich in Österreich, die Minister der Königin Viktoria oder die preußische Regierung König Friedrich Wilhelms die Nachricht erhalten hatten, erfuhren die Rothschilds durch ihre gelb-blau livrierten Kuriere alles über die schicksalhaften Ereignisse in Paris. In ganz Europa stürzten die Kurse an den Börsen, und die Staatspapiere erreichten einen neuen Tiefstand. Aber die rechtzeitig eingetroffenen Nachrichten hatten es Nathan und Salomon ermöglicht, zu verkaufen, ehe die Kurse auf den tiefsten Punkt gefallen waren. Später konnten sie aufgrund neuer Informationen die Papiere rechtzeitig zurückkaufen, um ihre hohen Verluste auszugleichen, als das Vertrauen der Öffentlichkeit sich wieder festigte und die Kurse in die Höhe schnellten. Niemanden hat der Nachrichtendienst der Rothschilds mehr beeindruckt als den ehemaligen französischen Gesandten am Hof von St. James, den Fürsten Talleyrand. Er hatte seinerzeit aus London nach Paris berichtet: „Das englische Ministerium wird von den Rothschilds laufend zwölf Stunden eher von allem unterrichtet, als die Depeschen von Lord Stuart (dem britischen Botschafter) in Paris eintreffen. Und das liegt daran, daß die Schiffe, die von den Kurieren der Rothschilds benutzt werden, der Firma gehören. Sie nehmen keine Passagiere auf und laufen bei jedem Wetter aus."[4]

Der Salon Rouge im Château Lafite. Die Möbel sind mit rotem Damast bezogen. An den Wänden hängen die Porträts der fünf Brüder. Hier steht auch der Tisch, an dem Bismarck Jules Favre in Ferrières die Bedingungen für den Vertrag von Frankfurt diktierte.

Zwar erfreute sich Jacob de Rothschild wegen der Gegnerschaft zwischen ihm und Jacques Laffitte nicht mehr des Vertrauens der französischen Regierung, aber er bemühte sich dennoch nach Kräften um den Frieden zwischen Österreich und Frankreich. Die Banken der Rothschilds konnten eine kleine Revolution überstehen, doch fragte es sich jetzt, ob das Virus sich auch diesmal wie vor vierzig Jahren über ganz Europa ausbreiten würde. Würde Metternich zu der Ansicht gelangen, die Krankheit lasse sich am besten kurieren, wenn man dem französischen König den Krieg erklärte und der Welt verkündete, damit lasse sich „das Krebsgeschwür ausbrennen"?

Längere Unruhen jeglicher Art wirkten sich auf die Profite der Banken ungünstig aus, aber ein Krieg konnte die Katastrophe bedeuten. Deshalb organisierte Jacob seine private Gegenspionage. Er instruierte jeden Agenten der Rothschilds in Frankreich, die Ohren offenzuhalten und die revolutionären Emigranten auszuhorchen, die sich verschworen hatten, die Unruhen auch über die Grenzen hinauszutragen. Zwar brach im Sommer in Brüssel eine regelrechte Revolte aus, die zur Trennung von Holland und Belgien führte, aber die Unruhen breiteten sich nicht auf andere Länder aus. Es gelang Jacob sogar, Intrigen unwirksam zu machen, die zu Aufständen in Deutschland und Spanien geführt haben könnten.

1830 bricht in Brüssel die Revolution aus; die Stadt wird von französischen Offizieren gegen niederländische Truppen verteidigt. Der belgische Nationalkongreß beschließt am 18. November die Unabhängigkeit Belgiens.

Jacobs Unternehmungen empfahlen ihn dem neuen König. Obwohl Louis-Philippe Jacques Laffitte zum Finanzminister ernannt hatte, gab der König seine liberalen Ideen sofort nach der Thronbesteigung auf. Laffittes radikale Empfehlungen beunruhigten und erschreckten ihn, während der Rat von Jacob de Rothschild, er möge seine Anhänger im Zaume halten, ihm sympathischer war. Außerdem vernachlässigte Laffitte, da er so viel mit Regierungsgeschäften zu tun hatte, seine eigenen Angelegenheiten, und man begann an seinen Fähigkeiten zu zweifeln. Nathan Rothschild in London äußerte sich abfällig über den Mann, „der sich einbildete, er könne die Finanzen Frankreichs retten, aber nicht einmal in der Lage war, sein eigenes Vermögen zu bewahren".

1831 werden Erhebungen in Italien von österreichischen Truppen niedergeworfen.

Der König ernannte auf Anraten von Jacob schließlich den Bankier Casimir Périer, einen treuen Freund des Hauses Rothschild, als Nachfolger von Laffitte zum Finanzminister. Um den Schlag abzumildern, wurde die Rue d'Artois, in der sich das Büro des gestürzten Ministers befand, auf Befehl von Louis-Philippe in Rue Laffitte umbenannt. Ironischerweise hatten die Messieurs de Rothschild Frères ihren Sitz in der gleichen Straße. „Ich bitte Gott und die Welt für meinen Anteil an der Revolution um Vergebung", sagte Laffitte, als er die Macht aus den Händen gab und seinen Platz in den Reihen der Opposition einnahm.

Der eng mit Jacob de Rothschild befreundete Casimir Périer, den König Louis-Philippe anstelle von Jacques Laffitte zum Finanzminister ernannte.

Die Julirevolution hatte jedoch weitere Nachwirkungen. Österreich und Frankreich als Hauptvertreter der konservativen beziehungsweise der radikalen Kräfte betrachteten sich mit zunehmend feindlicheren Gefühlen. Im Frühjahr 1831 zwangen Unruhen in Italien den Herzog von Modena, seine Hauptstadt zu verlassen, und auch Marie-Louise mußte aus Parma abreisen. In Bologna befreite sich das Volk vom päpstlichen Joch.

Auf die Hilferufe seiner Freunde hin schickte Metternich eine Armee über den Po. Obwohl sich Louis-Philippe nicht in den Streit verwickeln lassen wollte, setzte einer seiner Vertrauten im Außenministerium ein Ultimatum an Fürst Metternich auf. Jacob schrieb an Salomon: „Gestern ist die Note abgefaßt worden, die an Österreich geschickt werden soll. Sie enthält den Satz: ‚*évacuez* immédiatement Boulogna' (sic)... Ich werde dafür sorgen, daß er gestrichen wird." Das geschah, und das Fieber ging zurück.

In den kritischen Monaten besänftigte Jacob beide Seiten, schrieb für den Fürsten Metternich bestimmte Briefe an Salomon, in denen er den

Fürsten als Onkel bezeichnete, und schmeichelte ihm in übertriebener Form, ja er bezeichnete Louis-Philippe sogar als heimlichen Royalisten.

Wenn Onkel Frieden will und unsere Regierung von dieser Absicht überzeugt, werden wir Frieden haben, und er wird dann sicher die Lage fester in der Hand haben als zur Zeit von Polignac. Denn weder das Ministerium noch die Kammer sind, wie man behauptet hat, ultraliberal. Ihre Auffassungen haben sich vielmehr so weit modifiziert, daß sie jetzt eher dem Royalismus zuneigen... Das beweist ihre Haltung gegenüber den spanischen Revolutionären. Es gibt keine Klubs der öffentlichen Versammlungen mehr. Täglich werden neue Gesetze für die Aufrechterhaltung des Friedens erlassen. Es gibt keine Plakate und keine Hetzredner mehr, und die revolutionären Zeitungen werden verboten...

In einem zweiten Brief, der nicht für „Onkels" Augen bestimmt war, schrieb er: „Versuche herauszufinden, wie die politische Lage ist, denn obwohl wir keine Transaktionen in *rentes* durchführen, haben wir ein Guthaben von 900000 [im Wert von 18000000 Francs]. Wenn der Friede erhalten bleibt, dann werden sie 75 wert sein, aber wenn ein Krieg ausbricht, werden sie auf 45 fallen..."[5]

1832 konnte man wieder aufatmen. Der Friede war gesichert, und die Staatspapiere erholten sich in allen europäischen Großstädten. Aber in diesem Augenblick brach in Wien eine Choleraepidemie aus. Salomon geriet in Panik und floh, obwohl Metternich in der österreichischen Hauptstadt blieb, nach Paris. Nathan und Jacob zogen erstaunt die Augenbrauen hoch, hielten sich mit ihrer Kritik zurück, denn Salomon war der empfindlichste der fünf Brüder und konnte keine Kritik vertragen. Krankheiten lösten bei ihm stets Neurosen aus, und diesmal verfolgte ihn die Epidemie sogar nach Paris. In kurzer Zeit starben 32000 Menschen an der Cholera, unter ihnen Casimir Périer, der es sich nicht hatte nehmen lassen, die Krankenhäuser zu besuchen.

Die Rothschilds trauerten um den Freund, den sie an die Macht gebracht hatten und der ihnen seinerseits geholfen hatte, das Vertrauen des neuen Königs zu gewinnen. Louis-Philippe gewährte den Gebrüdern Rothschild nicht nur das Monopol für alle Staatsanleihen, sondern entzückte Jacob auch durch die Verleihung des Großkreuzes der Ehrenlegion.

Obwohl Jacob ein besonderes Talent zum Überleben hatte, war Nathan ihm als bedeutendster Bankier Europas überlegen. Das Bankgeschäft befand sich immer noch in einem so rudimentären Entwicklungsstadium, daß es anscheinend sogar Bankiers verblüffte. Für Nathan war jedoch nichts Geheimnisvolles daran. Er hatte längst begriffen, wie die Wirtschaft und die Finanzen sich gegenseitig beeinflußten, welche Auswirkungen politische Nachrichten auf die Börsen hatten und wie man am raschesten einen Börsenkurs herunterdrückt oder hochtreibt. Er wußte, welchen Einfluß die Handelsbilanz auf die Goldreserven hatte und wie die Goldreserven sich auf die Wechselkurse auswirkten. Viele Bücher über das Finanzwesen, die zu seiner Zeit geschrieben wurden, zitieren seine Ansichten als die ausschlaggebenden:

... Nach Auffassung von Herrn Rothschild ist die Zahlungsbilanz mit den Ländern, mit denen man Handel treibt, in Wirklichkeit die einzige Größe, nach welcher sich der Wechselkurs bestimmen läßt. Wenn die Zahlungsbilanz gegen einen steht, dann sind auch die Wechselkurse ungünstig und umgekehrt. Herr Rothschild behauptet, es entspräche seiner Erfahrung, daß dieses Land mehr Waren ausführt als einführt und daß deshalb ständig Gold aus der ganzen Welt in dieses Land fließt. Er sagt: „Ich kaufe regelmäßig jede Woche Wechsel im Wert von £ 80000 bis £ 100000, die auf Güter gezogen sind, welche in Liverpool, Manchester, Newcastle und anderswo verschifft werden, und ich schicke sie an meine Häuser auf dem Kontinent. Meine Häuser kaufen dafür auf dieses Land gezogene Wechsel für Wein, Wolle und andere Waren. Wenn es jedoch im Ausland nicht genügend auf dieses Land gezogene Wechsel gibt, müssen wir aus Paris, Hamburg oder anderen Städten Gold bekommen.“ So gibt es in der Tat im normalen Geschäftsverlauf einen regelmäßigen Zufluß von Gold aus der ganzen Welt in dieses Land, was beweist, daß die im Ausland gezogenen Wechsel nicht gleich denen sind, die in der Heimat gezogen werden, und daß die auf die „Königliche Börse“ gezogenen Wechsel aus allen Teilen der Welt Gold einbringen müssen[6].

Nathan hatte ein erstaunlich gutes Gedächtnis. Er beteiligte sich nicht nur an der täglichen Festsetzung des englischen Wechselkurses, sondern konnte auch die fluktuierenden, in ganz Europa geltenden Wechselkurse und ihre Beziehungen zueinander im Gedächtnis behalten. Das ermöglichte es ihm, an der Börse Blitzaktionen durchzuführen und gewaltige Gewinne einzustecken. Mancher Besucher Londons, der durch die engen Straßen der City wanderte, konnte eine auffallende Gestalt beobachten, die in einem Hof stand und von vielen Menschen umdrängt wurde.

Er war ein ganz gewöhnlich aussehender Mann [schrieb ein amerikanischer Tourist] mit groben Gesichtszügen, schwulstigen, herabhängenden Lippen und vorstehenden Fischaugen. Er war untersetzt, plump und linkisch und hüllte sich in einen lose herabhängenden, in weiten Falten fallenden Umhang. Aber dennoch wirkte sein Auftreten achtunggebietend, und der ihm offenbar freiwillig gezollte Respekt bewies, daß er kein gewöhnlicher Mensch war. Selbstverständlich erkundigte man sich: „Wer ist das?“ Die Antwort lautete: „Der König der Juden.“ Die Leute, die sich um ihn gruppierten, präsentierten ihm Wechsel. Er warf einen Blick auf das Papier, gab es zurück, nickte zustimmend und wendete sich dem nächsten zu, der mit ihm sprechen wollte. Neben ihm standen zwei gutaussehende junge Männer, die etwas dandyhaft aussahen, und machten sich Notizen über die Abschlüsse, die den gesamten Geschäftsablauf an den Börsen auf dem Kontinent für diesen Tag bestimmten. Man sagt von ihm, daß er sich aber auch ohne diese Hilfe an jedes Geschäft, das er abgeschlossen hat, erinnern kann. Man könnte ihn als den König dieser Art von Geschäften bezeichnen[7].

Auf viele wirkte die Gestalt Nathan Rothschilds noch ehrfurchtgebietender, wenn er in der Börse stand, die Hände in die Taschen geschoben, den Zylinder bis zu den Augen in die Stirn gedrückt und in das Friedhofsschwarz der Ghettozeit gekleidet. 1833 erregte ein anderer Börsenmakler einen Aufruhr, als er sich an dem Platz des großen Rothschild an der berühmten Säule aufstellte und sich weigerte, vor ihm zu weichen. Der *Observer* berichtete:

Am Dienstag kam es in der Royal Exchange zu einer großen Sensation, als der bedeutende Finanzmann Herr N. M. Rothschild daran gehindert wurde, seinen gewohnten Platz einzunehmen, wo er, mit dem Rücken an eine der Säulen des Gebäudes an der Südostecke der Royal Exchange gelehnt, zu stehen pflegt. In dem Augenblick, als Mr. Rothschild die Börse betrat, um seine Transaktionen in ausländischen Währungen vorzunehmen, stellte sich ein gewisser Mr. Rose vom Trinity Square auf diesen Platz. Vergeblich versuchte Mr. Rothschild, den Eindringling mit höflichen Worten zu vertreiben, und vergeblich bemühten sich die Pförtner der Börse. Mr. Rose wollte die Säule nicht verlassen, und Mr. Rothschild sah sich schließlich gezwungen, auf einer der rückwärtigen Bänke Platz zu nehmen. Mr. Rothschild war so erregt darüber, daß man ihm seinen Platz streitig gemacht hatte ..., daß er sich zunächst eine Zeitlang beruhigen mußte, bevor er das Geschäft aufnehmen konnte. Wir glauben, vor einiger Zeit ist schon ein ähnlicher Versuch unternommen worden, Mr. Rothschild von seiner Säule zu vertreiben[8].

Hatte Mr. Rose eine Wette abgeschlossen? Was auch immer die Erklärung dafür sein mag: diese Szene wiederholte sich nie mehr.

Nathan empfing in seinem Büro in New Court einen ständigen Strom bedeutender ausländischer Besucher. Er war so berühmt, daß jeder ihn kennenlernen wollte. Fürst Pückler-Muskau, der 1826 England bereiste, war entschlossen, den „wahren Löwen", den „souveränen Herrscher", wie er ihn nannte, aufzusuchen.

Ich fand ihn [so schrieb er] in einem ärmlichen, düsteren Hause (seine Wohnung lag in einem anderen Teil der Stadt), und als ich mit einigen Schwierigkeiten meinen Weg durch den engen Hof, der von einem mit Silberbarren beladenen Wagen versperrt wurde, gefunden hatte, wurde ich dem großen Verbündeten der Heiligen Allianz vorgestellt. Der russische Konsul machte ihm gerade seine Aufwartung. Er ist ein scharfsinniger, kluger Mann, spielt seine Rolle ausgezeichnet und verbindet die notwendige Höflichkeit mit der angemessenen würdigen Haltung.

Das war um so schwieriger, als der sehr originelle Aristokrat der City keinen großen Wert auf äußere Formen legt. Als ich ihm meinen Kreditbrief vorlegte, sagte er ironisch, wir seien glückliche Leute, wenn wir es uns leisten könnten, so zu unserem Vergnügen herumzureisen, während er als armer Mann eine so schwere Bürde zu tragen habe. Dann brach er in bittere Beschwerden darüber aus, daß jeder arme Teufel, der nach England käme, irgend etwas von ihnen haben wolle. „Gestern", sagte er, „war ein Russe hier, der mich angebettelt hat" (der Konsul machte bei der Erwähnung dieser Episode ein bitter-süßes Gesicht), „und", so fügte er hinzu, „die Deutschen hier lassen mich keinen Augenblick in Frieden." Jetzt war ich an der Reihe, ein freundliches Gesicht dazu zu machen.

Dann wendete sich das Gespräch politischen Fragen zu, und wir stimmten natürlich beide darin überein, daß Europa ohne ihn nicht weiterbestehen könne. Er wehrte unser Kompliment bescheiden ab und sagte lächelnd: „O nein! Sie scherzen nur – ich bin nur ein Diener, der den Leuten gefällt, weil er ihre Angelegenheiten gut verwaltet und für den sie in Anerkennung seiner Dienste ein paar Krumen abfallen lassen."

Das alles bringt er in der ihm eigenen, halb aus englischen und halb aus deutschen Worten bestehenden Sprache vor. Im Englischen hat er einen starken deutschen Akzent, aber er zeigt dabei das imponierende Selbstbewußtsein eines Mannes, der es für unter seiner Würde hält, auf solche Dinge Wert zu legen. Diese wirklich originelle Sprache schien mir sehr typisch für einen Mann, der fraglos eine geniale Persönlichkeit ist und eine gewisse Art von Charaktergröße besitzt[9].

Einige Monate nach diesem ersten Besuch wurde der Fürst von Rothschild nach Stamford Hill zum Abendessen eingeladen. Hier lernte er zwei oder drei Direktoren der Ostindischen Gesellschaft und Nathans große Familie kennen. Nathan war „amüsant und gesprächig", und der Fürst fand es unterhaltsam, zu hören, wie Nathan die Gemälde in seinem Eßzimmer erklärte. Es waren die Porträts der europäischen Monarchen, die sie ihm durch ihre Gesandten hatten überreichen lassen und von denen er sprach, als seien sie nicht nur seine guten Freunde, sondern Gleichgestellte. Der Fürst war beeindruckt von dem Stolz der Familie auf ihre jüdische Herkunft und Religion. Aber das galt für alle Rothschilds. Die Familie blieb nicht nur ihrer Vergangenheit treu, sondern sie versäumte auch keine Gelegenheit, ihren Einfluß zum Wohle ihrer Glaubensgenossen einzusetzen. Als Carl dem Papst ein Darlehen gewährte, machte er es zur Bedingung, daß Seine Heiligkeit sich für die Abschaffung des Ghettos in Rom einsetzte. 1829 reichte Nathan dem Unterhaus eine Petition ein, in der das Parlament gebeten wurde, die Benachteiligungen abzuschaffen, unter denen die Juden noch zu leiden hatten. In Frankfurt hatte Amschel 1823 einen großen Sieg errungen, als er sich maßgeblich an der Einführung eines Gesetzes beteiligte, das Heiraten zwischen Christen und Juden zuließ. Der vierundsiebzigjährige Goethe erregte sich heftig darüber und meinte, dieses skandalöse Gesetz werde, weil es zu sehr mit religiösen Fragen verbunden sei, den Familiensinn und die Moral untergraben ... Wie könne man eine Jüdin daran hindern, im Schlafzimmer die Macht zu übernehmen? Ausländer müßten denken, ein solches Gesetz sei nur durch Bestechung möglich geworden. Er glaube, die allmächtigen Rothschilds stünden dahinter.

Obwohl Nathan viele Stunden am Tage arbeitete, war er ein guter Familienvater und liebte seine Frau und seine sieben Kinder. Kurz bevor Fürst Pückler-Muskau ihn in New Court besuchte, hatte er dem Drängen seiner vielköpfigen Familie nachgegeben und ihr ein großes Haus am Piccadilly 107 gekauft. Im Gegensatz zu anderen reichen Männern bereitete es Nathan nur Vergnügen, Geld zu verdienen, nicht aber, es auszugeben, und er ärgerte sich, daß jeder Kunsthändler in London versuchte, ihm etwas zu verkaufen. Da ihm die Einrichtung der Wohnung ganz gleichgültig war, übernahm seine Frau diese Aufgabe. Doch gelegentlich kaufte er, um einem Freunde, der den Künstler empfohlen hatte, einen Gefallen zu tun,

Karikatur Nathans als Brummkreisel von A. Crowquill aus dem Jahre 1829.

Die seit langer Zeit bestehenden Beziehungen zwischen den Rothschilds und dem Herzog von Wellington waren Anlaß für diese Karikatur, in der die Regierung Wellington angegriffen wird.

1828–1830 konservatives Kabinett unter Wellington.

dieses oder jenes Bild. Dem Maler sagte er dann: „Geben Sie mir irgendeines, wenn es nur nicht mehr als £ 30 kostet.“ Zur Musik hatte er die gleiche Einstellung. Als Hannah den bekannten Komponisten Spohr einlud, ein Konzert zu geben, bedankte Nathan sich bei ihm, ließ die Münzen in seiner Tasche klimpern und sagte: „Das ist meine Musik.“

Er wurde ständig von Leuten bedrängt, die ihn nach dem Geheimnis fragten, wie er sein Vermögen erworben habe. Manchmal erwiderte er brüsk: „Man muß nur genug von allem verkaufen“. Oder er moralisierte: „Bleiben Sie bei einer Sache, junger Mann. Bleiben Sie bei Ihrer Brauerei, und eines Tages werden Sie vielleicht der größte Brauer von London sein. Sind Sie Brauer, Bankier, Kaufmann und Fabrikant, dann werden Sie sich bald in der *Gazette* wiederfinden.“ Aber Nathan war auch überzeugt davon, daß man Glück haben müsse, denn er sagte seinem Freunde Thomas Buxton: „Ich habe viele kluge Männer kennengelernt, die nicht einmal Schuhe an den Füßen hatten. Mit ihnen lasse ich mich nicht ein. Ihre Ratschläge klingen sehr gut, aber das Schicksal ist gegen sie. Sie können es selbst zu nichts bringen, und wenn sie sich selbst nicht helfen können, wie sollen sie mir dann helfen?“[10]

Im großen und ganzen war Nathan zufrieden, aber hin und wieder schienen ihn die Bettelbriefe, die Drohungen, die Schmeicheleien und der ständige Druck, unter den die Geldgeschäfte ihn setzten, zu ärgern, und dann konnte er zynisch sein. Zu Buxton sagte er: „Manchmal gebe ich zu meinem Vergnügen einem Bettler eine Guinea. Dann glaubt er, ich hätte mich geirrt, und weil er fürchtet, ich könnte meinen Irrtum feststellen, läuft er fort, so schnell er kann. Ich rate Ihnen, geben Sie ab und zu einem Bettler eine Guinea. Das ist sehr amüsant."

Obwohl Nathan die endlosen Gottesdienste in der Synagoge nicht sehr schätzte, hielt er sich doch für einen religiösen Juden. Der Gedanke, eines seiner Kinder könnte einen Nichtjuden heiraten, war ihm unerträglich. 1832 besuchte seine schöne siebzehnjährige Tochter Hannah in Paris Tante Betty und Onkel Jacob. Diese veranstalteten einen Ball, und an diesem Abend verliebte sich Fürst Edmond de Clary, der einundzwanzigjährige Sohn einer berühmten österreichischen Familie, leidenschaftlich in Hannah. Er bat den mit ihm befreundeten ehemaligen Botschafter in London, den Fürsten Esterhazy, bei Nathan Rothschild für ihn um die Hand seiner Tochter anzuhalten. Esterhazy übernahm den Auftrag, konnte aber mit aller Beredtsamkeit nichts erreichen. Nathan erklärte: „Ich werde es meiner Tochter nie erlauben, einen Christen zu heiraten", und schrieb Hannah, sie solle sofort nach Hause zurückkommen.

Normalerweise überließ Nathan die Erziehung der Kinder und alle sie betreffenden Fragen seiner Frau, denn Haushaltsangelegenheiten langweilten ihn. Zwar beschwerte er sich darüber, daß er so viele Stunden arbeiten müsse, aber wirklich glücklich war er nur in der Bank. Er war nicht nur ein Meister in seinem Fach, sondern er wußte auch, daß es nur wenige Menschen gab, die an ihn heranreichten. Und weil alle fünf Bankhäuser der Rothschilds in den fünf Ländern Filialen der gleichen Firma waren, war Nathan der führende Geist bei jeder finanziellen Transaktion seiner Brüder.

Der deutsche Bankier Moritz von Bethmann glaubte, der Hauptgrund für den Erfolg der Rothschilds sei „die Harmonie zwischen den Brüdern".

> Keiner von ihnen [so schrieb er] denkt jemals daran, am anderen herumzunörgeln. Keiner von ihnen übt negative Kritik an der Geschäftsführung der anderen, auch wenn die Ergebnisse nicht den Erwartungen entsprechen ...[11]

Aber gelegentlich nützte es den Brüdern, wenn sie vorgaben, nicht einer Meinung zu sein. 1834 beschloß Nathan, die Quecksilbermine von Almeida in Spanien zu erwerben. Da es in Europa nur zwei derartige Erzvorkommen gab und er die Mine von Idria in Österreich bereits besaß, würde der Besitz der spanischen Mine ihm eine Monopolstellung verschaffen. Um sie kaufen zu können, mußte Nathan freundliche Beziehungen zu der liberalen Regentin, Königin Maria Christina von Spanien, herstellen. Er erreichte das durch ein Darlehen von £ 600000 an sie. Unglücklicherweise finanzierte Fürst Metternich die Gegner der Regentin, die vom Thronprätendenten Don Carlos geführte absolutistische Partei, und war empört über diese „unerhörte Irreführung".

Maria Christina, die Witwe Ferdinands VII., erhebt Anspruch auf den spanischen Thron für ihre dreijährige Tochter Isabella, dem die Ansprüche des Bruders von Ferdinand, Don Carlos, entgegenstehen. Aus dem Konflikt entwickelt sich ein sechs Jahre dauernder Bürgerkrieg („Karlistenkriege").

Weil die politischen Grundsätze Metternichs in Österreich, Preußen und dem Königreich beider Sizilien galten, wo drei der Brüder ihren Wohnsitz hatten, und auch den Bourbonenkönig in Frankreich beeinflußten, wo der vierte Bruder lebte, überrascht es nicht, daß den Rothschilds viel daran gelegen war, sich sein Wohlwollen zu erhalten. Salomon versuchte, die Sache wieder in Ordnung zu bringen, und erklärte Metternich erfinderisch, Nathans Frau Hannah, „eine liberal eingestellte Cohen", habe ihren Mann gegen dessen besseres Wissen dazu überredet, das Darlehen zu gewähren.

Diese Erklärung befriedigte Metternich offenbar nicht, und Salomon schrieb einen noch unterwürfigeren Brief, in dem er Nathan als „politisches Kind" bezeichnete. Vertraulich fügte er hinzu: „Nathan Mayer Rothschild ist nicht besonders intelligent. In seinem Geschäft ist er außerordentlich tüchtig. Aber im übrigen kann er – im Vertrauen gesagt – kaum seinen eigenen Namen schreiben."[12] Diese lächerliche Entschuldigung beruhigte Metternich, der nun bereit war, zu vergeben und zu vergessen, während Nathan dem Konto seines Bruders ein paar Millionen gutschrieb.

Im Juni 1836 heiratete Nathans Sohn und Erbe, der achtundzwanzigjährige Lionel, seine Kusine Charlotte, die einzige Tochter Carl von Rothschilds, der in Neapel lebte. Die Hochzeit fand in Frankfurt statt, weil man der dreiundachtzigjährigen Gutel, die immer noch in dem „Haus zum grünen Schild" im Ghetto lebte, eine Freude machen wollte. Daß ein Rothschild seine Frau aus der gleichen Familie wählte, war zu dieser Zeit schon ganz normal. Von den zwölf Ehen, die die Söhne der fünf Brüder schlossen, wurden neun mit Frauen aus der Familie Rothschild eingegangen. Die jungen Männer waren nicht nur dazu erzogen, bei der Heirat an eine gute Mitgift zu denken, sondern es gab außerhalb der Familie auch nur wenige attraktive Jüdinnen, die über einen so hochkultivierten Geschmack verfügten wie sie selbst.

Die Stadt Frankfurt war an glanzvolle Veranstaltungen gewöhnt. Jahrhundertelang hatten hier die Krönungsfeierlichkeiten für die Kaiser des Heiligen Römischen Reiches stattgefunden, und seit 1815 war Frankfurt der Sitz des Deutschen Bundes. Aber die Öffentlichkeit schien sich noch mehr für die zur Hochzeit aus allen vier Himmelsrichtungen anreisenden, weltberühmten Rothschilds zu interessieren als für Fürstlichkeiten. Zu den Hochzeitsgästen aus England gehörten unzählige Cohens, Montefiores, Sterns, Goldsmiths und Gompertz. Im Mittelpunkt stand der nicht ganz dazu passende berühmte Komponist Rossini, der seinerzeit Nathans Tochter unterrichtet hatte, damit sie auf der Harfe aus purem Gold spielen konnte, die der Vater ihr geschenkt hatte. Eine große Menschenmenge säumte die Straßen, um die vornehmen Equipagen, die stolz dahertrabenden Pferde, die seidenen Gewänder und den ganzen Aufwand zu sehen. Aus vielen Häusern wehten englische und neapolitanische Fahnen, während die Judengasse im reichen Blumenschmuck prangte.

Der neunundfünfzigjährige Nathan hatte einen Karbunkel im Genick und am Tage der Hochzeit ein rotes, aufgedunsenes Gesicht. Bei der Feier wurde er vom Schüttelfrost ergriffen und mußte sich zu Bett legen. Das war Mitte Juni, und Mitte Juli ging es ihm noch nicht besser. Immer noch hatte er hohes Fieber. Seine Frau schickte einen Eilkurier nach England, um den berühmten Arzt Benjamin Travers zu holen. Obwohl die Sepsis schon den ganzen Körper ergriffen hatte und Nathan zeitweilig ins Delirium verfiel, war er doch meist ganz klar und nutzte die Gelegenheit, seinen Söhnen Verhaltensregeln zu geben. Er bat sie, das Geschäftsvermögen zu erhalten und sich nicht an gewagten Abenteuern zu beteiligen. Er sagte, die Welt werde versuchen, Geld an ihnen zu verdienen, und deshalb müßten sie um so vorsichtiger sein. Vor allem müßten sie zusammenhalten.

Natürlich wurde auch viel gebetet. Zehn Minuten vor seinem Tode nahm ein Rabbiner ihm die Beichte ab, und Nathan begann zu lesen: „Ich bekenne vor dir, Herr, mein Gott, und Gott meiner Väter, daß meine Heilung und mein Tod in deinen Händen liegen. Möge es dein Wille sein..." Dann hörte er auf und legte das Buch beiseite. „Es ist nicht notwendig,

Jüdische Hochzeit in der Frankfurter Judengasse. Bald nachdem Lionel im Juni 1836 seine Kusine Charlotte geheiratet hatte, starb sein Vater.

so viel zu beten, denn glaubt mir, nach meiner Überzeugung habe ich nicht gesündigt ...“

Die während des ganzen Juli umlaufenden Gerüchte über die Krankheit von Nathan Rothschild hatten sich ungünstig auf die Börsengeschäfte in London ausgewirkt. Ein Korrespondent der *Times* schrieb in der Spalte „Nachrichten aus der City“ am 2. August 1836: „Der gefährliche Zustand, in dem sich Mr. Rothschild nach Berichten aus Frankfurt befindet, hatte auch heute seine Auswirkungen auf den Kurs der portugiesischen und spa-

Oben: „Der Schatten eines großen Mannes“, eine vier Wochen nach seinem Tode veröffentlichte Karikatur von Nathan Rothschild an seiner Lieblingssäule in der Börse. In der Hand hält er vier Schlüssel für seine vier Brüder.

Unten: Witwenbrosche der Frau von Nathan, Hannah, mit der Inschrift „N. M. Rothschild, Esq. ob. 28 July 1836“.

nischen Staatspapiere, die um weitere $1^1/_2$ Prozent gefallen sind... Man erwartet augenscheinlich allgemein, daß die Firma alle Darlehen, die Mr. Rothschild auf diese Papiere gewährt hat, zurückfordern wird, und deshalb sind alle seine Schuldner bemüht, ihre Aktien zu verkaufen...“

Am Todestage Nathans, dem 28. Juli, wurden Brieftauben zu allen Niederlassungen der Rothschilds in Europa aufgelassen, um zu verhindern, daß unnötige Verluste eintraten. Offenbar hat nur eine Taube die englische Küste erreicht, und sie wurde zufällig von einem Bauern abgeschossen. Ihm war es ein Rätsel, was die Nachricht bedeutete, die der Vogel beförderte: „*Il est mort.*“ Am 27. Juli hatte die *Times* noch geschrieben, die Behauptung, der Bankier sei schwerkrank, sei falsch. Eine Woche darauf, am 3. August, bestritt die Zeitung entschieden, daß der große Mann diese Welt verlassen habe. „Einige Morgenzeitungen bringen Berichte vom Tode Mr. Nathan Rothschilds. Wir haben die Meldung überprüft und festgestellt, daß sie falsch ist...“

Die Leiche wurde auf dem Seewege nach London überführt, und am 8. August folgten der Lord Mayor von London, die Sheriffs, Stadträte, Botschafter und Minister dem Sarge. Nun endlich schrieb die *Times:*

Der Tod von Nathan Mayer Rothschild ist eines der bedeutendsten Ereignisse für die City und vielleicht für Europa seit langer Zeit. Seine finanziellen Transaktionen haben sich über den ganzen Kontinent erstreckt und jede Art von Geldgeschäften beeinflußt. Vor seiner Zeit hat es Geldgeschäfte dieses Ausmaßes in Europa nicht gegeben... Mr. Rothschild war, wie seine Brüder, im Besitz eines Adelspatents, das ihn berechtigte, den Titel Baron zu führen. Aber er hat nie Gebrauch davon gemacht und war mit größerem Recht stolz auf den Namen, mit dem er eine Berühmtheit erlangte, die ihm kein Titel verleihen könnte... [4. August 1836].

5 Die Vormachtstellung

(1836–1849)

Im Januar 1838 besuchte das neugewählte Parlamentsmitglied Benjamin Disraeli ein Konzert in London, zu dem auch zahlreiche bedeutende Persönlichkeiten erschienen waren, unter anderen der Herzog von Wellington. Er schrieb an seine künftige Braut, Mrs. Wyndham Lewis: „Am glanzvollsten traten die Rothschilds auf; die Witwe [Lionels Mutter] noch in Trauer, zwei Söhne, einige Schwestern und vor allem die junge Braut oder vielmehr Ehefrau aus Frankfurt, die allgemein bewundert wird. Sie ist hochgewachsen, graziös, dunkelhaarig und hellhäutig. Sie trug ein Kleid aus gelber Seide, einen Federhut und eine Art Sévigné unter prachtvollen Perlen – wie ein Gemälde von Murillo.“ [1]

Lionel de Rothschild als junger Mann.

Nathans Witwe war kürzlich in den Gunnersbury Park umgezogen. Das elegante Landhaus lag versteckt in der ländlichen Gegend von Acton, war aber nur acht Meilen von Hyde Park Corner entfernt. Ihr Mann hatte es wenige Monate vor seinem Tode für £ 20000 gekauft. Früher gehörte es der Tochter Georgs II., der Prinzessin Amalia, einer Schwester der so sehr vernachlässigten Gattin Wilhelms von Hessen. Da es viel zu geräumig war, bat Nathans Witwe Lionel und dessen Frau, zu ihr dorthin zu ziehen und die Verwaltung des Hauses zu übernehmen.

Lionel war ganz anders veranlagt als sein aggressiver und freimütiger Vater, der für seine Arbeit gelebt hatte und stolz darauf gewesen war, das gesellschaftliche Leben verachtet zu haben. Lionel war ein stiller Mensch mit einem etwas boshaften Humor, aber eher ein Konformist als ein Rebell. Er war verschlossen, hatte gelegentlich witzige Einfälle und eine ausgesprochen snobistische Ader. 1836 ersuchte er die englische Königin um die Erlaubnis für seinen Bruder und sich selbst, den Baronstitel zu führen, eine Ehre, die der österreichische Kaiser ihnen 1822 verliehen und die Nathan so großartig ignoriert hatte. Wenige Monate später hatte die Königin den Thron bestiegen, und da ihre Verwandten – Georg IV. und seine Brüder – durch Vermittlung von Nathan Rothschild hohe Geldsummen vom Kurfürsten von Hessen geliehen hatten, kannte sie den Namen der Familie sicher gut und gewährte Lionel seine Bitte. 1838 gab sie ihre Zustimmung.

Es war verständlich, daß Lionel den Wunsch hatte, den Baronstitel zu führen. Als jedoch seine Mutter nach zwölf Jahren starb, tat er etwas ganz Unerwartetes. Er beerdigte sie neben ihrem Mann und verlieh den Eltern auf der Grabinschrift den Titel, den zu tragen sie ihr Leben lang abgelehnt hatten. Auf dem Grabstein seiner Mutter stand nun zu lesen:

Baroness Hannah de Rothschild
Relict of the late Baron
Nathan Mayer de Rothschild

Oben: Gunnersbury House, die ehemalige Sommerresidenz der Tochter Georgs II., Prinzessin Amelia. Nathan Rothschild kaufte den Besitz 1835, hat aber nie dort gewohnt. Sein Sohn Lionel erbte das Haus.

Rechts: Die Frau von Lionel de Rothschild, Charlotte, mit ihren vier Kindern Leonora, Evelina, Nathaniel und Alfred.

Es nimmt nicht wunder, daß die Rothschilds, die angeblich über ein Vermögen von £ 200 Millionen verfügten und damit reicher waren als je eine Familie zuvor, eine magische Anziehungskraft auf den jungen Herrn Disraeli ausübten, der keinen Sinn für Geld hatte und ständig verschuldet war. Er befreundete sich mit Lionel, und es entstand eine der engsten Beziehungen seines Lebens. Als Gast auf fast allen Hochzeiten, Beerdigungen und Empfängen der Rothschilds redete er von ihnen in der ihm eigenen blumenreichen Sprache: „Eine entzückende *fête* in Gunnersbury – Madame de Rothschild *mère* – ein wunderschöner Park und eine Villa, die eines italienischen Fürsten würdig wäre... Militärkapellen, herrlicher Park, Tempel und illuminierte Parkwege... die Großen der Welt zu Gast... unser Freund Amy behandelte mich sehr aufmerksam und brachte mir eine kapitale Schildkröte, die ich sonst nicht bekommen hätte..."[2]

Benjamin Disraeli (1804–1881) konvertiert 1817 mit seinem Vater aus dem Judentum; 1837 konservativer Unterhausabgeordneter, 1868 Premierminister der Königin Viktoria, 1876 Lord Beaconsfield.

Lionel verschwendete für die Ausgestaltung von Gunnersbury viel Zeit und Geld, und im Lauf der Jahre legte er hübsche Wege an, welche die Seen und Wasserläufe miteinander verbanden, dazu Blumenbeete in der Form von mit Heliothrop gesäumten Körben. In einer Ecke des Parks befand sich ein exquisiter japanischer Garten mit Steinbrücken, Bächen, Bambusbänken, Palmen und Tempeln. „Wunderbar", sagte der Botschafter des Mikado bei seinem ersten Besuch in England, „in Japan haben wir nichts Gleichwertiges."

Die Freude der Witwe Nathans über die Neuerungen Lionels kühlte sich jäh ab, als ihre zweiundzwanzigjährige Tochter Hannah zu ihr ins Schlafzimmer kam und ihr mitteilte, sie wolle Herrn Henry Fitzroy heiraten. Der junge Mann war ein hochgewachsener, gut aussehender Bruder des Earl von Southampton, Deputy Lieutenant der Grafschaft Northampton und angehendes Parlamentsmitglied. Aber er war kein Jude. Deshalb war dies eine ganz unmögliche Idee, und es folgten schreckliche Szenen. Aber die Mutter hielt die Trumpfkarten in der Hand. Nathan Rothschild war so böse gewesen, als der Fürst de Clary um Hannahs Hand angehalten hatte, daß er eine Klausel in sein Testament aufnahm, nach der seine Töchter enterbt werden sollten, wenn sie ohne die Zustimmung ihrer Mutter oder ihrer Brüder heirateten.

Doch Hannah hatte sich so leidenschaftlich verliebt, daß die Mutter auf einen Kompromiß einging. Fitzroy müsse sechs Monate ins Ausland gehen. Wenn Hannah nach dieser Zeit immer noch entschlossen war, ihn zu heiraten, würde die Familie die Angelegenheit noch einmal überdenken.

Hannah blieb nicht nur fest entschlossen, ihr Vorhaben durchzuführen, sondern verfiel auch zusehends, wie ihr Bruder Nathaniel berichtete. Schließlich gab die Mutter nach, und am 29. April 1839 fand die Hochzeit in der St.-Georgs-Kirche am Hanover Square statt. Doch als einziges Mitglied der Familie Rothschild nahm Nathaniel an der Feier teil, der es bedauerte, Hannah nicht in dem traditionellen Satinkleid, sondern nur in einem einfachen Vormittagskleid zu sehen. Was noch schlimmer war, anstelle der Hochzeitsgeschenke erhielt sie von ihren Vettern verachtungsvolle und vernichtende Briefe.

Am Hochzeitsmorgen verließ Lionel das Haus, um nach New Court zu fahren, und wünschte seiner Schwester kühl einen „guten Tag". Auch die Mutter ging fort, kehrte aber dann tränenüberströmt nach Hause zurück. Sie rief Hannah zu sich und sagte, sie habe sich entschlossen, sie zur Kirche zu begleiten. Allerdings sei es nicht angebracht, dafür die prächtige Kutsche der Rothschilds zu benutzen, und deshalb besorgte man sich auf der Straße einen einfachen Mietwagen. Das Gefährt holperte den Pic-

Der junge Disraeli, Stich nach einem Gemälde von A. E. Chalon.

cadilly entlang, überquerte den Berkeley Square und die Bondstreet und hielt dann vor dem Seitenportal der St.-Georgs-Kirche. Fitzroy erwartete auf dem Bürgersteig seine Braut. Er öffnete den Wagenschlag und half ihr beim Aussteigen, während Madame de Rothschild sich kurz von ihrem Sitz erhob und eine freundliche Geste machte, um sich dann abzuwenden. Wenige Minuten später stand Hannah zwischen ihrem Bruder Nathaniel und Henry Fitzroy, während man den Mietwagen, in dem die Mutter nach Hause fuhr, in der grauen Morgenluft davonfahren sah. Hannah führte zwar eine glückliche Ehe, aber die Familie hat es ihr nie verziehen, daß sie den Glauben ihrer Väter aufgegeben hatte. Als ihr armer kleiner Sohn Arthur Jahre später vom Pony stürzte, monatelang gelähmt blieb und dann starb, deuteten die Verwandten dieses tragische Ereignis als eine „Strafe Gottes".

An die Töchter hatte Nathan jedoch in seinem letzten Willen erst in zweiter Linie gedacht. Wie sein Vater vor ihm ermahnte er darin seine Söhne, jedem Streit aus dem Wege zu gehen, und wies darauf hin, daß es ihm ganz gleichgültig sei, ob der eine £ 50 000 mehr hätte als der andere. Die wichtigste Bestimmung war, daß sich die Söhne, weil die fünf Bankhäuser der Rothschilds zu einer Firma gehörten, stets der überlegenen Weisheit ihrer vier Onkel beugen und nie ohne ihre Zustimmung auf gewagte Geschäfte einlassen sollten.

Die vier „Onkel" hatten indessen Paläste bezogen, wo sie die bedeutendsten Persönlichkeiten ihrer Zeit bewirteten; eine natürliche Folge der Machtstellung, die jeder von ihnen unter der Führung von Nathan erworben hatte. Amschel war Sekretär des Deutschen Bundes in Frankfurt und der Finanzier Preußens. Carl hatte eine überlegene Stellung auf der italienischen Halbinsel inne, und Salomon war das finanzielle Rückgrat des Habsburgerreiches und der Heiligen Allianz.

Jacob aber war der rechtmäßige Nachfolger Nathans, dessen Mantel sich nun ganz natürlicherweise um seine Schultern legte, und niemand machte ihm sein Erbe streitig. Er war nicht nur klüger, energischer und prachtliebender als alle seine Brüder, sondern Paris war auch die Stadt, die sich im neuen Maschinenzeitalter am besten als Sitz der Hochfinanz eignete. Obwohl sich in London der größte Geldmarkt befand und England industriell weiter entwickelt war als irgendein anderes Land, hatte der Bürgerkönig Louis Philippe aus Paris ein Paradies für Bankiers gemacht.

Die beiden intelligentesten Beobachter der Gesellschaftsstruktur jener Tage, Marx und Tocqueville, beschrieben die Julimonarchie mit den gleichen Worten. Es war eine „Aktiengesellschaft", ein „Industriekombinat, das für den Profit der Aktionäre betrieben wird". Die Aktionäre waren natürlich nur ein paar hunderttausend Leute, die „mit ihren Pfoten in die Schüssel der Macht greifen konnten". Niemand hatte sich bisher vorstellen können, daß es zu Spekulationen und Korruption dieses Ausmaßes kommen könnte, und Jacob de Rothschild bewegte sich selbstzufrieden im Zentrum des ganzen Getriebes. Der französische Sozialist Alexandre Weill schrieb erbittert:

> Es gibt nur eine Macht in Europa, und die heißt Rothschild. Ihre Satelliten sind ein Dutzend anderer Bankhäuser; ihre Soldaten, ihre Gefolgsleute sind alles geachtete Geschäftsleute und Kaufleute; und ihr Schwert ist die Spekulation. Rothschild ist eine Erscheinung, zu der es kommen mußte, und wäre es nicht Rothschild gewesen, dann hätte es eine andere Familie sein müssen. Es ist jedoch keineswegs eine zufällige Erscheinung, sondern eine Primärerscheinung; es ist die Folge der Grundsätze, welche die euro-

päischen Staaten seit 1813 geleitet haben. Rothschild brauchte diese Staaten, um Rothschild zu werden, während die Staaten eines Rothschild bedurften. Doch jetzt braucht er den Staat nicht mehr, aber der Staat ist immer noch auf ihn angewiesen[3].

Es bestand kein Zweifel daran, daß König Louis-Philippe von dem Baron abhängig war. Er war Jacob aufrichtig dankbar dafür, daß es ihm gelungen war, Metternich zu besänftigen, es lag ihm auch viel daran, daß Jacob sein Privatvermögen richtig anlegte und vermehrte. Er gewährte ihm das Monopol für Staatsanleihen und eine ganze Flut von Verträgen und Konzessionen. Dann forderte er ihn auf, seine privaten Investitionen in die Hand zu nehmen, und zwar unter der stillschweigenden Bedingung, daß sich sein Vermögen rasch vermehrte. Sogar Fürst Metternich, der Salomon für die ihm geleisteten Dienste reich belohnt hatte, schien verärgert über die glänzenden Beziehungen zwischen dem Monarchen und dem Plutokraten.

Das Haus Rothschild [sagte er] spielt in Frankreich eine viel größere Rolle als jede ausländische Regierung, vielleicht mit Ausnahme Englands. Dafür gibt es allerdings Gründe, die mir weder gut noch moralisch vertretbar erscheinen. Geld ist in Frankreich die große motivierende Kraft, und man rechnet ganz offen mit der Korruption, die in der Praxis der wichtigste Faktor in unserer modernen parlamentarischen Regierungsform ist[4].

Der deutsche Dichter Heinrich Heine, dessen Vorfahren ebenso wie die Rothschilds im Frankfurter Ghetto gelebt hatten, beobachtete fasziniert diese Vorgänge.

Vor wenigen hundert Jahren [so schrieb er] hätte ein König einem Rothschild ganz einfach die Zähne gezogen, um ihn zu einem Darlehen zu zwingen. Aber die Moral des Mittelalters ist zum Glück durch die Revolution hinweggefegt worden, und heute kann Rothschild, der Baron und Ritter des Isabellenordens, ruhig in den Tuilerien spazierengehen, wenn es ihm gefällt, ohne befürchten zu müssen, der in Verlegenheit geratene Monarch werde einen einzigen seiner Zähne berühren[5].

Heine war im Hause Jacobs ein häufiger Gast, und als der letztere ein ganz in der Nähe des ersten gelegenes neues Haus in der Rue Laffitte bezog, schrieb er, in dem Palast vereinige sich alles, was der Geist des 16. Jahrhunderts sich vorstellen konnte und was das 19. und das Geld des 19. Jahrhunderts zu bezahlen in der Lage sei ... Er sei das Versailles eines Finanzpotentaten ... Benjamin Disraeli, der hier an einem Ball teilnahm, bewunderte den „unvergleichlichen Palast mit einer großen Dienerschar in prächtigeren Livreen, als man sie in den Tuilerien sieht. Es gab so viele Ananas wie Brombeeren ...“[6] Die schöne Baronin Betty war eine so vollendete Gastgeberin, daß Einladungen zu den Gesellschaften der Rothschilds ebenso begehrt waren wie die Aufforderungen, bei Hofe zu erscheinen. Die Gäste wurden sorgfältig ausgewählt, die Männer nach Rang und Namen, die Frauen nach Eleganz und Schönheit.

Jacob war gutmütig und etwas überschwenglich. Disraeli bezeichnete ihn als eine glückliche Mischung aus französischem Dandy und kleinem Straßenhändler. Zwar gefiel es ihm, den Adel in seinem Hause verkehren zu sehen, aber besonders stolz war er auf die Freundschaften, die ihn mit Künstlern und Schriftstellern wie Rossini, George Sand und Honoré de Balzac verbanden. Diese Leute durften Jacob ungestraft necken. Als der Maler Eugène Delacroix sich für sein Gesicht begeisterte und ihn bat, als

Der häufige Gast und gute Freund der Rothschilds, der Dichter Heinrich Heine; Zeichnung von E. Mandel nach einem Gemälde von F. Kugler.

Bettler für ihn Modell zu stehen, weil er genau den richtigen „hungrigen Ausdruck" habe, brach Jacob in schallendes Gelächter aus und erklärte sich dazu bereit. Am folgenden Morgen läutete der Baron, in Lumpen gehüllt, an der Tür des Ateliers von Delacroix. Ein junger Maler, der dem Künstler als Gehilfe diente, war von dem elenden Aussehen des Besuchers so beeindruckt, daß er ihm einen Franc zusteckte. Am Tage darauf brachte ein livrierter Diener dem jungen Mann einen Brief: „Mein Herr! In der Anlage werden Sie das Kapital finden, das Sie mir an der Tür des Ateliers von Herrn Delacroix gegeben haben, und zwar mit Zinsen und Zinseszinsen, insgesamt zehntausend Franc. Sie können den Scheck auf jeder beliebigen Bank einlösen. Jacob de Rothschild."

Man schätzte das Vermögen Jacobs nun auf etwa 40 bis 50 Millionen englische Pfund. Das machte auf die Leute einen so gewaltigen Eindruck, daß sie mit ihren Schmeicheleien immer zudringlicher wurden. Heine amüsierte sich darüber:

> Am liebsten besuche ich den Baron in seinem Büro, wo ich als Philosoph beobachten kann, wie die Menschen vor ihm katzbuckeln. Das ist eine Verkrümmung des Rückgrats, die auch der beste Akrobat kaum imitieren könnte. Ich habe gesehen, wie sich Leute gekrümmt haben, als hätten sie eine elektrische Batterie berührt, wenn sie auf den Baron zugingen. Viele sind von Ehrfurcht überwältigt, wenn sie zur Tür hereinkommen – wie Moses auf dem Berge Horeb, als es ihm klar wurde, daß er auf heiligem Boden stand. Moses zog die Schuhe aus, und ich bin sicher, daß viele dieser Finanzleute das gleiche tun würden, wenn sie nicht fürchten müßten, daß ihm der Geruch ihrer Füße unangenehm sein werde.

Bei einer anderen Gelegenheit war Heine noch sarkastischer:

> Ich besuchte Herrn de Rothschild und sah, wie ein Lakai mit goldenen Litzen den barönlichen Nachttopf durch den Flur trug. Ein Börsenspekulant, der gerade vorüberkam, lüftete seinen Hut vor dem eindrucksvollen Gefäß ... Ich werde den Mann im Gedächtnis behalten, denn ich bin überzeugt, er wird nach einiger Zeit Millionär geworden sein[7].

Aber es war nicht leicht, ein Krösus zu sein. So großzügig Jacob und Betty auch für wohltätige Zwecke spendeten – und die Beträge, die sie dafür ausgaben waren tatsächlich sehr hoch – und so herzlich ihre Gastfreundschaft auch sein mochte, es gab immer Leute, denen es Vergnügen bereitete, Anekdoten zu erzählen, die beweisen sollten, wie geizig sie seien. Als Jacob sich zum Beispiel weigerte, Horace Vernet den Auftrag für ein Porträt zu geben, weil der Künstler zuviel dafür verlangte, schrieb Vernet ihm einen Brief, in dem er ihm mitteilte, er werde ihn gratis malen. Auf seinem berühmten Gemälde „Auf dem Wege nach Smala" stellte er einen zwischen Furcht und Geiz hin und her gerissenen Juden mit einem Kasten Gold unter dem Arm dar, der die Gesichtszüge des Barons trug.

Honoré de Balzac lieh sich, kaum daß er Jacob kennengelernt hatte, Geld von ihm, war aber einer der wenigen, die ihre Schulden zurückzahlten, ohne den Geldgeber zu beschimpfen. Er widmete ihm vielmehr eine entzückende Geschichte mit dem Titel *Roueries d'un créancier* [Tricks eines Gläubigers]. George Sand dagegen bereitete es besonderes Vergnügen, zu erzählen, wie sie den Baron auf einem Wohltätigkeitsbasar angesprochen und gebeten habe, eine Flasche Parfüm für fünftausend Francs zu kaufen. „Was soll ich mit Parfüm anfangen?" erwiderte der Bankier. „Aber wenn Sie mir Ihr Autogramm geben, dann werde ich es verkaufen,

und wir können den Erlös teilen.“ George Sand ging auf den Vorschlag ein und schrieb auf ein Stück Papier: „Quittung über zweitausend Francs für die armen unterdrückten Polen. George Sand.“ Baron Jacob zahlte, und Heine, der neben ihm stand, legte dem Baron den Arm um die Schul-

Detail aus dem Gemälde „Auf dem Wege nach Smala“ von Horace Vernet. Der fliehende Jude ist angeblich Jacob de Rothschild.

tern und meinte, „wenn man eine große Sorge hat, ist es immer schwer, die richtigen Worte zu finden“[8].

Jacob hat es nie zugelassen, daß sein glänzendes gesellschaftliches Auftreten das Geschäft störte. Gemeinsam mit Salomon legte er hohe Summen beim Bau von Eisenbahnen an, und in den 1840er Jahren waren die beiden Brüder die anerkannten Eisenbahnmagnaten auf dem Kontinent. Nathan hatte seinen Brüdern als erster geraten, in diesem neuen Transportmittel Geld zu investieren. Er selbst hatte die Gelegenheit versäumt, damit in England ein Vermögen zu verdienen, denn obwohl die Lokomotive in seiner unmittelbaren Nähe erfunden wurde, hatte er ihre große Zukunft nicht erkannt. Ihr Vorläufer war das Dampfschiff von Robert Fulton, die *Clermont*, gewesen, die 1807 im Hudson sank. In England träumte ein Bergmann namens George Stephenson von einer Maschine, die ein Landfahrzeug antreiben konnte und nicht ein Schiff. Dieses Fahrzeug sollte auf eisernen Schienen laufen und Kohle aus dem Bergwerk befördern. Er bekam die Erlaubnis für seine Experimente, und 1820 wurde eine Schienenstrecke eingeweiht, die von Stockton nach Darlington führte, um Kohle aus den Bergwerken von Durham zu transportieren.

Zunächst machte sich Nathan ebenso wie viele andere darüber lustig, daß etwas so Schwerfälliges wie eine Lokomotive an die Stelle des beweglichen Pferdes treten könnte. Die Skepsis war zweifellos Ausdruck einer psychologischen Vorahnung, daß nämlich im Zeitalter des Massenverkehrs die Sicherheit der wenigen verlorengehen würde. Der Herzog von Wellington erklärte einerseits: „Die Eisenbahnen werden nur die unteren Klassen veranlassen, nutzlos herumzureisen.“ Nicholas Wood, der als Eisenbahnen-Experte galt, meinte andererseits, Wellington sei hinsichtlich der Lokomotive zu optimistisch. „Ich würde es mir nicht einfallen lassen, irgend jemandem zu sagen, die lächerlichen Erwartungen oder vielmehr Prophezeiungen begeisterter Spekulanten könnten sich erfüllen, und wir würden es erleben, daß mit Dampf angetriebene Fahrzeuge eine Geschwindigkeit von 12, 16, 18 oder 20 Meilen in der Stunde erreichen. Nichts könnte schädlicher sein ... als solchen Unsinn zu verbreiten.“[9]

Eine Zeitlang wurde die Geschwindigkeit der Eisenbahnen dadurch beschränkt, daß ein Gesetz vorschrieb, ein Postillon müsse jeder Lokomotive vorausreiten, um die Bevölkerung vor dem herannahenden Ungetüm zu warnen. Aber 1830, als die Eisenbahnlinie Liverpool–Manchester eröffnet wurde, hörten alle Zweifel über die Zukunft der Lokomotive auf. 1837 unternahm Charles Greville seine erste Eisenbahnfahrt:

> Das erste Gefühl ist eine leichte Nervosität und die Empfindung, daß jemand mit einem davonläuft. Doch bald nimmt das Gefühl der Sicherheit überhand, und die Geschwindigkeit ist etwas Wunderbares. Eine Stadt nach der anderen, ein Park und Schloß nach dem anderen bleiben zurück, während sich das Panorama ständig verwandelt ... Jede andere Art des Reisens ... ist im Vergleich damit langweilig[10].

Doch der große französische Romancier Flaubert wollte sich nicht beeindrucken lassen und beschwerte sich über die Langweiligkeit raschen Fahrens. „Nach fünf Minuten brülle ich vor Langeweile. Man glaubt, ein verirrter Hund habe sich im Wagen versteckt, aber das stimmt nicht. Es ist Herr Flaubert, der hier knurrt.“

In den 1830er Jahren hatten sich Dutzende von Gesellschaften gebildet, und Nathan Rothschild erkannte betrübt, daß er auf die falschen Ratgeber gehört hatte. Da es zu spät war, sich in England noch einen lohnenden

Anteil zu sichern, schrieb er an seine Brüder in Österreich, Deutschland und Frankreich und wies darauf hin, daß der Kontinent jungfräulicher Boden sei und man nach seiner Meinung mit Beteiligungen am Bau von Eisenbahnen hohe Gewinne erzielen könnte.

Salomon in Wien war besonders empfänglich für diesen Gedanken; denn Professor Riepel vom Wiener Polytechnikum, der viele Jahre in den Witkowitzer Eisenwerken in Schlesien gearbeitet hatte, war bereits an ihn herangetreten. Riepel wollte eine Eisenbahn bauen, um das Erz, das in galizischen Bergwerken abgebaut wurde, über etwa 100 Kilometer nach Wien zu bringen. Nach dem Eintreffen von Nathans Brief schickte Salomon den Professor nach England, von wo er ihm einen Bericht schicken sollte.

Fünf Jahre ereignete sich nichts Besonderes. Aber 1835 beantragte Salomon bei Kaiser Ferdinand von Österreich eine Konzession für den Bau einer Eisenbahn zum Transport von galizischem Salz und schlesischer Kohle nach Wien. Die Zeitungen bekamen Wind von der Sache, und es folgte ein Proteststurm. Dutzende von Fachleuten schrieben Artikel, in denen behauptet wurde, die menschlichen Atmungsorgane könnten eine Geschwindigkeit von 25 Kilometern in der Stunde nicht aushalten; Reisende müßten von Ärzten begleitet werden, die verhindern sollten, daß ihnen das Blut aus Nase, Mund und Ohren strömte; sie würden, wenn sie durch mehr als sechzig Meter lange Tunnel führen, ersticken, und wenn sie diese Gefahren überlebten, dann würden sie durch das Rattern der vorbeifahrenden Züge verrückt werden. Einige medizinische Journale malten ein noch grausigeres Bild: Männer könnten zum Selbstmord und Frauen zu sexuellen Exzessen getrieben werden.

Zum Glück war Metternich bereit, die durch Baron von Rothschild beantragte Konzession zu befürworten, und Kaiser Ferdinand unterschrieb folgsam die erforderlichen Urkunden. „Heil dem Monarchen", schrieb Salomon, „der sich gnädig herabgelassen hat, diese Entscheidung im Interesse der Wohlfahrt seines Volkes zu treffen!"

Der zurückgebliebene Sohn Franz' I., Kaiser Ferdinand I. von Österreich, überläßt Metternich die Verantwortung für die Regierungsgeschäfte.

Aber es ging nicht alles glatt. Das Bankhaus Sina erhielt bald eine Lizenz zum Bau einer südlichen Strecke von der Adria nach Wien. In einem Bericht über den Fortgang der Arbeiten an der von den Rothschilds gebauten Strecke, die von Wien nach Bosnien führte, schrieb Salomon dem Kaiser zum Schluß:

> Der gehorsame und treue Diener Eurer Majestät glaubt, es in aller Ergebenheit untertänigst wagen zu dürfen, Eure Majestät um die gnädige Erlaubnis zu bitten, die Eisenbahnlinie Wien–Bosnien mit dem glückverheißenden Namen „Kaiser Ferdinand Nordbahn" zu benennen[11].

Nicht nur der Kaiser, sondern auch Fürst Metternich stimmte diesem Ersuchen zu, und die zwölftausend Aktien, deren Zweidrittelmehrheit Salomon besaß, schnellten in die Höhe. Sina ging zornig zum Gegenangriff über und behauptete, die Ingenieure der Rothschilds hätten sich technische Fehler zuschulden kommen lassen. Salomon instruierte darauf den Professor Riepel, „diese Beleidigung mit der Verachtung zu bestrafen, die sie verdiente".

Als am 7. Juli 1839 die erste größere Eisenbahnlinie auf dem Kontinent eröffnet wurde, verdreifachte sich der Wert der Aktien. Salomon hatte sein Vermögen um eine hohe Summe vermehrt und wollte sich nun ein kleines Stück Unsterblichkeit sichern. Im Wartesaal des prächtigen Wiener Bahnhofs ließ er eine Statue von sich in carrarischem Marmor errichten, ein Geschenk der „Kaiser Ferdinand Nordbahngesellschaft" an ihren Gründer, Salomon Rothschild.

Salomon war natürlich nicht das einzige Mitglied der Familie Rothschild, das sich am Bau von Eisenbahnen beteiligte. Amschel in Frankfurt finanzierte Hunderte von Kilometern der in Preußen verlegten Schienenwege, während Carl dem Papst hohe Darlehen gewährte, der glaubte, die Revolution verhindern zu können, wenn er die päpstlichen Staaten vermittels der Dampflokomotive miteinander verband. Jacob baute seine eigenen Eisenbahnlinien, und zwar die erste 1837 zwischen Paris und Saint-Germain und eine zweite 1839 zwischen Paris und Versailles.

Im nächsten Jahr suchte er um eine Konzession für ein gigantisches Unternehmen nach, den Bau des *Chemin de Fer du Nord*, einer Bahnlinie, welche die französische Hauptstadt mit dem Industriegebiet im Norden verbinden sollte. Der Vertrag wurde ihm zugesprochen, weil er zahlreichen einflußreichen Persönlichkeiten vom Minister bis zum Zeitungsschreiber Gratisaktien versprochen hatte. Er wurde deshalb von Ludwig Börne, einem deutschen Juden, angegriffen, dessen Familie das elende Leben im Ghetto mit den Rothschilds geteilt hatte. Börne fragte:

> Wäre es nicht ein großer Segen für die Welt, wenn alle Könige abgesetzt und die Rothschilds die Throne besteigen würden? Man denke nur an die Vorteile. Die neue Dynastie würde niemals eine Anleihe auflegen, weil sie besser als irgend jemand sonst wüßte, wie kostspielig solche Dinge sind. Und allein aus diesem Grunde würden die Lasten ihrer Untertanen jährlich um mehrere Millionen geringer sein. Die aktive und passive Bestechlichkeit der Minister müßte aufhören, denn weshalb sollten sie noch bestochen werden oder womit könnte man sie bestechen? Das alles würde der Geschichte angehören, und die Moral würde sich wesentlich heben ...[12]

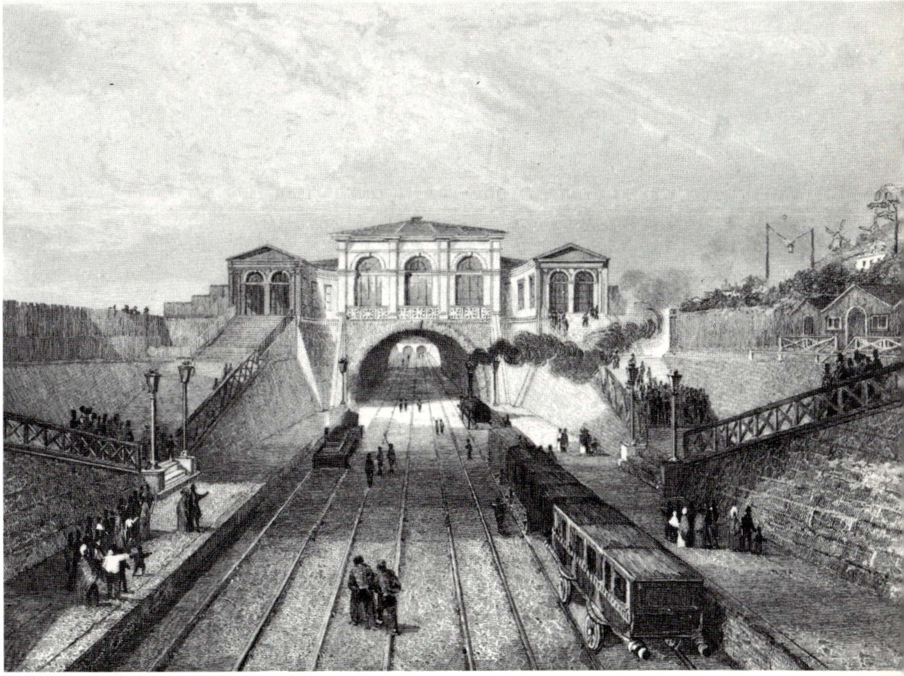

Die Rothschilds beteiligten sich am Bau der ersten Eisenbahnen in Frankreich und Österreich. 1837 wurde die von Jacob zwischen Paris und Saint-Germain gebaute Strecke eingeweiht.

Drei Wochen nach Eröffnung des ersten Abschnitts der Rothschildschen Eisenbahnlinie im Jahre 1846 fuhr eine Lokomotive mit zu hoher Geschwindigkeit in eine Kurve, einige Waggons stürzten einen Abhang hinunter, und 37 Menschen kamen ums Leben. Die allgemeine Empörung gipfelte in einem antisemitischen Pamphlet mit dem Titel *Die Geschichte Rothschilds I., des Königs der Juden*, das in Tausende von Briefkästen gesteckt wurde. Ein anonymer Freund kam Jacob jedoch zu Hilfe und gab ein Gegenpamphlet heraus: *Erwiderung Rothschilds I., des Königs der Juden, an Satan den Letzten, König der Verleumder.* Jacob de Rothschild war nicht der einzige, der einen Vertrag über den Bau einer Eisenbahnlinie abschließen konnte. Die französische Regierung vergab ihre Konzessionen an ein halbes Dutzend Gesellschaften, um einen gesunden Wettbewerb zu ermöglichen. Obwohl es nicht leicht war, die dafür notwendigen sehr hohen Summen aufzubringen, glaubte jedermann, eine Eisenbahnlizenz sei zugleich eine Lizenz zum Gelddrucken. Jacob schrieb an den Grafen Apponyi: „Die Verwaltungsbezirke, die Eisenbahnen haben, wollen sie in Ordnung halten, um möglichst viel daran zu profitieren. Diejenigen, die sie noch nicht haben, hoffen und wünschen, sie in nächster Zukunft zu bekommen.“

Bei einem solchen Wettbewerb kam es natürlich zu wilden Spekulationen mit Eisenbahnaktien. Baron Jacob wollte nicht einsehen, daß das Glücksspiel etwas Schädliches sei. Er sagte trocken: „Solange die Leute sich damit beschäftigen, Geld zu verdienen, werden sie nicht auf den Gedanken kommen, Verschwörungen gegen die Regierung anzuzetteln.“ Im November 1845 schrieb Charles Greville in sein Tagebuch, daß „das Spekulieren seinen Höhepunkt erreicht hat ... Viele vornehme Damen beschäftigen sich nebenher mit Wertpapieren, und auch Leute, von denen man es am wenigsten erwarten würde, haben es sich nicht versagen können, an dem Glücksspiel mit Wertpapieren teilzunehmen, und zu ihnen gehöre ich sogar selbst (wenn auch in sehr geringem Umfang), denn die warnende Stimme des Gouverneurs der Bank klingt mir noch in den Ohren.“[13] Trotz aller Warnungen vor einem schlimmen Rückschlag stiegen die Kurse weiter.

Jacob beschäftigte sich indessen nicht nur mit finanziellen Dingen. Während des ganzen Jahres 1840 sah es aus, als werde Frankreich Österreich den Krieg erklären, und wieder fühlte sich der Baron verpflichtet, auf beiden Seiten als Friedensstifter mit dem Ölzweig in der Hand aufzutreten. Damals war es noch nicht Mode, Kapitalisten als Kriegstreiber zu verdammen. Der Bankier Jacob und seine Brüder wurden vielmehr von zahlreichen Nationalisten als Pazifisten verschrien. Die Leute sprachen verächtlich von ihnen, weil sie den Profit höher bewerteten als die Ehre. Ein junger aufstrebender preußischer Politiker, Otto von Bismarck, erklärte: „Es liegt in der Natur der Dinge, daß das Haus Rothschild alles tut, um den Krieg zu vermeiden ...“

Durch das französische Verlangen nach dem Rhein wächst in Deutschland der einmütige Widerstandswille. Das Lied von der „Wacht am Rhein“ von N. Becker wird populär.

Bismarcks Behauptung erwies sich als richtig, denn Fürst Metternich gewann Rußland und England dazu, gemeinsam mit ihm dem Schützling Frankreichs, Mehemet Ali Pascha von Ägypten, ein Ultimatum zu stellen, in dem er aufgefordert wurde, Nordsyrien zu räumen. Der Chefminister von Louis-Philippe, M. Thiers, war empört, weil man Frankreich nicht konsultiert hatte, und drängte das Kabinett, die Ehre der Nation durch eine Kriegserklärung zu retten.

Siehe Marginalie S. 81.

Alle Zweige der Familie Rothschild in fünf Ländern arbeiteten nun fieberhaft daran, den Ausbruch von Feindseligkeiten zu verhindern. Sie besänftigten die Minister, schmeichelten den Zeitungsherausgebern und sprachen auf allen gesellschaftlichen Veranstaltungen vom Wert des Friedens. Sie taten dies so intensiv, daß Baron Jacob von der französischen Presse angegriffen wurde, weil er einen unerhörten Mangel an kriegerischem Geist gezeigt habe. Die von Thiers herausgegebene Zeitung *Le Constitutionnel* wetterte: „Mit welchem Recht und unter welchem Vorwand mischt sich dieser König der Finanzen in unsere Angelegenheiten? Was gehen ihn die Entscheidungen an, die Frankreich treffen wird? Ist er der Hüter unserer Ehre? Dürfen seine finanziellen Interessen gegenüber unseren nationalen Interessen das Übergewicht haben?" Doch Jacob erwiderte scharf: „Wenn ich den Frieden wünsche, dann wünsche ich einen ehrenhaften Frieden, und zwar nicht nur für Frankreich, sondern für ganz Europa ..." [14]

Alle Rothschilds sammelten Nachrichten und leiteten sie durch ihren berühmten Kurierdienst an die anderen Mitglieder der Familie weiter. Am 22. August dankte Lionel seinem Onkel Jacob für einen Brief:

> ...denn wir haben uns rechte Sorgen gemacht. Die konsolidierten Staatsanleihen standen bei Eröffnung der Börse auf $89^3/_8$... Man sagt, die Besitzer von Brieftauben hätten gekauft. Bei Börsenschluß stand der Kurs auf $89^1/_8$ ... Jeder glaubt, daß Mehemet Ali, wenn auch nicht in allen Punkten nachgeben, so doch jedenfalls neue Vorschläge machen wird. Bülow und alle anderen werden morgen bei uns zum Dinner sein, und wir wollen dann nach Windsor gehen, um zu versuchen, mit König Leopold zu sprechen (Leopold von Belgien befand sich in einer Schlüsselstellung; Louis-Philippe von Frankreich war sein Schwiegervater und Viktoria von England seine Nichte). Wenn es etwas Interessantes zu berichten gibt, werden wir Dir morgen abend einen Kurier schikken...[15]

Im Oktober hatte sich die Lage verschärft, und Charles Greville schrieb in sein Tagebuch: „In den letzten beiden Tagen sah alles schwarz aus. Die Kurse an den Börsen fielen, und die allgemeine Unruhe wuchs..." Aber der Einfluß von Jacob Rothschild auf den König erwies sich als sehr stark, und im entscheidenden Augenblick nutzte Louis-Philippe eine Meinungsverschiedenheit im Kabinett dazu aus, sich gegen Thiers zu stellen.

Jacob war nicht der einzige Rothschild, der fieberhaft für den Frieden arbeitete. In Wien beobachtete Salomon aufmerksam das Verhalten Metternichs, weil er fürchtete, der Fürst könnte ungeduldig werden und etwas unternehmen. Er tat alles, um ihn zu besänftigen, und er erfand sogar angeblich von dem französischen König getane freundliche Äußerungen über die Klugheit und den Scharfsinn Metternichs, die er in Briefen erwähnte, welche, wie er wußte, geöffnet werden würden. Als der Friede endlich gesichert war, ging er nach Paris, um den Erfolg mit Jacob zu feiern.

Eine der wichtigsten Verbündeten von Salomon in Wien war die lebenslustige Gräfin Melanie Zichy-Ferraris, die sich vor einiger Zeit Geld von Salomon geliehen hatte und jetzt Metternichs dritte Frau wurde. Salomon überschüttete sie mit Aufmerksamkeiten und beschenkte sie so reich, daß sie sogar in Gegenwart des Kaisers von ihm als von „unserem Salomon" sprach. Die Brüder unterstützten ihn in seinen Bemühungen. Carl von Rothschild schickte ihr Halstücher aus Neapel, Jacob Kleider aus Paris und Lionel de Rothschild Ableger von Gartenpflanzen aus London.

Salomons Verhalten war nicht nur von dem Wunsch, den Frieden zu erhalten, motiviert. Er war entschlossen, die lächerliche Verfügung der

Habsburger aufheben zu lassen, die es Juden untersagte, Grund und Boden zu erwerben. Zwar bewohnte er jetzt das ganze Hotel „Römischer Kaiser", war aber doch nur Hotelgast, während seine Brüder Großgrundbesitzer geworden waren.

Sein Wunsch, Land zu besitzen, war so mächtig geworden, daß er sich auf eine lange Belagerung einrichtete und bereit war, seinen Willen schrittweise durchzusetzen. Er spendete hohe Summen für wohltätige Zwecke, ließ ein Krankenhaus bauen und einrichten und beteiligte sich finanziell am Bau der städtischen Wasserleitung. Als Belohnung erhielt er die volle österreichische Staatsbürgerschaft, und das bedeutete die Erlaubnis, das Hotel, in dem er lebte, zu kaufen, wenn er es wünschte. Aber sein eigentliches Ziel ging weit darüber hinaus. Nachdem er die großen Eisen- und Stahlwerke von Witkowitz in Schlesien schon seit vielen Jahren gepachtet hatte, durfte er sie jetzt erwerben. Nun ging er daran, die Lebensverhältnisse der Arbeiter zu verbessern. Bald meldete der Gouverneur von Schlesien, die philanthropischen Bemühungen Salomons seien „ein Segen und ein Vorbild für das ganze Land" [16].

Der Einfluß, den Melanie auf ihren Gatten hatte, und Metternichs Einfluß auf den Kaiser brachten endlich die Entscheidung. 1843 wurden die gegen die Juden gerichteten einschränkenden Bestimmungen aufgehoben, und Salomon wurde zum größten Großgrundbesitzer des Kaiserreichs. Er erwarb riesige Besitzungen in Mähren, Schlesien und schließlich auch im fernen Preußen mit den dazugehörenden, von Burggräben umgebenen Schlössern und Wasserfällen sowie den unvermeidlichen Schwänen und Pfauen. Weil die Initialen von Salomon „S. M." ebenso lauteten wie die Abkürzung für „Seine Majestät", räumte das Volk ihm als dem „König Salomon" fast die gleiche Stellung ein wie dem Kaiser. Diese Bezeichnung paßte auf ihn, denn jetzt war er tatsächlich ein König, der Eisenbahnkönig von Mitteleuropa.

Welche Höhen die Brüder Rothschild auch erklommen und wie großartig sie auch leben mochten, die 1843 schon neunzigjährige Gutel weigerte sich, das „Haus zum grünen Schild" im Ghetto von Frankfurt aufzugeben, weil sie immer noch fürchtete, der Familie damit Unglück zu bringen. 1840 war sie schon fast zu einem Denkmal geworden, und ein Besuch bei ihr gehörte unbedingt dazu, wenn fortschrittliche junge Leute in jenen Tagen eine größere Reise unternahmen. Sie empfing vornehme Gäste aus ganz Europa in ihrem winzigen Salon und zeigte ihnen stolz ihren unter Glas gerahmten Brautkranz. Auch der Aristokrat und Tagebuchautor Charles Greville fuhr, als er nach Frankfurt kam, in die Judengasse:

> Wir hatten das Glück, die alte Mutter der Rothschilds zu besuchen, und wir bemerkten einen eigenartigen Kontrast. Das Haus, das sie bewohnt, sieht um nichts besser aus als die benachbarten. Es ist ebenso dunkel und verfallen. In der engen, düsteren Straße hielt vor der bescheidenen Behausung eine elegante Kutsche mit blauen Seidenpolstern, und vor der Tür stand ein Lakai in blauer Livree. Nun öffnete sich die Haustür, und man sah die alte Frau, gestützt auf ihre Enkeltochter, die Baronin Charles [Carl] Rothschild [die ehemalige Adelheid Herz], deren Wagen ebenfalls am Ende der Straße wartete, die dunkle, schmale Treppe herunterkommen.
>
> Zwei Bediente und einige Mädchen halfen der alten Dame in den Wagen, und auf der anderen Straßenseite hatte sich eine Gruppe Neugieriger versammelt, um sie einsteigen zu sehen. Ich habe noch nie einen eigenartigeren und auffallenderen Kontrast gesehen als die Kleider der alten und der jungen Dame, ihre Equipagen und Livreen auf der einen und die verfallene Behausung, in der die alte Frau noch immer wohnt, auf der anderen Seite. Sie erhält von ihren Söhnen £ 4000 jährlich, und man sagt, sie habe

Frankfurt ihr ganzes Leben noch nie verlassen und nie in einem anderen Hause gewohnt als diesem, in dem zu sterben sie fest entschlossen ist[17].

Gutel hatte mit dem Leben abgeschlossen, und als ein Arzt, der glaubte, ihr damit eine Freude machen zu können, sagte, sie würde sicher hundert Jahre alt werden, erwiderte sie scharf: „Weshalb sollte Gott mich mit hundert Jahren zu sich nehmen, wenn er mich auch schon mit siebenundachtzig haben kann?" Dann fügte sie sanfter hinzu: „Sie müssen verstehen; ich möchte keine Pillen, die mich jünger machen, sondern lieber solche, die mich älter machen."

1848 kommt in London das Kommunistische Manifest von Karl Marx in deutscher Sprache heraus. Zur Revolution in Frankreich führt die allgemeine Unzufriedenheit mit der auf dem Zensuswahlrecht beruhenden bürgerlichen Monarchie. Louis-Philippe dankt ab, und die Republik wird ausgerufen (Februarrevolution 22.–24. Februar 1848).

Angesichts der Revolution von 1848 verlor alles andere – sogar der Eisenbahnbau und die Börsenspekulation – seine Bedeutung. Nach Beendigung der Napoleonischen Kriege war es dem Fürsten Metternich gelungen, den *Status quo* in einem Europa aufrechtzuerhalten, in dem der Ruf nach Freiheit und Gleichheit der Französischen Revolution noch nicht verklungen war. Metternich hatte zunächst ein Land gegen das andere ausgespielt und durch Teilungen, Zwang und Drohungen die Monarchien gefestigt, die Regierungen gestärkt und gewaltsame Veränderungen verhindert. Zwar hatte er sein System, wenn er von Depressionen heimgesucht wurde, als ein „morsches Gebäude" bezeichnet, aber die Revolution, die 1848 in Sizilien ausbrach, überraschte ihn. Die Wiener Börse reagierte mit äußerster Heftigkeit. Am 23. Januar machte Salomon von Rothschild Metternich einen Besuch, und der Fürst überhäufte ihn mit Vorwürfen, weil er es unterlassen habe, die Fluktuationen auf dem Geldmarkt in der Hand zu behalten. Er sagte: „Politisch ist alles in Ordnung, aber auf der Börse herrschen schlimme Zustände. Ich tue meine Pflicht, aber Sie versäumen die Ihre. Wenn mich der Teufel holt, dann wird er auch Sie holen. Ich sehe der Hölle ins Gesicht, aber Sie schlafen, anstatt zu kämpfen. Ihr Schicksal ist deshalb besiegelt." Salomon verteidigte sich leidenschaftlich und erklärte sich bereit, am folgenden Tage große Mengen von Wertpapieren zu kaufen. „. . . Sie können sich auf mich verlassen!" „Ich beurteile die Menschen nach ihren Taten", fuhr der Fürst ihn an, „vielleicht werden Sie morgen kaufen, aber ich weiß deshalb noch nicht, warum Sie nicht schon gestern gekauft haben. Wenn Sie es unterlassen haben, um billiger kaufen zu können, dann habe ich keinen Grund, Ihnen dankbar zu sein."[18]

Die Revolution, die auf Sizilien begonnen hatte, ergriff nun auch Neapel, aber Carl von Rothschild war so klug, die liberale Regierung zu Zugeständnissen zu bewegen, und die Gefahr war gebannt. Auch der Großherzog von Toscana und der König von Piemont gerieten in Gefahr, folgten jedoch dem Beispiel von Neapel und stellten den Frieden wieder her. Aber im Februar sprang der Funke auf das leicht entflammbare Frankreich über, und über Nacht entwickelte sich eine gewaltige Feuersbrunst.

Überall schimpften die Leute auf die Willkürherrschaft der Könige, verlangten nach einer parlamentarischen Regierung, forderten freie Wahlen und das Stimmrecht für die Massen. Wieder wurden in Paris auf allen Hauptstraßen Barrikaden errichtet, und als der vierundsiebzigjährige Louis-Philippe erfuhr, daß die Nationalgarde zum Gegner übergelaufen war, floh er, der besten Tradition der französischen Könige folgend, und die Rebellen riefen die Republik aus.

Aus Sicherheitsgründen schickte Jacob Frau und Tochter zu seinem Neffen Lionel nach England. Während die Damen den Kanal in der einen

Richtung überquerten, fuhr Lionel in der entgegengesetzten Richtung hinüber; denn er hielt es für seine Pflicht, seinem Onkel in den bevorstehenden gefährlichen Tagen beizustehen.

Jacob hatte den Befehl erhalten, sich bei dem Polizeipräfekten, Herrn Caussidière, zu melden, der ihn beschuldigte, er habe Goldbarren in Mistwagen aus dem Lande geschmuggelt. Jacob erwiderte: „Mein Herr, man glaubt, ich hätte so viel Gold, daß ich mich darin begraben lassen könnte. In Wirklichkeit besitze ich nichts als Papiere. Mein Reichtum und mein Kapital bestehen aus Sicherheiten, die im Augenblick wertlos sind. Ich habe nicht die Absicht bankrott zu gehen, und wenn ich sterben muß, dann werde ich mich damit abfinden. Aber eine Flucht würde ich für feige halten. Ich habe an meine Familie geschrieben und um Bargeld gebeten, weil ich meinen Verpflichtungen nachkommen muß. Morgen werde ich Ihnen meinen Neffen vorstellen, der eben zu diesem Zweck aus London hier eingetroffen ist."[19]

Obwohl der Pöbel das königliche Schloß in Neuilly verwüstet hatte und jetzt die Tuilerien und das königliche Palais in der Stadt plünderte, die Möbel auf die Straße warf und verbrannte, versicherte der Polizeipräfekt Jacob, er habe von der Pariser Bevölkerung nichts zu befürchten. Am folgenden Tage löste Baron Jacob sein Versprechen ein und brachte seinen Neffen Lionel auf die Präfektur. Herr Caussidière war entzückt, als sie ihm 50000 Francs für die „in Ausübung ihrer Pflicht verwundeten" Polizeibeamten übergaben. Die Präfektur ließ zum Dank das Haus Jacobs von bewaffneten Polizisten bewachen. Leider war es zu spät, diesen Schutz auf die wunderschöne Villa des Barons im Bois de Boulogne auszudehnen, die bereits zum Teil niedergebrannt und ausgeplündert war.

Die Firma Messieurs de Rothschild Frères ging schweren Zeiten entgegen. Ebenso wie 1830 war sie an unzähligen Unternehmen beteiligt, bei denen schwere finanzielle Verluste eintreten konnten. Jacob hatte zum Beispiel 82 Millionen Francs als erste Auflage einer Staatsanleihe von insgesamt 250 Millionen Francs aufgebracht, und es war nicht sicher, ob er dieses Geld zurückbekommen würde. Außerdem war das riesige Paket der Bank an Eisenbahnaktien in seinem Wert auf den absoluten Tiefpunkt gefallen. Der neue Innenminister, Herr Ledru-Rollin, fügte den materiellen Verlusten nun noch eine Beleidigung hinzu, denn er forderte von Jacob die Zahlung von 250000 Francs und sagte ihm, wenn er dieser Forderung nicht nachkäme, würde sein Bürohaus in der Rue Laffitte dem Erdboden gleichgemacht werden. Jacob bezahlte, aber die Erpressungen gingen weiter. Nach wenigen Tagen forderte der Minister 500000 Francs, und Jacob zahlte wiederum.

Indessen hatte sich die Revolution bis nach Mitteleuropa hinein ausgebreitet, und sowohl Salomon in Wien als auch Amschel in Frankfurt erlebten eine schreckliche Zeit. Anfang März kam es in Wien zu Straßenkämpfen, Kaiser Ferdinand geriet in eine Panik und forderte Metternich auf, zurückzutreten. Dieser lieh sich Geld von seinem Freund Salomon von Rothschild und verließ die Hauptstadt in der Verkleidung einer alten Frau. Es ging das Gerücht, er habe in Frankfurt im Hause des österreichischen Generals Graf Nobil Zuflucht genommen. Tausende von Menschen versammelten sich davor und riefen „Nieder mit Metternich!" Der General kam ans Fenster und erklärte, der Fürst halte sich nicht bei ihm auf. Dann trat er aus dem Hause, stieg in seinen Wagen und fuhr zu Amschel von Rothschild, der einen Empfang gab. Wenige Tage später verlangte die

Der Juli 1848 in Paris. Am Fuß der Säule vor der Bastille wird der Thron verbrannt.

Menge „gleiche Rechte für alle Bürger“ und schlug die Fenster im Hause des preußischen Generalkonsuls ein. Das war ausgerechnet Amschel von Rothschild.

Die Lage wurde immer ernster. König Friedrich Wilhelm folgte dem Beispiel der anderen Monarchen und verließ seine Hauptstadt. Die Menge zog durch die Straßen von Frankfurt und Baden-Baden, während die Aufständischen Budapest die Macht an sich rissen und die Abtrennung Ungarns verkündeten. Salomon von Rothschild hoffte, dem Sturm trotzen zu können, obwohl Metternich ihn gewarnt und behauptet hatte, „wenn der Teufel mich holt, wird er Sie auch holen“. Als jedoch der Pöbel im Oktober außer Rand und Band geriet und den Kriegsminister, den Grafen Latour, ermordete und nackt an einen Laternenpfahl hängte, fühlte sich Salomon so angewidert, daß er sich entschloß, Wien zu verlassen. In der gleichen Nacht plünderte die Menge das Palais Windischgrätz und besetzte das Haus Salomons in der Renngasse. Die Revolutionäre kletterten auf das Dach und beschossen von dort aus die Grenadiere im Arsenal. Ganz Wien wurde von einer wilden Panik ergriffen.

Kaiser Ferdinand und sein Hofstaat flohen nach Olmütz, und Salomon versteckte sich im Hause eines Freundes in einem Wiener Vorort. Der Sekretär des Barons, Herr Goldschmidt, der seine Familie nach Krems in Sicherheit gebracht hatte, kehrte zurück, um seinem Herrn zu helfen.

Karikatur von Amschel von Rothschild, der sich über die am 18. September 1848 vor seinem Haus in Frankfurt errichteten Barrikaden beschwert.

Unruhen in Wien während der Revolution von 1848. Das Haus Salomons in der Renngasse wurde besetzt, während er zu einem Freund in einen Vorort geflüchtet war.

Da er sonst nicht in die Stadt hineingekommen wäre, verkleidete er sich als Milchmann. Er war überrascht, das Büro Rothschilds unberührt vorzufinden, und packte seine Bücher und Akten zusammen, um sie in der Nationalbank zu deponieren. Das geschah am 10. Oktober 1848. Baron Salomon war inzwischen nach Frankfurt abgereist und bei seinem Bruder Amschel eingetroffen. Er hat Wien nicht wiedergesehen.

Trotz der ständig größer werdenden Gefahren blieb Jacob entschlossen in Paris. Die neue französische Regierung war nicht in der Lage, Ruhe und Ordnung wiederherzustellen, und immer wieder kam es zu Straßenkämpfen. Jacob hatte jedoch das Glück, sich mit dem richtigen Mann verbündet zu haben. Er schloß Freundschaft mit dem energischen Kriegsminister Eugène Cavaignac, der bald faktisch die Stellung des Diktators in Frankreich einnahm. Cavaignac schienen die Ratschläge Jacobs vernünftig zu sein, und eine kurze Zeit nahm dieser bei ihm die gleiche Vertrauensstellung ein, wie er sie schon früher unter den Bourbonen innegehabt hatte.

Das veranlaßte die Linke, eine Lobeshymne über ihn anzustimmen. Der Herausgeber der ultraradikalen Zeitung *Torsin des Travailleurs* schrieb:

> Sie sind ein Wunder, mein Herr. Trotz der legalen Mehrheit ist Louis-Philippe gestürzt, Guizot ist verschwunden, und die konstitutionelle Monarchie ist ebenso über Bord gegangen wie die parlamentarischen Methoden. Aber Sie sind dadurch nicht erschüttert worden!...
>
> Obwohl die Erschütterungen, die Paris ergriffen haben, sofort in ihrem Hause spürbar wurden und obwohl die Auswirkungen der Revolution Sie von Neapel bis Wien und Berlin verfolgen, bleiben Sie angesichts einer Bewegung, die ganz Europa ergriffen hat, unbewegt. Der Reichtum schwindet dahin, der Ruhm wird gedemütigt, und die Herrschaft wird gebrochen, aber der Jude, der Monarch unserer Zeit, hat seinen Thron behalten. Aber das ist nicht alles; Sie hätten aus diesem Land fliehen können, wo – in der Sprache Ihrer Bibel – die Berge hüpfen wie die Lämmer, aber Sie bleiben und erklä-

ren, Ihre Macht sei unabhängig von den alten Dynastien, und Sie reichen der jungen Republik mutig die Hand. Unerschrocken bewahren Sie Frankreich die Treue.

... Sie sind mehr als ein Staatsmann; Sie sind das Symbol des Kredits. Ist es nicht an der Zeit, daß die Bank, jenes mächtige Instrument des Mittelstandes, sich daran beteiligt, das Geschick der Völker in die Hand zu nehmen?... Gefällt Ihnen dieser Gedanke nicht? Gestehen Sie, daß es eine großartige Sache wäre, wenn die französische Republik Sie eines Tages in ihr Panthéon aufnehmen würde![20]

Doch was Jacob betraf, so war der Himmel alles andere als blau. Der Neffe des großen Bonaparte, Louis Napoleon, war von London nach Paris geeilt, um sich „unter die Flagge der großen Republik zu stellen". Allmählich konnte er eine große Zahl von Anhängern gewinnen. Da alle Rothschilds erbitterte Feinde Napoleon Bonapartes gewesen waren, wünschten sie keine neue napoleonische Ära. Aber im November 1848 glaubte man allgemein, es bereite sich eine neue Revolution vor. Der deutsche diplomatische Geschäftsträger in Berlin berichtete: „Überall stellt man Furcht und Unruhe fest. Das Geschäftsleben und die Wirtschaft haben schwer gelitten. Die Staatsanleihen haben in besorgniserregender Weise an Wert verloren, und gestern ging sogar das Gerücht, das Haus Rothschild werde liquidieren müssen."[21]

Prinz Louis Napoleon, der spätere Kaiser Napoleon III., wird 1848 als Präsident der französischen Republik vereidigt.

Die Lage war zwar nicht so ernst, wie man behauptete, aber Baron Jacob wollte es nicht gefallen, als er am 10. Dezember erfuhr, Louis Napoleon und nicht sein Freund, General Cavaignac, sei zum Präsidenten der französischen Republik gewählt worden.

Die einzigen beiden großen europäischen Monarchien, die von den Ereignissen des Jahres 1848 unberührt blieben, waren die britische und die russische. Tausende von Emigranten, und unter ihnen auch der kluge Fürst Metternich, nahmen Zuflucht in London, während St. Petersburg zum neuen Mittelpunkt der Reaktion wurde. Der gut aussehende, schweigsame und autoritäre Zar Nikolaus I. schickte Truppen nach Ungarn und stellte den Bestand des Habsburgerreiches wieder her. Er ermutigte seinen Onkel, Friedrich Wilhelm IV. von Preußen, nach Berlin zurückzukehren, und als sich die Frage stellte, ob man die zahlreichen, sich nach liberalen Verfassungen sehnenden deutschen Staaten unter dem preußischen Zepter vereinigen sollte, hinderte die Ablehnung Rußlands den armen Friedrich Wilhelm daran, das Angebot anzunehmen. Er erklärte, er sei nicht bereit, „eine Krone aus der Gosse aufzuheben".

Im Juni 1848 schickt Rußland auf Ersuchen Österreichs zwei Heere mit 120000 Mann nach Ungarn und schlägt den Aufstand nieder.

1849 war es in Europa wieder ruhig geworden, und die sechsundneunzigjährige Gutel in Frankfurt erlebte zu ihrer Freude, daß das Haus Rothschild, dessen Grundstein ihr Gatte gelegt hatte, so sicher gebaut war, daß es auch diesen Sturm hatte überstehen können.

Noch bevor das Jahr zu Ende ging, starb die alte Dame ganz friedlich. Ihr zarter Körper wurde aus dem „Haus zum grünen Schild" in die große Frankfurter Synagoge gebracht, wo sich die zahlreichen Mitglieder der Familie Rothschild versammelten. Sie waren aus ganz Europa hierhergekommen, um ihr die letzte Ehre zu geben. Das herannahende neue Jahrzehnt aber sollte der kaum ein halbes Jahrhundert alten Firma neue Gefahren bringen.

6 Die Herausforderung

(1849–1868)

„Ich hatte viel von dem berühmten Haus gehört, das die Rothschilds sich bauen ließen", schrieb ein amerikanischer Tourist, der 1864 London besuchte, „und ich machte mich an diesem Vormittag auf, um es mir anzusehen."

Der Stadtpalast erhob sich am Piccadilly 148 neben dem Apsley House des Herzogs von Wellington. Der Besitzer war Baron Lionel de Rothschild, der Chef des Londoner Bankhauses. Der Baumeister führte den Touristen durch das halbfertige Gebäude, und dann bewunderte der Amerikaner das Werk vom Gehsteig aus.

... In meiner Nähe bemerkte ich einen Herrn, der das Gebäude ebenfalls betrachtete [fuhr er fort]. Es war ein beleibter älterer Mann, der trotz seines etwas arroganten Gesichtsausdrucks recht gutmütig aussah. Ich hatte den Eindruck, es könnte ein Bauunternehmer sein, und beschloß daher, ihn anzusprechen, um mehr von ihm zu erfahren ... Er war sehr freundlich und erzählte mir manche interessante Einzelheit. Dann unterbrach ich ihn und fragte:

„Ich nehme an, Sir, Sie kennen auch Rotschild?"

„Welchen?" fragte er.

„Den alten Gockelhahn", antwortete ich.

„Ich sehe den alten Gockelhahn jeden Tag", erwiderte er und blickte mich verwundert an.

„Bei Gott", fuhr ich fort, „ich würde ihn gern einmal aus der Nähe sehen. Die Leute sagen, er sei ein lustiger alter Bursche und führe ein sehr luxuriöses Leben. Ich wünschte, ich hätte ihn in meiner Gewalt. Ich würde ihn nicht loslassen, wenn er nicht vorher einen Haufen Geld ausgespuckt hätte!"

Der alte Herr brach in ein schallendes Gelächter aus. „Aber Baron Rothschild hat für sein Geld schwer arbeiten müssen, und er hat es verdient, sich daran zu freuen", sagte er schließlich, nachdem er sich wieder beruhigt hatte.

„Das kann schon sein", meinte ich, „aber ich könnte mir vorstellen, daß er manchen übervorteilt hat, um es zu bekommen." Der alte Mann wurde rot im Gesicht.

„Ich habe nie gehört, daß man die Ehrlichkeit des Bankhauses bezweifelt hätte", sagte er steif.

„Wirklich nicht? Nun, um ehrlich zu sein, ich auch nicht. Aber es würde mich nicht überraschen, wenn ich doch recht hätte." Das Gesicht des alten Herrn verfinsterte sich wie eine Gewitterwolke, und ohne etwas zu sagen, biß er sich auf die Lippen.

Ich achtete nicht weiter darauf, denn ich fand es verständlich, daß es den alten Burschen ärgerte, wenn jemand etwas gegen seinen Auftraggeber sagte. Deshalb fuhr ich fort: „Man hat mir gesagt, die Rothschilds hätten zwei Vermögen erworben. Da dies den meisten Menschen nur einmal gelingt, würde es mich interessieren, zu erfahren, wie sie es gemacht haben. Können Sie es mir verraten, Sir?"

„Gewiß, Sir. Man sagt, die Firma Rothschild habe ihr erstes Vermögen dadurch erworben, daß sie stets darauf bedacht war, sich nur um ihre eigenen Angelegenheiten zu kümmern, und das zweite dadurch, daß sie sich nie in anderer Leute Angelegenheiten eingemischt hat. Guten Morgen, Sir."

Oben: Aquarell von der großen Halle in Mentmore Towers mit den riesigen Laternen von der Gondel des Dogen von Venedig. Lady Eastlake meinte: „Ich glaube nicht, daß die Medici auf der Höhe ihres Ruhmes so prächtig untergebracht waren."

Unten: Das Stelldichein vor der Reitjagd in Mentmore. Im Vordergrund Mayer Amschels Tochter Hannah im Jagdwagen.

Nächste Seite: Nathaniel, Lionel, Mayer und Anthony de Rothschild auf der Jagd hinter der Meute im Vale of Aylesbury, Gemälde von Sir Francis Grant, etwa 1855.

Hyde Park Corner mit dem Haus des Herzogs von Wellington. Daneben Piccadilly 148, das Haus von Lionel de Rothschild.

Links: Der Salon Bleu in Ferrières. In den Deckenkassetten die fünf Pfeile in Blau und Gold. An der Wand ein Porträt des Barons Jacob von Delacroix.

Diese scharfe Erwiderung schockierte den Touristen, und als er sich von seinem Schreck erholt hatte, wendete er sich an einen gut aussehenden jungen Mann, der den Fortgang der Bauarbeiten beobachtete, und fragte ihn, ob er den Herrn kenne, mit dem er eben gesprochen habe.

„Das war Baron Rothschild", lautete die Antwort.

Der Amerikaner war wie vom Donner gerührt, und als er seine Haltung wiedergewonnen hatte, sagte er: „Ein mürrischer alter Bursche... ein richtiger Brummbär... Kennen Sie Baron Rothschild?" „Ich bin heute mit ihm verabredet." „Würden Sie ihm dann bitte sagen, daß ich nicht gewußt hätte, mit wem ich heute morgen gesprochen habe. Ich hätte sonst nicht so viel gesagt, und er hätte nicht so verärgert sein müssen."

Der junge Mann versprach, es auszurichten, und nachdem er gegangen war, erkundigte sich der Amerikaner bei einem Bauarbeiter nach dem Namen seines letzten Gesprächspartners.

„Das ist einer der jungen Rothschilds..."[1]

Der wohlbeleibte, etwas mürrische, aber schlagfertige Gentleman, Baron Lionel, war der gefeiertste Bankier in Europa. Das lag einesteils daran, daß London die Finanzmetropole der Welt war, andernteils aber auch an dem Umstand, daß die fünf Bankhäuser Rothschild mit ihrem großen Barvermögen anderen Banken bei weitem überlegen waren, und schließlich hatte Nathan seinem ältesten Sohn alles weitergegeben, was er gelernt hatte. Er hatte Lionel schon seit einigen Jahren die volle Verantwortung übertragen. Als Großbritannien 1833 die Sklaverei abschaffte, hatte die britische Regierung vom Bankhaus Rothschild eine Anleihe von 20 Millionen Pfund aufgenommen, um die Besitzer von Sklaven zu entschädigen, und Nathan hatte Lionel mit der Durchführung dieser Transaktion beauftragt.

Seit dieser Zeit besaß Lionel alle Vollmachten, und als sein Vater drei Jahre später starb, fiel es ihm nicht schwer, die Aufgaben des Seniorpartners zu übernehmen, der von seinen drei Brüdern, Mayer, Anthony und Nathaniel, unterstützt wurde. 1839 legte er eine riesige Anleihe für die Vereinigten Staaten auf. 1845 half er seinem Onkel Jacob, die französische Nordeisenbahn zu finanzieren. 1846 beteiligte er sich daran, in New Court den Fonds der British Relief Association aufzubringen, der für die Opfer der Hungersnot in Irland bestimmt war. Im folgenden Jahr brachte er gemeinsam mit Barings weitere 8 Millionen Pfund für die irische Hungeranleihe auf und verzichtete diesmal auf seine Provision. 1854 legte er zur Finanzierung des Krimkrieges eine Anleihe in Höhe von 16 Millionen Pfund auf. In den 43 Jahren, in denen er die Geschäfte des Bankhauses leitete, legten die Rothschilds ausländische Anleihen im Wert von mehr als einer Milliarde Pfund auf. Preußen, Rußland, Portugal, Griechenland, Holland, Belgien, Frankreich, Ungarn, Ägypten, die Türkei, die Vereinigten Staaten, Brasilien und Neuseeland kamen alle nach New Court, wenn sie Geld brauchten[2].

Anders als der grobschlächtige Nathan war die junge Generation der Rothschilds durchaus bereit, etwas für wohltätige Zwecke zu tun. Die Söhne hatten von ihrer religiösen Mutter ein starkes Gefühl der Verbundenheit mit den Angehörigen ihrer Rasse und Religion geerbt und sahen sich gern in der Rolle der Wohltäter und Schutzherren. Wenn ein Rabbiner heiratete, dann konnte er damit rechnen, von der Familie ein Geschenk zu erhalten, während die Synagogen in London an den jüdischen Feiertagen mit Blumen geschmückt wurden, die ihnen die Firma N. M. Rothschild & Sons gestiftet hatte. Lionel nahm regelmäßig an allen religiösen Feierlichkeiten teil. Am Morgen des Laubhüttenfestes nagelte er eigenhändig Palmblätter an die Wände des Hauses in New Court. Das Büro blieb an allen Samstagen geschlossen, und wie sein Vater und seine Onkel verwendete auch er oft das Jiddische als Geheimsprache. Als es in Südafrika zu kriegerischen Auseinandersetzungen gekommen war und Lionel die Nachricht von einem bevorstehenden Waffenstillstand erhielt, schickte er ein Telegramm folgenden Inhalts ab: „Mr. Sholem wird bald eintreffen.“ *Sholem* war das jüdische Wort für „Frieden“.

Ende der 1830er Jahre stellte die Witwe Nathans zu ihrem Kummer fest, daß ihre Söhne blaß und aufgeschwemmt aussahen, weil sie sich zuviel im Hause aufhielten. Außerdem meinte sie, die jungen Herren hätten zu stark zugenommen und brauchten Bewegung an der frischen Luft. Weil die alte Dame nichts halb zu tun pflegte, beschloß sie, ihre Söhne sollten Parforcejagden reiten. Ohne lange zu zögern, kaufte sie einige Felder und ein Landhaus bei Aylesbury in den „geliebten Buchenwäldern“ Benjamin Disraelis. Damit begann die Inbesitznahme der Chiltern Hills durch die Rothschilds.

Alle Brüder wurden bald zu passionierten Reitern und Jägern, besonders Lionel, der in Hastoe, einem oberhalb von Tring gelegenen Waldgebiet, eigene Zwinger für die Jagdhundmeuten anlegen ließ. Damals war das Tal von Aylesbury noch eine wilde und rauhe Gegend, in der bisher noch kaum jemand gejagt hatte. Zwischen Tring und Bicester gab es fast keine Gatter, es führten keine Brücken über die Bäche, und es gab keine Entwässerungsanlagen. Das nur etwa 60 Kilometer entfernte New Court war eine ganz andere Welt.

Anfang der 1850er Jahre kauften Mayer und Anthony nebeneinander gelegene Landgüter bei Aylesbury; aber während sich Anthony mit einem bescheidenen Landhaus in Aston Clinton begnügte, erwarb Mayer etwa 280 Hektar und baute darauf ein phantastisches Schloß, Mentmore Towers, das nicht nur in Buckinghamshire, sondern in ganz England als Sensation angesehen wurde.

Vgl. zu Ferrières die Abb. S. 137 u. 116. Bismarck hielt sich dort während des Frankreich-Feldzuges auf.

Mentmore war das Kind der Weltausstellung von 1851, deren Mittelpunkt der epochemachende Kristallpalast gewesen war, jenes von Joseph Paxton entworfene Wunder aus Glas und Stahl. Als Baron Mayer das erstaunliche, märchenhafte Bauwerk gesehen hatte, nahm er die Verbindung zu „dem neuen Christopher Wren" auf und fragte ihn, ob er bereit sei, ihm einen Palast zu bauen. Baron Jacob in Paris tat bald das gleiche. Bei einem Englandbesuch lernte er Paxton in Mayers Haus kennen, der ihm die Pläne für Mentmore zeigte. Seine Begeisterung kannte keine Grenzen, und er verlangte für seinen vierzig Kilometer östlich von Paris gelegenen Landsitz, den er in den 1820er Jahren erworben hatte, ein ähnliches Schloß. „Bauen Sie mir ein Mentmore", befahl er Paxton, „nur doppelt so groß." Paxton führte den Auftrag aus, und das Ergebnis war das Schloß Ferrières, der heutige Besitz von Baron Guy de Rothschild.

Vgl. Abb. S. 113.

Lord Crewe nannte Mentmore eine „erstaunliche Schöpfung", und Lady Eastlake schrieb: „Ich glaube nicht, daß die Medici auf dem Gipfel ihres Ruhmes so prächtig untergebracht waren." Die massiven rechteckigen Türme, die Zinnen, das Glasdach über dem gigantischen Saal und die riesigen Glasfenster, durch welche man die Chiltern Hills sehen konnte, waren sensationelle Neuerungen, ebenso auch die Warmwasserheizung, die künstliche Belüftung und die Parkettfußböden.

Der größte Teil der Möbel kam aus Frankreich, und manche trugen das Monogramm von Marie-Antoinette. Dazu gab es eine unschätzbare Sammlung französischer Gobelins, Emaille aus Limoges und Sèvresporzellan. Aus Italien stammten Kunstgegenstände aus dem Dogenplast von Venedig und die prächtigen vergoldeten Laternen von der Gondel des Dogen, während Belgien einen Kamin aus schwarzem und weißem Marmor zur Ausstattung beigetragen hatte, der aus dem Hause Rubens in Antwerpen stammte. Um sich vor der Kritik zu schützen, er sei ein vulgärer Emporkömmling, behauptete Baron Mayer, es wäre billiger, französische Antiquitäten zu kaufen, als in das neue Kaufhaus von Sir Bludell Maples auf der Tottenham Court Road zu gehen. Die Gäste waren aber doch einigermaßen erstaunt, festzustellen, daß man die Rückseiten kostbarer französischer Kommoden, in denen sie die Waschbecken in ihren Schlafzimmern vorfanden, abgesägt hatte, damit sie an die Wände gestellt werden konnten.

Die Protzerei Baron Mayers war jedoch der Landbevölkerung gleichgültig. Er und Anthony waren die beliebtesten Großgrundbesitzer des Landes, denn sie verwendeten ihr Geld nicht nur dazu, ihre Häuser zu verschönern, sondern behielten die Landarbeiter den ganzen Winter im Lohn, was in den 1850er Jahren nicht allgemein üblich war. Obwohl damals der Grundsatz galt, „der reiche Mann in seinem Schloß, der arme vor dem Tor", und man glaubte diese Verhältnisse seien gottgewollt, wurde am Hause eines Rothschild nie ein Bettler hungrig abgewiesen. Alle Rothschilds der jungen Generation besaßen ein ausgeprägtes soziales Pflichtgefühl. Dieses Gefühl der Verantwortlichkeit gegenüber der Öffentlichkeit, vereint mit den Millionen, die sie besaßen, brachte gelegentlich erstaunliche Resultate. Als zum Beispiel die Tochter des Barons Anthony, Constance, kurz vor ihrem sechzehnten Geburtstag von ihrem Vater gefragt wurde, was sie sich als Geburtstagsgeschenk wünschte, „antwortete ich kühn, ‚einen Kindergarten'. Er erfüllte mir diesen Wunsch, und ich durfte den Grundstein zu dem neuen Gebäude legen." Nicht jeder Vater würde es mit Humor aufnehmen, wenn seine Tochter ihm mit solchen Weltverbesserungsideen käme.

Alle Rothschilds waren Pferdeliebhaber, und obwohl Anthony seiner aus der Familie Montefiore stammenden Braut sagte: „Du wirst feststellen, meine liebe Louise, daß unsere ganze Familie aus Sklaven des Geschäfts besteht", gelang es den Brüdern doch, jeden Montag und Donnerstag hinter der „Meute des Barons" (Baron Mayer war der Master) Hirsche zu hetzen. Oft hatten sie auch noch am Dienstag Zeit, auf die Fuchshatz zu reiten, nicht aber am Samstag, denn das war der jüdische Sabbat. Lionel hatte seine Zwinger schon einige Jahre vor dem Bau des neuen Hauses nach Mentmore verlegen lassen, und die Firma Rothschild kam für die Kosten auf. Lionel war der einzige, der dabei zu kurz kam. Oft jagte er am Dienstag oder Donnerstag, mußte aber am Montag auf seinen Sport verzichten, weil er in der Bank zu tun hatte. Er beschwerte sich darüber, daß man ihn „mißbrauche", es gelang ihm jedoch, sich damit zu entschädigen, daß er schon im Morgengrauen aufstand und einen Hirsch aufstöberte, bevor er auf dem Bahnhof von Tring den Expreßzug nach London bestieg.

Auf dieses angenehme Leben fiel ein Schatten, als der weichherzige Bruder Nathaniel, der seiner Schwester Hannah geholfen hatte, Mr. Fitzroy zu heiraten, schwer vom Pferde stürzte. Der Sturz hatte eine Lähmung zur Folge, und er blieb sein Leben lang ein halber Krüppel. Er besaß jedoch einen starken Charakter und stellte sofort sein ganzes Leben um. Er liebte Frankreich und zog 1851 nach Paris, wo er zum Sammler und Kunstkenner wurde. 1853 kaufte er ein Weingut bei Bordeaux, das als Mouton Rothschild berühmt geworden ist. Hier verbrachte er jedes Jahr mehrere Monate.

Nicht lange nach seinem Umzug, im Jahre 1855, sollte in Paris eine Ausstellung stattfinden, und man hoffte, sie werde sich mit der großen Ausstellung in London vergleichen lassen. Hier wurden auch die besten französischen Rotweine ausgestellt. Da es in Frankreich mehr als zweitausend Winzer gab, bildete man einen Ausschuß, der 60 der besten roten Bordeauxweine auswählte. Der Mouton erhielt den ersten Platz in der zweiten Wachstumskategorie. Nathaniel war sehr verärgert über diese Einstufung seines Erzeugnisses, besonders weil Lafite, das dem seinen benachbarte Weingut des Holländers M. Vanlerberghe, den ersten Platz in der ersten Kategorie erhielt. Er versuchte, das Urteil anzufechten, und behauptete, als ihm das nicht gelang, die Entscheidung sei willkürlich getroffen worden. Als Folge dieses Streits pharaphrasierte jemand Rohans Spottvers *Roi ne peux, Prince ne veux* folgendermaßen:

Premier ne puis,
Second ne daigne,
Mouton suis.

Baron Mayer war der zweite der vier Brüder, der die Parforcejagd aufgab, aber aus ganz anderen Gründen, denn er interessierte sich immer mehr für Vollblutrennen. Er richtete in Crafton bei Mentmore ein Gestüt ein, und es gelang ihm zu seiner Freude, eine Reihe erfolgreicher Rennpferde zu züchten. Im Lauf der Zeit gewann er mit seinen Pferden das Derby, die Oaks, das Rennen von St. Leger, das Cesarewitsch-Rennen, zweimal den Goodwood Cup und dreimal das Tausend-Guinea-Rennen. Wenn man von „Baron Rothschild“ sprach, dann meinte man jetzt nicht mehr den Mann, der das Bankhaus leitete, sondern den Rennstallbesitzer.

Der Bank-Baron – Lionel – beschwerte sich darüber, daß er zuviel zu tun habe, aber er verwendete auch einen großen Teil seiner Zeit auf andere Dinge, die ihm am Herzen lagen. Das wichtigste Unternehmen war ein langer Krieg mit der „Mutter der Parlamente“. Benjamin Disraeli hatte ihn dazu bewogen, seinen Gegnern den Fehdehandschuh hinzuwerfen. Disraeli war zwar in seiner Jugend christlich getauft worden, doch paßte es ihm nicht, daß Juden sich zwar zu den Parlamentswahlen aufstellen lassen und gewählt werden konnten, ihre Sitze aber nicht einnehmen durften, und zwar aus dem einfachen Grunde, weil sie eine Verpflichtungserklärung abgeben mußten, nach der sie sich zu dem „wahren Glauben eines Christen“ bekannten. Lionel war nicht nur der prominenteste Jude in England, so argumentierte Disraeli, sondern er besaß auch das nötige Geld und Ansehen, um aus einem langen und mit Leidenschaft geführten Streit als Sieger hervorzugehen. Zunächst weigerte sich Lionel. Er war ein schüchterner Mensch, dem es peinlich war, Reden zu halten, und die Vorstellung, eine umstrittene Persönlichkeit zu werden, war ihm schrecklich.

Aber schließlich gelang es der Beredsamkeit von Disraeli, die Vorbehalte seines Freundes zu überwinden, und Lionel feuerte 1847 die Eröffnungssalve ab, als er die Rednertribüne betrat und sich um die Kandidatur der Liberalen Partei für den Sitz der Londoner City im Parlament bewarb. Er sagte zu seinen Wählern: „Meine Gegner behaupten, ich könne meinen Sitz nicht einnehmen. Das ist meine Angelegenheit und nicht ihre. Ich habe mir die besten Ratschläge geben lassen, und ich bin überzeugt, daß man es mir als Ihrem Vertreter, als dem Vertreter der reichsten, bedeutendsten und intelligentesten Wählerschaft der Welt, nicht verweigern wird, in das Parlament einzuziehen, weil dies wegen bestimmter Formulierungen nicht möglich sei.“[3]

Lionel behielt nur zur Hälfte recht. Zwar verabschiedete das Unterhaus nach seiner Wahl ein Gesetz, das es ihm erlaubte, sein Mandat zu übernehmen, aber das Oberhaus revoltierte dagegen. Die Auslassung des Wortes „Christ“ war mehr, als man glaubte ertragen zu können. Der Herzog von Cambridge wollte es nicht zulassen, daß Juden dem Parlament angehörten, solange die britische Regierung sich als „christlich“ bezeichnete. Der Earl of Winchelsea erklärte, das neue Gesetz beleidige die Ehre und den Ruhm Gottes. Der Bischof von Oxford behauptete, ein Sitz im Parlament sei nicht ein Recht, sondern es sei eine Vertrauensstellung, und Juden seien Angehörige einer fremden Rasse, die im geheimen mit anderen Nationen konspirierten. Am leidenschaftlichsten stellte sich Lord Ellenborough dagegen. Nachdem die französische Revolution von 1848 Louis-Philippe vom Thron gefegt hatte, der preußische König aus Berlin geflohen war und die Ungarn sich vom Habsburgerreich getrennt hatten, hielt er vor den Peers eine Rede und rief: „Nachdem die Vorsehung uns in Gestalt von Hunger und Not gewarnt hat und die Völker überall schwer leiden, wie kann da dieses Land hoffen, außer mit der Hilfe Gottes von der Seuche

Nach langem Tauziehen zog Lionel de Rothschild endlich am 26. Juli 1858 in das Unterhaus ein. Gemälde von Henry Barraud.

verschont zu werden?“ Dann warnte er das hohe Haus, den himmlischen Vater nicht dadurch zu beleidigen, daß man „den ausschließlich christlichen Charakter dieser gesetzgebenden Körperschaft aufgibt“[4]. Die Lords reagierten mit herzlichem Beifall, und das im Unterhaus angenommene Gesetz über die Aufhebung der die Juden betreffenden einschränkenden Bestimmungen wurde abgelehnt.

Damit begann eine elf Jahre dauernde Belagerung. Sechsmal wurde Lionel von der Londoner City zum Abgeordneten gewählt. Sechsmal trat er vor den „Tisch“ und verlangte, auf seine Religion vereidigt zu werden. Zehnmal legten die Liberalen einen Gesetzentwurf vor, nach dem der Wortlaut des Amtseides geändert werden sollte. Zehnmal stimmte Benjamin Disraeli, der als getaufter Jude von dieser Klausel nicht betroffen war, gegen seine eigene Partei, die Konservativen, für die von den Liberalen eingebrachte Gesetzesänderung. Die Juden, so argumentierte Disraeli, wären Menschen, die den gleichen Gott anerkannten und die gleichen Offenbarungen für wahr hielten. Wenn sie auch nicht an alles glaubten, was die Christen glaubten, so glaubten doch die Christen an alle jüdischen Glaubenssätze.

Als Lionel 1858 zum siebtenmal wiedergewählt wurde, gaben die Lords nach und stimmten einem Gesetz zu, das es jedem Hause erlaubte, den Eid für seine Mitglieder zu modifizieren. Am 26. Juli wurde Lionel Mitglied des Parlaments. Obwohl er über einen Zeitraum von mehr als zehn Jahren hohe Summen für den Wahlkampf ausgegeben hatte, obwohl sich die Gemüter in ganz Großbritannien seinetwegen erregt hatten und obwohl sich seine arme, erschöpfte Frau beschwerte und sagte, „elf Jahre lang hallte uns die Frage nach der Mitgliedschaft im Parlament aus jeder

Oben: Der Finanzier Achille Fould, nach Heinrich Heine „der Oberrabbiner am linken Flußufer“ im Gegensatz zu dem „Oberrabbiner am rechten Flußufer“, seinem Rivalen, Baron Jacob de Rothschild.

Unten: Die Brüder Isaac und Èmile Pereire, Gründer der Crédit Mobilier, des Konkurrenzunternehmens von Jacobs Bankhaus Messieurs de Rothschild Frères.

Isaac et Émile Pereire, fondateurs de la société de Crédit mobilier.

Zimmerecke entgegen“, war es ihm endlich doch gelungen, seine Grundsätze durchzusetzen. Jetzt öffneten sich die Pforten des Unterhauses, und er nahm seinen Sitz ein. Aber zu jedermanns Erstaunen schwieg er. Während der zehn Jahre seiner Mitgliedschaft im Parlament hielt er nicht eine einzige Rede.

Während die englischen Rothschilds in dem Lande, in dem Milch und Honig flossen und in dem ein so stabiles politisches Klima herrschte, daß ganz Europa neidisch darauf war, fast mühelos Geld verdienten, hatten die französischen Rothschilds keine andere Wahl, als auch weiterhin den sturmgepeitschten Weg zu verfolgen, den sie vierzig Jahre lang gegangen waren und auf dem sie von den Stürmen ständiger Veränderungen beunruhigt wurden. Die Tatsache, daß Baron Jacob, der Vertraute des abgesetzten Königs Louis-Philippe, die Revolution überlebt hatte und daß es ihm gelungen war, ein formell gutes Verhältnis zum Präsidenten der Republik, Louis Napoleon, dem Neffen des großen Napoleon I., zu entwickeln, gegen den seine Familie so erbittert gekämpft hatte, war an sich schon erstaunlich. Es hatte Jacob aber auch ein Vermögen gekostet. Er hatte dagegen nicht nur französische Schuldverschreibungen im Wert von vielen Millionen Francs eingetauscht, deren Wert ständig fiel, sondern er war auch gezwungen worden, tief in die Tasche zu greifen, um Leben und Eigentum zu bewahren. Jetzt, Ende 1849 erlitt er einen noch schwereren Schlag, als er erfuhr, daß sein erbittertster Gegner, Achille Fould, dessen Bankhaus Fould und Oppenheim Louis Napoleon bei seinem Aufstieg zur Macht finanziell unterstützt hatte, zum Finanzminister ernannt worden war.

Achille und Jacob waren nicht nur als Bankiers, sondern auch als Gründer von Eisenbahngesellschaften Konkurrenten. In den 1830er Jahren hatten sie beide auf den einander gegenüberliegenden Ufern der Seine Eisenbahnlinien zwischen Paris und Versailles gebaut und damit Heine veranlaßt, von ihnen als von den „Oberrabbinern der linken und der rechten Flußseite“ zu sprechen. Bald darauf wetteiferten beide um eine sehr einträgliche Konzession: die Erlaubnis zum Bau der Nordeisenbahn. Jacob ging als Sieger hervor und übertrug die Aufgabe seinem hochintelligenten Schützling Émile Pereire, bei dem er sich darauf verlassen konnte, daß er alle Neulinge an Intelligenz übertreffen werde.

Die Pereires waren portugiesische Juden, die Anfang des Jahrhunderts nach Frankreich eingewandert waren. Die Tatsache, daß Émile ein überzeugter Sozialist war, der für *Le Temps* und das *Journal des Débats* Artikel schrieb, störte Jacob nicht; denn er war überzeugt, die Ansichten seines Mitarbeiters würden sich in dem Maße ändern, wie er Geld verdiente. Als der Schienenstrang des *Chemin de Fer du Nord* 1845 vollendet war, hatte es Émile zu großem Wohlstand gebracht. Er hielt aber nicht nur eigensinnig an seinen Überzeugungen fest, sondern wartete auch ungeduldig auf eine Gelegenheit, seine Ideen in die Praxis umzusetzen.

Im Herbst 1849 traf er eine drastische Entscheidung, als der Präsident der Republik, Louis Napoleon, in Begleitung von Baron Jacob und ihm selbst an der Einweihung des Bahnhofs Saint-Quentin teilnahm. Die Menge begrüßte den Präsidenten mit dem Ruf „*Vive l’Empereur*“. Émile Pereire war beeindruckt. Wenn Louis Napoleon bei der Bevölkerung so beliebt war, dann würde der neue Finanzminister Achille Fould und nicht Jacob de Rothschild die beherrschende Persönlichkeit in dem nun folgenden halben Jahrhundert sein. Wenige Wochen später verließ Émile seinen Schutzherrn und schloß sich Fould an. Baron Jacob fiel aus allen Wolken und wollte es zunächst nicht glauben. Er befahl, den Schreibtisch von Émile stehen zu lassen, denn „*le petit Pereire reviendra*".

Aber Pereire kehrte nicht zurück. Er brachte Achille Fould vielmehr auf eine ganz neue Idee; die Gründung einer Volksbank unter dem Namen *Crédit Mobilier,* in die alle kleinen Ersparnisse in Frankreich fließen sollten. Diese halb sozialistische Einrichtung würde nicht nur die Macht der Privatbankiers brechen, weil sie die Regierung in die Lage versetzte, direkt vom Volk Anleihen aufzunehmen, sondern sie würde es dem Finanzminister auch erlauben, Geld in die Gebiete fließen zu lassen, in denen es am dringendsten benötigt wurde.

Dieses letzte Argument genügte, um Fould zu überzeugen; denn Frankreich war in seiner industriellen Entwicklung weit hinter England zurückgeblieben, und Louis Napoleon war entschlossen, das Tempo dieser Entwicklung voranzutreiben. In diesem Entschluß hatte ihn die Londoner Weltausstellung bestärkt, wo, wie Karl Marx mit ätzender Schärfe gesagt hatte, Wunderwerke ausgestellt waren, welche die ägyptischen Pyramiden, die römischen Wasserleitungen und die gotischen Kathedralen in den Schatten stellten. Obwohl Frankreich eine größere Bevölkerung hatte als jedes andere europäische Land und über eine große landwirtschaftliche Kapazität verfügte, besaß es nur 3200 Kilometer Eisenbahnlinien im Vergleich zu den mehr als 10000 Kilometern in England. Großbritannien erzeugte 57000000 Tonnen Kohle, Deutschland 6000000, Frankreich 4000000. Die britische Stahlerzeugung erbrachte 2000000 Tonnen, während die USA 500000, Frankreich 400000 Tonnen und Deutschland 250000 Tonnen herstellten. Die britische Überseeflotte umfaßte die halbe Tonnage der auf allen Weltmeeren fahrenden seetüchtigen Schiffe. Zu den erstaunlichen, auf der Ausstellung gezeigten Erfindungen gehörten Lokomotiven, Textilmaschinen und die vertikale Druckerpresse von Applegarth, die 10000 Seiten der *Illustrated London News* in einer Stunde drucken konnte.

Während man in geheimen Verhandlungen über die Gründung der *Crédit Mobilier* beriet, kämpfte Jacob Rothschild mit allen Mitteln um seine Position. Er wußte, daß er das Vertrauen des Prinzen Louis Napoleon nie gewinnen konnte, wenn auch nur deshalb, weil die Familie Rothschild durch ihre unversöhnliche Haltung gegenüber Napoleon I. zu Ruhm und Macht gekommen war. Im stillen hoffte Jacob, Louis Napoleon werde als Präsident der Republik von einem anderen Mann verdrängt werden. Der einzige, dem dies gelingen konnte, war General Changarnier, der die Streitkräfte in der Hauptstadt befehligte – die Nationalgarde.

General Changarnier, ein glühender Verehrer der Baronin Betty, wurde im Januar 1851 entlassen und später von Louis Napoleon verhaftet.

Der General war buchstäblich ein Mann der Rothschilds, denn er war leidenschaftlich in Jacobs Frau, die Baronin Betty, verliebt. Er versuchte nicht, seine Gefühle zu verbergen, und obwohl die Welt angeblich einen Liebhaber liebt, war er augenscheinlich so indiskret, daß er zur Witzblattfigur wurde. Der österreichische Botschafter berichtete nach Wien: „Die öffentliche Verstimmung, unter welcher der General gegenwärtig zu leiden hat, läßt sich zum größten Teil auf die intimen Beziehungen zurückführen, die er zur Familie Rothschild unterhält, und die einem *sentiment de cœur* für Madame Jacob Rothschild entspringen. Der Prinz, den Changarnier mehrfach dadurch provoziert hat, daß er Truppenparaden abhielt, ohne ihn vorher in Kenntnis zu setzen, erfuhr, daß die besagte Dame einer dieser Paraden in einer prächtigen Equipage beigewohnt hat und daß der galante General ihr vor der ganzen in Paris stationierten Truppe eine Ehrenbezeigung erwies."[5]

So wie das Prestige des liebeskranken Generals abnahm, nahm dasjenige Louis Napoleons zu. Im Januar 1851 fühlte sich der Prinz stark genug, Changarnier zu entlassen. Die Nationalversammlung protestierte zwar leidenschaftlich, aber der Prinz rächte sich wenige Monate darauf damit, daß er auch diese Versammlung entließ. Er erklärte dem französischen Volk, „Ihre Verfassung und Ihre Nationalversammlung sind abscheulich. Ich befreie Sie von ihnen.“ Damit hatte er sich zum Diktator gemacht und deportierte oder verhaftete in den folgenden Monaten 27000 Menschen, unter ihnen auch Changarnier. „Die Verhaftung des Generals hat im Hause Rothschild Trauer ausgelöst“, meldete der österreichische Botschafter, „man muß jedoch zugeben, daß Baron Jacob diesen Schlag mit Fassung trägt.“[6] In einer Volksabstimmung entschied sich die große Mehrheit der Franzosen für die Wiedereinführung der Monarchie, und im November 1852 wurde aus Louis Napoleon der Kaiser Napoleon III.

Thronbesteigung Napoleons III. am 2. Dezember aufgrund eines Senatsbeschlusses und einer Volksabstimmung von allen Mächten anerkannt. Nikolaus I. von Rußland verweigert ihm die hergebrachte Anrede „frère“.

Im gleichen Monat wurde die neue Bank Pereires, die *Crédit Mobilier*, gegründet. Achille Fould war es nicht schwergefallen, die Zustimmung des Kaisers zu gewinnen. Es mußte im Interesse des Monarchen liegen, daß der Staat sich von den anti-napoleonischen, pro-orleanistischen Rothschilds unabhängig machte und seine Anleihen auf dem Wege über *souscriptions nationales* aufbrachte. Darüber hinaus betrachtete Napoleon III. das Unternehmen als eine Einrichtung, die dem einfachen Mann gefallen würde. Seltsamerweise gefiel das fast sozialistische Vorhaben vielen führenden Kapitalisten, aber aus ganz anderen Gründen. Sie erblickten darin eine Gelegenheit, den starken Zufluß der Aktionärsgelder zur Börse auszunutzen.

Die 12000 Aktien der *Crédit Mobilier* im Nennwert von 500 Francs hatten zunächst einen Kurswert von 1100 Francs und waren vier Tage später schon auf 1600 Francs gestiegen. Die Liste der Erstaktionäre war beeindruckend. Zu ihnen gehörten nicht nur so bedeutende Bankiers wie Barings aus London, Torlonia aus Rom, Heine aus Hamburg, Oppenheim und Laffitte aus Frankreich, sondern auch Millionäre, die in der großen Gesellschaft eine Rolle spielten, wie der Herzog von Galliera und die Herzogin von Leuchtenberg, eine Tochter des Zaren Nikolaus I. von Rußland. Der Name des Finanzministers Achille Fould stand nicht auf der Liste, aber ein Viertel der Aktien gehörten seinem Bruder Benoît. Ein weiteres großen Paket war Eigentum von Émile Pereire und dessen Bruder Isaac. Am überraschendsten war es jedoch, daß einer der Großaktionäre der Halbbruder Napoleons III., der Herzog von Morny, war. Erstaunlicherweise war es diesem Herrn gelungen, einen Regierungsposten als Präsident der obersten Gerichtsbarkeit und eine Stellung in der Wirtschaft als Direktor der *Crédit Mobilier* miteinander zu vereinbaren.

Baron Jacob de Rothschild hatte kein Vertrauen zu der neuen Organisation. Er glaubte nicht, daß eine Bank, die sich zum Teil auf Kredite stützte, zum Teil auf Spekulationen, und die das Recht hatte, Anleihen aufgrund von Sicherheiten, die aus ihren eigenen Aktien bestanden, zu kaufen und zu gewähren, solvent bleiben könnte. Man lehnte die Auffassungen von Jacob jedoch als voreingenommen ab.

Die Gründung der Gesellschaft führte zu einer unerwarteten Welle von Spekulationen, von der sogar die arbeitende Bevölkerung ergriffen wurde. Weil die Regierung Fleischer, Bäcker und Kerzenmacher aufgefordert hatte, ihre Ersparnisse in das neue Unternehmen zu stecken, veranlaßte sie die Öffentlichkeit, der erregenden Freizeitbeschäftigung des Glücksspiels nachzugehen. „Das Geld wurde“, wie man sagte, „zum Gott, die

Links: Die Menge strömt im Hof des Finanzministeriums zusammen, um die neuesten Kurse der Aktien der Crédit Mobilier zu erfahren.

Spekulation zum Glauben, die Börse zum Tempel, der Kurszettel zur Bibel; die Bankiers wurden zu Priestern, die Makler zu Gläubigen und die Käufer zu Märtyrern." Die Tageszeitungen brachten die Aktienkurse an den auffallendsten Stellen, während Jacob de Rothschild als einziger mürrisch feststellte, es sei unmöglich, daß jedermann reich werde. Als die Kurse dann wieder fielen, machten diejenigen, die ihre Ersparnisse verloren hatten, den Herzog de Morny dafür verantwortlich, aber der hatte so viel Geld verdient, daß es ihm nichts ausmachte, der Sündenbock zu sein.

Baron Jacob führte seine Rückzugsgefechte fort, um sich wenigstens einen Rest seines früheren Einflusses zu erhalten. Seine Frau gab immer noch die glanzvollsten Gesellschaften in Paris, und 1850 war eine schöne zwanzigjährige Spanierin, Eugénie de Montijo, die Tochter einer Schottin und eines andalusischen Granden, oft bei ihr zu Gast. Zunächst konnte niemand begreifen, weshalb die Rothschilds sich so sehr um das junge Mädchen bemühten. Sie wußten natürlich, daß Napoleon III. versucht hatte, sie zu verführen, aber da der Kaiser eine Vorliebe für junge Mädchen hatte, war das nichts Besonderes. Dann hörte man gerüchtweise, Napoleon denke daran, Eugénie zu heiraten. In Regierungskreisen wurde das energisch bestritten: der Kaiser werde eine Prinzessin aus königlichem Hause zur Frau nehmen. In der Pariser Gesellschaft glaubte man, Napoleon täusche die Öffentlichkeit, um dann eine seiner Stellung gemäße Verbindung einzugehen.

Im Januar 1853 gab der Kaiser einen Ball in den Tuilerien und beendete dabei die Spekulationen. Baron Jacob begleitete Eugénie, während sein Sohn Alphonse seine Mutter auf den Ball führte. Die Herren brachten die beiden Damen in den für besondere Gäste reservierten Marschallsalon. Eugénie hatte sich eben auf ein in der Mitte des Zimmers stehendes Sofa gesetzt, als die Frau des Außenministers, Madame Drouyn de Lhuys, ihr zuflüsterte, dieser Platz sei den Ministerfrauen vorbehalten. Errötend und verwirrt stand Eugénie auf, doch kein Geringerer als Napoleon selbst hatte die Szene beobachtet, eilte herbei, bot Eugénie seinen Arm und führte sie in das für die Mitglieder der kaiserlichen Familie reservierte Zimmer. Elf Tage später gab Napoleon bekannt, er habe sich entschlossen, Eugénie, „die Frau, die ich liebe und verehre", zu heiraten.

Die junge Eugénie de Montijo war, bevor sie Napoleon III. heiratete, der besondere Schützling von Jacob und Betty de Rothschild.

Ein Ball im Élyséepalast. Links im Hintergrund Napoleon III.

Zwar gehörte Jacob nicht schon zu den vertrauten Ratgebern des Kaisers, aber er sagte seiner Frau Betty, er stehe bereits mit einem halben Fuß im Schlafzimmer Napoleons. Aber selbst jetzt ging noch nicht alles nach Wunsch. Der österreichische Botschafter Graf Hübner gehörte zwar einem alten Adelsgeschlecht an, hatte aber wenig Geld, und deshalb war er mit dem österreichischen Generalkonsul, Jacob de Rothschild, nicht ganz einverstanden. Verächtlich meinte er, „in anderen Ländern, wo eine sechzig Jahre dauernde Revolution noch nicht alles gleichgemacht hat wie in Frankreich, gibt es Gottseidank noch verschiedene Klassen. Aber hier bedeutet Geld alles, und in den Augen des Volkes haben die Rothschilds und Foulds gegenüber den Montmorencys und den Rohans den Vorrang."[7] Die wenig schmeichelhaften Worte Hübners wurden Jacob hinterbracht, der sagte, es sei ein Jammer, daß die Habsburger keinen Grandseigneur nach Paris geschickt hätten, sondern einen „aufgeblasenen kleinen Mann".

Als Hübner von diesem Ausspruch erfuhr, war er so wütend, daß er sich entschloß, Fould und Pereire in allem zu unterstützen, was sie gegen die Rothschilds unternahmen. Er begann sogar einen Privatkrieg gegen sie. Als die österreichische Botschaft eine Einladung des Kaisers für Jacob zur Teilnahme an der Trauung in Notre-Dame erhielt, ließ er sie nicht weitergeben. An dem großen Tag versammelte sich alles, was in Paris Rang und Namen hatte, und nur die Rothschilds fehlten. Eugénie stellte fest, was geschehen war, und beschwerte sich bei Napoleon darüber. Auf dem im März stattfindenden Hofball ging der Kaiser an Hübner vorbei, ohne ihm auch nur zuzunicken, und schüttelte Jacob die Hand. Leider änderte jedoch dieser Vorfall Napoleons III. Haltung gegenüber den Rothschilds noch nicht grundsätzlich, und nur Hübners Haß wurde dadurch noch geschürt.

Während sich Baron Jacob in Paris mit Achille Fould und dessen neuem Finanzkoloß herumschlug, setzten seine Brüder die Regierungen der europäischen Länder unter Druck, um die Bedingungen zu erleichtern, unter denen die Juden leben mußten. Carl in Neapel bewegte den Papst zu Zugeständnissen als Gegenleistung für Darlehen, während Amschel in Frankfurt Preußen unter Druck setzte, das die Restriktionen aufheben sollte, die man den deutschen Juden nach der Niederlage Napoleons I. wieder auferlegt hatte. Salomon in Wien war jedoch zu sehr damit beschäftigt, antijüdische Barrieren gegen sich selbst niederzureißen, als daß er sich noch viel um seine Glaubensbrüder hätte kümmern können, und 1853 wurde in Österreich ganz überraschend ein neues Gesetz erlassen, das es Juden wieder verbot, Grund und Boden zu erwerben. Obwohl Salomon durch einen Sondererlaß davon ausgenommen wurde, griff die Familie zu ihren Waffen. Unter der Leitung von Jacob bildete sie ein Finanzsyndikat, das die Kurse der österreichischen Schuldverschreibungen an allen europäischen Börsen hinunterdrückte. Der österreichische Botschafter in Paris berichtete nach Wien, Baron Jacob sei „außer sich", und riet seiner Regierung, „die Kinder Israel zu beruhigen". Die Regierung widerrief daraufhin das neue Gesetz.

Obwohl dieser Sieg Jacobs Strategie zuzuschreiben war, glaubte Amschel, der Herr habe seine Gebete erhört. Als der religiöseste der fünf Söhne von Gutel und der am wenigsten intelligente (Gentz hatte von ihm gesagt, er besitze eine nur sehr schwache Intelligenz) verließ sich Amschel auf seine Brüder, die ihm sagen mußten, was er zu tun hatte, und auf Jehova, der dafür sorgte, daß er Erfolg hatte. Dennoch aber saß er – geographisch gesehen – an einem strategischen Punkt, denn Frankfurt war die bedeutendste Stadt in Nordeuropa und lag auf halbem Wege zwischen Paris und Wien. Damit war es das natürliche Verteilerzentrum für das westlich der Donau gelegene Deutschland und die angrenzenden kleinen Staaten. „Jedes große Unternehmen, das in London, Paris und Wien begann, erreichte die Investoren in diesem Marktbereich durch die Vermittlung von Amschel, und die Frankfurter Börse gewann als Instrument des weltweiten Rothschild-Konsortiums eine Bedeutung, die sie vorher nie gehabt hatte."[8]

Weil niemand genau wußte, wie die Macht innerhalb der Familie Rothschild verteilt war, erfreute sich Amschel eines Ansehens, das in keiner Weise seinen Fähigkeiten entsprach. So hatte zum Beispiel der Norddeutsche Bund, der Vorläufer des Deutschen Reiches, sein Vermögen bei ihm deponiert, und wenn der Bundesrat, der seinen Sitz in Frankfurt hatte, eine Anleihe für die kaiserliche Kriegsflotte brauchte, dann wendete er sich natürlich an ihn.

1866–1867 Gründung des Norddeutschen Bundes unter Führung Preußens. Bismarck wird Bundeskanzler. Der norddeutsche Reichstag wird in allgemeinen, gleichen und direkten Wahlen gewählt.

Doch wie alle Rothschilds hatte auch Amschel einen Blick für den kommenden Mann, und als Preußen 1851 Otto von Bismarck zu seinem Vertreter beim Frankfurter Bundestag ernannte, verlor Amschel keine Zeit, ihn zum Essen einzuladen. Er tat dies schon einige Wochen im voraus, um sicher mit einer Zusage rechnen zu können. Bismarck antwortete sarkastisch, er werde kommen, wenn er dann noch am Leben sei. „Warum sollte er nicht am Leben sein?" fragte der berühmte Jude verwundert. „Weshalb sollte er sterben? Der Mann ist jung und kräftig." In einem Brief an seine Frau schrieb Bismarck:

> Aber ich mag den Baron, weil er ein richtiger alter jüdischer Hausierer ist und nicht vorgibt, etwas anderes zu sein. Er ist streng orthodox und weigert sich, bei seinen Mahlzeiten etwas anderes als koscheres Essen anzurühren. „Bring mir etwas Brot für den Hirsch", sagte er zu seinem Diener, als er hinausging, um mir seinen Garten zu zeigen, in dem er zahme Hirsche hält. Dann sagte er: „Diese Pflanze hat mich zweitausend Gulden gekostet. Auf Ehre, sie hat mich zweitausend bare Gulden gekostet. Sie können sie für tausend haben. Oder wenn Sie sie geschenkt haben wollen, dann wird der Diener sie Ihnen nach Hause bringen. Gott weiß, ich mag Sie. Sie sind ein gut aussehender junger Mann." Er ist klein und mager ... und hat keine Kinder. Trotz seines prächtigen Palastes ist er ein armer Mann[9].

Amschel war nicht nur religiös, sondern auch sehr freigebig. Er spendete hohe Summen für wohltätige Zwecke und unterhielt sogar Krankenhäuser, wie zum Beispiel das jüdische Spital in Frankfurt. Doch ironischerweise hatte der Allmächtige gerade ihn, den frömmsten der fünf Brüder, dazu ausersehen, schwere Prüfungen hinzunehmen. Als einzigem der Brüder Rothschild war es ihm verwehrt, Söhne zu haben, den kostbarsten Besitz, den sich ein Angehöriger seines Stammes vorstellen konnte. Jahrelang hatte er darum gebetet. Ein Zeitgenosse schreibt: „Ich habe noch nie einen Menschen so verzweifelt gesehen und es nie erlebt, daß jemand sich so an die Brust geschlagen und die Gnade des Himmels so inständig herbeigefleht hätte wie Baron Rothschild am langen Tag [Versöhnungstag] in der Synagoge. Oft wird er durch die Anstrengung des endlosen Betens ohnmächtig. Dann bringt man stark duftende Kräuter aus seinem Garten und hält sie ihm unter die Nase, um ihn wieder zu sich zu bringen. Früher hat er sich schwer kasteit, um den Himmel zu bewegen, ihm ein Kind zu schenken. Aber alles war umsonst."[10]

Der prächtige Garten mit seltenen Blumen aus aller Welt brachte etwas Licht in das freudlose Leben Amschels. Außerdem entschloß er sich 1850, seinen Neffen Mayer Carl, den Sohn seines Bruders Carl aus Neapel, zu adoptieren. Den Preußen lag viel daran, sich gut mit dem Bankier zu stellen, und deshalb empfahlen sie König Friedrich Wilhelm IV., den jungen Mayer Carl zum königlich preußischen Hofbankier zu ernennen und ihm den Roten-Adler-Orden dritter Klasse zu verleihen. Die Ratgeber Seiner Majestät machten dabei aber den Fehler, den Roten-Adler-Orden dritter Klasse in einen jüdischen Adlerorden umzuwandeln. Normalerweise hatte der Orden die Grundform eines Kreuzes, aber in diesem Fall präsentierte er sich als ein Oval. Die preußischen Höflinge hatten augenscheinlich gemeint, ein Jude dürfe keinen Orden tragen, der an das Kruzifix erinnerte.

Der junge Mann, der bald die Leitung des Bankhauses in Frankfurt übernehmen sollte, nahm die Auszeichnung mit Dank an, legte sie dann jedoch in eine Schublade und trug sie nie. Nach drei Jahren nahm die preußische Regierung Anstoß daran und forderte Bismarck auf, einen genauen Bericht zu schicken, welche Orden Mayer Carl anzulegen pflegte, und besonders auch mitzuteilen ob er auch den Roten-Adler-Orden trüge. Bismarck antwortete:

> Gemäß dem Befehl Seiner Majestät vom 27. habe ich die Ehre, pflichtgemäß zu melden, daß ich nicht gesehen habe, wie der Hofbankier Mayer Carl von Rothschild eine solche Auszeichnung getragen hat, denn er nimmt nicht an offiziellen Veranstaltungen teil, und wenn er Orden anlegt, dann zieht er es vor, den griechischen Erlöserorden oder den spanischen Orden Isabellas der Katholischen zu tragen. Bei dem offiziellen Empfang, den ich gegeben habe ... und an dem er in Uniform hätte teilnehmen müssen, entschuldigte er sich mit einem Unwohlsein, denn es wäre ihm peinlich gewesen, den Roten-Adler-Orden für Nichtchristen anzulegen, was er bei dieser Gelegenheit hätte tun müssen. Ich schließe das auch daraus, daß er, wenn er zu mir zum Essen kommt, nur das Ordensband im Knopfloch trägt ...[11]

Preußen hat seine Adlerorden nie mehr in Sonderausführungen verliehen, und die Rothschilds haben diesen Vorfall nie vergessen. Obwohl Berlin nach 1870 eine der bedeutendsten Hauptstädte in Europa wurde und der Hohenzollernkaiser Wilhelm II. die Familie drängte, eine Niederlassung ihrer Bank in Berlin einzurichten, weigerten sich die Rothschilds. Das ersparte ihnen, wie sich später herausstellte, hohe finanzielle Verluste. Aber ihre Entscheidung gründete sich nicht auf weise Voraussicht, sondern darauf, daß sie eine Kränkung nicht vergessen konnten.

Der Krieg zwischen der *Crédit Mobilier* und Jacob de Rothschild erreichte indessen seinen Höhepunkt, und zwar nicht nur in Paris, wo Achille Fould das Finanzministerium abgegeben und das Staatsministerium übernommen hatte, sondern auch im Sardinien Carl von Rothschilds und im Österreich Salomon von Rothschilds. Pereire versuchte, den Rothschilds Sardinien abspenstig zu machen, indem er der Regierung Anleihen zu sehr niedrigen Zinssätzen anbot. Jacob schickte seinen Sohn Alphonse nach Neapel, um das zu verhindern, was ihm auch gelang, aber viel Geld kostete.

Die Direktoren der Crédit Mobilier ließen sich nicht beeindrucken, denn sie hatten viel größere Pläne. 1854 brach der Krimkrieg aus; Rußland hatte im Jahre zuvor die Türkei angegriffen, und Großbritannien war entschlossen, es daran zu hindern, daß es dieses Land überrannte und sich

Krimkrieg 1853–1856. 30. März 1856 Friede von Paris. Ungünstige Bedingungen für Rußland.

in den Besitz der Dardanellen setzte. Napoleon III. trat auf die Seite Englands, denn der Zar behandelte ihn als Emporkömmling und hatte ihn persönlich beleidigt, als er ihn mit „*Sire et bon ami*" statt mit „*Mon frère*" anredete.

Obwohl „Friede auf Erden" ein Grundsatz der Rothschilds war, der ihnen hohe Gewinne brachte, befand sich erstmals kein Zweig der Familie im Lager der Kriegsgegner. Österreich versuchte, neutral zu bleiben, sympathisierte jedoch mit den Alliierten, und sogar Preußen weigerte sich trotz der nahen Verwandtschaft zwischen dem preußischen König und dem Zaren, sich auf die Seite Rußlands zu stellen. Wenn ein Krieg schon unvermeidlich war, dann war der Krimkrieg für die Rothschilds eine ideale Auseinandersetzung, denn der Antisemitismus Nikolaus' I. verlieh der Sache seiner Gegner einen moralischen Unterton. Amschel und Lionel zeichneten britische Kriegsanleihen in Höhe von £ 16000000, während Jacob einen großen Teil der französischen Kriegsanleihe in Höhe von 750000000 Francs übernahm. Auch Bismarck stellte fest, daß die Rothschilds zusammenhielten. „Die Haltung, die eine Regierung zu den jüdischen Problemen einnimmt ..., wirkt sich erheblich auf die Firma aus ...", meldete er an die preußische Regierung. „... Es gibt Fälle, in denen andere als rein geschäftliche Überlegungen das Verhalten der Familie bestimmen ..."[12]

Dennoch wirkte sich der Krimkrieg nicht ungünstig auf die Geschäfte aus, wenigstens nicht auf das Geschäft der *Crédit Mobilier.* Wie üblich hatte Österreich schwere Geldsorgen. Trotz seiner Neutralität mußte es die Schlagkraft seiner Armee erhalten, und das kostet Geld. Graf Hübner, der immer bereit war, den Rothschilds zu schaden, flüsterte Émile Pereire ins Ohr, die österreichische Staatsbahn würde möglicherweise zum Verkauf angeboten. Alle Eisenbahnen der Habsburgermonarchie gehörten mit Ausnahme der Rothschildschen Nordbahn und einer Bahnlinie im Süden, die das Eigentum ihres Konkurrenten Sina war, dem Staat.

Pereire setzte sich sofort mit den erbittertsten Gegnern der Rothschilds in Verbindung, den Baronen Sina, Eskeles und Pereire, und gründete eine Gesellschaft. Andere Direktoren waren der allgegenwärtige Herzog de Morny, Adolphe Fould, der Sohn des Ministers, und die beiden Pereires. Das Ziel der Gesellschaft war es, die *Crédit Mobilier* bei der Übernahme der österreichischen Eisenbahnen zu unterstützen. Am 1. Januar 1855 gelang es der Volksbank, einen großen Teil der Eisenbahn zu kaufen, und zwar zu einem um ein Viertel unter den Baukosten liegenden Preis. Für die Rothschilds, die schon seit Jahren versucht hatten, ihr Eisenbahnimperium zu vergrößern, und die jetzt fürchteten, die Nordbahn zu verlieren, war dies ein schwerer Schlag.

Während der Kampf mit unverminderter Heftigkeit weiterging und der Zusammenhalt der Familie dringender erforderlich war als jemals seit der Zeit Napoleon Bonapartes, starben 1855 drei der vier Brüder; zuerst Carl in Neapel, dann Salomon in Wien und als letzter Amschel in Frankfurt. Nur der Tod konnte der Familie auf den europäischen Börsen etwas anhaben, und während eines großen Teils dieses Jahres blieben die Geschäfte liegen, als die Kantoren auf den Beisetzungsfeierlichkeiten ihre Klagegesänge anstimmten und die Frauen ihre Spiegel verhängten, um ihren Kummer, der als Protest gegen den Willen Gottes aufgefaßt werden könnte, auch vor sich selbst zu verbergen. Die Finanzwelt beobachtete die Vorgänge mit gespannter Aufmerksamkeit. Sollte dies das Ende für die Vormachtstellung der Familie Rothschild sein, da die Brüder im Sterben eine ebenso große Einigkeit bewiesen hatten wie im Leben?

Jetzt sah es aus, als sei die *Crédit Mobilier* nicht mehr zu schlagen. Sie hatte nicht nur die österreichischen Eisenbahnen weggeschnappt, war nicht nur in Frankreich als Finanzmacht an die Stelle der Rothschilds getreten und beherrschte nicht nur die Hälfte der französischen Staatsanleihen, sondern sie strich jetzt auch noch gemeinsam mit dem Präfekten des Departements Seine, Baron Eugène Haussmann, Riesenprofite ein. Der Kaiser hatte Haussmann die gewaltige Aufgabe übertragen, „Paris umzubauen". Er sollte die engen Straßen und Gäßchen der Elendsviertel beseitigen und an ihrer Stelle ein Netz von Boulevards, Parks und Plätzen anlegen, um die Monumente der Vergangenheit, den Louvre, das Hôtel de Ville, Notre-Dame und viele andere eindrucksvolle Gebäude besser zur Geltung zu bringen. Paris sollte eine Frankreichs würdige Hauptstadt werden und eine Hauptstadt, in der es Schwierigkeiten bereitete, einen Aufstand zu inszenieren. In einer Stadt mit geraden Straßen würde es nicht leicht sein, Hinterhalte zu legen, und die Truppen konnten rasch überall dorthin verlegt werden, wo sie benötigt wurden.

In den folgenden zehn Jahren wurden allein im Departement Seine 12 000 Häuser niedergerissen, und da die Regierung die Besitzer entschädigte, verdienten die Spekulanten ein Vermögen. Ein zeitgenössischer Beobachter schrieb: „Es gibt Leute, die sich darauf spezialisieren, in einem Stadtbezirk, der voraussichtlich bald abgerissen wird, ein Handelshaus zu kaufen, zu bauen oder einzurichten ... Das Geschäft eines Kaffeehausbesitzers wurde dank sorgfältiger Vorausberechnung dreimal abgerissen. Er hatte jedesmal so hohe Entschädigungssummen erhalten, daß er schließlich ein großes und prächtiges Kaffeehaus baute – das, wie er hofft, noch einmal abgerissen werden wird, bevor er stirbt ..." [13]

Die *Crédit Mobilier* lieh Baron Haussmann hohe Summen zu niedrigen Zinsen. Die Direktoren wurden als Gegenleistung immer rechtzeitig verständigt, wenn irgendwo die nächsten Häuser abgerissen werden sollten. Madame Haussmann erzählte unschuldig, der Baron kaufte ein Haus erst in dem Augenblick, in dem er es der Regierung überlassen müsse, die dort eine neue Straße bauen wolle.

Als die *Crédit Mobilier* ihre Bilanz veröffentlichte, ging daraus hervor, daß die Gesellschaft mit einem Kapital von £ 60 000 000 einen Gewinn von £ 28 000 000 erzielt hatte. Sie schüttete die erstaunliche Dividende von 47 Prozent aus. Was Jacob de Rothschild auch sagen mochte, die Direktoren hatten augenscheinlich eine Geschäftsmethode entwickelt, mit der kein Banktyp mehr konkurrieren konnte.

Während an der Börse Gerüchte umliefen, nach denen Messieurs de Rothschild Frères schweren Zeiten entgegengingen, unterschlug ihr Hauptbuchhalter, ein gewisser Carpentier, 30 000 000 (etwa £ 1 200 000) und verschwand damit. Monatelang hatte er sich große Aktienpakete verschafft und die Wertpapiere in kleinen Mengen an der Börse verkauft. Im Herbst 1856 nahm er einige Tage Urlaub und kehrte nicht wieder zurück. Als die Unterschlagung aufgedeckt wurde, hatte der Dieb den Atlantik schon auf einem gecharterten Schiff überquert und war in den Vereinigten Staaten untergetaucht. Baron Jacob de Rothschild erklärte öffentlich, er werde den Verlust persönlich ausgleichen. Von Insolvenz wurde nicht mehr gesprochen. Es gab in Europa nur eine Familie, die sich eine so großzügige Geste leisten konnte.

Die *Crédit Mobilier* hatte indessen ihren ersten Rückschlag erlitten. Ende 1855 entschlossen sich die Direktoren, ermutigt durch die Übernahme der österreichischen Eisenbahnen, eine Filiale der *Crédit Mobilier* in Wien einzurichten. Als sie jedoch um die Genehmigung nachsuchten, wurde ihnen mitgeteilt, es bestehe bereits die Absicht, eine der ihren sehr ähnliche Volksbank zu gründen. Dahinter standen die angesehensten Familien des Kaiserreichs, die Fürstenbergs, Schwarzenbergs und Auerspergs. Sogar der Name des neuen Geldinstituts war dem der *Crédit Mobilier* sehr ähnlich. Es sollte „Kreditanstalt" heißen. Die Leitung übernahm Anselm, der zweiundfünfzigjährige Sohn Salomon von Rothschilds.

Als junger Mann hatte Anselm als etwas ungebärdig gegolten. Er hatte sich geweigert, das Leben ernst zu nehmen, und sein Hang zum Kartenspiel hatte seinem Vater solche Sorgen gemacht, daß dieser ihn von der Universität in Berlin nahm und nach Paris schickte, wo er als Lehrling in das Geschäft seines Onkels (und Schwagers) Jacob eintrat. Aber Paris war nicht das geeignete Pflaster für verlorene Söhne, und die Familie stieß einen Seufzer der Erleichterung aus, als der strenge, kinderlose und tief religiöse Onkel Amschel seinem Neffen die Partnerschaft an der Frankfurter Bank anbot.

Seltsamerweise war Amschel kein strenger Zuchtmeister und gewährte seinem Neffen jede Handlungsfreiheit. So blieb dieser natürlich oft die ganze Nacht bis in die frühen Morgenstunden aus, kehrte jedesmal in einer zweispännigen Pferdedroschke zurück und gab dem Kutscher ein gutes Trinkgeld. Einmal nahm Baron Salomon denselben Wagen, den Anselm gewöhnlich mietete. Als er den Kutscher bezahlte, blickte dieser verwundert auf die Münzen in seiner Hand. „Was ist los?" fragte Salomon, „stimmt es nicht?" „Doch, mein Herr, aber Ihr Sohn gibt mir meist viermal soviel." „Das mag schon sein", sagte Salomon, „aber sehen Sie, er hat einen reichen Vater, ich aber nicht."

Anselms Sturm- und Drangperiode war jedoch bald vorüber. Schon im Alter von 23 Jahren heiratete er Lionel de Rothschilds Schwester Charlotte und führte im Rahmen der Frankfurter Gesellschaft fast dreißig Jahre ein vorbildlich bürgerliches Leben. Constance de Rothschild, die später Lord Battersea heiratete, erzählt, er sei ein phantasiebegabter und scharfsinniger Mann gewesen. Sein Sohn Ferdinand berichtet, er habe den Sport und das Kartenspiel geliebt, sich amüsant unterhalten können, aber „nur wenig Interesse für seine Kinder" gezeigt. Frankfurt war für ihn zweifellos eine Art Bußort; denn als Salomon im Juli 1855 starb und Anselm nach Wien ging, um seinen Platz einzunehmen, schien er sich völlig zu verwandeln. Ganz plötzlich strahlte er vor guter Laune und hatte ständig etwas zu tun. Er fuhr nach London und Paris und reiste regelmäßig zwischen Frankfurt und Wien hin und her.

Am 12. Dezember 1855 wurde klar, womit er sich beschäftigt hatte: er brachte Aktien für ein großes österreichisches Unternehmen auf den Markt. Die Menschen standen die ganze Nacht Schlange, um sie zu kaufen. Am Abend waren für Aktien im Wert von 15000000 Gulden mehr als 644000000 Gulden geboten worden. Ein Zeitgenosse berichtet: „Jedermann glaubte, das goldene Zeitalter der billigen Kredite sei angebrochen, und alles drängte sich, um unter den ersten zu sein, die seine Segnungen empfingen..." Die öffentliche Meinung behielt recht. Innerhalb einer Woche war der Kurswert der Aktien von 17 auf 34 Punkte gestiegen.

Der zurückhaltende, im mittleren Lebensalter stehende Anselm, der den größten Teil seines Lebens im Schatten des Ruhmes seines Vaters und seines Onkels verbrachte und den man stets übersehen hatte, erwies sich jetzt als echter Rothschild und erfolgreicher Finanzriese. 1857, fast hundert Jahre nach Gründung der Familienfirma, heiratete ein Rothschild wieder

Am 11. September 1826 heiratet Anselm von Rothschild seine Kusine Charlotte. Links Carl und Salomon von Rothschild, rechts Nathan, Lionel, Hannah und Louise. Aquarell von Richard Dighton.

eine junge Frau aus der Familie. Jacobs ältester Sohn, Alphonse, der Kronprinz der französischen Finanzwelt, schloß die Ehe mit Lionels Tochter Leonora, einem der schönsten jungen Mädchen in England. Die Hochzeit fand in Gunnersbury Park statt. Die Braut hatte „schöne ... glänzende, mandelförmige Augen und einen Teint wie ein Teerosenblatt". Benjamin Disraeli brachte den Toast auf das Brautpaar aus: „Unter diesem Dach sind die Häupter der Familie Rothschild versammelt. Dieser Name ist berühmt in jeder europäischen Hauptstadt und in jedem Teil der Welt. Die Familie wird um ihres Reichtums willen nicht mehr geachtet als wegen ihrer Ehrenhaftigkeit, ihrer Integrität und ihres Gemeinsinns."[14]

Bald arbeiteten die vier Vettern ebenso reibungslos zusammen wie die Brüder vor ihnen; Alphonse in Paris*, Anselm in Wien, Lionel in London und Mayer Carl in Frankfurt. Sie als Vettern zu bezeichnen, war so etwas wie eine Untertreibung; denn durch die vielen Heiraten innerhalb der Familie waren sie oft in doppelter und dreifacher Weise miteinander verwandt. Anselm war zum Beispiel mit Lionels Schwester Charlotte verheiratet. Er war daher nicht nur Lionels Vetter, sondern auch sein Schwager,

* Die beiden Brüder von Alphonse, Gustave und Edmond, waren ebenso wie die Brüder von Lionel in England an der Bank beteiligt.

MARRIAGE CEREMONIAL OF THE BARON ALPHONSE DE ROTHSCHILD AND MISS LEONORA ROTHSCHILD: THE BRIDEGROOM BREAKING THE WINE-CUP

(SEE NEXT PAGE.)

und weil die Mutter von Alphonse Anselms Schwester war, waren die beiden sowohl Onkel und Neffe als auch Vettern. Mayer Carl war mit Lionels Schwester Louisa verheiratet; deshalb war er nicht nur Lionels Vetter, sondern auch sein Schwager, und auf die gleiche Weise war auch Mayer Carl sowohl Anselms Schwager als auch sein Vetter.

Gemeinsam führte die dritte Generation der Rothschilds nicht nur Angriffe gegen die *Crédit Mobilier* an den europäischen Börsen, sondern auch gegen das habsburgische Eisenbahngeschäft. Anfang 1856 boten die Rothschilds dem österreichischen Finanzminister £ 10 000 000 für die lombardisch-venezianische Eisenbahn, und etwas später erfolgte ein Angebot weiterer Millionen für die österreichische Südeisenbahn. Dann kam es nicht nur zur Kriegsgefahr, sondern dieser Krieg konnte auch um den neuerworbenen Besitz der Rothschilds gehen. Sardiniens großer Finanzminister Cavour war entschlossen, die Unabhängigkeit der norditalienischen Staaten von Österreich durchzusetzen, um dann die Einigung ganz Italiens herbeizuführen. Man behauptete, er habe der berühmten Kurtisane, der Gräfin de Castiglione, hohe Geldsummen gegeben, damit sie ihrem Liebhaber, Napoleon III., einredete, es läge im Interesse Frankreichs, Italien zu unterstützen. Augenscheinlich ist ihr das gelungen, denn 1858 schloß Cavour bei einem Besuch in Paris einen Geheimvertrag mit dem französischen Kaiser, der ihm darin seine Unterstützung für den Fall zusagte, daß Österreich versuchen sollte, die Abtrennung der norditalienischen Staaten mit Waffengewalt zu verhindern.

Graf Camillo Benso di Cavour, geb. 1810, 1850 Handels- und Marineminister, 1851 Finanzminister, 1852 Ministerpräsident von Piemont-Sardinien.

Die Möglichkeit eines Krieges zwischen Frankreich und Österreich erfüllte Jacob mit großen Sorgen. Wiederholt versuchte er, bei Napoleon III. vorgelassen zu werden, dessen Ausflüchte ihn alarmierten. Obwohl Napoleon einmal erklärt hatte: „Das Kaiserreich bedeutet den Frieden", sagte er jetzt: „Ich will den Frieden, aber die Macht der äußeren Umstände kann einen mit sich hinwegreißen." Überall in Paris prophezeite Jacob düster in seinem schlechten Französisch: „*Entendez-fous, bas de baix, bas d'Embire.*"

Im April 1859 brach der Krieg aus und endete drei Monate später mit der Niederlage der österreichischen Armeen bei Magenta und Solferino.

10. November 1859 Friede von Zürich.

Die Toskana, Parma und Modena gewannen ihre Unabhängigkeit, und Frankreich annektierte Nizza und Savoyen. Der verhaßte Graf Hübner wurde nach Wien zurückgerufen, und an seiner Stelle wurde Fürst Richard Metternich Botschafter in Paris.

Obwohl die *Crédit Mobilier* die Kriegsanstrengungen Napoleons finanziert hatte, waren ihre Aktien 1860 von 1600 auf 800 gefallen. Dann kam es zum Skandal um einen der Direktoren, Jules Mires, der wegen Betruges festgenommen wurde. Obwohl Fould zurücktreten mußte, war dies nur eine vorübergehende Schlappe, denn ein Jahr später übernahm er seinen Posten aufs neue.

Aber Fould betrachtete die Brüder Pereire von nun an kühl und kritisch. Die *Crédit Mobilier* hatte sich offenbar übernommen und wurde schlecht verwaltet, denn ihre Gewinne gingen jedes Jahr zurück. Fould sagte Napoleon III., die französische Regierung könne sich nicht mehr darauf verlassen, von der Bank Anleihen zu bekommen, und riet ihm, den Streit mit den Rothschilds zu begraben. Am 17. Februar 1862 besuchte der Kaiser deshalb in Begleitung von Fould und einem großen Gefolge, zu dem auch der französische Außenminister sowie der britische und der österreichische Botschafter gehörten, den Landsitz von Baron Jacob in Ferrières. Joseph Paxton, der Baumeister des Schlosses hatte sein Versprechen, ein

Religiöse Trauung von Leonora und Alphonse de Rothschild am 4. März 1857 in Gunnersbury House, aus „The Illustrated London News".

neuer „Christopher Wren“ zu sein, nicht erfüllt, und manche Leute empfanden Ferrières als schwerfällig und häßlich. Jedermann gefiel aber der herrliche Besitz mit seinen Parks, Seen und Treibhäusern, der Reitschule, den Schafställen, der Bäckerei und einer holländischen Molkerei.

Als der Sonderzug des Kaisers auf dem Bahnhof von Ferrières einlief, begrüßten Baron Jacob und seine vier Söhne, Alphonse, Gustave, Salomon und Edmond, den Kaiser. Ein grüner Teppich, der mit den Bienen aus dem Wappen der Bonapartes bestickt war, lag zwischen dem Salonwagen des Kaisers und der auf ihn wartenden Kutsche. Napoleon III. trug einen Jagdanzug und wurde zu dem Vierspänner der Rothschilds geleitet, an dem die Lakaien in ihrer neuen dunkelblauen, mit Goldlitzen verzierten Livree standen. Als der Kaiser und sein Gefolge sich dem Schloß näherten, ging auf den vier Türmen die kaiserliche Standarte hoch. Der Kaiser pflanzte im Park eine kleine Zeder und begab sich dann mit den übrigen Gästen zu Tisch. Die Tafel war mit Sèvresporzellan gedeckt. Am Nachmittag fand eine Jagd statt, auf der mehr als tausend Stück Wild erlegt wurden.

Am Abend sang der Chor der Pariser Oper ein von Rossini eigens für diese Gelegenheit komponiertes Lied. Im Geleit von Fackelträgern fuhr der Kaiser schließlich zum Bahnhof zurück. Trotz aller Höflichkeit war es nur eine oberflächliche Versöhnung, und Baron Jacob sprach von dem Kaiser immer noch als von „diesem drittklassigen Napoleon“.

Sogar der bescheidene Lionel ließ sich von dem Fieber der Prunksucht anstecken. Er hatte bisher sein ganzes Leben am Piccadilly 107 und in Gunnersbury Park gelebt, aber jetzt begann er mit atemberaubendem Tempo, riesige Besitzungen zu erwerben. 1864 gab er den Auftrag zum Bau des Hauses Piccadilly 148, das dem amerikanischen Touristen so sehr imponiert hatte. Nach seiner Vollendung war es eines der prächtigsten Häuser Londons. Eine imposante Marmortreppe führte zu dem im ersten Stock gelegenen Ballsaal, aus dessen riesigen Fenstern man in den Park hinunterblickte. Die seidenen Vorhänge waren aus keinem ersichtlichen Grunde mit Darstellungen von Flußgöttinnen bestickt.

All dieser kostspielige, mit Marmor, Gold und Purpur reich verzierte und überladene Luxus wurde noch von einigen ebenso verrückten wie wundervollen Extravaganzen übertroffen: durch ein silbernes Tafelgeschirr von Garrard, das fast 360 Kilo wog, und ein von Le Bel bemaltes, apfelgrünes Service aus Sèvresporzellan. Ein Witzbold meinte, in jedem Sessel genösse man „vergoldete Sicherheit“.

Selten, ganz selten, kam es auch vor, daß ein Rothschild, anstatt ein Schloß zu beziehen, es wieder verließ. Das geschah im Falle von Adolph von Rothschild in Neapel. Die Bemühungen um die Einigung Italiens gingen weiter, und 1861 wurde das Königreich beider Sizilien (Neapel war eines davon) von Garibaldi ausgelöscht. Der König und die Königin flohen nach Paris, und Adolph, der seinem Vater Carl in der Leitung der Bank gefolgt war, schloß das Geschäft und ging ebenso wie die königliche Familie ins französische Exil. Die Niederlassung der Rothschilds in Italien wurde nie wieder eröffnet, und damit besaß die Familie nur noch vier Bankhäuser.

Noch seltener fand sich in der Familie Rothschild ein schwarzes Schaf. 1864 starb der dritte Sohn von Baron Jacob, der ungewöhnlich intelligente Salomon, ganz plötzlich. Der junge Mann war ein leidenschaftlicher Spieler, was seinem Vater große Sorgen bereitete, weil man jedem, der den

Oben: Deutsche Karikatur von Napoleon III. und Jacob de Rothschild auf der Jagd anläßlich des Besuchs des Kaisers in Ferrières am 17. Februar 1826.

Giuseppe Garibaldi (1807–1882) landet 1862 auf Sizilien und vertreibt König Franz II. aus Neapel.

Rechts oben: Das Schloß Ferrières. Rechts unten: Napoleon III. pflanzt in Ferrières einen Baum. Zu Ehren des Kaisers wurde ein Konzert gegeben, bei dem ein aus diesem Anlaß von Rossini komponiertes Musikstück gespielt wurde. Auf der Jagd am Nachmittag wurden 1231 Stück Wild geschossen. Trotzdem konnten die freundschaftlichen Beziehungen zwischen dem Kaiser und dem Finanzier nicht wiederhergestellt werden.

VISITE DE FERRIÈRES. — L'Empereur plantant l'arbre commémoratif de sa visite au château.

Namen Rothschild trug, unbegrenzten finanziellen Kredit einräumte. Augenscheinlich starb Salomon an einem Herzschlag, und das faszinierte die Brüder Goncourt. Einer von ihnen schrieb: „Der Arzt der Rothschilds, Herr Cabarrus, erzählte Saint-Victor, der junge Rothschild, der vor einigen Tagen starb, sei tatsächlich beim Glücksspiel an der Börse vor Erregung gestorben. Man stelle sich das vor: ein Rothschild bekommt wegen einer Geldangelegenheit einen Krampf und fällt tot hin!"

Hätten die Brüder Goncourt jedoch die Details eines früheren Herzanfalles von Salomon gekannt, dann hätte sie die Sache noch mehr erregt. Schon vor drei Jahren war Salomon „tot hingefallen". Man hatte ihn in einen Sarg gelegt und darin nach jüdischem Brauch in jedes Zimmer des Hauses getragen. Ein Träger war gestolpert, der Sarg war mit lautem Krachen gegen eine Tür gestoßen, und der scheintote Salomon war wieder aufgewacht. Drei Jahre später starb er wirklich und wurde beerdigt.

Die *Crédit Mobilier*, der Tiger, der die Existenz der Firma Messieurs de Rothschild Frères auf das ernsteste bedroht hatte, war indessen in eine so schwere Krise geraten, daß der Zusammenbruch kurz bevorstand. 1864 sah sich die Gesellschaft gezwungen, für Napoleon III. im Zusammenhang mit seinem Versuch, den Erzherzog Maximilian auf den mexikanischen Thron zu bringen, hohe Anleihen aufzubringen. Das unglückliche Abenteuer hatte schwere finanzielle Verluste zur Folge. Darüber hinaus zeigte es sich, daß die „modernen" Methoden der Brüder Pereire oft nichts anderes waren als übereilte Spekulationen. Jetzt wurde die Gesellschaft von einzelnen Geschädigten wegen „unfairer Praktiken" vor Gericht gebracht. „Ich werde alles tun, um ihnen zu helfen, denn das Kaiserreich steht tief in ihrer Schuld", sagte Napoleon, „aber ich kann es mir nicht leisten, in ein schwebendes Rechtsverfahren einzugreifen."[15]

Frankreich greift 1861–1867 gemeinsam mit England in Mexiko ein und läßt durch eine Notabelnversammlung das Kaiserreich errichten. Erzherzog Maximilian, ein Bruder Kaiser Franz Josephs von Österreich, wird zum Kaiser gewählt, aber nach dem Abzug der Franzosen 1867 von den Republikanern erschossen.

Das war der entscheidende Schlag. Das Schicksal der Gesellschaft hatte sich gewendet, und jetzt machten sich die falschen Investitionen bemerkbar; sie mußte die Dividenden aus dem Kapital bezahlen, und 1866 verlor sie 8000000 Francs. Die Aktien fielen auf 350.

Jetzt erkannte jeder, daß die Schlacht zwischen den beiden großen Kapitalgesellschaften mit dem Sieg der Rothschilds geendet hatte. Im Oktober 1867 fielen die Aktien der *Crédit Mobilier* auf 140, und die Gesellschaft mußte liquidieren. Die Brüder Pereire zogen sich ins Privatleben zurück, und Achille Fould stellte sein Amt zum letztenmal zur Verfügung. Wenige Monate später starb er.

Baron Jacob schien bei bester Gesundheit und kaufte sogar auf Drängen seiner Söhne Alphonse und Gustave einen neuen Landbesitz, ein Weingut im Médoc neben dem Besitz seines Vetters. Da dies das berühmte Weingut Château Lafite war, das auf der Ausstellung den ersten Preis gewonnen hatte, während Nathaniel Rothschilds Mouton in der zweiten Wachstumskategorie als bester Wein beurteilt worden war, kühlten sich die Beziehungen zwischen den beiden Vettern merklich ab. Aber gerade darin lag der besondere Reiz der neuen Erwerbung.

Leider lebte Jacob nicht lange genug, um sich noch an seinem Rotwein zu freuen. 1868, wenige Monate später, folgte er im Alter von 76 Jahren Achille Fould ins Grab. Es gab Leute, die durch die Tatsache erschüttert wurden, daß der gefürchtete Baron auch nur aus dem gleichen vergänglichen Fleisch gemacht war wie sein Rivale. Halb Paris nahm an den Beisetzungsfeierlichkeiten teil. Die gekrönten Häupter in ganz Europa schickten

Eine der letzten großen Erwerbungen von Baron Jacob war das Château und Weingut Laffitte im Médoc bei Bordeaux.

ihre Vertreter, und sogar der Präsident der Vereinigten Staaten, der Jacob nie gesehen hatte, schickte ein Beileidstelegramm.

Jacob wurde auf dem Friedhof von Père-Lachaise zur letzten Ruhe gebettet. Seinem Wunsche entsprechend wurde das Grab des Mannes, der durch sein glanzvolles Leben ganz Paris geblendet hatte, mit einem Grabstein geziert, dessen Inschrift allein aus dem großen Buchstaben „R" bestand.

Baron Jacob gegen Ende seines Lebens. Seine berühmte Voraussage, „kein Frieden, kein Kaiserreich" erfüllte sich zwei Jahre nach seinem Tode, als Napoleon nach Sedan vor den Preußen kapitulierte und abdankte.

7 Auf dem Gipfel der viktorianischen Epoche
(1860–1880)

Karikatur von Lionel de Rothschild in „The Period“, 1870. Unter anderen verneigten sich Wilhelm I. von Preußen, Königin Viktoria, der Papst und Napoleon III. vor dem auf einem Thron aus Geldsäcken sitzenden Lionel.

Als der Premierminister Ihrer Majestät, Mr. Gladstone, den Vorschlag machte, Ihre Majestät möge dem großen Bankier Lionel de Rothschild die Peerswürde verleihen, war Viktoria zutiefst schockiert. Sie sagte: „Einen Juden zum Peer zu machen, das ist ein Schritt, dem ich nicht zustimmen kann. Er würde falsch verstanden werden und der Regierung schweren Schaden zufügen.“

Selbst Lord Granville, auf dessen Meinung sie viel gab, konnte nichts ausrichten. Er mußte zugeben: „Die Vorstellung, daß ein Jude zum Hochadel gehört, ist natürlich eigenartig. *Rothschild le premier Baron Juif* klingt nicht so gut wie *Montmorency le premier Baron Chrétien*, aber er vertritt eine Klasse, deren Einfluß aufgrund ihres Reichtums, ihrer Intelligenz und ihrer literarischen Verbindungen groß ist.“ Er fügte hinzu, es wäre klug, „die finanziellen Interessen in der City von London an die Krone zu binden, anstatt das Risiko einzugehen, daß man sie in das Lager der Extremisten treibt“[1].

Mr. Gladstone führte seinen Kampf tapfer weiter und argumentierte, „wenn seine Religion für immer ein Hinderungsgrund bleiben soll…, dann würde eine Diskriminierung, die früher Gesetz war, heute als Ausnahme vom Gesetz wieder aufleben…“ Aber Ihre Majestät blieb bei ihrer ablehnenden Haltung. Sie sagte, sie könne es sich nicht vorstellen, daß jemand, der „seinen Reichtum Verträgen mit fremden Regierungen über Anleihen oder erfolgreichen Spekulationen an der Börse verdankte, das Recht hat, die britische Peerswürde zu beanspruchen“[2]. Damit bekräftigte sie den viktorianischen Grundsatz, daß die Spitzen der Gesellschaft zwar Geld ausgeben, es aber nicht verdienen durften.

Aber hier war der Punkt erreicht, an dem der Prince of Wales anderer Meinung war als seine Mutter. Der Landadel war reich und langweilig, während die neuen Leute der Hochfinanz und Industrie nicht nur die Welt von morgen aufbauten, sondern auch wie Zauberkünstler die erstaunliche Fähigkeit hatten, mit einer Handbewegung Millionen hervorzubringen, und zwar im großen Saal der Börse. Niemand liebte den Luxus mehr als der Prinz, aber dennoch war er im Vergleich mit vielen seiner Untertanen kein reicher Mann. Auch nachdem er 1863 Alexandra von Dänemark geheiratet hatte und in das Marlborough House gezogen war, setzte das Parlament seine Apanage auf die lächerliche Summe von £ 100000 im Jahr fest. Er beschwerte sich bitter darüber, daß dies nicht ausreichte, um Hof zu halten, Gäste zu bewirten, sich zu kleiden und zu reisen. Was ihm jetzt

Prinz Albert Edward, der älteste Sohn der Königin Viktoria, ist der spätere König Edward VII.

Rechts: Die älteste Tochter von Lionel, Leonora de Rothschild. 1857 heiratete sie ihren französischen Vetter Alphonse. Ein Bewunderer schrieb: „Sie hatte feuchte, mandelförmige Augen und einen Teint wie eine Teerose.“

zur Verfügung stand, war für damalige Zeiten auch wirklich nicht viel. Der Herzog von Buccleuch bezog allein aus seinem Landbesitz ein Jahreseinkommen von £ 217000. Der Herzog von Devonshire verfügte über £ 181000, der Herzog von Northumberland über £ 176000 und der Earl von Derby über £ 161000.

Doch keiner dieser Männer faszinierte Albert Edward so wie die Rothschilds. Seine Mutter mochte über die „Händler" die Nase rümpfen. Aber diese neuen Millionäre waren sowohl mächtig als auch reich, und sie waren viel bessere Gesellschafter als die meisten Angehörigen des Landadels.

Während der kurzen Zeit, die er in Cambridge verbrachte, hatte der Prinz mit den Söhnen Lionels Freundschaft geschlossen. Die Brüder gehörten der dritten Generation der Rothschilds an, die in England lebten, aber sie waren die ersten, die eine englische Erziehung genossen. Die äußeren Umstände waren nicht ganz befriedigend, denn die Universitäten von Oxford und Cambridge vergaben keine akademischen Grade an Studenten,

Die beiden ältesten Söhne Lionels, Nathaniel („Natty") und der genußsüchtige Alfred.

Links: „Bauen Sie mir ein Mentmore", sagte Baron Jacob dem Architekten Joseph Paxton, „nur doppelt so groß." Es entstand das Schloß von Ferrières im Distrikt Brie bei Paris. Wilhelm I. von Preußen sagte: „Könige könnten sich das nicht leisten. Das kann nur einem Rothschild gehören."

die sich nicht zur englischen Kirche bekannten. Aber während Oxford die Verpflichtungserklärung vor dem Eintritt verlangte, war Cambridge bereit, sie zu jedem beliebigen Zeitpunkt vor dem Abschluß entgegenzunehmen, auch noch am letzten Tage des letzten Semesters, und das bedeutete, daß Juden wohl studieren durften, nicht aber den akademischen Grad eines Baccalaureus erwerben konnten.

1861 war der einundzwanzigjährige Nathaniel, genannt „Natty", das letzte Jahr auf der Universität, und zu dieser Zeit kam der Prince of Wales, Albert Edward, vom Christ Church College in Oxford zum Trinity College nach Cambridge, um dort, wie es bei den königlichen Prinzen üblich war, kurze Zeit zu bleiben. Zunächst verlangte Königin Viktoria, daß der Prinz sechs Kilometer außerhalb der Stadt in Madingley Hall wohnte, was dem jungen Mann durchaus nicht paßte. Der Rektor des Trinity College überzeugte Ihre Majestät jedoch schließlich davon, daß dem Thronerben im College Räume „zum gelegentlichen Gebrauch" zur Verfügung stehen müßten. Von nun an kam der Prinz täglich zu Pferde in die Stadt und befreundete sich sehr bald mit den beiden Kommilitonen, die sich am meisten für Reitjagden interessierten. Das waren Charles Carrington, der die Meute führte, und Nathaniel Rothschild, der das Vergnügen bezahlte.

Bald gehörten nicht nur „Natty", sondern auch dessen Brüder Alfred und Leo zu den besten Freunden des Prinzen, nicht nur ihr Vater Lionel, sondern auch ihre Onkel Mayer und Anthony, nicht nur der französische Vetter Alphonse, sondern auch der österreichische Vetter Ferdinand. Andere Juden schlossen sich an, die Hirschs, die Beits, die Sassoons und die Cassels. Aber in den Jugendjahren des Prinzen hatte niemand so gute Beziehungen zu ihm wie die Rothschilds, und da Seine Königliche Hoheit weit über seine Verhältnisse lebte, behauptete man, die Rothschilds bezahlten seine Schulden. Zweifellos haben die Bankbarone ihm geholfen, sein Geld anzulegen, und zweifellos haben sie, wenn diese Investitionen keine Gewinne abwarfen, die Sache aus ihrer eigenen Tasche ausgeglichen. Aber das sind Spekulationen, denn niemand weiß genau, um welche Transaktionen es ging. 1876 erschien jedoch ein Pamphlet mit dem Titel *Edward VII.*, das eine gehässige Parodie auf Shakespeare und den Prinzen enthielt. Sollte der Prinz sich seiner Mutter, der ehrfurchtgebietenden Königin Viktoria, anvertrauen und sie bitten, seine Schulden zu bezahlen?

> Gestehen oder nicht gestehen, das ist die Frage.
> Ist es nun besser, von den Juden borgen,
> Das Geld der kleinen Leute anzunehmen,
> Die sich aus meiner Not die Stufen bauen,
> Um aufzusteigen in den Rang von Peers?
> Sie verlangen für schnöden Mammon meine Freundschaft
> Und wollen sich als Gäste in mein Haus einschleichen,
> Als hätten jene, die mir Gold verkaufen,
> Mehr Recht als meine Schuster oder Schneider.
> Nein, nicht einmal so viel, denn diese Leute sind ehrlich.
> Ist es nun besser, ihrer Fordrung nachzugeben,
> Oder soll ich es gestehn und meine Schulden offenbaren,
> Den Juden alles Geld bezahlen, das sie fordern können
> Und das der königliche Schatz für mich bereit hält?
> Das wird das Richtge sein.

Obwohl man in England den Juden mit geringeren Vorurteilen begegnete als auf dem Kontinent, wurden auf dem Höhepunkt der Viktoriani-

Das unerschütterliche Oberhaupt der französischen Rothschild-Linie, Baron Alphonse (unten), und dessen englische Frau Leonora (oben). Man bezeichnete die beiden als „die verschwenderischsten Gastgeber ihrer Zeit“.

schen Epoche zahlreiche ähnliche Angriffe gegen sie geführt. Da der Prinz jedoch um seines Vergnügens willen nicht auf die Rothschilds verzichten wollte, ließ er sich durch solche Attacken nicht beeindrucken. Wenn er nach Paris ging, gab es für ihn keine größere Freude, als von Alphonse oder Gustave, den Söhnen des verstorbenen Barons Jacob, eingeladen zu werden, die jetzt die Leitung der Bank übernommen hatten. Alphonse war mit der Engländerin Leonora verheiratet, und zu ihren Gästen gehörte eine Reihe von Persönlichkeiten, deren Herkunft und Auftreten genau in den Rahmen paßten, in dem sich der Prinz of Wales wohl fühlte.

Alphonse und Leonora standen im Mittelpunkt des gesellschaftlichen Lebens in Frankreich. Alphonse war ein zartgliederiger, kleiner Mann, der seine geringe Körpergröße dadurch auszugleichen suchte, daß er einen prächtigen Backenbart trug. Seinem Temperament nach war er eher Brite als Franzose, denn er war stolz darauf, sich durch nichts aus der Ruhe bringen zu lassen. Als einer seiner Gäste ihm bei einer Fasanenjagd in Ferrières ins Gesicht schoß, ließ er sich nichts anmerken. Als Folge der Verletzung verlor er sogar ein Auge, hat aber nie den Namen des Unglücksschützen preisgegeben.

Leonora erregte die Bewunderung der Franzosen, obwohl sie ihren englischen Lebensstil beibehielt. Sie lehrte ihren französischen Koch das Rezept für Melassepudding und ließ jeden Nachmittag Tee servieren. In ihrem Testament verfügte sie die Überführung ihrer Leiche zur Beisetzung nach Buckinghamshire. Wenn sie Gäste aus England hatte, bewirtete sie diese auf typisch englische Art. Die Gräfin Frances of Warwick, die damalige Lady Brooke, erzählt von einem Besuch, den sie den Rothschilds Anfang der 1880er Jahre in Ferrières abstattete, und beschreibt das Ehepaar Alphonse und Leonora als die großzügigsten Gastgeber ihrer Zeit. In der Tat hätte sich niemand mehr um seine Gäste bemühen können, denn Leonora bat damals ihren Bruder Natty, den späteren Lord Rothschild, ihr zum Wochenende eine Meute Jagdhunde aus Tring zu schicken. Offenbar bereitete es keine Schwierigkeiten, die Hunde über den Kanal zu bringen, und als die Brookes in Ferrières eintrafen, stellten sie fest, daß man ihnen zu Ehren eine englische Reitjagd vorbereitet hatte.

> Das Rendezvous, das am Vormittag in der Nähe des Châteaus stattfand, bot einen sehr hübschen Anblick (schrieb Lady Brooke). Die Herren trugen in England geschneiderte rote Röcke, die Jäger grün-goldene Livreen. Es nahmen auch einige Offiziere aus der benachbarten Garnison Melun in voller Uniform mit Säbeln daran teil. Die Baronin Alphonse, die auch in England gelegentlich mitgeritten war, und ich waren die einzigen Damen zu Pferde. Die anderen begleiteten das Feld in ihren Jagdwagen und Kutschen zu den im Gelände angelegten Hindernissen – es waren mit Zweigen besteckte Hürden –, um uns beim Springen zuzusehen. Sie riefen bewundernd „Hoppla!", als sei das Ganze eine Zirkusvorstellung.[3]

Alphonse war nicht nur gesellig, sondern auch ungewöhnlich gutmütig. Er soll nur ein einziges Mal aus der Haut gefahren sein: Als er in seiner eigenen Eisenbahn, einem Zuge des *Chemin de Fer du Nord*, nach Brügge fuhr, wohin König Leopold ihn zum Abendessen eingeladen hatte, wurde der Zug auf einem Nebengleis abgestellt und mußte zwei Stunden warten, bis ein Sonderzug an ihm vorbeigerauscht war. Baron Alphonse verspätete sich zum Essen und verlangte wütend eine Erklärung. Das Geheimnis kam heraus, als sein Diener in aller Einfalt gestand, er habe vergessen, den Abendanzug des Barons einzupacken, und einen Boten abgeschickt, der ihn holen sollte und – anders als der Baron selbst – die Vorteile ausgenutzt hatte, die der Name Rothschild ihm verschaffte.

Im Gegensatz zu seinem Vater Jacob hatte Alphonse eine Erziehung genossen, die des Kronprinzen eines Finanzimperiums würdig war. Er hatte in den Bankhäusern der Familie in London, Frankfurt und Wien mitgearbeitet und war sogar in die Vereinigten Staaten gereist, um die Geschäftsmethoden in der neuen Welt kennenzulernen. Er war ein geschickter Bankier, ein vollkommener, höflicher und wohlerzogener Gentleman und unwahrscheinlich reich. In seinem Hause befand sich eine große Zahl von Kunstschätzen, die sein Vater gesammelt hatte. Viele Gemälde stammten vom Onkel Napoleons, dem Kardinal Fesch; eines der wertvollsten war *Der Astronom* von Vermeer.

Der Prinz von Wales war manchmal bei Alphonse in Ferrières, aber auch oft in dessen großem Stadthaus an der Rue Saint-Florentin in Paris zu Gast, das früher dem berühmten Fürsten Talleyrand gehört hatte und in unmittelbarer Nähe der Place de la Concorde gelegen war. Jacob hatte das Haus 1838, wenige Wochen nach dem Tode des Staatsmannes, von der Nichte Talleyrands, der Herzogin von Dino, gekauft und schenkte es später Alphonse.

Alphonse gehörte zu den politisch am besten informierten Männern in Frankreich. Er erhielt nicht nur regelmäßige Informationen über das verzweigte Agentennetz der Rothschilds, sondern verkehrte auch mit allen bedeutenden Persönlichkeiten seiner Zeit, von Napoleon III. bis zu Otto von Bismarck und von der Kaiserin Eugénie bis zu der Kurtisane La Castiglione, einer Mätresse, in deren Gunst sich Alphonse augenscheinlich so-

Phantasieporträt der Comtesse de Castiglione. Die große Pariser Kurtisane La Castiglione lebte in den letzten 30 Jahren ihres Lebens in völliger Zurückgezogenheit, ging nur nachts auf die Straße und trug einen dichten Schleier, um das Dahinschwinden ihrer Schönheit zu verbergen.

wohl mit seinem Bruder Gustave als auch mit dem Kaiser teilte. Bismarck war 1862 und 1863 als Botschafter in Paris häufiger Gast in Ferrières, und als er 1865 als preußischer Ministerpräsident nach Frankreich kam, verbrachte er wieder ein Wochenende bei den Rothschilds. Damals hoffte er, Napoleon werde ihn am Samstagabend zum Essen einladen.

Der Agent der Rothschilds „C. de B" berichtet: „An dem Tage der großen Jagd in Ferrières sagte Herr von Bismarck, er werde zum Abendessen nicht dasein, denn er erwarte eine Einladung von Napoleon. Als diese Einladung ausblieb, bat er um die Erlaubnis, in Ferrières zu bleiben."[4]

Nachdem Bismarck das Amt des Ministerpräsidenten übernommen hatte, zeigte sich deutlich, daß sich sein ganzes Streben darauf richtete, aus Preußen die beherrschende Großmacht auf dem Kontinent zu machen. 1864 feuerte er seine Eröffnungssalve ab, als er Dänemark Schleswig und Holstein entriß. Nun, im Jahre 1865, mehrten sich die Gerüchte, die nächste Kraftprobe werde eine Auseinandersetzung mit den Habsburgern sein. Der Umstand, daß die Niederlage im Kriege gegen Italien und Frankreich Österreich geschwächt hatte, war Wasser auf die Mühlen Preußens. Alphonse, der den Krieg ebenso verabscheute wie sein Vater, überblickte die politische Lage sehr genau und tat alles, um Österreich davon zu überzeugen, daß eine Auseinandersetzung mit Bismarck zu nichts Gutem führen könnte. Dabei zitierte er den französischen Militärattaché in Berlin und sagte: „Preußen ist nicht ein Land mit einer Armee, sondern eine Armee mit einem Lande."

1864 Krieg Preußens und Österreichs gegen Dänemark. 30. Oktober Friede von Wien. Dänemark tritt Schleswig, Holstein und Lauenburg an Österreich und Preußen ab.

Vetter Anselm in Wien, der sich den Machenschaften der *Crédit Mobilier* in Österreich so erfolgreich widersetzt hatte, warnte die Habsburger ebenso wie Alphonse und riet ihnen, sich keinen Krieg aufzwingen zu lassen. Obwohl Österreich kein so mächtiger Staat mehr war wie damals, als Anselms Vater Salomon mit dem berühmten Fürsten Metternich eng zusammengearbeitet hatte, war es immer noch ein großes Land und spielte seinen Part im europäischen Mächtekonzert. Wenn jemand die Regierung beeinflussen konnte, dann war es Anselm, denn er war in jeder Weise ein Österreicher geworden. Sein Name stand im goldenen Buch der Hauptstadt, und 1861 war er Mitglied des kaiserlich-österreichischen Herrenhauses geworden. Zwar kam es vor, daß exklusive Klubs ihm die Aufnahme verweigerten, weil er Jude war, aber er konnte sich auch rächen. Als der Casino-Club bei Wien sich weigerte, ihn als Mitglied aufzunehmen, kaufte er in einem benachbarten Dorf ein Jauchefaß und stellte es in Sicht- und Riechweite seiner Gegner auf. Der Klub versuchte, die Angelegenheit in Ordnung zu bringen, und schickte ihm die Mitgliedskarte. Aber er weigerte sich, das Jauchefaß fortbringen zu lassen, und ließ die Karte, nachdem er sie mit teurem französischem Parfürm besprenkelt hatte, zurückgehen.

Im entscheidenden Jahr 1865 konnte nur eine Hochzeit in der Familie Alphonse und Anselm dazu bewegen, ihre Banken für ein paar Tage zu verlassen. Anselms Sohn Ferdinand heiratete Lionels Tochter Evelina. Sie war eine Schwester Leonoras, der Frau von Alphonse, und – um den Leser noch etwas mehr zu verwirren –; Anselms Frau, Charlotte, war eine Schwester Lionels. So versammelte sich also die ganze Familie in London.

Auch diesmal hielt Disraeli die Brautrede in seinem blumigen Stil. Der Empfang fand in dem von Lionel erbauten Hause am Piccadilly 148 statt, und zu den christlichen Brautjungfern gehörten Trägerinnen der bekanntesten Namen im Lande. Der Brautvater konnte der Versuchung nicht widerstehen, Disraeli zu necken, der – anders als die Rothschilds – ein getaufter Jude war. Vor allen Gästen rief Lionel ihm zu: „Ben, wir haben so viele christliche Gäste, daß unser *Chazan* (Kantor) wissen will, ob er die Gebete nur lesen oder, wie in der Synagoge, singen soll.“ Dizzy antwortete: „O bitte, laß die Gebete doch singen! Ich höre so gern altmodische Weisen.“

Als Anselm und Alphonse in ihre jeweiligen Heimatländer zurückkehrten, suchten sie die Österreicher dazu zu bewegen, im Umgang mit Preußen vorsichtig zu sein. Aber die österreichische Regierung weigerte sich, auf ihre Warnungen zu hören. Früher war es dem Hause Rothschild gelungen, Kriege zu verhindern, indem es den Regierungen den Kredit sperrte. Aber jetzt stürzten sich die Nationen in Kriege, auch wenn sie keinen Pfennig besaßen, und verließen sich darauf, daß ein Sieg sie wieder kreditfähig machen würde. Alphonse ärgerte sich besonders über den Sohn des berühmten Staatsmannes, den Fürsten Richard Metternich, der jetzt österreichischer Botschafter in Frankreich war und behauptete, die Habsburger würden mit Preußen „reinen Tisch“ machen. Großspurig, als ob solche Meinungen schlüssige Beweise seien, erklärte er, die ganze Armee, vom Kriegsminister bis zum jüngsten Subalternoffizier, zweifele nicht am Siege Österreichs.

1866 Krieg um die Vorherrschaft in Deutschland, zugleich österreichisch-italienischer Krieg. Preußen im Bunde mit den kleineren norddeutschen Staaten besiegt bei Königgrätz die mit Bayern, Württemberg, Sachsen, Hannover, Baden und einigen kleineren Staaten verbündeten Österreicher. Österreichs Rechte in Schleswig-Holstein gehen an Preußen. Bismarck schließt einen „milden Frieden“, um Österreich nicht für immer zum Feinde Preußens zu machen.

Schließlich entschloß sich Alphonse, einen Sturm im Wasserglas zu erregen, um den österreichischen Leichtsinn offenbar werden zu lassen. Er ordnete an, daß seine Bank die Annahme eines Schecks des Fürsten Metternich über die lächerliche Summe von 5000 Francs mit der Begründung verweigern solle, daß der Fürst nicht einmal über ein solch kleines Guthaben verfügte. Der Vorfall wurde in Paris bekannt, und die Fürstin Pauline Metternich war so wütend, daß sie sagte, in Zukunft werde sie die Rothschilds wie Händler und nicht wie Herren behandeln. Am gleichen Abend gaben die Rothschilds einen Kostümball, und es fiel auf, daß die Metternichs nicht erschienen waren. Wenige Tage später brach der österreichisch-preußische Krieg aus, der sieben Wochen darauf mit der vollständigen Niederlage Österreichs endete.

Die Betroffenheit in Europa war groß, aber die gedrückte Stimmung beeinträchtigte nicht den Wirbel des gesellschaftlichen Lebens, das so bezeichnend für das Zweite Kaiserreich war. 1868 schrieb ein englischer Journalist aus Paris: „Die Wogen der Lebensfreude gehen hoch, und alles deutet darauf hin, daß es eine lange und anstrengende Saison geben wird.“

Baron Alphonse war überzeugt, Preußen werde nicht lange zögern und es bald auf eine entscheidende Auseinandersetzung mit Frankreich ankommen lassen, und er war einer der wenigen, die an der Widerstandskraft Frankreichs zweifelten. Seine Informationen über Bismarcks Absichten kamen aus zwei zuverlässigen Quellen, von seinem Freunde, dem Bankier Bleichröder in Berlin, und von der bekanntesten Pariser Kurtisane, La Païva. Der Wert der Païva als Nachrichtenquelle ergab sich aus dem Umstand, daß sie die Mätresse des sagenhaft reichen deutschen Grafen Henkel von Donnersmarck war, eines persönlichen Freundes von Bleichröder und Otto von Bismarck.

Das Leben dieser bemerkenswerten Abenteurerin hatte im Ghetto von Moskau begonnen. Mit siebzehn Jahren hatte sie einen Schneider geheiratet. Dann war sie nach Paris gekommen und hatte hier einen wohlhabenden Schutzherrn gefunden. Im Lauf der Zeit gelang es ihr, den portugiesischen Aristokraten Marquis de Païva-Arauje zur Heirat zu bewegen. Aber ihr Ehrgeiz war nicht eher befriedigt, als bis sie den Grafen Donnersmarck in ihr Netz gelockt hatte, der sein Vermögen der schlesischen Kohle ver-

Das Bett der Païva in ihrem erstaunlichen „hôtel particulier" war aus Vollmahagoni geschnitzt und wog 1,5 Tonnen.

dankte und ihr jährlich 3 000 000 Francs zur Verfügung stellte. Sie ließ sich auf den Champs-Élysées ein prächtiges Haus bauen, das heute den Travellers Club beherbergt. Es wurde 1866 vollendet, und seine extravagante Ausstattung machte es selbst in einem Zeitalter der Prunksucht zur Sensation. Die Waschbecken waren aus Onyx, und die Wasserhähne im Badezimmer sowie die Beschläge an den Türen waren mit Halbedelsteinen besetzt. „Wenn ich Ihr Haus besuche", sagte Baron Rothschild zur La Païva, „dann kommt mir meines wie eine ärmliche Hütte vor."

Weil Graf Donnersmarck die Sache Preußens so aggressiv vertrat, hieß es, das Haus der Païva sei ein Spionagenest. Baron Alphonse sorgte dafür, daß die Verbindung zum Grafen nicht abriß, und als dieser 1870 mit seiner Mätresse plötzlich Paris verließ, prophezeite Alphonse, es werde zu einem diplomatischen Kriege kommen. Er behielt recht; denn wenige Wochen später forderte ihn ein kaiserlicher Kurier auf, Napoleon in Saint-Cloud seine Aufwartung zu machen.

Napoleon III. sagte Alphonse, Preußen versuche, einen Hohenzollern auf den spanischen Thron zu bringen. Frankreich könne sich eine solche Impertinenz nicht bieten lassen, und wenn Preußen darauf bestünde, habe er, der Kaiser, keine andere Wahl als die Kriegserklärung. Er hoffe deshalb, England werde Bismarck von diesem Schritt abhalten. Weil England gegenwärtig keinen Außenminister habe (Lord Clarendon war gestorben, und Lord Granville war noch nicht zum Nachfolger ernannt), wünschte er, sich der privaten Nachrichtenverbindungen der Rothschilds zu bedienen, um den Engländern seine Auffassungen zu übermitteln.

Selbstverständlich war die Familie Rothschild schon seit Jahrzehnten mit derlei Manövern befaßt worden. Deshalb schickte nun Baron Alphonse eine chiffrierte Botschaft von der Rue Laffitte nach New Court. Nathaniel entschlüsselte sie und brachte sie zu Mr. Gladstone nach Carlton House Terrasse. Der alte Herr wollte eben zur Audienz bei der Königin nach Windsor abreisen. Gladstone überlegte sich die Sache, lehnte dann aber den Vorschlag ab. Er sagte, das spanische Volk habe nichts gegen einen deutschen Prinzen einzuwenden, und daher sehe sich Großbritannien außerstande zu intervenieren.

Niemand sah die Niederlage Frankreichs voraus. Die gekrönten Häupter und die Staatsmänner glaubten vielmehr, Bismarck habe sich jetzt übernommen. Zwar verzichteten die Preußen schließlich doch auf die Kandidatur des Hohenzollern, aber die Spannungen zwischen Preußen und Frankreich waren so groß geworden, daß Napoleon III. den Köder Bismarcks annahm und die bekannte Emser Depesche zum Vorwand für eine Kriegserklärung machte. Die preußische Kronprinzessin schrieb an ihre Mutter, die Königin Viktoria: „Wir gehen ein großes Risiko ein … Unsere Existenz steht auf dem Spiel.“ Die Franzosen waren übermütig und siegesgewiß. Während das Volk schrie „*À Berlin!*“, erklärte der Kriegsminister, die Armee sei bis auf den letzten Uniformknopf gerüstet. Der Premierminister sagte in einer vor einer großen Zuhörerschaft gehaltenen Rede: „Wir treten leichten Herzens in den Krieg ein.“

In der „Emser Depesche“ (13. Juli 1870) lehnt König Wilhelm von Preußen das Ansinnen Napoleons III., einem Hohenzollern die Annahme der spanischen Krone zu verbieten, schroff ab. Das führt zur französischen Kriegserklärung. Deutsch-Französischer Krieg 1870/71.

Baron Alphonse war nicht so zuversichtlich. Er schickte Frau und Kinder nach England zu Baron Lionel, dem Vater Leonoras. Hier las die arme Leonora im August die Berichte über die preußischen Siege, die einer dem anderen folgten. Am 2. September, knappe sechs Wochen nach Eröffnung der Feindseligkeiten, erlitten die Franzosen eine schwere Niederlage bei Sedan. Constance de Rothschild notierte in ihrem Tagebuch, als sie in das Frühstückszimmer gekommen sei, hätte sie der verzweifelte Ausdruck auf den Gesichtern ihres Onkels Lionel und ihrer Tante erschreckt, und Leonora hätte rot verweinte Augen gehabt.

Nach der für Preußen und seine Verbündeten siegreichen Schlacht bei Sedan wird Napoleon III. zum Kriegsgefangenen gemacht. 4.–19. September: Sturz des Kaisertums, Frankreich wird Republik.

> Ein vierter, Herr Bauer, stand mit düsterer Miene, ein Telegramm in der Hand, am Tisch. Die Depesche hatte folgenden Inhalt: „Der Kaiser [Napoleon] hat vor dem König [von Preußen] kapituliert, und die 50000 Mann starke Armee hat sich ergeben.“ Die arme Laurie [Leonora] fühlte sich gedemütigt, als sei sie selbst eine Französin. Und dann fürchtete man die Revolution. Sie war tiefrot vor Erregung, und ihre Stimme zitterte so, daß sie kaum sprechen konnte. Wenige Augenblicke darauf kamen ihre Kinder kreischend und schreiend herein. Niemand kümmerte sich um diesen Krach, und während sie lärmten, sprachen die Erwachsenen in verhaltenem Ton über ihre Zweifel und Befürchtungen im Hinblick auf das Schicksal des Kaiserreichs …[5]

Das Kaiserreich war gestürzt. 24 Stunden zuvor hatte man in Frankreich die Republik ausgerufen. Die neue Regierung erwartete erträgliche Waffenstillstandsbedingungen, stellte aber zu ihrem Erstaunen fest, daß die Forderungen Preußens so hoch waren, als säße der für das Unglück verantwortliche Kaiser noch auf dem Thron. Die Bedingungen wurden abgelehnt, und das preußische Oberkommando beschloß, Paris zu belagern und auszuhungern. Bismarck erinnerte sich an seine angenehmen Aufenthalte in Ferrières und beschrieb sie in so glühenden Farben, daß der König von Preußen und Feldmarschall von Moltke das Schloß zum Hauptquartier machten. König Wilhelm bezog die Privaträume von Alphonse, ließ

Nach einer vier Monate dauernden Belagerung kapitulierte Paris Anfang 1871 vor den Preußen. Das Photo zeigt Preußische Truppen auf der Place de la Concorde.

jedoch für sich ein eisernes Feldbett aufstellen. Bismarck begnügte sich mit der früher von Baron Jacob bewohnten Zimmerflucht, während Moltke die Räume der Baronin Betty bezog. Der König ließ sich seine eigenen Köche kommen, und das Gut mußte Obst, Gemüse und Blumen zur Verfügung stellen. Mehr als 3000 Mann und 1200 Pferde wurden im Park untergebracht.

Man konnte zwar in der Ferne das Geschützfeuer hören, aber das Wetter war warm und sonnig, und Ferrières schien ein Musterbild für die Freuden des Friedens – und des Geldes – zu sein. Die Schwäne glitten majestätisch über die Teiche, in den Treibhäusern reiften die Trauben und blühten die Orchideen. In den Wäldern gab es Jagdgelegenheit auf die verschiedensten Wildarten, und in den Ställen standen die prächtigsten Vollblüter. Wilhelm von Preußen soll gesagt haben: „Könige könnten sich dies nicht leisten. Das kann nur einem Rothschild gehören."

In jenen Zeiten benahmen sich die Könige wie Gentlemen, und Wilhelm erließ an seinen Generalstab eine strenge Anweisung, die jedes Plündern untersagte. Nach einem Bericht des Gutsverwalters, den die Rothschilds in Ferrières zurückgelassen hatten, verlangte der König, Bismarck solle auch seine Jagdleidenschaft zügeln. Die im Schloß noch heute vorhandenen Berichte des Verwalters an seinen Herrn müssen allerdings mit einiger Zurückhaltung beurteilt werden; denn der Verfasser will sich darin offenbar in ein möglichst günstiges Licht rücken. Nachdem er sich geweigert hatte, den ungebetenen Gästen etwas aus den Vorräten des Rothschildschen Weinkellers vorzusetzen, wurde er zu Bismarck befohlen, der ihn wegen seiner Knauserigkeit tadelte und fragte, ob er wisse, was ein „Strohbündel" sei. Der Verwalter blickte Bismarck erstaunt an, der ihm erklärte, das sei ein Gegenstand, auf den man widerspenstige Verwalter mit dem Hinterteil nach oben legte. Diese Drohung genügte offenbar, um den Wein fließen zu lassen, doch der Verwalter meldete seinem Herrn, die Deutschen hätten ihm mit der Prügelstrafe gedroht.

Indessen versuchte sich die „Große Welt" in Paris über den militärischen Zusammenbruch Frankreichs dadurch hinwegzutrösten, daß man sich komische Geschichten über die Eindringlinge erzählte. Im Dezember ließen die Preußen einen Ballon steigen, der einen Brief an die Gräfin de Moustier beförderte. Darin hieß es: „Rothschild sagte mir gestern, Bismarck sei mit den Fasanen in Ferrières nicht zufrieden und habe dem Verwalter Prügel angedroht, weil die dortigen Fasanen nicht mit Trüffeln gefüllt herumflögen.“[6]

Bismarck war wütend, als er davon hörte, denn er hatte trotz des königlichen Verbots heimlich in den Wäldern von Ferrières gejagt. Mit gespielter Besorgnis fragte er: „Was werden sie mir tun? Sie werden mich doch nicht verhaften, denn dann hätten sie niemanden, mit dem sie Frieden schließen könnten.“

Bismarck setzt gegen den Widerstand der von England beeinflußten Königin und Kronprinzessin die Beschießung von Paris durch, das aus „humanitären“ Gründen „nur“ ausgehungert werden sollte, denn er drängt auf eine rasche Entscheidung.

Otto von Bismarck, der in Frankfurt mit Amschel von Rothschild befreundet gewesen war, hatte im Kriege 1870/71 in Ferrières Quartier genommen.

Siehe Marginalie S. 81 oben.

Der Friedensvertrag wurde erst unterzeichnet, als Paris schon fast fünf Monate eingeschlossen und die Bevölkerung nahe am Verhungern war. Der König und Bismarck waren indessen nach Versailles übergesiedelt, wo auch der Berliner Bankier Bleichröder eingetroffen war, der bis zum Kriegsausbruch die Interessen der Rothschilds in der preußischen Hauptstadt wahrgenommen hatte. Es kam auch der millionenschwere Liebhaber der Païva, Graf Donnersmarck.

Herr Thiers und Herr Favre begaben sich nun als Sprecher der neuen Republik nach Versailles und baten um die Friedensbedingungen. Sie wurden von Bismarck und seinen Finanzberatern empfangen, die den Franzosen sagten, Preußen wolle nicht nur Elsaß-Lothringen annektieren, sondern verlange auch eine Kriegsentschädigung von 6000000000 Francs. „Das ist unmöglich!“ rief Herr Thiers aus. „Wenn Sie zur Zeit von Christi Geburt angefangen hätten zu zählen, dann wären sie bis heute noch nicht bei dieser großen Zahl angekommen.“ Bismarck antwortete: „Deshalb habe ich Bleichröder kommen lassen, der schon lange vor Christi Geburt zu zählen begonnen hat.“[7]

Den Franzosen war nicht zum Lachen zumute. Sie sagten, sie könnten für ihre Regierung keine Verpflichtung eingehen, ohne sich selbst mit Finanzexperten beraten zu haben, und sie verabschiedeten sich, um Herrn Alphonse de Rothschild heranzuziehen.

Bismarck errötete, als er den Namen des Mannes hörte, der von ihm und den mit Trüffeln gefüllten Fasanen gesprochen hatte. Er sagte böse, die Unterhändler wollten die Verhandlungen nur hinauszögern, die Geduld des Königs sei erschöpft und er sei nicht bereit, Gespräche fortzuführen, auf deren Scheitern die andere Seite vorsätzlich hinarbeite. Er wetterte. „Es ist sehr entgegenkommend von mir, alle diese Unannehmlichkeiten auf mich zu nehmen. Unsere Bedingungen sind ein Ultimatum. Sie müssen entweder angenommen oder abgelehnt werden. Ich werde nicht mehr darüber verhandeln.“ Dann fügte er verdrießlich hinzu: „Bringen Sie morgen einen Dolmetscher mit. Ich werde von nun an nicht mehr französisch sprechen.“

Inzwischen hatte Thiers Baron Alphonse telegraphisch gebeten zu kommen. Er traf am folgenden Abend um 7.30 Uhr ein. Bismarck behandelte ihn sehr unhöflich, und zwar nicht nur wegen des Ferrières betreffenden Vorfalls, sondern weil „er sich weigerte, deutsch zu sprechen, und sich benahm, als sei er ein ‚Vollblut-Franzose‘“. In sehr beleidigender Weise erinnerte ihn Bismarck daran, daß sein Vater und seine Onkel in Frankfurt aufgewachsen seien und Salomon ein Freund Preußens gewesen wäre. Dann kanzelte er ihn dafür ab, daß er die Zahlungsmodalitäten nicht schon eine Stunde nach seinem Eintreffen mit Bleichröder und Donnersmarck vereinbart hätte.

Am nächsten Vormittag einigte man sich. Die Kriegsentschädigung wurde auf fünf und nicht auf sechs Milliarden Francs festgesetzt, und alle großen Finanziers in Europa sollten für die Zahlung bürgen. Am Tage nach Unterzeichnung des Friedensvertrages erzählte Bismarck vor versammelter Gesellschaft in Versailles, wie knauserig sich der Gutsverwalter der Rothschilds ihm gegenüber aufgeführt hatte. Dann äußerte er sich abfällig über die Familie Rothschild und sagte verächtlich, der Großvater von Alphonse sei der „Hofjude" des Kurfürsten von Hessen und der „Privatjude" vieler anderer Familien gewesen.

Mitte März hatte die revolutionäre Kommune in Paris die Macht ergriffen. Die Tuilerien wurden niedergebrannt, aber trotz der Plünderungen und des Blutvergießens blieb das Haus Rothschilds unversehrt. Ende Mai wurde die Ordnung wiederhergestellt, und allmählich begann für das Volk und die Regierung eine neue Ära. Baron Alphonse und seine Vettern sorgten dafür, regulierten die französischen Kriegsschulden so zügig, daß die hohe Summe 1875, zwei Jahre vor dem festgesetzten Termin, bezahlt war und Frankreich dadurch von deutschen Truppen befreit wurde.

Am 26. März 1871 wird in Paris ein von Sozialisten und Kommunisten beherrschter Gemeinderat gebildet (Kommune). Belagerung und acht Tage dauernder Barrikadenkampf.

Die französischen Rothschilds überlebten also nicht nur den Krieg, sondern gewannen sogar dabei. Wieder einmal hatten sie einen Umsturz ohne finanzielle Verluste überstanden, und wieder einmal besaßen sie das Vertrauen der neuen französischen Regierung.

Obwohl die 1870er Jahre mit Kanonendonner begannen, war es ein glückliches Jahrzehnt für die Familie. 1871 hieß in England sogar „das Jahr des Barons"; allerdings nicht, weil er aufsehenerregende finanzielle Gewinne eingestrichen hatte, sondern weil Lionels Bruder Mayer das Tausend-Guinea-Rennen, das Derby, die Oaks und das Rennen von St. Leger

Barrikaden vor dem Hause von Alphonse de Rothschild an der Ecke Place de la Concorde, Rue Saint-Florentin beim Aufstand der Kommune in Paris 1871.

Der vierte Sohn Nathans, Mayer Amschel Rothschild, war der Sportsmann in der Familie. Eine Karikatur von „Ape" in „Vanity Fair" anläßlich seines Derbysieges 1871.

in einer einzigen Saison gewann. Die Geldpreise brachten ihm insgesamt £ 25 000, was damals als hohe Summe galt.

Mayer war Mitglied des Parlaments als Abgeordneter von Hythe, aber ebenso wie Lionel hielt er nie eine Rede, und man behauptete, ihm seien die Gesichter seiner Pferde lieber als die seiner Kollegen im Unterhaus. Das war zweifellos richtig, denn er gab für seinen Rennstall in Newmarket mehr Geld aus als für das Unterhaus. Disraeli hat ihn einmal einen „Mann mit einem *stable mind*"* genannt. Er gab ein Vermögen für seine Pferdezucht aus, bis die Farben der Rothschilds – blaue Jacken und gelbe Kappen – auf jeder Rennbahn in England zu sehen waren.

1872 war Mayer davon überzeugt, daß sein Pferd „Laburnum" das Derby gewinnen werde. Er riet seinen Wählern, „dem Baron zu folgen". Das Pferd erfüllte jedoch nicht die in seine Fähigkeiten gesetzen Erwartungen, und der Baron ärgerte sich so sehr darüber, seinen Wählern einen falschen Tip gegeben zu haben, daß er sich weigerte, für die nächsten Parlamentswahlen zu kandidieren. Er tröstete sich aber im nächsten Jahr mit dem Ankauf eines schönen Jagdhauses in Ascott bei Leighton Buzzard in Sichtweite von Mentmore Towers.

Im gleichen Jahr 1873 begann Mayers Bruder Lionel, der Direktor der Bank, der jahrelang in Aylesbury Vale gejagt, aber nur ein bescheidenes Jagdhaus besessen hatte, ganz plötzlich so viel Grund und Boden zu kaufen, daß es den Leuten den Atem verschlug. Vor zehn Jahren hatte er sein prächtiges Stadthaus am Piccadilly 148 bezogen, war aber sein ganzes Leben auch seinem Landhaus Gunnersbury Park in Acton treu geblieben. Jetzt fand er Gefallen an dem lieblichen Buckinghamshire und kaufte das 500 Hektar große Gut Halton bei Aylesbury. Ein Jahr darauf erwarb er Tring Park mit 1300 Hektar Ackerland und einem schönen Landhaus aus dem 17. Jahrhundert, das Sir Christopher Wren entworfen hatte. An den Decken war das Monogramm „N. G." angebracht, denn es war ursprünglich ein Geschenk Karls II. an seine Geliebte Nell Gwinn gewesen. Es gab Leute, die es für schrullig hielten, daß der alte Lionel einen Luxusbesitz übernahm, auf dem vor Zeiten eine Apfelsinenverkäuferin von der Drury Lane fröhlich Hof gehalten hatte. Doch der Baron freute sich aufrichtig an seiner Neuerwerbung.

Es war jedoch nicht ein britischer Rothschild, der in Buckinghamshire den Vogel abschoß, sondern Anselms Sohn Ferdinand aus Wien. Er übertraf Lionel, denn er ließ sich, 10 Kilometer von Aylesbury entfernt, ein französisches Château bauen, wie man es bisher noch nicht gesehen hatte – wenigstens nicht in der stillen englischen Landschaft.

Die Frau Ferdinands und Tochter Lionels, Evelina, war schon achtzehn Monate nach der Hochzeit, die 1865 stattgefunden hatte, gestorben. Der sechsundzwanzigjährige Witwer war verzweifelt und spendete zu ihrem Gedächtnis hohe Summen für wohltätige Zwecke. Während sein Schwiegervater die „Evelina-de-Rothschild-Schule" in Jerusalem finanzierte, gründete er das „Evelina-de-Rothschild-Kinderkrankenhaus" in London. Nach seiner Hochzeit hatte er die englische Staatsbürgerschaft angenommen, heiratete nicht wieder und zog ganz nach England. Hier wurde er ein bedeutender Kunstmäzen und später Kurator des Britischen Museums. Als Vertreter des Wahlkreises Aylesbury zog er auch in das Unterhaus ein und gehörte zum Kreistag der Grafschaft Buckinghamshire.

* Das Wort *stable* kann sowohl „Stall" als auch „beständig, fest" und *stable mind* daher ebensowohl „Pferdeverstand" wie „Charakterfestigkeit" bedeuten [Anm. d. Übers.].

Schon als Kind hatte sich Ferdinand für Malerei zu interessieren begonnen. Er schrieb: „Mein Vater erwarb schon lange vor meiner Geburt eine Sammlung holländischer Gemälde. Ich betrachtete sie täglich sehr aufmerksam und lernte von meiner Mutter, einen Teniers von einem Ostade oder einen Wouvermans von einem Both zu unterscheiden." Als er älter wurde, kritisierte er jedoch das Kunstverständnis Anselms, besonders dessen Leidenschaft für Schnupftabaksdosen. „Mein Vater hätte eine unvergleichliche Sammlung anlegen können, denn er lebte in einem Lande, in dem alte Kunstwerke seit vielen Jahren für wertlos gehalten wurden. Aber sein Geschmack war so wenig ausgebildet, daß er sich nur für ganz kleine Gegenstände interessierte..."[8]

Sein schmerzlichstes Erlebnis hatte Ferdinand 1867 bei einem Besuch in St. Petersburg. Die wunderbare Sammlung der Fürstin Galizin wurde zum Verkauf angeboten, und ein französischer Freund sagte Ferdinand, er könne für alles, was ihm gefiel, eine erste Option haben. „Er bat mich, nicht zu zögern, denn eine Gruppe ausländischer Händler – *la bande noire* – lag wie ein Rudel Wölfe auf der Lauer." Aber Ferdinand war in tiefer Trauer um seine Frau und nicht in der Stimmung, die Gelegenheit zu nutzen. Er kaufte daher nur wenige Gegenstände, darunter einen großen Becher aus Topas für seinen tief bekümmerten Schwiegervater, Onkel Lionel. Aber „Onkel Lionel hatte keinen Gefallen daran und legte ihn beiseite, denn er besaß einen ähnlichen, aber viel wertvolleren Becher... Der einzige Trost für mein idiotisches Benehmen war ... die grenzenlose Wut der *bande noire*, den Becher nicht bekommen zu haben..."[9]

1874 starb Anselm und ermahnte seine sieben Kinder, wie so viele Rothschilds vor ihm, „stets in vollkommener Harmonie zu leben und nie die Familientradition außer acht zu lassen". Den größten Teil seines Vermögens erbten die ältesten Söhne Albert und Nathaniel, die in Wien lebten. Niemand weiß genau, was Ferdinand bekam, aber nach zeitgenössischen Schätzungen waren es etwa £ 2000000.

Ferdinand war ein hochgewachsener, schlanker und ruheloser Mann mit einer besonderen Vorliebe für das Abenteuerliche. Als er eines Tages im Vale of Aylesbury jagte, fand er Gefallen an einem einsam gelegenen, windigen und eigentlich häßlichen Hügel, von dem aus man einen herrlichen Blick auf das ganze Tal hatte. Er beschloß, an dieser Stelle ein Haus zu bauen. Er kaufte den Hügel und dazu 200 Hektar Land vom Herzog von Marlborough, und 1874 begannen die Bauarbeiten. Zunächst mußte ein Teil des Hügels abgetragen werden wie die Spitze eines weichgekochten Eis. Dann legte man einen Schienenstrang, um die benötigten riesigen Mengen von Bath-Ziegeln an den Bauplatz zu bringen.

Zugleich waren Hunderte von Arbeitern damit beschäftigt, die verlassene Gegend in eine liebliche Parklandschaft zu verwandeln und Blumenbeete und Springbrunnen anzulegen. Dazu wurden riesige Bäume verpflanzt, was besonders schwierig war, weil Baron Ferdinand vor allem Eichen, Buchen und Fichten umsetzen ließ. Sechzehn Pferde wurden jeweils benötigt, um einen dieser Bäume zu transportieren, und jedesmal, wenn ein solcher Baum die Straße entlanggezogen wurde, mußten vorher die Telegraphenmasten abgebaut werden.

Ferdinand interessierte sich besonders für die technische Seite des Unternehmens, und es faszinierte ihn, zu erleben, mit welchen Schwierigkeiten man im Industriezeitalter fertig werden und was man schließlich erreichen konnte. Während Baron Jacob in Frankreich einen englischen Architekten mit dem Bau von Ferrières beauftragt hatte, brachte Ferdi-

Das von dem französischen Architekten Gabriel-Hippolyte Destailleur entworfene Waddesdon Manor wurde 1874 bis 1889 erbaut. Die für den Bau benötigten Steine wurden mit Percheronpferden, die man aus der Normandie importiert hatte, auf Schienen bergauf an den Bauplatz gebracht.

nand den Franzosen Destailleur nach England, um das Landhaus von Waddesdon für ihn zu entwerfen. Der Franzose erhielt den Auftrag, in seine Pläne die jeweils besten Eigenschaften von vier Schlössern einzubeziehen.

Der Bau von Waddesdon Manor nahm sieben Jahre in Anspruch. 1881 wurde hier die erste große Gesellschaft gegeben. Die Gäste waren erstaunt, die beiden Türme des Château de Maintenon, die Schornsteine von Chambord, die Giebelfenster von Anet und zwei Versionen der Treppe von Blois wiederzufinden. Die Möbel kamen größtenteils aus Frankreich aus dem Besitz der königlichen Familie. Zu den wertvollen Kunstgegenständen gehörten Savonnerieteppiche, Beauvaisgobelins und Sèvresporzellan. Das gewaltige Schloß hatte siebzig Zimmer und war, wie ein Journalist meinte, „ein erstaunlicher Verzicht auf die Gemütlichkeit".

Noch während Waddesdon gebaut wurde, ging der Besitz von Mentmore Towers, dem ersten großen Haus der Rothschilds in Buckinghamshire, vom Vater auf die Tochter über. Mayer de Rothschild, der Bruder Lionels, der es gebaut hatte, starb 1874, und nach kurzer Zeit folgte ihm auch seine Frau. Die einzige Tochter Hannah erbte nicht nur das Haus, sondern auch £ 2000000 in bar. Damit war sie die reichste Erbin des Landes. Vier Jahre später, 1878, heiratete Hannah Lord Rosebery, der allgemein (wie sich später zeigte, mit Recht) als künftiger Premierminister angesehen wurde.

Weil die siebenundzwanzigjährige Braut nicht schön und recht füllig war, glaubte man, Rosebery habe sie um des Geldes willen geheiratet, und bald erzählte man sich Dutzende erfundener Geschichten über das Paar. So soll Rosebery angeblich einem Freunde geschrieben haben: „Ich reise heute abend ab. Hannah und das schwere Gepäck werden folgen." Diese ungalanten Geschichten machten zwar schnell die Runde, stimmten aber alle nicht. Rosebery verehrte Hannah aufrichtig und war glücklich, als sie seine Werbung annahm. An seine Freundin, Frau Duncan, schrieb er am 10. Januar 1878:

> Nur ein paar Zeilen, um Ihnen zu sagen, daß ich wirklich verlobt und sehr glücklich bin. Das schlimme Ereignis fand am 3. Januar um 4.25 Uhr nachmittags statt. Möge eine solche Prüfung mir zum zweitenmal erspart bleiben.
>
> Sie kennen meine zukünftige Frau noch nicht. Sie ist sehr schlicht, sehr unverdorben, sehr klug, sehr warmherzig und sehr schüchtern. Diese Beschreibung ist nur für Sie bestimmt. Ich habe noch nie einen Menschen mit einem so prächtigen Charakter kennengelernt..."[10]

Als Hannah zwölf Jahre später starb, war Rosebery so erschüttert, daß er jahrelang keinen Trost fand. Die für den Rennsport interessierten Leute hatten sich über diese Verbindung gefreut, und zwar nicht wegen der jetzt entstandenen engen Beziehungen zwischen zwei Familien, sondern wegen der Zusammenlegung von zwei Gestüten, dem von Crafton und dem von Durdans. Sie sollten recht behalten, denn Lord Rosebery gewann das Derby.

Hannah war die dritte Frau aus dem englischen Zweig der Familie Rothschild, die einen Christen heiratete. Ihre Kusinen Annie und Constance, die Töchter von Anthony, hatten Eliot Yorke, den Sohn von Lord Hardwicke, und Cyril Flower, den späteren Lord Battersea, geheiratet. Beide behielten ihren jüdischen Glauben, und die Eltern waren mit diesen Heiraten einverstanden. Aber obwohl auch Hannah an der jüdischen Religion festhielt, rückte das Ereignis durch die hohe Stellung des Bräutigams in das Blickfeld der Öffentlichkeit, und einige Mitglieder der Familie protestier-

Die Florentiner Schönheit, Comtesse de Castiglione, zählte zu ihren Liebhabern Napoleon III. und die Brüder Alphonse und Gustave de Rothschild.

Rechts: Mayer Amschels Tochter Hannah heiratete 1878 den Earl of Rosebery, starb jedoch schon nach zwölf Jahren im Alter von 39 Jahren.

ten stumm, indem sie sich weigerten, an der Hochzeitsfeier teilzunehmen. Doch Disraeli spielte auch hier wieder seine Rolle als Zeremonienmeister der Rothschilds und als Brautführer, während der Prinz von Wales die Lücken in der Liste der vornehmen Gäste wettmachte. Die Damen der englischen Rothschilds hatten jetzt ein Beispiel gegeben, und auf dem Kontinent folgten zwei der sieben Töchter von Mayer Carl, der Italien verlassen und die Bank in Frankfurt übernommen hatte, ihrem Beispiel. In den 1870er Jahren und Anfang der 1880er Jahre heirateten sie christliche Aristokraten, nämlich den Herzog de Gramont und den Fürsten von Wagram.

Nach dem Erwerb der Suezkanalaktien 1875 geht England 1882 gegen Ägypten vor, das sich in einer nationalen Bewegung von der Türkenherrschaft und europäischen Einflüssen befreien will. Ägypten wird englischer Schutzstaat, Vorherrschaft Frankreichs beseitigt. Fahrt durch Suezkanal gemäß Vereinbarung der Großmächte von 1888 in Krieg und Frieden frei.

Zwar beschäftigte sich Lionel eifrig damit, Grund und Boden zu kaufen, aber diese interessante Tätigkeit hielt ihn nicht davon ab, jede günstige Gelegenheit auf dem Finanzmarkt wahrzunehmen. 1875, vier Jahre vor seinem Tode, führte der würdige Baron seine größte finanzielle Transaktion durch und machte damit Geschichte. Die Sache begann bei einem Dinner im Hause Rothschild am Piccadilly 148. Premierminister Disraeli hatte die Gewohnheit, sonntags bei seinem alten Freund zu Abend zu essen. Nach dem Essen brachte ein Diener dem Baron ein Telegramm von einem seiner ausländischen Agenten, in dem dieser mitteilte, der Khedive von Ägypten, ein notorischer Verschwender, dem seine Schulden über den Kopf wuchsen, habe sich entschlossen, ein großes Paket von Anteilscheinen des Suezkanals zu verkaufen. Der Khedive hatte sie der französischen Regierung angeboten, aber die Franzosen versuchten, den Preis zu drükken. Zwei Syndikate bewarben sich, aber keines war bereit, den geforderten Preis zu bezahlen. Disraeli wußte schon seit einiger Zeit, daß 176 000 der insgesamt 700 000 Anteilscheine auf den Markt kommen könnten. Mehr als einmal hatte er die Befürchtung geäußert, die französische Regierung werde sie an sich bringen, um die Kontrolle über ein „vitales bri-

Links: „Der Astronom“ von Vermeer. Baron Jacob kaufte das Gemälde 1863 von Kardinal Fesch, dem Onkel Napoleons III. Es befindet sich noch heute im Besitz der Familie.

THE LION'S SHARE.
"Gare à qui la touche!"

Eine Karikatur aus dem „Punch" zeigt, wie Disraeli dem Khediven von Ägypten die von den Rothschilds geliehenen £ 4000000 für ein großes Aktienpaket der Suezkanalgesellschaft übergibt, den „Löwenanteil".

tisches Interesse" zu gewinnen. Nun sagte er zu seinem Gastgeber: „Wir müssen sie kaufen." Der Baron schickte ein Telegramm an seinen Agenten und erkundigte sich nach dem Preis.

Nach zwei Tagen legte Disraeli die Angelegenheit dem Kabinett vor. Der Sekretär des Premierministers, Monty Corry, hat die Ereignisse sehr lebendig geschildert. Er erzählt, wie er vor dem Sitzungszimmer des Kabinetts gewartet und wie Disraeli den Kopf zur Tür herausgestreckt und nur ein Wort gesagt habe: „Ja." Dann sei er so schnell wie möglich nach New Court gefahren und habe Baron Rothschild gesagt, man brauche £ 4000000. Lionel habe gerade eine Muskatellertraube gegessen und nur gefragt: „Wann?" „Morgen." Nachdem der Baron einen Kern ausgespuckt hatte, fragte er: „Gegen welche Sicherheit?" „Die britische Regierung." „Sie sollen das Geld haben."

Begeistert schrieb Disraeli am 24. November an die Königin Viktoria: „... Die Sache hat sich eben erledigt. Sie haben es, *Madam* ... Vier Millionen Pfund Sterling, und zwar sofort. Das konnte nur eine Firma leisten – die Rothschilds. Ihr Verhalten verdient Bewunderung; sie schießen uns das Geld zu einem niedrigen Zinssatz vor, und der gesamte Anteil des Khediven gehört jetzt Ihnen, *Madam* ..."[11]

Das Unterhaus war über die finanzielle Abwicklung des Geschäfts nicht so begeistert wie Disraeli. Die Rothschilds hatten am 1. Dezember £ 2000000, am 16. Dezember £ 1000000 und am 5. Januar £ 1000000 zur Verfügung gestellt. Sie verlangten 2,5 Prozent Zinsen, und das waren £ 100000. Das klang zwar sehr günstig, da das Parlament jedoch das Geld schon am 20. Februar zurückbezahlte, wies die Opposition darauf hin, daß der Zinssatz im Durchschnitt 13 Prozent betrug. Baron Lionel rechtfertigte sich jedoch damit, daß nur er in der Lage gewesen sei, das Geld so schnell und unauffällig zu beschaffen, ohne den Wechselkurs zu drükken. Da die Rothschilds die eigentlichen Erfinder solcher geheimen Transaktionen waren, gaben sich die meisten Abgeordneten mit dieser Erklärung zufrieden. Später betrachtete man die £ 100000 als eine Bagatelle, denn die Erwerbung der Suezanteile erwies sich als eine der besten Investitionen, die die Regierung je gemacht hatte. 1898 war der Marktwert des Aktienpakets auf £ 24000000 gestiegen, 1914 waren es £ 40000000 und 1935 £ 95000000. Der jährliche Wertzuwachs betrug in einem Zeitraum von fast 25 Jahren 56 Prozent der ersten Investition.

In den 1870er Jahren, der letzten Dekade, in der die tüchtigen Brüder in England zusammenwirkten, stand die Familie Rothschild offenbar auf dem Gipfel ihrer finanziellen Macht.

Die Rothschilds waren nicht nur Eisenbahnmagnaten, sondern verfügten auch über einen großen Teil der Quecksilber-, Kupfer- und Nitratminen. Sie finanzierten die Diamantgruben von Cecil Rhodes in Südafrika und erwarben ein großes Aktienpaket von De Beers. 1883 gewährten sie dem russichen Zaren durch die Vermittlung der Rothschilds in Frankreich ein Darlehen und erhielten dafür eine Erdölkonzession in Baku, die so groß war, daß sie damit zu den Hauptkonkurrenten der Standard Oil Gesellschaft von Rockefeller wurden. Aber damals war das Erdöl noch nicht so wichtig, und Petroleum wurde hauptsächlich als Ersatz für Kerzen als Lampenbrennstoff verwendet. Aber 1911 verkauften sie mit hohem Gewinn die B'nito Petroleum Company an den Royal-Dutch-Shell-Konzern, wenn auch der Profit nicht so hoch war wie zwanzig Jahre später.

Das Finanzimperium, das Baron Lionel und seine beiden Brüder an die nächste Generation weitergaben, war dennoch eine achtunggebietende Institution, deren Basis immer noch die berühmte Familiensolidarität bildete. Hier zeigte sich ihre Einigkeit sogar auch wieder im Tode, wenn die drei englischen Brüder die Welt auch nicht im gleichen Jahr verließen, so doch im gleichen Jahrzehnt: Mayer starb 1874, Anthony 1876 und Lionel 1879.

8 Großartige Brüder

(1880–1901)

„Immer wenn ich mich über eine geschichtliche Tatsache informieren will", sagte Disraeli, „frage ich Natty." Der dunkle, bärtige, vierzigjährige Nathaniel Mayer war der führende Kopf des neuen Triumvirats der englischen Brüder, das die Firma in den 1880er Jahren übernahm. Obwohl Natty nicht so überragend intelligent war wie sein rauher, ungeselliger Großvater, hatte er doch einen starken Charakter und das autoritative Auftreten eines Mannes, der es nicht gewohnt ist, daß man ihm widerspricht.

So war es nur natürlich, daß dieser Rothschild, dessen Selbstvertrauen die Unüberwindlichkeit des viktorianischen England zu symbolisieren schien, als erster Jude die Peerswürde erhielt. Die geistsprühende Persönlichkeit des von der Königin Viktoria hochgeschätzten und nach seinem Tode tief betrauerten Premierministers Disraeli hatte die Herrscherin hinsichtlich der Verleihung der Peerswürde an einen Juden im Lauf der Zeit umgestimmt, und als Mr. Gladstone Ihrer Majestät einen zarten Hinweis gab, ging die Königin auf seine Anregung ein. 1885 legte Nathaniel Mayer seine Hand auf das Alte Testament, sprach den Eid bedeckten Hauptes nach und nahm dann seinen Sitz im Oberhaus ein.

Die Juden in der ganzen Welt waren begeistert, als sie davon hörten; denn für sie war es ein Triumph über das Vorurteil und ein Schritt näher zur gesellschaftlichen Gleichstellung. Wer jedoch persönlich miterlebte, wie der gewichtige Lord Rothschild in New Court aus seiner Kutsche stieg, dachte zunächst nicht an die gesellschaftliche Gleichstellung, sondern erblickte in ihm viel eher den „König der Juden". Man erzählte sich sogar, ein aus Polen eingewanderter Jude, der am Versöhnungstage die Synagoge im East End besuchte, habe plötzlich die geflüsterten Worte vernommen: „Der Herr ist gekommen." Er warf sich vor dem Messias zu Boden, und dann erblickte er den berühmten Zylinder von Lord Rothschild.

Natty teilte sein Büro in New Court mit seinen beiden Brüdern, dem blonden Ästheten Alfred und dem sportlichen Leo. Aber nur die bedeutendsten Persönlichkeiten im Lande wurden hier empfangen, denn man erwartete von dem Besucher, daß er sich hier wohl fühlte, sich gut unterhielt und ein Glas Wein trank. Gewöhnliche Sterbliche warteten im Vorzimmer und erschraken, wenn Lord Rothschild persönlich hereintrat, immer mit der Uhr in der Hand.

In den 1880er Jahren waren die Rothschilds zu einer Institution geworden, und man betrachtete ihre Überspanntheiten als notwendigen Bestandteil der viktorianischen Landschaft. Sie waren reicher als irgend-

„Natty", der erste Lord Rothschild, von „Lib" in „Vanity Fair". Wer ihn kennt, schätzt ihn. Aber man muß ihn sehr gut kennen, um ihn zu schätzen, denn er ist unberechenbar und nur selten liebevoll.

eine Familie vor ihnen und berühmt für ihre riesigen, viel zu reich ausgestatteten Häuser mit ihrer Überfülle von rotem Damast und Seide vor dem düsteren Hintergrund schwerer geschnitzter Mahagonimöbel. Außerdem waren sie bekannt dafür, daß sie in Gruppen zusammenlebten. Sie waren nicht nur Nachbarn im Vale of Aylesbury, sondern auch in London bewohnten sie eine Art Frankfurter Ghetto, das sich hier jedoch in einen

Märchentraum verwandelt hatte. Ihnen gehörten vier Häuser am Piccadilly und vier weitere „einen Edelsteinwurf davon entfernt". Natty wohnte am Piccadilly 148, Hannah Rosebery in Nr. 107, Ferdinand in Nr. 143, seine Schwester Alice in Nr. 142. Die Witwe von Anthony, Louise, wohnte um die Ecke am Grosvenor Gate 19, Leo am Hamilton Place 5 und Alfred am Seamore Place 1.

Die Rothschilds waren bekannt dafür, daß sie die besten Köche hatten und ihren Gästen die auserlesensten Weine vorsetzten, daß sie an ihrem jüdischen Glauben festhielten, daß sie Rennpferde züchteten, Kunstsammler waren und sehr oft innerhalb der Familie heirateten. Schwiegersöhne, die nicht den Namen Rothschild trugen, hatten in den Direktionsbüros der Bankhäuser der Familie nichts zu suchen.

Man glaubte, Natty habe das Richtige getan, als er die Tochter von Mayer Carl aus Frankfurt, Emma Louise, heiratete. Nicht nur sie war das Kind zweier Rothschilds, sondern auch Natty selbst; denn er war der Sohn Lionels aus London und Charlottes aus Neapel. Die verwandtschaftlichen Beziehungen waren außergewöhnlich verwickelt, weil Emma Louises Mutter eine Schwester von Nattys Vater war und Emma Louises Vater ein Bruder von Nattys Mutter.

Alfred und Leo, Nattys jüngere Brüder, gingen ihre eigenen Wege. Alfred lehnte es ab zu heiraten und blieb sein Leben lang der begehrteste Junggeselle, während Leo die schöne italienische Jüdin Maria Perugia, eine Schwester der Frau von Arthur Sassoon, heiratete. Die Hochzeit fand 1881 statt, und der Prinz von Wales mußte im Schneesturm zu der Hauptsynagoge an der Great Portland Street fahren. Dies war wohl das erste Mal, daß ein Mitglied der königlichen Familie an einem jüdischen Gottesdienst teilnahm, und der Prinz trug sich nicht nur in die Liste der Hochzeitsgäste ein, sondern bat auch nach der Feier darum, eine der mit reichen Ornamenten versehenen Gesetzesrollen sehen zu dürfen, die für die Lesungen bei den Gottesdiensten verwendet wurden. Natürlich nahm Mr. Disraeli am Empfang teil. Er hatte seit vielen Jahren keine Hochzeit im Hause Rothschild ausgelassen, aber diesmal ahnte er vielleicht, daß sein Tod nicht mehr fern war, denn er schrieb einen wehmütigen Brief an Leo, der, wie einige Leute meinten, nicht sehr taktvoll war, weil er darin von den möglichen Folgen der Verbindung sprach, wenn er sagte: „Nach meiner Meinung kann es niemals zu viele Rothschilds geben."

Der erste Lord Rothschild wohnte am Piccadilly 148 und in Tring Park. Beide Häuser hatte er von seinem Vater geerbt. Zu den Wochenenden lud er wichtige Leute und gelegentlich auch die Kinder seiner Freunde ein. Der einundzwanzigjährige Winston Churchill schrieb 1896 aus Tring an seine Mutter: „Wir haben hier eine sehr interessante Gesellschaft, Herrn und Frau Asquith, Herrn Balfour, den Registrator, und Herrn Underdown, der stark an den Eisenbahnen in Kuba beteiligt ist, ein paar Damen – häßlich und langweilig –, und außer mir ist auch Hubert Howard hier. Lord Rothschild ist glänzender Laune, sehr interessant und vorzüglich informiert. Wie Du Dir vorstellen kannst, bin ich sehr gerne mit so klugen Menschen zusammen und verfolge aufmerksam ihre Unterhaltung..."[1]

Natty war brüsk und humorlos und konnte dumme Menschen nicht ausstehen. Er zögerte nie, jedem zu widersprechen, wenn er meinte, der betreffende rede Unsinn. Manche Leute behaupteten sogar, Lord Randolph Churchill, Sir Michael Hicks-Beach und er seien die unhöflichsten Männer in England. Er hatte ein cholerisches Temperament, und obwohl er sehr freigebig war, fielen ihm Gäste auf die Nerven, die ihn ausnutzen

THE GRAPHIC

AN ILLUSTRATED WEEKLY NEWSPAPER

No. 583.—Vol. XXIII. Regd at General Post Office as a Newspaper | SATURDAY, JANUARY 29, 1881 | WITH EXTRA SUPPLEMENT | PRICE SIXPENCE Or by Post Sixpence Halfpenny

THE MARRIAGE OF MR. LEOPOLD DE ROTHSCHILD AND MDLLE. MARIE PERUGIA IN THE CENTRAL SYNAGOGUE,

Trauung von Leopold de Rothschild und Maria Perugia am 19. Januar 1881.

wollten. Als Lady Figall zum Beispiel, ohne zu fragen, eine seiner berühmten Moschusrosen pflückte, kanzelte er sie bei Tisch vor allen anderen Gästen scharf ab. Zwar versuchte er, es wiedergutzumachen, indem er ihr zum Abschied einen riesigen Rosenstrauß an den Wagen brachte, aber sie kam nicht so bald wieder nach Tring zurück. Vielleicht wurde sie auch nicht mehr eingeladen.

In seiner Ungehobeltheit war Natty stets sehr präzise. Wenn jemand die Vermutung äußerte, er müsse ein Geheimrezept für das Geldverdienen haben, dann antwortete er jedesmal: „Ja, ich verkaufe zu früh." Das war nicht nur Gerede, denn er ließ sich sein Leben lang durch äußerste Vorsicht leiten. Gelegentlich erinnerte er die Leute an die Bemerkung seines Großvaters, der gesagt hatte, man müsse sehr schlau sein, um Geld zu verdienen, aber doppelt so schlau, um es zu behalten.

Lord Rothschild behielt es nicht nur, sondern er vermehrte es auch durch die einfache Methode, daß er die Aktivitäten seiner Bank auf das Notwendigste beschränkte. Er suchte nicht nach neuen Geschäften, sondern nur nach sicheren Investitionen. Der Schriftsteller Frank Harris berichtet von einer Begegnung mit Lord Rothschild in einem Restaurant, wo dieser mit einem ehemaligen Kommilitonen Sir Charles Wilke zu Abend aß. Harris war eben bei Lord Revelstoke, dem Direktor der Barings Bank, gewesen, der seine Gäste mit der spannenden Geschichte unterhalten hatte, wie es seiner Bank gelungen war, eine Million Pfund zu verdienen, als sie die Guinness Brauereien finanziert und zur Gesellschaft mit beschränkter Haftung gemacht hatte. Harris wiederholte die Geschichte und fragte Lord Rothschild nach seiner Meinung über ein solches Riesengeschäft. Natty antwortete: „Man hat es uns zuerst angeboten, Guinness zu finanzieren.“ „Dann müssen Sie aber jetzt Grund zum Bedauern haben“, rief Harris. „,... Selbst die Rothschilds müssen es doch der Mühe für wert halten, eine Million einstecken zu können!“ „Ich sehe das nicht so“, erwiderte Lord Rothschild. „Ich gehe jeden Morgen zur Bank, und wenn ich ‚nein‘ gesagt habe, gehe ich am Abend ohne Sorgen nach Hause zurück. Aber wenn ich ‚ja‘ gesagt habe, dann ist es, als hätte ich den Finger in eine Maschine gesteckt – die rotierenden Räder könnten den ganzen Körper hinter dem Finger her in die Maschine hineinziehen.“[2]

Was Lord Rothschild damit hatte sagen wollen, zeigte sich deutlich, als in der City häßliche Gerüchte umgingen, die besagten, die Baringsbank hätte sich übernommen, als sie sich zu stark am „wirtschaftlichen Aufschwung“ in Argentinien beteiligte. Lord Revelstoke hatte jede Zurückhaltung aufgegeben und sich, ohne seine Partner zu konsultieren, dazu verpflichtet, viele Millionen seiner Firma in Großunternehmen zu stecken, die wie Pilze aus der Erde schossen.

Seine letzte Investition waren £ 10000000 für einen Hafen, und er hoffte, dieses Geld durch öffentliche Ausschreibungen aufbringen zu können. Aber die Schuldverschreibungen ließen sich nicht verkaufen, und im November 1890 erhielt der Gouverneur der Bank von England, Lidderdale, die Mitteilung, die Baringsbank sei zahlungsunfähig. Lord Goshen, der die Bank am 10. November besuchte, schrieb in sein Tagebuch, er habe Lidderdale in einem „fürchterlichen Zustand tiefer Sorge“ angetroffen. Vier Tage darauf stürmte ein Makler unangemeldet in das Zimmer des Gouverneurs: „Können Sie nicht etwas tun oder sagen, um die Leute zu beruhigen? Sie glauben, es sei Furchtbares zu erwarten, und es werden allerhöchste Namen genannt.“ Dann beugte er sich vor, starrte den Gouverneur an und wiederholte: „Die allerhöchsten!“[3]

Die Öffentlichkeit nahm die Krise jedoch nicht so ernst, sondern man sang überall das eingängige Liedchen aus *Jolanthe* von Gilbert und Sullivan:

... The shares were a penny
And ever so many
Were taken by Rothschild and Baring.
[Die Aktien waren nur noch einen Penny wert
Und wurden in großer Menge
Von Rothschild und Baring gekauft.]

Die Namen Rothschild und Baring wurden bei dieser Gelegenheit hinter verschlossenen Türen in ganz anderem Zusammenhang gemeinsam genannt. Der Schatzkanzler ließ den Gouverneur der Bank von England kommen, und die beiden Männer entschlossen sich, in der City den Hut herumgehen zu lassen. Die Schlüsselfigur war Lord Rothschild; denn andere Bankiers würden voraussichtlich seinem Beispiel folgen. Er fragte sich, ob Rothschild bereit war, Baring zu retten. Oder hatte die Familie noch nicht vergessen, daß Baring nach Waterloo die Rothschilds daran gehindert hatte, sich an der großen französischen Staatsanleihe zu beteiligen?

Natty hatte das vielleicht nicht vergessen, aber er vergab es. Er stellte sich an die Spitze eines Notausschusses, um das notwendige Geld aufzubringen, und stellte nicht nur selbst £ 500000 zur Verfügung sondern er veranlaßte auch durch die Vermittlung seines Vetters in Paris die Bank von Frankreich, £ 3000000 auszuschütten. Gold aus Rußland, eine Zahlung der Bank von England und Subskriptionen von einem Dutzend Handelsbanken brachten den Gesamtbetrag auf £ 17000000, und das genügte, um die Krise abzuwenden. Wenige Wochen später sagte der Gouverneur: „Wenn Sie der Bank von England danken, dann ist es auch sehr wichtig, an die bereitwillige Hilfe zu denken, die andere uns gewährt haben, in erster Linie Lord Rothschild, dessen Einfluß bei der Bank von Frankreich uns in die Lage versetzt hat, die notwendige Unterstützung zu geben ..."[4]

Die Tatsache, daß Natty für seine Vorsicht bekannt war, führte dazu, daß bei den verhältnismäßig seltenen Gelegenheiten, zu denen seine Firma sich an einem Unternehmen beteiligte, die dabei herausgegebenen Aktien voraussichtlich überzeichnet wurden. Als die Rothschilds 1889 die Aktien der burmesischen Rubinenminen zum Verkauf anboten, versammelte sich in der St. Swithin's Lane eine so große Menschenmenge, daß der Wagen seiner Lordschaft nicht durch das Gedränge kam. Der Kutscher und der Lakai stiegen aus und versuchten, den Weg zu Fuß frei zu machen, aber die Straße war so verstopft, daß der Wagen nicht an den Eingang herankommen konnte. Schließlich stellte man eine Leiter an das Haus, und Lord Rothschild kletterte mit Zylinder und Spazierstock durch ein Fenster in die Bank. Nach Abschluß dieses Geschäfts zog in der Firma wieder die sonst übliche Ruhe ein.

Doch der erste Rothschild war nicht so vorsichtig, wenn es darum ging, Geld zu spenden. Alljährlich stand die Firma N. M. Rothschild & Sons an erster Stelle auf der Liste derjenigen, die etwas für wohltätige Zwecke gespendet hatten, und unzählige Krankenhäuser, Schulen und Museen wurden durch sie unterstützt. Nattys Spenden waren alles andere als kleinlich. Dieser so zurückhaltende und ehrfurchtgebietende Mann hatte ein Herz für die einfache Bevölkerung. Es bereitete ihm Vergnügen, anderen Freude zu machen, und wenn er eine allgemein bekannte Persönlichkeit war, dann deshalb, weil er der Öffentlichkeit ganz unmittelbar diente.

Die Stadtpolizei in London erhielt nicht nur jedes Jahr zu Weihnachten einen ansehnlichen Geldbetrag, sondern Lord Rothschild teilte den Polizeibehörden auch mit, jeder hungrige Polizist könne im Hause am Piccadilly 148 jederzeit eine Mahlzeit mit vier Gängen bekommen. Im Lauf der Jahre haben Hunderte von Bobbies, besonders wenn sie Nachtdienst hatten, die Gastfreundschaft der Rothschilds in Anspruch genommen, deren Wagen mit dem dunkelblauen Verdeck und einem dünnen gelben Streifen an der Seite stets die Vorfahrt erhielten. Dieses Recht wurde auch der Ziege eingeräumt, die „Mr. Alfred" gehörte, dessen Wohnung am Seamore Place gelegen war. Dieses ungebärdige Tier lief frei auf dem Piccadilly umher umd kümmerte sich um die Pferdewagen und Autos ebensowenig wie um die erstaunten Passanten.

Doch nicht nur die Polizei profitierte von der Großzügigkeit Nattys, sondern auch die Angestellten in New Court verdoppelten häufig ihr Grundgehalt, denn sie erhielten hohe jährliche Sonderprämien, sogenannte „touchings". Alle drei Rothschilds hatten augenscheinlich eine besondere Freude am Schenken, und zwar nicht nur zu Weihnachten und an Geburtstagen und zu Silberhochzeiten, sondern wenn ein Angestellter der Firma lange die Treue gehalten hatte, erhielt er eine der Zahl seiner Dienstjahre entsprechende Menge von Sovereigns zum Geschenk. Gelegentlich bekamen die älteren Angestellten eine Kiste Zigarren, die von der französischen Bank nach London geschickt wurden. „Was halten Sie von diesen Zigarren?" fragte einmal ein Bankangestellter seinen Kollegen. „Gerade richtig." „Was meinen Sie damit?" „Wenn sie besser wären, hätte Paris sie nicht geschickt. Wären sie schlechter, dann würden wir sie nicht rauchen. Sie sind gerade richtig."[5]

Die drei Brüder saßen in dem mit dicken Teppichen ausgelegten, luxuriös möblierten Büro hinter ihren Schreibtischen. Dieser Raum hieß allgemein nur „das Zimmer". An den holzgetäfelten Wänden hingen die Porträts ihrer Vorfahren und gerahmte Erinnerungsstücke, darunter eine Quittung für die £ 2000000, die der Armee des Herzogs von Wellington ausgezahlt worden war. Die obere Hälfte der in das Zimmer führenden Tür war aus Glas. Wenn ein leitender Angestellter der Rothschilds einen der drei Brüder sprechen wollte, klopfte er nicht an. Er stellte sich schweigend vor die Tür und wartete darauf, hereingerufen zu werden. Manchmal mußte er sehr lange warten. Ein Abteilungsleiter hat geschätzt, er habe fast ein Jahr seines Lebens damit zugebracht, vor der Tür zu warten.

Obwohl sich die drei Brüder dieses Heiligtum teilten, war Natty der einzige echte Bankier. Jeder von ihnen war der Vertreter eines besonderen Interessengebietes, die zusammen das Leben der Familie Rothschild bestimmten. Natty war der Finanzmann, Alfred interessierte sich für Kunst und Leo für Sport.

Leo hatte keine besonderen intellektuellen Ambitionen, war jedoch berühmt für seine Gutherzigkeit. Er lebte in dem Haus am Hamilton Place 5, in dem heute der Club Les Ambassadeurs untergebracht ist, in dem von seinem Onkel geerbten Ascott und in einem Haus in Newmarket, das er selbst gekauft hatte. Wie sein Onkel Mayer war er ein passionierter Pferdezüchter und Rennstallbesitzer, und Newmarket wurde sein geistiges Zuhause.

1896 gewann sein berühmtes Pferd St. Frusquin £ 45766, und damit war er der Besitzer des Vollblüters, der in diesem Jahr die höchste Gewinnsumme gebracht hatte. Doch obwohl sein Champion allgemein für den mutmaßlichen Derbysieger gehalten wurde, verlor er das Rennen um eine Halslänge gegen den Vollblüter Persimmon des Prinzen von Wales. Es gab Leute, die behaupteten, das sei ein weiteres Zeichen der ungewöhnlichen Großzügigkeit Leos gewesen. Was auch die richtige Erklärung dafür sein mochte; die Frau von Leo war sehr stolz auf St. Frusquin und beauftragte den russischen Hofjuwelier Fabergé, von dem Pferd eine silberne Statuette herzustellen, die sie ihrem Mann zum Geburtstag schenkte.

Der glücklichste Augenblick von Leo kam, als er 1891 in den Jockey Club aufgenommen wurde. Aber ironischerweise wurde er weniger durch die Schnelligkeit seiner Pferde als durch Geschwindigkeit seiner Automobile berühmt. Er war einer der ersten Besitzer eines Kraftwagens, die sich über die amtliche Geschwindigkeitsbeschränkung auf 22 Kilometer in der Stunde hinwegsetzten. Er lag den zuständigen Behörden so lange in den

„Mr. Leo", der „Engel mit festem Einkommen", als Duc de Sully auf einem Kostümball in Devonshire House.

Léopold de Rothschild war wie sein Onkel Amschel ein begeisterter Sportsmann. Neben dem Pferderennen war der Autosport seine besondere Passion. Das Photo zeigt ihn in einem der ersten Automobile vor Gunnersbury House.

Ohren, bis diese Grenze 1902 auf 36 Stundenkilometer hinaufgesetzt wurde. Zwei Jahre später wurde er Mitbegründer eines Automobilklubs, der, als er 1907 den Segen Edwards VII. erhielt, den Namen Royal Automobile Club annahm.

Obwohl sich „Herr Leo" in Finanzfragen gewöhnlich an seine älteren Brüder hielt, war er in New Court der beliebteste der drei. Ronald Palin, ein Angestellter der Rothschilds, schreibt:

„... er bemühte sich um das Wohlbefinden seiner Angestellten, und zwar nicht sosehr aus Pflichtgefühl oder aus dem Geiste des *noblesse oblige* als vielmehr, weil es in seinem Charakter lag ... Als einer seiner Leute an Brustbeschwerden erkrankte, schickte Leopold ihn für sechs Monate nach Australien. Ein anderer, der nach dem Tode seiner Frau in einen Verzweiflungszustand geraten war, erhielt eine Seereise um die Welt zum Geschenk."[6]

Leopold war so beliebt, daß die Angestellten, wenn er ein paar Tage krank gewesen war, sich an einem Fenster der Bank versammelten, um bei seinem Eintreffen festzustellen, welchen Eindruck er gesundheitlich machte. „Da ist er ja, unser Liebling. Ich glaube, er sieht heute etwas besser aus!" konnte man dann wohl hören. Ein Zeitgenosse verfaßte einen Vers, den niemand für übertrieben hielt:

Of men like you
Earth holds but few
An angel – with
A revenue.
[Einen Mann wie Sie
sah ich noch nie.
Sie sind ein Engel –
mit festem Einkommen.]

Man kann sich vorstellen, welche Aufregung ein Attentat auslöste, das auf ihn unternommen wurde, als sein Wagen in New Court vorfuhr. Ein verrückter jüdischer Student lief mit gezogenem Revolver auf ihn zu.

A Quiet Evening in Seamore Place
(Doctors consulting whether Mr. Alfred may, or may not, take a second praline before bed-time)

Goldene Standuhr aus der Sammlung von Alfred de Rothschild. Ein von einem Chinesen geschobener dreirädriger Wagen aus Gold, mit Brillanten, Rubinen, Smaragden und Perlen besetzt.

Charles Berg, ein Detektiv der Firma, schlug dem jungen Mann auf die Hand, der Schuß löste sich, und die Kugel traf Berg in den Hals. Zum Glück war die Verwundung nicht lebensgefährlich. Leopold bot Berg eine lebenslängliche Rente an, aber dieser zog es vor, als Kurier bei der Firma weiterzuarbeiten.

Obwohl Alfred zu gähnen anfing, wenn von Pferden oder Verbrennungsmotoren die Rede war, verwendete er doch beide Transportmittel, um seine Gäste auf dem Landhaus vom Bahnhof abholen und wieder zurückbringen zu lassen. Alfred war sowohl der ausgabefreudigste als auch der exzentrischste der drei Brüder und paßte in seiner äußeren Erscheinung am wenigsten in die Familie Rothschild. Mit seiner schlanken Figur, den blauen Augen, dem blonden Haar und gepflegtem Backenbart war er der *Dilettant par excellence.* Er liebte die Musik, die Mode, schöne Möbel, Gemälde, schöne Frauen und jede Art von Luxus. Freitags ging er nie ins Geschäft. An diesem Tag erschien ein Angestellter der Bank in Seamore Place und brachte Mr. Alfred das Geld, das er am Wochenende auszugeben gedachte – £ 1000 in bar. In New Court benutzte er einen Fußsack aus Nerz, und wenn er die Gäste, die ihn auf dem Lande besuchten, auf dem Bahnhof im Kraftwagen abholen ließ, dann folgte dem ersten ein zweiter Wagen, um den Gästen bei einer eventuellen Panne jede Unbequemlichkeit zu ersparen.

Er galt in England als der bedeutendste Kenner der französischen Malerei des 18. Jahrhunderts. Wenn es aber um die Architektur ging, verließ ihn sein guter Geschmack. Er beschloß, seinen Vetter Ferdinand zu übertreffen und in Buckinghamshire ein französisches Schloß zu bauen. Aber während das von Ferdy in Auftrag gegebene Waddesdon allgemein bewundert wurde, waren die Leute entsetzt, als sie das bei Wendover gelegene Halton House Alfreds zu Gesicht bekamen. Algernon West rief aus: „Ein Alptraum an überladener Pracht und sinnloser, geschmackloser Großartigkeit!“ Eustace Balfour schrieb: „Ich habe selten etwas so schrecklich Vulgäres gesehen. Von außen ist es zur Hälfte ein französisches Château und zur Hälfte eine Spielhölle. Innen ist die Einteilung schlecht und die Einrichtung protzig. Alles ist von monströser Häßlichkeit und Aufdringlichkeit. Der übermäßige Reichtum wird einem förmlich unter die Nase gerieben. Die klobigen Schnitzereien und schweren Vergoldungen befinden sich immer an der falschen Stelle. Die Farben der Seidenvorhänge sind unmöglich. Einen so entsetzlichen Anblick hat man noch nie erlebt, und die Feder sträubt sich, das niederzuschreiben.“[7]

Die Gastfreundschaft war ebenso verschwenderisch wie die Einrichtung – doch darüber beschwerte sich niemand. Die nächste Bahnstation war das wenige Meilen entfernt gelegene Tring. Um immer rechtzeitig auf den Empfang seiner Gäste vorbereitet zu sein, stellte Mr. Alfred entlang der Straße zum Bahnhof in bestimmten Abständen Männer auf, die sich mit Laternen Zeichen gaben, wenn der Wagen herankam. Beim Abschied wurden die Kutschen der Besucher mit Blumen und Obst aus den Treibhäusern und mit allen möglichen Delikatessen vollgepackt. Manche beschwerten sich nur darüber, daß sie nachts nicht schlafen konnten, weil die schweren Tritte der Nachtwächter, die die unbezahlbaren Kunstschätze ihres Gastgebers bewachen mußten, sie wachhielten.

Die folgende Geschichte wird in jedem Buch über die Rothschilds berichtet und den verschiedensten Leuten zugeschrieben. Als erster erzählte sie Premierminister Asquith nach einem Besuch in Waddesdon. Der Vor-

Links oben: Karikatur von Max Beerbohm; Alfred de Rothschild. „Ein stiller Abend in Seamore Place. Die Ärzte beraten darüber, ob Mr. Alfred vor dem Schlafengehen noch ein Praliné nehmen darf oder nicht.“

Links unten: Salon in Seamore Place. Die Einrichtung besteht vor allem aus französischen Möbeln aus dem 18. Jahrhundert. Das Haus enthält eine kostbare Sammlung von Sèvresporzellan. Aber wie Halton war auch dieses „ein fürchterlicher Alptraum an Überladenheit“.

fall hätte sich aber ebensogut in Halton ereignen können, denn nirgends war die Gastfreundschaft der Rothschilds gründlicher als hier. Die Geschichte beginnt in dem Augenblick, in dem morgens die Vorhänge vor den Schlafzimmerfenstern fortgezogen werden. Ein Lakai in gepuderter Perücke, gefolgt von einem Gehilfen mit einem Teewagen, fragt höflich:

„Wünschen Sie Tee, Kaffee oder einen Pfirsich vom Spalier, Sir?“

„Bitte Tee.“

„Chinesischen Tee, indischen Tee oder Ceylontee, Sir?“

„Chinesischen, bitte.“

„Zitrone, Milch oder Sahne, Sir?“

„Milch, wenn ich bitten darf.“

„Von der Jersey-, Herford- oder Shorthornherde, Sir?“[8]

1884 gab Alfred zur Einweihung seines Landhauses eine Gesellschaft, an der auch der Prinz von Wales und die bekanntesten Persönlichkeiten jener Zeit teilnahmen. Lady Warwick berichtet: „Er führte ein paar japanische Hunde vor, die man gewisse Kunststücke gelehrt hatte. Es entstand große Verwirrung, als das Programm nicht wunschgemäß ablief, obwohl der kleine Hund, der die anderen anführte, alles richtig machte.“

Bald hatte Halton sein eigenes Orchester und der Gastgeber einen aus Elfenbein geschnitzten, mit Diamanten verzierten Taktstock, mit dem er seine Musiker dirigierte. Er war ein großer Musikliebhaber und gewann im Lauf der Jahre so gefeierte Künstler wie die Patti, Niccolini, die Melba, Liszt und de Reszke, für ihn zu singen und zu spielen. Lady Warwick berichtet:

In dem berühmten weißen Salon habe ich die größten Künstler der Welt gehört, die fürstliche Gagen dafür bekamen, vor wenigen Freunden [Alfreds] zu musizieren. Leider konnte er nicht alle die Herrlichkeiten genießen, die er seinen Gästen vorsetzte, denn er litt an irgendeiner versteckten Magenkrankheit, die kein Arzt heilen konnte. Ich habe ihn oft am Kopfende der Tafel sitzen sehen, wo er die Rolle des großzügigen Gastgebers spielte, während er selbst weder die Speisen noch den Wein anrührte.

Jeden Morgen ritt er, gefolgt von seiner Kutsche, durch den Park. Die Gärtner hatten bald heraus, wie freigebig der Millionär war. Sie legten Steine in den Weg, auf dem sie ihn erwarteten, und wenn er auf Sichtweite herangekommen war, räumten sie sie eilfertig wieder fort – um jedesmal für ihre Aufmerksamkeit belohnt zu werden. Er war klug genug, zu wissen, wie die Steine dort hingekommen waren, aber diese kindliche List amüsierte ihn, und deshalb täuschte er Ahnungslosigkeit vor[9].

Alfred hatte natürlich auch eine eigene Loge in Covent Garden, aber seine Begeisterung beschränkte sich nicht auf die Musik. Er übernahm das Gaiety Theater, als es in finanzielle Schwierigkeiten geraten war, und verwaltete es in seiner großen Zeit gemeinsam mit Henry Tennant. Selbstverständlich lernte er dort auch die schönsten Schauspielerinnen kennen und wurde von seinen Freunden sehr darum beneidet. Gelegentlich arrangierte er die von ihm so bezeichneten „Adorationsdinners“. Dazu lud er jeweils eine besonders gefeierte Schauspielerin ein, mit ihm und drei oder vier anderen Herren zu essen. Ehe der Abend zu Ende gegangen war, führte er die Auserkorene beiseite, flüsterte ihr zu: „Was darf ich Ihnen schenken, schöne Dame?“ und überreichte ihr irgendeinen hübschen kleinen Gegenstand. Aber diese liebe Gewohntheit hätte eines Tages fast zur Katastrophe geführt, als Frau Langtry zu Gast war. Als er sie fragte: „Was darf ich Ihnen schenken, schöne Dame?“ nahm sie eine unendlich kostbare, emaillierte und mit Brillanten besetzte Louis XVI-Schnupftabaksdose, das wertvollste Stück seiner Sammlung, vom Tisch und sagte unverfroren: „Das wird, glaube ich, genügen.“ Später schrieb sie: „Er hatte ein

Lily Langtry, der zu Ehren Alfred manches „Adorationsdinner“ gegeben

schwaches Herz, und einen Augenblick lang glaubte ich, es würde zu schlagen aufhören. Als er wieder zu Atem gekommen war, versprach er mir etwas viel Hübscheres und überreichte die übliche Geschenkpakkung."[10]

Mancher glaubte, der Ästhet sei zuweit gegangen, als er sich Ponys, Hunde und Reifen anschaffte, um selbst mit einem Zirkus aufzutreten. Er kaufte sich eine lange Peitsche, warf sich in einen blauen Frack, zog lavendelfarbene Glacéhandschuhe an und trat als Zirkusdirektor in die Manege. Aber Alfred ließ es nie zu, daß seine Extravaganzen mit seiner Tätigkeit an der Bank in Konflikt gerieten, und erschien täglich, wenn auch etwas verspätet, in New Court. Er liebte, großartig aufzutreten, und gegen Ende seines Lebens übertraf er in der Art und Weise, wie er sich von seinem Haus in Mayfair nach New Court begab, fast schon die königliche Familie. Ronald Palin schreibt:

Bei dieser Gelegenheit gab ein Polizist, der ihn abfahren sah, einem zweiten am Ende der Straße ein Zeichen, das auf dem ganzen Wege weitergegeben wurde. Wenn notwendig, wurde der Verkehr angehalten, damit er ohne Aufenthalt ans Ziel kam, und wenn sich irgendwo ein Hindernis zeigte, zögerte der Fahrer nicht, Verkehrsinseln auf der falschen Seite zu umfahren.

In New Court wurde der Pförtner telephonisch benachrichtigt, und sobald der Wagen eines der drei Partner von der Cannon Street in die St. Swithin's Lane einbog, stellten sich die sechs oder sieben Kuriere, die an diesem Tag Dienst hatten, auf das Signal seiner Trillerpfeife im Hof auf. Damals stand auch ständig eine mit zwei Leuten bemannte Feuerspritze dort, und auch sie mußten mit antreten. Wenn der Wagen das Tor passierte, nahmen die Feuerwehrleute stramme Haltung ein und grüßten militärisch. Auch die Kuriere lüfteten mit militärischer Präzision ihre steifen Hüte, während einer vortrat und den Wagenschlag öffnete."[11]

Da Mr. Alfred keine regelmäßigen Bürostunden einhielt, mußten seine Mitarbeiter manche Unbequemlichkeit auf sich nehmen. Gewöhnlich kam er um 2.00 Uhr nachmittags nach New Court, aß zwischen 3.30 Uhr und 4.00 Uhr seinen Lunch, und wenn seine Brüder um 5.00 Uhr nach Hause gingen, legte er sich auf das mit Leder bezogene Sofa und hielt ein Schläfchen. Weil die Angestellten nicht gehen durften, bevor alle Briefe unterschrieben waren, und weil die Briefe die Unterschrift eines der drei Partner tragen mußten und der einzige Partner schlief, schien das Problem unlösbar, bis irgend jemand Kelly's Dictionary auf dem Tisch liegen sah, einen dicken Band, der sicher zehn Pfund wog. Man ließ das Buch mit lautem Krach vor der Tür des „Zimmers" auf den Boden fallen, aus dem Teppich quoll eine Staubwolke, und der gewünschte Erfolg stellte sich ein.

Alfred war nicht nur Teilhaber bei der Bank in New Court, sondern auch Vorstandsmitglied der Bank von England. Er war 1868 dazu ernannt worden, weil der Gouverneur glaubte, es sei vorteilhaft, gute Beziehungen zu den Rothschilds zu unterhalten. Dieses Verhältnis endete jedoch sehr plötzlich als Folge eines etwas unorthodoxen Zwischenfalls. Alfred hatte für ein französisches Gemälde aus dem 18. Jahrhundert einen ungewöhnlich hohen Preis gezahlt, nachdem der Händler ihm versichert hatte, auch er sei gezwungen gewesen, sehr viel dafür zu bezahlen, und verkaufe das Bild mit einem nur geringen Gewinn. Einen oder zwei Tage später stellte Alfred fest, daß der Händler ein Konto bei der Bank von England hatte. Er konnte der Versuchung nicht widerstehen, in den Auszügen nachzusehen, welchen Betrag der Mann wirklich für das Bild ausgegeben hatte, und war empört, festzustellen, daß man von ihm einen Preis verlangt hatte, der „jenseits aller Grenzen der Anständigkeit" lag. Er verbreitete diese

Geschichte in London und erhielt, wie nicht anders zu erwarten, prompt die Kündigung aus der Threadneedle Street.

Wenn Alfred der extravaganteste Rothschild war, dann war sein Vetter aus Wien, Ferdinand, der seit einiger Zeit die englische Staatsbürgerschaft angenommen hatte, der interessanteste. Lady Warwick schreibt: „Er war ein empfindsamer Mann, ganz Intellekt, besaß einen unfehlbaren künstlerischen Geschmack und hatte eine fürstliche Vorstellung von der Gastfreundschaft. Für mich war er die Reinkarnation von Lorenzo il Magnifico." Als Natty zum Peer erhoben wurde, nahm „Ferdy" dessen Platz als Abgeordneter für Aylesbury im Parlament ein. In seinem prächtigen Landhaus in Waddesdon, das immer noch als das Wunderwerk seiner Zeit galt, besuchten ihn die vornehmsten Gäste, von der Kaiserin Friedrich bis zum Schah von Persien. Aber auch in London führte er ein gastfreies Haus. Einmal gab er einen Ball, an dem sowohl der Prinz von Wales als auch der Kronprinz Rudolf von Österreich teilnahmen. Bei dieser Gelegenheit schenkte er zwölf der anwesenden Damen Kleider von Doucet in Paris. Aber reiche Männer sind manchmal empfindlich, und als die unersättliche Lily Langtry zum zweitenmal Anstoß erregte, als sie einen zu dem Kleid passenden Unterrock bestellte, bekam sie prompt eine Rechnung mit der Bemerkung, Baron Ferdinand habe den Unterrock nicht bestellt. Mrs. Langtry wollte vom Kronprinzen Rudolf zum Kotillon aufgefordert werden, doch hier wartete ein neuer Schock auf sie.

Weil es an diesem Abend sehr warm war [schrieb sie] und er sehr lebhaft tanzte, erhitzte er sich stark, und eine meiner Freundinnen, die sich mit Künstlernamen Frau Sloper nannte, flüsterte mir zu: „Nimm dich in acht; auf deinem Kleid sind Flecken.

Oben: Baron Ferdinand in seinem Arbeitszimmer in Waddesdon. Auf dem Tisch links hinter ihm eine Miniatur des auf S. 78/79 reproduzierten Gemäldes von W. A. Hobday, das Nathan Rothschild und seine Familie darstellt.

Rechts: Das Morgenzimmer in Waddesdon Manor. Der schwarzlackierte Sekretär trägt die Stempel der französischen Tischler I. Dubois und J. Goyer und wurde wahrscheinlich für Katharina die Große von Rußland gemacht.

Sag ihm, er soll Handschuhe anziehen." Das tat ich bei nächster Gelegenheit und sagte ihm, daß er an meiner Taille seine Fingerabdrücke zurückgelassen hätte. Doch was, glauben Sie, war die taktvolle Erwiderung des jungen Mannes? „C'est vous qui suez, Madame." [„Sie sind es, die schwitzen, Madame."][12]

Ebenso wie Alfred war auch Ferdinand nichts zu teuer, um die richtige Atmosphäre zu erzeugen. Eines Tages kam Lady Warwick im Gewitterregen an und sagte, es tue ihr so leid, daß all die schönen roten Geranien vom Regen zerschlagen worden seien. Am nächsten Morgen stand sie recht früh auf und blickte aus dem Fenster. Dort sah sie

ein ganzes Heer von Gärtnern an der Arbeit, die die geknickten Pflanzen ausgruben und neue einsetzten, die sie in Töpfen aus den Treibhäusern geholt hatten ... Nach dem Frühstück ging ich in den Park, und die Beete waren vollständig neu bepflanzt![13]

An jedem Wochenende kamen ungezählte Besucher nach Waddesdon. 1884 berichtete Ferdys Kusine Constance, Lady Battersea, von einem Dutzend Gästen, „und *last but not least* Seiner Königlichen Hoheit in Begleitung eines jungen Stallmeisters ... Die Christy Minstrels und ein ungarisches Orchester musizierten abwechselnd und ernteten starken Beifall, besonders das letztere. Aber das Haus selbst mit all seinen Wundern, Gemälden, Kunstgegenständen, prächtigen Sofas, Satinkissen, Palmen und mit dem eigenhändigen Autogramm versehenen Photos gekrönter Häupter war eine ständige Quelle des Vergnügens. Lady Jane sagte, es sei ‚seraphisch' ..." Es gab aber nicht nur im Hause etwas zu sehen, denn Baron Ferdinand hatte auch einen Zoo. Lady Warwick schreibt: „Wir pflegten die Strauße mit Brot zu füttern ... Er hatte auch Volieren mit wunderschönen Vögeln. Natürlich wollte er den Hügel, auf dem das Landhaus stand, so schön wie möglich gestalten, aber er tat es so, daß er die ganze Pracht schon zu seinen Lebenszeiten genießen konnte. Deshalb ließ er aus den Wäldern der Umgebung herbeigeholte, ausgewachsene Bäume in den Park verpflanzen. Als häufiger Gast habe ich es erlebt, daß sie Wurzeln schlugen, obwohl einige schon sehr groß waren, als sie von ihrem ursprünglichen Standort hierher versetzt wurden."[14]

Schließlich konnte auch Königin Viktoria ihre Neugierde nicht länger bezähmen; es war zuviel für sie, als fast einziges Mitglied der königlichen Familie die Wunder von Waddesdon nicht gesehen zu haben. 1890 fragte sie Baron Ferdinand, ob sie ihn besuchen könnte. Was sie dabei erlebte, hat sie nicht enttäuscht. Sie war nur etwas verwirrt, als Lord Hartington, der spätere Herzog von Devonshire, ihr geistesabwesend die Hand schüttelte, anstatt sie zu küssen. Aber sie gewann ihre Haltung nach einer Fahrt im von einem Pony gezogenen Rollstuhl durch den Park wieder. Sie schrieb: „Der Gastgeber war so reizend wie der Ort schön."

Nun war endlich das Eis zwischen Ihrer Majestät und den Rothschilds gebrochen. Als die Königin im folgenden Jahr einige Wochen in Grasse in Südfrankreich zubrachte, besuchte sie Ferdinands Schwester Alice, die in der Nähe ein wunderschönes Haus besaß. Der Garten gefiel der Königin so gut, daß kaum ein Tag verging, ohne daß sie hineingeschaut hätte. Alice fühlte sich dadurch so geschmeichelt, daß sie ihr Haus in *Villa Victoria* umbenannte und einen Weg anlegen ließ, auf dem die Königin sie noch bequemer erreichen konnte. Ihre Nichte Constance Battersea gehörte zum Gefolge der Prinzessin Louise und hat den Wegebau in einem Brief an ihre Mutter wie folgt geschildert:

„Um die Königin zu überraschen, hatte sie [Alice] angeordnet, daß eine

Goldene Schnupftabaksdose aus der Sammlung von Baron Ferdinand in Waddesdon. Sie wurde 1772/73 von dem französischen Goldschmied Louis Roucel hergestellt. Sie trägt sechs Plaketten aus Sèvresporzellan mit Darstellungen von Hunden und Fasanen und stammt vielleicht aus dem Besitz der Madame Pompadour.

durch die Berge führende Straße eingeebnet und verbreitert werden sollte. Das hatte innerhalb von drei Tagen zu geschehen, und dazu mußten niedrige Mauern aufgeführt, große Steine entfernt und Unebenheiten mit Schotter ausgefüllt werden; ja es wurde sogar ein Bach umgeleitet..."

Constance Battersea war voller Bewunderung für Alices Organisationstalent: „Sie ist fabelhaft. Von morgens früh bis abends spät ist sie auf den Beinen, geht viele Meilen bergauf und bergab und gibt dem Polizeiinspektor, den königlichen Kutschern, ihren Vorarbeitern und Arbeitern mit der Stimme und in der Haltung eines Napoleon ihre Befehle."[15]

Aber das herrschsüchtige Wesen von Alice zeigte sich nicht nur in ihrem Verhältnis zu ihren Untergebenen. Der Stolz und die Freude ihres Lebens war ihr Garten, und als die Königin eines Tages durch ein neu bepflanztes Blumenbeet ging, war sie empört: „Kommen Sie sofort da heraus!" explodierte sie. Die Königin gehorchte und nannte Alice von diesem Tage an „Die Allmächtige". Das freundschaftliche Verhältnis blieb erhalten, ebenso aber auch der Spitzname. Constance schrieb in ihr Tagebuch: „Alice... regiert absolut. Ihre Monarchie ist alles andere als eine konstitutionelle. Kein Wunder, daß die Königin sie ‚Die Allmächtige' nennt..."[16]

Alice zog nach England, um für ihren Bruder zu sorgen, der Junggeselle geblieben war. Sie kaufte nicht nur Eyethrop bei Waddesdon, sondern auch ein stattliches Gebäude auf dem Piccadilly neben dem Hause von Ferdinand. Die Reihe der von den Rothschilds bewohnten Häuser bot

Am 14. Mai 1890 stattete die Königin Viktoria Waddesdon einen Besuch ab. Im Park fuhr sie in einem von einem Pony gezogenen Rollstuhl spazieren und pflanzte – wie Napoleon III. in Ferrières – einen Baum. Der Spaten wird heute noch in Waddesdon aufbewahrt.

Miss Alice de Rothschild, von der Königin Viktoria als „die Allmächtige" bezeichnet.

einen beeindruckenden Anblick; aber erst als die Omnibuskutscher anfingen, die Fahrgäste darauf aufmerksam zu machen, wurden sie zu einer Londoner Sehenswürdigkeit.

Das Interesse der Omnibuskutscher war dadurch geweckt worden, daß Ferdy in Waddesdon große Jagden veranstaltete, aber nicht wußte, was er mit den vielen erlegten Vögeln tun sollte. Selbst wenn er alle seine Freunde reich beschenkte, blieben Tausende übrig. Schließlich dachten er und sein Vetter Leo, der im benachbarten Wing ebenfalls große Jagden gab, sich einen Plan aus; zu Weihnachten bekam jeder Omnibuskutscher und jeder Schaffner, der auf dem Piccadilly an den Rothschildschen Häusern vorüberfuhr, ein Paar Fasanen. Das wurde zur ständigen Einrichtung, und bald sah man an allen Peitschen der Kutscher und an den Glockenzügen der Schaffner blau-gelbe Schleifen – die Farben der Rothschildschen Rennställe. Als Ferdy am Ende des Jahrhunderts starb, erwiesen ihm die Omnibuskutscher dadurch eine letzte Ehre, daß sie neben den bunten Schleifen einen Trauerflor anbrachten.

In der Politik hatten die französischen Rothschilds wie üblich die größten Schwierigkeiten zu überwinden. Während die Rothschilds in England in der Gesellschaft eine glänzende Rolle spielten und ihre Abenteuer auf der Jagd suchten, sahen sich die Rothschilds in Frankreich einer immer bedrohlicher werdenden Welle des Antisemitismus gegenüber, die ihren Höhepunkt mit dem Fall Dreyfus erreichte.

Das Bankhaus in Frankreich wurde ebenso wie das britische von drei Brüdern geleitet. Das waren Alphonse, Gustave und Edmond. Die beiden ältesten Brüder waren zwar die tüchtigeren Bankiers, aber Edmond, der fünfzehn Jahre jünger war als Alphonse und 1880 erst in seinem fünfunddreißigsten Lebensjahr stand, war dafür bestimmt, berühmt zu werden.

Edmonds Lebensaufgabe bestand darin, die Ansiedlung von armen, heimatlosen Juden auf dem steinigen Boden Palästinas zu fördern und zu finanzieren – und sie zu lehren, wie man die Wüste zum Blühen bringen kann. Obwohl es zunächst nicht seine Absicht war, die Rückkehr nach Zion als ein politisches Ziel zu verfolgen, hat er mit seiner unermüdlichen Arbeit den Weg für die Gründung des Staates Israel geebnet.

Krimkrieg (1853–1856) zwischen Rußland auf der einen und der Türkei, England und Frankreich auf der anderen Seite. Kriegsschauplatz Krim. Belagerung von Sewastopol (1854–1855). Friede von Paris am 30. März 1856. Siehe auch Marginalie S. 130 oben.

Edmond hatte das Interesse für Palästina von seinem Vater, dem berühmten Baron Jacob, und seinem Lehrer, dem bekannten Albert Cohen, übernommen. Palästina gehörte damals zum türkischen Reich, und als 1853 der Krimkrieg ausbrach, den Zar Nikolaus I. provoziert hatte, als er verlangte, der Sultan sollte die russische Autorität an den „heiligen Stätten" anerkennen, wurden die jüdischen Bewohner von Jerusalem fast dem Hungertode ausgesetzt. Diese winzige Enklave von wenigen hundert religiösen Fanatikern war ganz und gar auf Hilfe von außen angewiesen und durch die kriegerischen Ereignisse von ihren ausländischen Gönnern abgeschnitten worden. Baron Jacob bat seinen elfjährigen Sohn Edmond dafür um Verzeihung, daß er ihm seinen Hauslehrer fortnahm, und schickte Albert Cohen nach Jerusalem, um festzustellen, wie man helfen könnte. Auf Empfehlung von Cohen beschloß er, keine Almosen zu geben, sondern eine Dauereinrichtung zu schaffen. Das Ergebnis war die Gründung des „Jacob-Mayer-de-Rothschild-Krankenhauses" in Jerusalem.

Unbefriedigende Sozialverhältnisse begünstigen in Rußland eine revolutionäre Bewegung. Nihilistenprozesse und Terrorismus steigern sich gegenseitig, und es kommt zum Bombenattentat auf Alexander II. im März 1881 in St. Petersburg.

Edmond war fasziniert von den Reisen Cohens nach Palästina und beteiligte sich mit großzügigen Spenden an den karitativen Vorhaben der Rothschilds in Jerusalem. Dann kam das Jahr 1881 und das Attentat auf Zar Alexander II. von Rußland. Als man feststellte, daß die Terroristen, die den „Befreierzaren“ ermordet hatten, sich in der Wohnung der Jüdin Jessica Helfman zu versammeln pflegten, kam es in ganz Rußland zu furchtbaren Pogromen. Der neue Kaiser Alexander III. billigte die Ausschreitungen, weil er von seinem Lehrer in antisemitischem Sinne beeinflußt worden war und glaubte, das internationale Judentum habe sich gegen das monarchische System verschworen.

Im folgenden Jahr ging der Zar noch einen Schritt weiter und erließ seine berühmten Maigesetze. Danach konnten Juden nur in Ausnahmefällen das Gebiet verlassen, in dem sie wohnten; kein Jude durfte Verwaltungsbeamter oder Rechtsanwalt werden, und es war den Juden verboten, Grund und Boden zu besitzen; Bücher in hebräischer Sprache durften nicht gedruckt werden, und alle jüdischen Schulen wurden geschlossen; kein Jude durfte eine Christin heiraten, es sei denn, er gab seine Religion auf; kein Jude hatte das Recht, gegen ein Gerichtsurteil Berufung einzulegen, und nur ein geringer Prozentsatz der Juden durfte die Universitäten besuchen. In den sechs Monaten nach Inkrafttreten dieser Gesetze verließen 225000 mittelose Juden das Land und wanderten nach Westeuropa aus. Der Kaiser war begeistert und sagte: „Sollen sie ihr Gift mitnehmen, wohin sie wollen.“

1881 und in den folgenden Jahren zahlreiche Judenpogrome in Rußland. 1882 Ausnahmebestimmungen gegen die Juden. 1885 Russifizierung der Ostseeprovinzen Kurland, Livland und Estland.

Der Oberrabiner von Frankreich, Zadok Kahn, kannte die Einstellung und die Vermögensverhältnisse der bedeutendsten Juden in seiner Gemeinde. Am 28. September 1882 stellte er deshalb Edmond de Rothschild dem russischen Rabbiner Samuel Mohilever vor. Dieser war kein besonders geeigneter Fürsprecher seiner Landsleute, denn er beherrschte das Französische nicht und stotterte außerdem. Aber er hatte eine wichtige Mission. Er überwand seine Schwierigkeiten dadurch, daß er um die Erlaubnis bat, seine Botschaft zu singen, was er ohne Stocken tun konnte. Kahn übersetzte das gesungene Hebräisch. Zunächst erinnerte er Edmond daran, daß der Herr den Stotterer Moses dazu ausersehen hatte, die Juden aus Ägypten ins Gelobte Land zu führen, und erklärte, Gott habe dies absichtlich getan, um zu zeigen, daß es nicht auf eine glatte Zunge ankäme, sondern nur auf die Stimme Gottes. Würde nun Edmond auf diese Stimme hören und den zerstreuten Juden helfen, sich in Palästina anzusiedeln, in der Heimat, aus der sie vor 2000 Jahren vertrieben worden seien?

Zadok Kahns Erwartungen wurden nicht getäuscht, und Edmond zeigte großes Verständnis. Er interessierte sich nicht nur seit frühester Kindheit für Palästina, sondern weil er das religiöseste Mitglied seiner Familie war, berührte die Aussicht auf eine Neuansiedlung der Kinder Israels im Lande der Verheißung auch seine tiefsten Empfindungen. Als Rothschild war er von Natur vorsichtig. Würden die Juden, die ein besonderes Talent für den Beruf des Geldverleihers zu haben schienen, die Geduld und Ausdauer aufbringen, sich als Bauern den Lebensunterhalt zu verdienen? Der Baron war sich dessen nicht sicher und verlangte, man sollte das Unternehmen mit einem Experiment beginnen. Er würde die Kosten für die Ausbildung eines Dutzends russisch-jüdischer Bauern an einer landwirtschaftlichen Schule in Palästina übernehmen. Wenn diese Leute sich bewährten, dann würde er Land kaufen und sie darauf ansiedeln.

Damit hatte der Baron sein Lebenswerk begonnen. Bis zu seinem Tode 52 Jahre später beanspruchten seine jüdischen Kolonien den größten Teil seiner Zeit und Arbeitskraft – und kosteten ihn mehr als £ 6000000. Er gründete nicht nur neue Kolonien, sondern gab auch den bereits verstreut in Palästina angesiedelten Juden Geld, weil sie vielfach dicht vor dem Bankrott standen.

Edmond de Rothschild, der jüngste Sohn von Baron Jacob und spätere „Vater von Israel“, im Jahre 1863.

Obwohl der Oberrabbiner den Baron mit Mohilever bekannt gemacht hatte, gefiel ihm [Kahn] der Gedanke, Juden in Palästina anzusiedeln, nicht besonders gut. Die Türken waren gegen sie, und das Land war unfruchtbar. Der märchenhaft reiche Baron Hirsch hätte Argentinien den Vorzug gegeben, andere Juden sprachen von San Domingo, wieder andere von den Vereinigten Staaten oder sogar von Westeuropa. Aber Edmond hielt an seinem Traum, den Judaismus zum Leben zu erwecken, fest, und das war eine viel komplexere Idee als die bloße materielle Hilfe für das verfolgte Judentum. Diese Idee ließ sich nur verwirklichen, wenn die Juden die Ausdauer und Energie besaßen, das früher fruchtbare Land, das die Araber zur Steppe hatten verwildern lassen, wieder zu besiedeln. Immer wieder sagte Edmond: „Ich bin kein Philanthrop. Es gibt viele unglückliche Juden in Rußland und Rumänien, und wir werden nicht in der Lage sein, ihnen zu helfen. Ich habe hier einen Versuch unternommen, um festzustellen, ob man in Israel Juden ansiedeln kann..."[17]

Monatelang weigerte sich der Baron, zu erlauben, daß man ihn öffentlich beim Namen nannte. Man sprach deshalb nur von einem „angesehenen Wohltäter". Die erste Gruppe von Bauern absolvierte die Landwirtschaftsschule mit Erfolg, und er kaufte ihnen Land bei Ekron. Sie bereiteten den Weg für ein Dutzend Kolonien in den verschiedensten Teilen des Landes.

Mit dem Geld des Barons wurden Sümpfe trockengelegt, Brunnen gegraben und Häuser gebaut, und mit seiner Hilfe entstanden Industrien wie Parfümfabriken, Glashütten, Weingüter und Flaschenfabriken. Der Baron richtete in Palästina einen eigenen Verwaltungsapparat ein, und seine Aufseher bestimmten, welche Feldfrüchte wann und wo angebaut werden sollten. Die meisten dieser Beamten waren Fachleute, und einige von ihnen kamen von dem großen Weingut Lafite, das jetzt Edmonds Vettern Alphonse und Gustave gehörte. Edmond garantierte die Ernte, denn er verpflichtete sich, den Ertrag für eine bestimmte Summe zu kaufen. Doch bald mußte er feststellen, daß der Mann, der über das Geld verfügt, oft Mißbrauch erlebt. Wenn die Preise zu niedrig lagen, behaupteten die Einwanderer, müßten sie verhungern. Lagen sie zu hoch, dann stellten sie arabische Arbeitskräfte ein und fuhren selbst zu ihrem Vergnügen ins Ausland.

Es erwies sich als unmöglich, den Namen des „angesehenen Wohltäters" geheimzuhalten, und bald wußte jedermann, daß die jüdischen Kolonien in Palästina im Mittelpunkt des Lebens von Baron Edmond de Rothschild standen. In den Jahren 1887 bis 1899 unternahm der Baron drei Reisen nach Palästina, und zwar jedesmal auf seiner prächtigen Privatjacht und in Begleitung seiner Frau, einer Tochter des Barons Willy von Rothschild aus Frankfurt. Die Jacht ging auf der Reede von Jaffa vor Anker, und das Ehepaar fuhr ins Land zu den primitiven bäuerlichen Gemeinden, besuchte die Leute in ihren Häusern und hörte sich ihre endlosen Beschwerden an. Ohne sich etwas dabei zu denken, lud Edmond die Siedler und Verwaltungsbeamten auf sein Schiff ein, das viel eher einem Paradies zu gleichen schien als das steinige Palästina. Dort befand sich eine guteingerichtete koschere Küche, und eine Kabine war als Gebetsraum eingerichtet. An allen Türen waren Mezzuzahs* angebracht.

Auf der ersten Palästinareise versuchte Edmond, die Klagemauer zu

* Das Mezzuzah ist ein Kästchen, in dem ein Pergamentstreifen aufbewahrt wird, auf welchem das bekannteste jüdische Gebet aufgeschrieben ist (5 Mose 6, Vers 4–9). Es ist das Dankgebet der Juden nach der Errettung der Erstgeborenen in Ägypten.

kaufen, weil er diesen Bezirk in eine heilige Stätte der Juden verwandeln wollte. Als Gegenleistung bot er die Ansiedlung der hier ansässigen Araber auf einem von ihnen gewählten Stück Land an. Augenscheinlich scheiterte dieser Plan nicht deswegen, weil er die Araber nicht interessierte, sondern wegen des mysteriösen Widerstandes der Rabbiner in Jerusalem.

Die Rabbiner legten dem Baron auch noch andere Hindernisse in den Weg und ließen es 1888 zu einer Krise erster Ordnung kommen, als sie erklärten, das Jahr 1889 müsse als Sabbatjahr anerkannt werden. Nach jüdischem Gesetz ist es in jedem siebenten Jahr verboten, den Boden zu bearbeiten. Wenn jedoch die Ackerwirtschaft ein ganzes Jahr ruhte, dann war alle bisherige Mühe umsonst, dann hatte man das seit 1882 ausgegebene Geld verschwendet, und der Aufbau hätte ganz von vorn beginnen müssen.

Obwohl Edmond Einspruch erhob, beharrten die Rabbiner auf ihrem Standpunkt, und der leidenschaftliche Theologenstreit dauerte Monate. Was Edmond am meisten ärgerte und häßliches Mißtrauen weckte, war die Tatsache, daß Samuel Mohilever, der Vater des in Palästina begonnenen Unternehmens, sich weigerte, ihm beizustehen. Der Baron verfaßte einen mit hebräischen Schriftzeichen geschriebenen deutschen Brief und schickte ihn an den Oberrabbiner Kahn mit der Bitte, ihn an Mohilever weiterzugeben. Darin beschuldigte er den letzteren der Unredlichkeit und Undankbarkeit und fuhr dann fort:

> Jetzt kommt das Sabbatjahr. Ich verstehe und achte alle religiösen Glaubensartikel ..., aber das Sabbatjahr war für die Kolonisten in Ekron nur ein Vorwand, nicht arbeiten zu müssen, denn es gibt Dinge, die auch die frömmsten Rabbiner erlaubten, die in Palästina lebten, als es noch ein jüdisches Land war ... Ich hatte das Gefühl, es bereite sich eine Rebellion vor, und ließ deshalb den Rabbiner Mohilever davon unterrichten. Was hat dieser Rabbiner nun getan – er, der dafür verantwortlich ist? Er hat mir mit keinem Wort geantwortet ...
>
> Herr Oberrabbiner, wissen Sie, was ich denke? Ich will Ihnen die Wahrheit sagen. Diese Kolonisten von Ekron wollen mir das Land wegnehmen, wollen mir die Häuser wegnehmen und mich dann verhöhnen. Aber das wird nie geschehen. Lassen Sie den Rabbi Samuel wissen, daß ich die Kolonisten von Ekron und ihre Familien zu ihm zurückschicken werde [nach Rußland], und dann werden wir sehen, was er mit ihnen anfangen soll; und außer dem Reisegeld werde ich ihnen keinen Pfennig geben ...[18]

Schließlich gelang es Edmond, das unlösbare Problem, soweit es das Sabbatjahr betraf, dadurch zu lösen, daß er einen genialen Vorschlag machte. Wenn das ganze Land in Palästina nur für die Dauer eines Jahres an Angehörige anderer Religionen verkauft würde, dann würden die Siedler in den Augen Gottes keine Sünde begehen, wenn sie es bearbeiteten. Die Rabbiner in Jerusalem erhoben leidenschaftlichen Protest gegen diesen „Betrug des ewigen Gottes", aber es gelang Edmond, den Rabbiner Isaak Elchonon aus Kowno in Litauen auf seine Seite zu bringen, der als orthodoxer Lehrer in der ganzen Welt hohes Ansehen besaß. Elchonon erklärte, es sei zulässig, den Boden in Zion unter Anwendung der vom Baron vorgeschlagenen Vorsichtsmaßnahme zu bearbeiten.

In den 1880er Jahren, als Edmond die jüdischen Kolonien in Palästina einrichtete, gewann der Antisemitismus auch in Frankreich neuen Boden. Ironischerweise fachten die Bankiersbrüder Alphonse und Gustave die Flammen dadurch an, daß sie finanzielle Maßnahmen trafen, um ihre antisemitischen Gegner zu bekämpfen.

Als erste wurde die Familie Rothschild angegriffen. Der Kampf begann 1876, als ein Deputierter vom rechten Flügel der französischen Kammer,

Karikatur auf den antisemitischen SchriftstellerÉdouard Drumont von B. Moloch.

Die Dreyfus-Affäre erregt jahrelang die Gemüter. Aus der Auseinandersetzung mit nationalistischen, klerikalen und antisemitischen Kreisen geht der Block der Radikalen hervor, der seit der Jahrhundertwende politisch maßgebend ist.

Bonteaux, davon sprach, es gelte in Frankreich ein „Finanzsystem, das von den Hebräern und besonders den Rothschilds ausgesogen" würde. 1880 veröffentlichte er eine Werbeschrift, in der er erklärte, er wolle „das in den Händen von Katholiken befindliche Kapital in einen mächtigen Hebel verwandeln ..." Mit dem Segen von Papst Leo XIII. veranlaßte er die „Gläubigen", ihr Geld zur Verfügung zu stellen, und es gelang ihm, vier Millionen Francs zusammenzubringen, mit denen er eine antijüdische Bank gründete, die *Union Générale.*

Innerhalb weniger Monate stieg der Kurs dieser Bankaktien von 500 auf 2000 Francs. Das ermutigte Bonteaux zu dem Versuch, seinen Einfluß noch weiter auszudehnen. Er verbündete sich mit der Österreichischen Länderbank, einem Konkurrenzunternehmen der Rothschildschen Kreditanstalt, merkte aber offensichtlich nicht, welche Taktiken die Rothschilds im Kampf gegen ihre Gegner anzuwenden pflegten. Wieder kaufte die Familie in aller Stille ein großes Paket von Anteilscheinen der *Union Générale,* um sie dann auf einmal auf den Markt zu werfen. Vom 5. bis zum 20. Januar 1882 fielen die Kurse von 3000 auf 900. Unter der dilettantischen Leitung von Bonteaux hatte die Bank so große Verpflichtungen übernommen, daß sie ihnen jetzt nicht nachkommen konnte und gezwungen war zu liquidieren.

Der Umstand, daß Tausende von Katholiken ihre Ersparnisse verloren hatten, half der Sache der Semiten nicht, und die „jüdische Frage" wurde mit immer größerer Leidenschaft diskutiert. Extreme Katholiken erklärten, die Juden seien Ausländer, die sich nicht nur gegen das Christentum, sondern auch gegen Frankreich selbst verschworen hätten.

An diesem Punkt hatte Édouard Drumont seinen Auftritt. Dieser in der Öffentlichkeit noch unbekannte Herr hatte für die Brüder Pereire gearbeitet, als diese die *Crédit Mobilier* in der Hoffnung gegründet hatten, die Rothschilds zu vernichten. Statt dessen waren sie selbst gescheitert, und jetzt wollte sich Drumont für sie rächen. 1886 veröffentlichte er ein zweibändiges Buch mit dem Titel *La France Juive* über die üblen finanziellen Machenschaften der Juden, in deren Mittelpunkt die Rothschilds standen. Zwar war der ehemalige Arbeitgeber von Drumont, Isaac Pereire, auch ein Jude, aber der Verfasser schilderte ihn als eine Ausnahme und behauptete, er sei eine untadelige Persönlichkeit und habe als Sozialist stets für das Wohl des einfachen Mannes gearbeitet.

Das Buch wurde viel gelesen, und 1889 gründete der Verfasser die Nationale Anti-Semitische Liga, deren Ziel es war, „die heimtückische und gnadenlose Verschwörung" der jüdischen Finanz zu bekämpfen, die „täglich die Wohlfahrt, die Ehre und die Sicherheit Frankreichs bedroht". Damit noch nicht zufrieden, gründete er drei Jahre später die Zeitung *La Libre Parole* und leitete einen Pressefeldzug ein, um die Juden aus der Armee hinauszudrängen. Darauf forderten zwei jüdische Offiziere Drumont und einen seiner fanatischsten Anhänger, den Marquis de Mores, zum Duell. Der Marquis tötete seinen Gegner. Er wurde wegen Nichteinhaltung der Regeln vor Gericht gestellt, aber freigesprochen.

Zwei Jahre später, 1894, wurde Hauptmann Alfred Dreyfus festgenommen, vor Gericht gestellt und verurteilt, weil er angeblich militärische Geheimnisse an Deutschland verraten hatte. Dieser steife, zurückhaltende sechsunddreißigjährige Artillerieoffizier war bei seinen Kameraden unbeliebt und außerdem Jude. Zwar hatte man kein handfestes Beweismaterial gegen ihn, aber zwei seiner Kameraden legten gefälschte Beweise vor. Als Dreyfus verurteilt wurde, behauptete die von Drumont herausgegebene

Zeitung, er habe sich für erlittene Kränkungen rächen und den Untergang Frankreichs herbeiführen wollen. Dreyfus wurde öffentlich auf einem Kasernenhof degradiert, und die Menge johlte: „*A mort! A mort les Juifs!*"

Der Pariser Korrespondent der Wiener Zeitung *Neue Freie Presse*, Theodor Herzl, war einer der Augenzeugen. Daß so etwas ausgerechnet in Frankreich geschah, war für ihn ein traumatisches Erlebnis. Empört fragte er: „Wo hörte man das Geschrei gegen die Juden ...? In dem modernen, zivilisierten, republikanischen Frankreich – hundert Jahre nach der Verkündung der Menschenrechte." Das erschütternde Erlebnis führte dazu, daß sich gewisse, bisher noch nicht ganz ausgereifte Ideen in Herzls Kopf zu ordnen begannen. Er ging nach Hause und schrieb den Aufsatz *Der Judenstaat*. Schon im ersten Satz nannte er das Ziel, auf das er zusteuerte; die Wiedererrichtung eines jüdischen Staates[19]. Achtzehn Monate später organisierte er den ersten zionistischen Kongreß, an dem zweihundert Delegierte aus fünfzehn Ländern teilnahmen.

Nun kam es Herzl darauf an, die Rothschilds für seine Idee zu gewinnen. Wenn er diese mächtige Familie dazu bewegen konnte, sich hinter den Gedanken des Zionismus zu stellen – die Errichtung eines jüdischen Staates in Palästina –, dann war damit schon die halbe Arbeit getan. Aber die Rothschilds nahmen zunächst eine ablehnende Haltung ein, ja ihre Grundeinstellung war das genaue Gegenteil des Zionismus. Mehr als irgend jemand sonst hatte die Familie Rothschild gezeigt, daß Juden in jedem beliebigen Lande integriert werden konnten. Das einzige Mitglied der Familie, das unter Umständen auf Herzl hören würde, war Baron Edmond, der Tausende von mittellosen Juden in Palästina angesiedelt hatte.

> Ich hatte ihn mir viel älter vorgestellt [schrieb Herzl]. Er sieht aus wie ein alternder Jüngling, fällt auf durch schnelle und nervöse Bewegungen, trägt einen angegrauten hellbraunen Bart, hat eine lange Nase und einen häßlichen großen Mund. Eine rote Krawatte bildet den starken Kontrast zu der weißen Weste, die seinen mageren Oberkörper nur lose bedeckt ... Ich begann das Gespräch: „Eine ‚Kolonie' ist ein kleiner Staat, ein Staat ist eine große ‚Kolonie'. Sie wollen einen kleinen Staat, und ich schlage vor, eine große ‚Kolonie' zu gründen." Und wieder erläuterte ich, wie schon so oft, den ganzen Plan. Er hörte zu und schien manchmal überrascht zu sein. Ein paarmal las ich Bewunderung in seinen Augen.
>
> Aber er glaubt nicht an türkische Versprechungen, und selbst wenn er daran glaubte, wollte er sich nicht an dem Unternehmen beteiligen. Er meint, es werde unmöglich sein, den Zustrom der Massen nach Palästina zu kontrollieren. Gleich zu Beginn würden 15 000 Schnorrer hereinkommen, und sie müßten ernährt werden. Er fühle sich dazu nicht imstande; ich vielleicht? Eine solche Verantwortung könne er nicht übernehmen ...[20]

Also unterstützte Edmond weiter seine Kolonisten, und Herzl versuchte, die Reichen und Mächtigen für die Sache des Zionismus zu gewinnen. Herzl starb 1904, und viele Jahre später, 1919, gab der Baron zu, daß Herzl recht gehabt hatte: „Als er mir seine Idee vortrug, man müsse einen Kongreß einberufen und unter Juden und Nichtjuden einen öffentlichen Werbefeldzug für die Schaffung eines jüdischen Staates führen, war ich erschreckt", sagte er dem russischen Auswanderer Isaak Naiditsch. „... Vor allem war es schwierig wegen der möglichen Auswirkungen auf die Haltung der türkischen Regierung gegenüber unseren Bemühungen. Außerdem glaubte ich, es werde der jüdischen Sache in aller Welt schaden, weil die Antisemiten jetzt die lautstarke Forderung erheben würden, man müßte die Juden zwingen, in ihre ursprüngliche Heimat zu gehen ... Aber die Geschichte hat bewiesen, daß Herzl recht hatte und nicht ich ..."[21]

Baron Albert aus Wien im Kostüm eines Edelmannes aus der Renaissance. Sein Vater Anselm übergab ihm, obwohl er der jüngste Sohn war, die Leitung der Bank.

Während in Frankreich Drohungen gegen die Juden laut wurden, hob das snobistische, unversöhnliche und antisemitische Österreich seine restriktiven Bestimmungen auf, jedenfalls soweit sie die Rothschilds betrafen. Der Hof der Habsburger war stolz auf seine Exklusivität und ließ nur Personen mit sechzehn Ahnen zu, d.h., die Vorfahren eines hoffähigen Österreichers mußten väterlicher- und mütterlicherseits schon seit vier Generationen adelig sein. 1887 erklärte Kaiser Franz Joseph jedoch die Rothschilds für *hoffähig*, und damit durften sie an den ungezählten langweiligen Levers, Empfängen und Bällen teilnehmen, die der Kaiser gab.

In Wien wurde die Firma S. M. Rothschild und Söhne von den Enkeln Salomons geleitet, den beiden Brüdern von Ferdy und Alice, die jetzt die reichsten Männer Österreichs waren. Weil der jüngste Bruder Albert sich als einziger für das Bankgeschäft interessierte, ernannte sein Vater Anselm ihn zu seinem Nachfolger als Leiter der Firma. Nach außenhin hatte Albert keinen Grund zur Besorgnis. Er war nicht nur der Hofbankier einer fest im Sattel sitzenden Regierung, sondern hatte über die Kreditanstalt, welche die Rothschilds als Waffe gegen die *Crédit Mobilier* geschaffen hatten, entscheidenden Einfluß in unzähligen Industriezweigen von der Kohle bis zu den Eisenbahnen. Als er 1881 die berühmte sechsprozentige Goldanleihe an Ungarn konvertierte, galt seine Bank als die stärkste Finanzmacht im Kaiserreich.

Doch Albert nahm sein Glück nicht als etwas Selbstverständliches hin. Er konnte die Revolution von 1848 nicht vergessen. Mit knapp vier Jahren war er damals mitten in der Nacht aus seinem Kinderbett gerissen und in aller Eile durch die erregte Menge aus Wien fort und auf das Land in Sicherheit gebracht worden. Als er dann sein großes Stadthaus auf der Prinz-Eugen-Straße baute, sorgte er dafür, daß es von der Straße her nicht ohne weiteres angegriffen werden konnte. Zum Schutze ließ er eine mehr als zwei Meter hohe Mauer davor errichten, die von einem zweieinhalb Meter hohen festen Eisenzaun gekrönt wurde. Das festungsartige Aussehen und die Größe des Gebäudes veranlaßten seine englischen Verwandten, ihm den Spitznamen „das Albertdenkmal" zu geben.

Sein Bruder Nathaniel ließ dagegen an der Theresianumgasse ein viel eleganteres Stadthaus bauen. Er hatte die gleichen Neigungen wie Ferdinand und sammelte nicht nur schöne Kunstgegenstände, sondern auch solche mit historischer Vergangenheit. Zu den Stücken, die er besonders schätzte, gehörten ein Dolch mit reich vergoldetem Griff, der aus dem Besitz von Wallenstein stammte, und ein Toilettenkasten aus Rosenholz, den Napoleon I. nach der Schlacht von Waterloo in seinem Wagen zurückgelassen hatte.

Die beiden jungen Leute blieben der Familientradition treu. Obwohl sie fünf große Güter von ihrem Vater geerbt hatten, darunter die Schlösser von Schillersdorf, Beneschau und das prächtige Schloß Enzesfeld*, ließ auch jeder von ihnen ein eigenes Haus bauen. Wie ihre Vettern in England und Frankreich ließen sie auf den Rennen in Wien ihre Pferde unter den Rothschildschen Farben Blau-Gelb laufen und gewannen dreimal das Derby. Sie erwarben wertvolle Möbel und kostbares Silber und gaben Millionen für wohltätige Zwecke aus. Unter anderem gründeten sie eine Blindenanstalt, eine Heilanstalt für Taubstumme, ein allgemeines Krankenhaus, eine neurologische Klinik, ein Waisenhaus und ließen einen herrlichen botanischen Garten anlegen, die Hohe Warte, die zu einer der Sehenswürdigkeiten von Wien wurde.

Der Herzog von Windsor, als Edward VIII. König von England, verzichtet am 10. Dezember 1936 auf den Thron, als er beabsichtigt, die geschiedene Mrs. Simpson zu heiraten.

* Der Herzog von Windsor hat hier nach seiner Abdankung Zuflucht genommen.

Im Schlosshof.

Links oben: Alberts Stadtpalais in der Prinz-Eugen-Straße. Seine englischen Vettern nannten es das „Albertdenkmal". Hinter den festungsartigen Mauern verbargen sich unter anderem ein goldener Ballsaal und ein silbernes Speisezimmer.

Links unten: Mitglieder des österreichischen Zweiges der Familie Rothschild in Schillersdorf vor einem der vier prächtigen Schlösser, die sie hier besaßen.

Unten: Kaiserin Elisabeth von Österreich wurde am 10. September 1898, einen Tag nach ihrem Besuch bei Baronin Julie von Rothschild in Pregny, von einem italienischen Anarchisten erdolcht.

Daß aber die Habsburger sich dazu entschlossen hatten, die Rothschilds für hoffähig zu erklären, war weder auf ihre Tätigkeit als Bankiers noch auf ihre philanthropischen Neigungen zurückzuführen. Vielmehr hatte sich Alberts Schwester Julie, die mit dem neapolitanischen Rothschild, Adolph, verheiratet war, eng mit der Gattin Franz Josephs, der schönen Kaiserin Elisabeth, befreundet. Julie und Adolph wohnten teils in Paris und teils in einer märchenhaften Villa in Pregny am Genfer See. Julies Liebhaberei war die Blumenzucht, und in ihren Treibhäusern gediehen die prächtigsten Sorten, nach Ländern und Klimazonen geordnet.

Die Kaiserin liebte Pregny und äußerte im September 1898 den Wunsch, es wieder einmal zu besuchen. Die Reise wurde zu einer Eskapade, denn sie reiste inkognito und verzichtete dabei auf alle ihrem Rang entsprechenden Aufmerksamkeiten. Nachdem sie in Nauheim eine Kur gebraucht hatte, blieb sie eine Nacht in München und bezog dort das Zimmer, das sie als junges Mädchen bewohnt hatte. Dann fuhr sie in die Schweiz und stieg in Genf im Hotel *Beau Rivage* ab. Obwohl die Baronin Julie der Kaiserin anbot, ihre Jacht zu benutzen, lehnte diese die Einladung ab, weil es ihr soviel Vergnügen bereitete, als Privatperson zu reisen und unerkannt zu bleiben. Am folgenden Tage nahm sie in Begleitung ihrer Hofdame, der Gräfin Sztaray, einen Passagierdampfer und fuhr über den Genfer See zum Quai du Mont-Blanc.

Am Abend nahmen Elisabeth und Julie im kleinen Kreis ein fürstliches Diner ein, tranken aus kostbaren Kristallpokalen und aßen von altem Wiener Porzellan, während im Hintergrund ein Orchester sanfte Melodien spielte. Anschließend unternahmen sie einen Spaziergang durch den Garten, der natürlich ganz anders war als alle anderen Gärten, „eine entrückte, verzauberte Welt, in der zahme Zwergstachelschweine aus Java und exotische bunte Vögel einen intimen Park schmückten, in dem sogar Zedern aus dem Libanon wuchsen".

Gegen 10.00 Uhr verabschiedete sich die Kaiserin. Vorher trug sie sich noch in das Gästebuch ein und wurde dabei für einen Augenblick von schwermütigen Erinnerungen ergriffen, denn als sie zurückblätterte, erblickte sie die Unterschrift ihres geliebten Sohnes, des Kronprinzen Rudolph, der auf so tragische Weise mit seiner Geliebten im Jagdschloß Mayerling ums Leben gekommen war. Elisabeths Augen füllten sich mit Tränen, und auf dem Heimweg konnte sie von nichts anderem als vom Tode sprechen. Als die Gräfin Sztaray sagte, sie persönlich fürchte sich nicht vor dem Sterben, antwortete Elisabeth: „Ich fürchte den Tod, wenn ich ihn auch manchmal herbeisehne. Der Übergang und die Unsicherheit lassen mich erzittern, und besonders der Gedanke an den furchtbaren Kampf, den man durchmachen muß, bevor man auf die andere Seite gelangt."[22]

Am nächsten Morgen machten sich die beiden Damen wieder auf den Weg zum Quai du Mont-Blanc, um dort den Dampfer zu besteigen. Aber diesmal wartete der italienische Anarchist Lucheni auf die Kaiserin. Er trat ihr in den Weg, hob den Arm und stieß ihr einen Dolch in die Brust. Sie starb vier Stunden später. Die abgelegene Villa Pregny stand plötzlich im Mittelpunkt des öffentlichen Interesses, und ihr Name erschien überall auf der Titelseite der Zeitungen, während die Baronin Julie als die letzte Gastgeberin der unglücklichen Kaiserin von Österreich in die Geschichte einging.

9 Das Ende einer Epoche

(1898–1918)

Als sich das Jahrhundert seinem Ende zuneigte, war sogar die Königin Viktoria erstaunt über den Luxus und die Extravaganz der oberen Klassen. „Ich bin aus meinem Haus in Ihren Palast gekommen", sagte sie der Herzogin von Sutherland. Der Herzog und die Herzogin von Devonshire konnten in Chatsworth zum Wochenende hundert Gäste aufnehmen, die von dreihundert Dienstboten bedient wurden. Alfred de Rothschild hatte nicht nur sein eigenes Orchester und seinen Privatzirkus, sondern auch seine private Eisenbahn, in deren Waggons die Sitze in den Farben der Rothschildschen Rennställe Blau-Gelb bezogen waren. Bei den Dinners bogen sich die Tische, und die Küchenchefs suchten sich bei der Herstellung erlesener Speisen gegenseitig zu übertreffen: *Gigot Rothschild* war ein Lammbraten, der zwölf Stunden im Ofen blieb, um so zart zu werden, daß das Fleisch buchstäblich auf der Zunge zerging. Das war, wie die Spötter sagten, eine Schöpfung zur Schonung der schlechten Zähne von Baron Alphonse und Baron Gustave.

Wenn man, wie Nathan Rothschild gesagt hatte, schlauer sein mußte, um sein Geld zu behalten, als um es zu verdienen, dann bedurfte es auch einer ziemlichen Genialität, es so auszugeben, daß die Zeitgenossen einem Beifall spendeten. Aber selbst auf diesem Gebiet waren die Rothschilds erfolgreicher als ihre Rivalen. Niemand kritisierte ihre riesigen Häuser, die Armeen von Gärtnern, die sie beschäftigten, ihre Privateisenbahnen und Treibhäuser, in denen außerhalb der Saison die köstlichsten Früchte reiften; denn welcher andere Gutsbesitzer schickte jeden Morgen zur Elf-Uhr-Pause einen Wagen auf die Felder, um seinen Angestellten Kaffee und Brötchen bringen zu lassen? Lord Rothschild schuf schon 75 Jahre vor der Zeit seinen eigenen Beveridgeplan. Er sorgte dafür, daß in der Stadt Tring nicht nur seine eigenen Angestellten, sondern alle Bewohner kostenlose ärztliche Versorgung, kostenlose Krankenpflege, mietfreie Wohnungen und Altersrenten erhielten. In seinem Einflußbereich schaffte er die Arbeitslosigkeit einfach dadurch ab, daß er alle Arbeitslosen anstellte.

Beveridge-Plan: Lord Beveridge (1879–1963), britischer Sozialpolitiker, führt in England Arbeitsämter und Arbeitslosenversicherung ein. 1941–1942 Denkschrift zur Sozialversicherung (Beveridge-Plan) als Vorbereitung für die Sozialgesetzgebung 1946.

Als Leonora Rothschild daher unschuldig fragte, wie es käme, daß bei anderen Leuten das abgestorbene Herbstlaub im Park herumläge, und als sich Alfred Rothschild darüber beschwerte, daß im März „die Erdbeerzeit zu Ende sei", lächelten die Leute über so charmante Exzentrizitäten. Jeder wußte, daß die Rothschilds mehr für wohltätige Zwecke spendeten, sich mehr für soziale Anliegen einsetzten und mehr für die Kunst taten als irgendeine andere Familie in Europa.

Fast alle Rothschilds hatten die Sammlerleidenschaft, eine Freizeitbeschäftigung, die noch aus dem Ghetto in Frankfurt stammte, wo Mayer

In vergoldetem Silber gefaßter deutscher Nautiluspokal aus dem 18. Jahrhundert, aus der Sammlung von Baron Ferdinand.

Amschel Rothschild sich mit dem Sammeln alter Münzen beschäftigt hatte. Sein Sohn Nathan hatte zuviel damit zu tun gehabt, das Familienvermögen zu erwerben, als daß er sich um die Kunst hätte kümmern können, und obwohl sein Bruder Jacob „künstlerische Ambitionen" gahabt hatte, verglich man die geschmacklos überladenen Räume von Ferrières mit einer „umgestürzten Kommode".

Aber die Rothschilds der dritten Generation bewiesen bei ihren Erwerbungen Verstand und Geschmack, und in der zweiten Hälfte des 19. Jahrhunderts war ihr Name ein Synonym für die besten Sammlungen in Europa. Zahlreiche Kunsthändler verdankten ihre Existenz allein den Rothschilds. Zu ihnen gehörten Friedrich Spitzer, Arthur Wertheimer, die Goldschmidts, die Davises und die Duveens. Lionel de Rothschild spezialisierte sich auf holländische und flämische Malerei des 17. Jahrhunderts, während sein Bruder Mayer italienische Renaissancemöbel und Emailarbeiten aus Limoges sammelte. In Deutschland vererbte Baron Willy der Frankfurter Staatsbibliothek eine einzigartige Sammlung seltener Bücher, während sein Bruder Mayer Carl der Stadt eine private Bibliothek schenkte. Mayers Hauptinteresse galt jedoch dem Silber, und seine von Luthmer in einem Katalog beschriebene Sammlung war so großartig, daß Rosenberg diesen Katalog benutzte, als er sein Standardwerk über die Handwerkszeichen der Silberschmiedekunst verfaßte. Mayer hatte die Absicht gehabt, diese kostbare Sammlung ebenso wie seine Bibliothek der Stadt Frankfurt zu stiften, aber der zunehmende Antisemitismus der Deutschen brachte es so weit, daß man neben seinem Hause eine Kohlenwaage aufstellen ließ, um den Eindruck der Schönheit und Sauberkeit an dieser Stelle bewußt zu zerstören. Das Silber hinterließ er deshalb seinen sieben Töchtern, deren eine den englischen Lord Rothschild heiratete.

Die Franzosen begingen keine solchen Fehler. Während Baron Alphonse kostbare Email- und Goldschmiedearbeiten aus dem Spätmittelalter und der Renaissance sammelte, spezialisierte sich sein Bruder Edmond auf seltene Stiche, die nach seinem Tode an den Louvre gingen und heute im Salle Edmond de Rothschild ausgestellt sind. Auch in Wien erhielten die Museen Geschenke von Anselm und seinem Sohn Nathaniel Mayer, während ein weiterer Sohn von Anselm, Ferdinand, der bedeutendste Kunstkenner- und Sammler der Familie, in England dem Britischen Museum sein Kristall, die Emailarbeiten aus Limoges und wertvolle Holzschnitzereien in der sogenannten Waddesdon Stiftung hinterließ. Das war eine der wertvollsten Stiftungen, die die Kuratoren dieses Museums je in Empfang nehmen durften.

Ein englischer Zeitgenosse schreibt: „Die Siegespalme muß ich vor allem den kultivierten Juden geben, und unter allen kultivierten Juden stehen die Rothschilds an erster Stelle. Ob es sich nun um Emaille oder Edelsteine, um Pferde oder Kutschen, um Blumen, Zigarren, Gemälde, Musik oder sonst etwas handelt, sie wissen alles, was man darüber wissen muß, aber sie sind immer bereit, zuzuhören ..." Nicht nur zuzuhören, sondern auch zu kaufen: In der Halle der Bank in New Court drängten sich die Händler. Philipp Roth schreibt, es sei „eine Art königliches Lever, bei dem die Großen der Kunstwelt die Rolle der höchsten Hofchargen spielen". Wenn einer der Brüder das Privatbüro verließ, wendete er sich an den wartenden Händler und fragte: „Was können Sie mir heute zeigen?" Das war oft das Vorspiel zu einem Geschäftsabschluß, bei dem viele tausend Pfund den Besitzer wechselten.

Aber Lord Rothschild war mehr als nur ein Bankier oder Sammler. Er war der führende Jude in England, und weil England die führende Weltmacht war, betrachtete man ihn als das weltliche Oberhaupt des Weltjudentums. Diese nicht näher zu definierende Stellung brachte es mit sich, daß jedes schwierige Problem, das sich irgendwo im Zusammenhang mit dem Judentum ergab, ihm vorgelegt wurde. Sechsunddreißig Jahre lang bekleidete er das Amt des Präsidenten der United Synagogue, einer übergemeindlichen Organisation, die sein Onkel Anthony gegründet hatte. In dieser Eigenschaft bestimmte er mehr oder weniger, welche Persönlichkeit den Posten des Oberrabbiners von England übernahm, obwohl der Kandidat eigentlich gewählt werden sollte. Es kam dabei zu einem so anstrengenden Tauziehen, daß er, nachdem die Sache vorbei war, erschöpft meinte: „Ich hoffe, ich werde eine zweite Oberrabbinerwahl nicht mehr erleben." Zum Regierungsjubiläum der Königin Viktoria im Jahre 1897 überreichte Kardinal Vaughan im Namen der katholischen Untertanen Ihrer Majestät eine Ergebenheitsadresse. Lord Rothschild tat das gleiche für die Juden.

Indessen strömten nach den Judenverfolgungen in Rußland so viele Juden aus Osteuropa nach Großbritannien, daß sich im Parlament die Frage erhob, ob man einschränkende Bestimmungen erlassen sollte. Während Edmond Millionen dafür ausgab, jüdische Kolonien in Palästina zu gründen, suchte Lord Rothschild die Lebensbedingungen seiner Glaubensgenossen im East End von London zu verbessern. Schon 1889 hatte er für die Errichtung eines Gemeindezentrums an der Whitechapel Road £ 20000 angeboten, aber einflußreiche englische Juden, die auf die Rothschilds eifersüchtig waren, widersetzten sich diesem Plan. Die einzige Lösung schien darin zu bestehen, die vielen tausend Einwanderer nach Amerika weiterzuschicken, denn dort wurden sie als Arbeitskräfte dringend benötigt.

Dieses Unternehmen wurde vor allem von dem aus Osteuropa stammenden jüdischen Philanthropen Hermann Landau gefördert. Eines Tages kam Landau nach Hause und fand auf der Straße vor seiner Wohnung eine große Menschenansammlung vor. Es waren eben im Hafen angekommene russische Flüchtlinge. Ohne einen Augenblick zu zögern, fuhr er nach New Court und wurde hier in das Privatbüro der Rothschilds gebeten. Er sagte, die Neuankömmlinge brauchten eine vorläufige Unterkunft, bis man sie über den Atlantik bringen könnte. Das würde während der kommenden fünf Jahre £ 5000 jährlich kosten. Lord Rothschild stimmte zu und versprach, dem Konto von Landau am folgenden Tage £ 30000 gutzuschreiben. „Aber Sie haben sich verrechnet", sagte der Besucher. „Ich brauche nur £ 25000." „Hast du das gehört, Leo?" sagte Natty zu seinem jüngeren Bruder, „Landau hat *Rachmonus* [Mitleid] mit uns."

1902 war die Masseneinwanderung zu einem so brennenden Problem geworden, daß man einen königlichen Ausschuß zur Lösung der Einwandererfrage einsetzte und Lord Rothschild zu seinem Mitglied ernannte. Zu dieser Zeit lernte er auch den gut aussehenden österreichischen Journalisten Theodor Herzl kennen, der schon seit fast sieben Jahren versucht hatte, die Rothschilds für den Zionismus zu interessieren, für die Errichtung eines durch das Völkerrecht geschützten jüdischen Staates in Palästina. Herzl hatte seinen Aufsatz über den jüdischen Staat sogar ursprünglich unter dem Titel *Botschaft an die Rothschilds* geschrieben, weil er glaubte, diese Familie stelle die stärkste Macht dar, die das jüdische Volk seit seiner Zerstreuung besessen habe. Am 7. Juni 1895 schrieb er in sein

Tagebuch: „Wir werden die Verfassung wahrscheinlich nach dem Vorbild der Verfassung von Venedig entwerfen, aber aus deren Fehlern lernen. Wenn sich uns die Rothschilds anschließen, dann wird der erste Doge ein Rothschild sein ..." Aber Herzls Vorstellungen von einem Staat, dem sich alle Juden verpflichten sollten, war die Antithese des Denkens der Rothschilds. Die Existenz der Familie gründete sich darauf, daß sie ihren jeweiligen Heimatländern die Treue hielten, und sie hatten nicht den Wunsch, mit den anderen Juden nach Palästina zu gehen.

Aber Herzl hatte kein Verständnis für irgendwelche Gefühle, die sich von den seinen unterschieden. Im Juni 1895 überschrieb er einen Abschnitt in seinem Tagebuch mit den Worten: „An den Familienrat der Rothschilds". Darin hieß es:

> Ihr älteren Männer werdet uns mit eurem Rat im Hinblick auf die Finanzen, das Bankwesen, die Eisenbahnen und die Politik zur Seite stehen und in unseren diplomatischen Dienst eintreten. Eure Söhne – und ich hoffe, ihr werdet möglichst viele haben – werden ihre Aufgaben in der Armee, dem Diplomatischen Korps usw. je nach ihren Fähigkeiten finden und Provinzen usw. verwalten. Wir werden eure Töchter mit unseren besten Offizieren, fähigsten Künstlern und tüchtigsten Beamten belohnen, oder wir werden sie nach Europa verheiraten, wie die Amerikaner es tun, und das wird, wie ich glaube, sehr nützlich sein ...[1]

Es überrascht nicht, daß Herzls Pläne den Rothschilds nicht gefielen. Baron Edmond reagierte nicht. Die Rothschilds in Wien ließen seine Briefe unbeantwortet. Die Rothschilds in London machten ihm keine Angebote, obwohl eine große Zahl von Mittelsmännern ihnen immer wieder sagten, Herzl wünsche nichts sehnlicher, als mit ihnen zu sprechen. Erst 1902 fand die Zusammenkunft zwischen Lord Rothschild und Herzl statt. Ein anderes Mitglieds des königlichen Ausschusses für Einwandererfragen forderte Herzl auf, vor dem Ausschuß Aussagen zu machen, wahrscheinlich in der Hoffnung, seine Begeisterung für den Zionismus werde ihn veranlassen, zu behaupten, ein guter Jude könne nie ein guter Engländer sein. Natty ahnte das und tat alles, um zu verhindern, daß Herzls Aussage die Einwanderung von Juden nach Großbritannien präjudizierte.

> Um dreiviertel eins [schreibt Herzl] begab ich mich nach New Court, um Rothschild zu besuchen ... Pünktlich um ein Uhr kam ich durch das Tor, ließ mich bei dem Herrn der Heerscharen der Bankiers anmelden und wurde in ein Zimmer geführt, in dem eine kaufmännische Atmosphäre herrschte. In den Ecken standen Schachteln mit Warenproben usw.
>
> Ich hatte noch keine Minute gewartet, als seine Lordschaft hereinkam, ein gut aussehender, anglo-jüdischer alter Herr ... Er hat sehr schöne, große jüdische Augen und ist sehr schwerhörig ... Er glaubte nicht an den Zionismus. (Nach wenigen englischen Begrüßungsworten sprachen wir deutsch miteinander.) Er war kein Zionist. Wir könnten Palästina nie für uns gewinnen usw. Er sei Engländer und wolle Engländer bleiben. Er „wünschte", daß ich dem Einwandererausschuß dies oder jenes sagte und dies oder jenes nicht sagte. Das war zuviel für mich. Ich hatte ihn bereits einige Male unterbrochen, aber jetzt begann ich, ihn so laut anzuschreien, daß er erstaunt und verwirrt den Mund hielt[2].

Aber schließlich trennten sich die beiden doch als Freunde. Herzl machte vor dem Ausschuß eine Aussage, die die jüdische Einwanderung nicht präjudizierte, und obwohl Lord Rothschild Herzls Pläne nicht unterstützen wollte, besänftigte er ihn damit, daß er ihn einen „großen Mann" nannte. Leo de Rothschild lud ihn zu einer Gartengesellschaft ein, und Lady Battersea bemühte sich angelegentlich um ihn. Sie stellte ihn der Schwester Eduards VII., der Prinzessin Louise, vor, was ihn sehr freute.

Lord Rothschild arbeitete täglich im Rahmen des königlichen Ausschusses mit, und als er hartnäckig und leidenschaftlich die Ansicht vertrat, daß die jüdischen Einwanderer für Großbritannien ein Gewinn seien, verfehlte das nicht seine Wirkung. Oft nahm er die Zeugen, die anderer Meinung waren, ins Kreuzverhör, um den Schaden abzuwenden, den ihre Aussagen sonst angerichtet hätten. Gelegentlich befragte er andere Zeugen, die ihm zustimmten, noch einmal, um bestimmte Gesichtspunkte herauszustellen, die zu erwähnen sie aus Nervosität vergessen hatten. 1903 verfaßte der Ausschuß einen Bericht, in dem festgestellt wurde, der „ausländische Einwanderer" sei gesetzestreu, arbeitswillig, sparsam und fleißig. Was ihm vorgeworfen werden konnte, war der Umstand, daß er jetzt in zu großen Massen auftrat, aber das war nicht seine Schuld. Es war jedoch die Grundlage, auf der das Einwanderungsgesetz von 1905 formuliert wurde. Zwar brach es mit einer der großen englischen Traditionen, daß nämlich die Grenzen des Landes allen Verfolgten offenstanden, aber das Gesetz wäre wahrscheinlich noch viel strenger ausgefallen, wenn sich Lord Rothschild nicht darum bemüht hätte, es abzumildern.

Dieser kaum eines Lächelns fähige Autokrat hatte eine besondere Stärke, und sie lag darin, daß er keine Phantasie besaß. Für das Establishment war der Maßstab der Zuverlässigkeit der Mangel an Leichtlebigkeit, und während der ersten zehn Jahre des neuen Jahrhunderts betrachtete man Lord Rothschild als das Finanzorakel der Tories. Zwar war er, der Familientradition folgend, zwanzig Jahre Parlamentsabgeordneter der Liberalen gewesen, aber seine politische Linie konnte nicht anders beschrieben werden als reaktionär. Niemanden hat die Übernahme der Regierungsgewalt durch die Liberalen mit größerer Sorge erfüllt als Nathaniel Rothschild, mit einer Sorge, die gerechtfertigt zu sein schien, als der Radikale aus Wales, Lloyd George, 1908 zum Schatzkanzler ernannt wurde.

Der aus Wales stammende Radikale Lloyd George übernahm 1916 das Amt des Premiers und beeinflußte entscheidend die englische Politik während des Ersten Weltkrieges und danach.

Als Mitglied des Oberhauses wendete sich Lord Rothschild mit scharfen Worten gegen die verantwortungslosen Ideen der neuen Reformer in Großbritannien. 1909 sah sich Lloyd George genötigt, zusätzliche £ 16 000 000 aufzubringen, um die nach dem neuen Gesetz fälligen Altersrenten und die acht neuen Dreadnoughts der britischen Flotte zu bezahlen. Er wollte diesen Betrag durch eine Besteuerung der Reichen zusammenbringen. Die Großgrundbesitzer glaubten, damit habe eine sozialistische Entwicklung eingesetzt und der Sozialismus bedeute für sie „das Ende von allem". Arthur Balfour erklärte, man könne den Besitz nicht dadurch abschaffen, daß man den Reichtum abschaffte, und Lord Rosebery sagte, diese Maßnahmen stellten „keinen Staatshaushaltsplan, sondern eine Revolution" dar. In der City protestierte eine Gruppe unter der Führung von Lord Rothschild gegen die Bewertung des Grundeigentums durch „unverantwortliche Tribunale", von einer Art, die „einem Mitglied des Hauses Stuart den Kopf und einem anderen den Thron gekostet" hätten. Lloyd George ging mit aller Schärfe zum Gegenangriff über:

> In allen diesen Dingen spüren wir zu sehr den Lord Rothschild. Wir sollen in diesem Lande keine Reformen haben, die zur Mäßigkeit führen. Warum nicht? Weil Lord Rothschild an die Peers ein Rundschreiben verschickt hat, in dem er sie auffordert, sich in diesem Sinne zu äußern. Wir brauchen mehr Dreadnoughts. Warum? Weil Lord Rothschild das auf einer Versammlung in der City gesagt hat. Wir dürfen sie, wenn wir sie haben, nicht bezahlen. Warum? Weil Lord Rothschild das auf einer anderen Versammlung gesagt hat. Es darf keine Grundsteuer und keinen Einkommensteuerzusatz geben.

Aquarell von Eugène Lami: Die Barone Alphonse und Gustave mit ihren Familien im Haus an der Avenue Marigny 23. An der Wand das Porträt der Oopjen Coppit von Rembrandt. Dieses Gemälde und sein Pendant, das Porträt von Maerten Soolmans, befindet sich noch heute im Besitz der Familie Rothschild.

Eugene Lami 1882

> Warum? Weil Lord Rothschild im Namen der Bankiers einen Protest unterschrieben hat, in dem es heißt, er werde das nicht zulassen. Es darf keine Erbschaftsteuer geben. Warum? Weil Lord Rothschild als Vorsitzender einer Versicherungsgesellschaft erklärt hat, das sei nicht richtig. Brachliegender Grund und Boden darf nicht besteuert werden. Warum? Weil Lord Rothschild der Vorsitzende einer Industriesiedlungsgesellschaft ist. Es darf keine Altersrenten geben. Warum? Weil Lord Rothschild Mitglied eines Ausschusses war, der behauptete, das könne nicht geschehen. Nun würde ich gerne wissen, ist Lord Rothschild der Diktator in diesem Lande? Sollen alle Möglichkeiten, die zu finanziellen und sozialen Reformen führen, wirklich durch ein Warnschild blockiert werden, auf dem geschrieben steht: „Keine Durchgangsstraße, auf Befehl von Nathaniel Rothschild"?[3]

Obwohl sich diese Angriffe nur gegen Lord Rothschild richteten, gab es doch zahlreiche Mitglieder der neuen liberalen Regierung, die ebenso konservativ waren wie der große Bankier. Der Premierminister Asquith war grundsätzlich dagegen, den Frauen das Stimmrecht zu gewähren, und je militanter die Frauenrechtlerinnen wurden, desto energischer stellte er sich gegen sie. Mr. Asquith glaubte nicht, daß „unsere Legislative" an Ansehen gewinnen würde oder daß „unsere Gesellschaftsordnung" dadurch „bereichert" würde, wenn die Frauen das Stimmrecht hätten, während Lord Curzon ganz unverblümt behauptete, „Großbritannien würde sich bei den anderen Nationen lächerlich machen". Lord Rothschild hielt es natürlich für richtig, in dieser Angelegenheit ebenso seine Meinung zu äußern wie hinsichtlich des Staatshaushaltes und vertrat immerhin eine originelle Ansicht. Auf einer Versammlung der Konservativen Partei in der City sagte er: „Sollte diese unglückselige Maßnahme durch irgendeinen Zufall Gesetz werden, dann wären die meisten Stimmberechtigten in der City von London Putzfrauen, die wahrscheinlich Abgeordnete in das Parlament wählen würden, die nicht geeignet wären, die Interessen der Finanz und des Handels dieses großen Reiches zu vertreten."

Oft zeigte es sich, daß Lord Rothschild mit seiner skeptischen Haltung recht behielt. Als das größte Passagierschiff der Welt, die *Titanic*, 1911 vom Stapel lief, weigerte sich die große Rothschildsche Versicherungsgesellschaft, die *Alliance Assurance Company*, das Schiff zu versichern. Man munkelte, Rothschild habe seinen Geschäftssinn verloren, denn die Prämie war ungewöhnlich hoch, und man hielt das Risiko für sehr gering. Als das Schiff jedoch auf seiner Jungfernfahrt im April 1912 unterging und 1500 Menschen dabei ums Leben kamen, staunten die gleichen Leute über Rothschilds Scharfsinn. Hatte er die Katastrophe kommen sehen, oder besaß er das Zweite Gesicht? – Nein! Die Sache war viel einfacher. Lord Rothschild erklärte, das Schiff sei ihm zu groß vorgekommen, als daß es hätte schwimmen können.

Durch die Vererbung bestimmter Anlagen kommt es gelegentlich zu den eigenartigsten Erscheinungen. Der Erbe von Lord Rothschild, Lionel Walter, folgte der Familientradition nur in einer Hinsicht: er war ein passionierter Sammler. Aber selbst darin unterschied er sich von allen seinen Verwandten, denn er interessierte sich nicht für Kunst, sondern für Insekten. Als Kind sammelte er Schmetterlinge, als Knabe Flöhe und als junger Mann die ausgefallensten Tiere, von Riesenschildkröten bis zu Kasuaren. Einmal stellte er sogar die Ziege von Mr. Alfred in den Schatten und fuhr in seiner Kutsche mit einem Zebragespann über den Piccadilly. Als er die Universität Cambridge besuchte, nahm er eine Familie von Kiwis mit. Bei seinen Forschungen ließ er sich von dem damals bedeutendsten Naturgeschichtler, Professor Albert Newton, leiten, und als er 1889 die Universität

Familienporträts aus einer Miniaturensammlung in New Court: von links nach rechts und von oben nach unten, Lionel, Hannah, Evelyn, Achille, Louise, Mrs. Leopold, Adele, noch einmal Hannah und Bettina.

Der zweite Lord Rothschild, Lionel Walter, mit seinem Zebragespann. Er war ein bekannter Naturhistoriker und soll in seinem ersten Jahr als Parlamentsabgeordneter für Aylesbury eine gute Rede gehalten haben – zum Thema „untermaßige Fische“.

verließ, hatte er eine aus 300 000 verschiedenen Käfern bestehende Sammlung.

Das Sammeln ist ein teures Hobby, und Lord Rothschild war entsetzt, als er feststellte, wieviel Geld sein Sohn dafür ausgab. Er stellte ihm aber doch am Rande seines Parks zwei kleine Häuser für die Unterbringung seiner Sammlungen zur Verfügung, ohne zu ahnen, daß er damit den Grundstein des Zoologischen Museums von Tring legte, das eines Tages mit seinen Nebengebäuden einen ganzen Hektar Land beanspruchen würde.

Der junge Walter war für seinen Vater eine Enttäuschung. Seine Mutter, eine Rothschild aus Frankfurt, vergötterte ihren Sohn und glaubte, er sei zu zart, um eine Schule zu besuchen. Er wurde unendlich verwöhnt und wuchs zu einem fast zwei Meter großen jungen Mann mit einer eisernen Konstitution heran. Er entwickelte jedoch eine pathologische Schüchternheit. Wenn er mit jemandem sprach, schlug er die Augen nieder und flüsterte, oder die Worte kamen abgehackt und viel zu laut heraus.

Doch Lord Rothschild war es gewohnt, daß sich alles nach seinen Wünschen richtete. Er beachtete deshalb die psychischen Schwierigkeiten nicht, unter denen sein Sohn zu leiden hatte, sondern bestand darauf, ihn nach seinen Vorstellungen zu formen. Er zwang Walter, als Offizier bei der Royal Buckinghamshire Yeomanry zu dienen, später mußte er den Posten eines Friedensrichters übernehmen und in die Firma N. M. Rothschild and Sons eintreten. Schließlich wurde er sogar Parlamentsabgeordneter.

Aber das Museum stand dennoch im Mittelpunkt seines Interesses. Er war zwar erst 24 Jahre alt, konnte jedoch zwei ausgezeichnete Wissenschaftler, Ernst Hartert und Karl Jordan, dazu bewegen, als Kuratoren in seinem Museum zu arbeiten. Er vergrößerte seine Sammlung ständig, und jedesmal, wenn es ihm gelang, seinen Schreibtisch in der Bank zu verlassen, eilte er nach Tring und verbrachte die Abende im Laboratorium. Seine Nichte Miriam Rothschild schrieb, seine Begabung für die Finanz habe offenbar nur in einer einzigen Richtung gelegen – in der des Geldausgebens, „und das konnte er so rasch und in so hohen Beträgen, daß es den Leuten in seiner Umgebung den Atem verschlug". Aber der Vater wollte sich mit den Tatsachen nicht abfinden und verlangte seine Mitarbeit in der Bank. Allmählich entwickelte Walter die Geschicklichkeit eines Schuljungen, der den Unterricht schwänzt, und behauptete immer wieder, seine Anwesenheit im Unterhaus sei erforderlich, wenn er in Wirklichkeit in sein naturhistorisches Museum ging oder mit Schmetterlingsnetz und Botanisiertrommel Felder und Wiesen durchstreifte.

Er befand sich ständig in Schwierigkeiten. Manchmal ging es um die Einkommensteuer, dann wieder waren es hübsche Mädchen vom Ballett, meistens aber der Ärger, den er mit seinem Vater hatte. Eines Tages stellte Lord Rothschild fest, daß der Eingang der Bank von zwei jungen Bären blockiert wurde. Ein Tierwärter, der dringend mit „Herrn Walter" sprechen wollte, hatte sie mitgebracht.

Der schlimmste Zwischenfall, der schließlich dazu führte, daß sich Walters Bindung an die verhaßte Bank löste, ereignete sich 1908. Walter brauchte dringend Geld für sein Museum und kam auf den Einfall, sich aus der Lebensversicherung seines Vaters £ 200000 zu verschaffen. Er wußte jedoch nicht, daß Versicherungsgesellschaften die Risiken zu verteilen pflegen. Eine der Firmen, die aufgefordert wurde, einen Anteil des Risikos zu übernehmen, war ausgerechnet die *Allied Insurance Company*, deren Vorsitzender Lord Rothschild war. Als dieser sich die Unterlagen für die Abschlüsse vorlegen ließ, die an einem bestimmten Tage getätigt worden waren, mußte er mit nicht geringem Erstaunen feststellen, daß sein Name als erster auf der Liste stand. Sein Sohn Walter, der fünfzehn ungemütliche Jahre in New Court zugebracht hatte, konnte endlich soviel Zeit in seinem Museum zubringen, wie er wollte. Die Sache hatte auch noch weitere Folgen. Zwar vermachte Lord Natty seinem Sohn Walter eine ansehnliche Geldsumme, aber er enterbte ihn zugunsten seines zweiten Sohnes Charles, eines klugen, aber launenhaften Mannes, der zwar auch wissenschaftliche Neigungen hatte, aber hauptamtlich in der Bank arbeitete, um seinem Vater einen Gefallen zu tun.

Baron Henri de Rothschild, Arzt, Bühnenschriftsteller und Erfinder, auf der Krokodiljagd im britischen Sudan.

Ein weiterer Rothschild in Frankreich betätigte sich indessen auf einem anderen wissenschaftlichen Gebiet. Der Enkel des Onkels Nathaniel, Baron Henri, der in den 1850er Jahren nach einem Unfall auf der Reitjagd nach Frankreich übergesiedelt war, war vier Jahre jünger als Walter. Er studierte Medizin und wurde in den 1890er Jahren praktischer Arzt. Wie alle Rothschilds erfüllte er sich seine Wünsche auf dem kürzesten Wege und baute sich ein Krankenhaus – und wie alle Rothschilds hatte er einige Nebeninteressen, und dazu gehörten Autorennen.

Baron Henri hatte mit dem Neffen von Lord Rothschild, Lionel (einem der Söhne Leos), viel mehr gemein als mit dem Wissenschaftler Walter, denn Lionel hatte von seinem Vater die Autopassion geerbt und unternahm weite Reisen im Kraftwagen durch ganz Europa. Zu Beginn des 20. Jahrhunderts reisten reiche junge Leute wie Lionel und Henri nie ohne ihre Mechaniker, denn das Autofahren war damals noch eine sehr unsichere Sache. Windschutzscheiben und automatische Starter wurden viel später erfunden, und obwohl die Motoren schon stark genug waren, um Geschwindigkeiten bis zu 120 oder sogar 140 Stundenkilometern zu erreichen, waren weder die Straßen noch die Karosserien der Automobile dafür geeignet. Die Wagen waren ungefedert, und die Reifen wurden steinhart aufgepumpt, damit das Fahrzeug die Spur hielt.

1907 behauptete Baron Henri übermütig, er könne die tausend Kilometer von Paris nach Monte Carlo schneller zurücklegen als sein Vetter Lionel. Dieser nahm die Herausforderung an und machte sich in seinem „Mercedes 60“ in Begleitung seines Mechanikers Harper und eines Freundes namens Montgomery auf den Weg nach Süden. Wie beschwerlich eine solche Fahrt werden konnte, zeigte sich sehr bald.

Wir ratterten und holperten [wie Harper berichtet] mit einer Geschwindigkeit von fast 140 Stundenkilometern die Straße entlang, da fühlte ich, daß Mr. Montgomerys Knie an meinem Rücken zuckten und zitterten, dabei aber nicht den Bewegungen des Wagens folgten. Ich lehnte mich nach rechts, mit der Schulter unter das Armaturenbrett gebeugt, um im Windschutz zu bleiben, und blickte zurück auf unseren Passagier. Zu meinem Schrecken sah ich, daß er den Mund weit offen hatte und sein Gesicht, soweit es nicht von der Autobrille, dem Schal und dem Sturzhelm bedeckt war, ganz blau geworden war. Ich legte meinen linken Arm auf die andere Seite, berührte den Besitzer des Wagens, Mr. Lionel, am Knie, zeigte auf unseren Begleiter und gab mit der Hand das Zeichen, die Geschwindigkeit zu verlangsamen. Wir hielten sehr rasch an, und einige Sekunden rang unser Passagier verzweifelt nach Luft. Als er seinen Mund, während wir mit hoher Geschwindigkeit dahinrasten, für einen Augenblick geöffnet hatte, hatte sich der Fahrwind in seiner Kehle verfangen, und er hatte den Mund nicht wieder schließen können. Das war ein unangenehmes Erlebnis, von dem er sich jedoch bald wieder erholte. Ich erinnere mich, daß Mr. Lionel ihm in aller Ruhe empfahl, er solle den Mund auf jeden Fall geschlossen halten – als sei die Tatsache, daß er fast erstickt wäre, nichts Besonderes ...[4]

Nachdem die Bank in Neapel 1861 ihre Pforten geschlossen hatte, gab es nur noch vier Rothschildbanken. 1901, im Jahre der Thronbesteigung Edwards VII., stellte auch die Bank in Frankfurt, die Vorläuferin aller anderen Bankhäuser der Rothschilds, ihre Tätigkeit ein, und es blieben nur noch drei übrig. In Frankfurt hatten die Rothschilds im Lauf der Zeit stetig an Bedeutung verloren. Die Leute sagten, der Grund sei ein Mangel an Vitalität gewesen. Am Main schien die Familie vom Unglück verfolgt zu sein; denn es war den hier lebenden Rothschilds versagt, Söhne zu bekommen. Der alte Amschel war 1855 kinderlos gestorben. Seine Nachfolge hatten zwei Neffen aus Neapel angetreten. Es folgten Mayer Carl, der die Bank 31 Jahre geleitet und in dieser Zeit zwei Töchter bekommen hatte, und dann sein Bruder, Baron Willy, der Vater von drei Töchtern, der die Firma 1886 übernahm und bis zu seinem Tode im Jahre 1901 leitete.

Drei Monate später ging der folgende Rundbrief hinaus:

Es ist unsere traurige Pflicht, Ihnen mitzuteilen, daß als Folge des Ablebens von Baron Wilhelm Karl von Rothschild das Bankhaus M. A. von Rothschild und Söhne liquidiert wird. Die Liquidatoren sind:

1. der ehrenwerte Nathaniel Mayer, Lord Rothschild, London;
2. Baron Edmond de Rothschild, Paris.

Bevor die Familie zu dem Entschluß gekommen war, die Bank zu schließen, hatte sie in großer Eile Beratungen abgehalten, aber niemand in London, Paris oder Wien wollte nach Frankfurt übersiedeln, das um die Jahrhundertwende in die Abhängigkeit Preußens geraten war. Bald kursierten Gerüchte, nach denen Kaiser Wilhelm II. entschlossen sei, die Familie zur

In der Slowakei entstehen um 1828 Begriff und Idee des Panslawismus als sprachlich-kultureller Gemeinsamkeit aller Slawen. Rußland übernimmt die führende Rolle. 1905 Entstehung des Neoslawismus, der imperialistische Ideen fördert.

Eröffnung eines Bankhauses in Berlin zu bewegen. Aber 1901 wuchsen die Spannungen zwischen Deutschland und den beiden Westmächten, Großbritannien und Frankreich, und es geschah nichts.

Das war besonders enttäuschend für Alfred in London, der sich leidenschaftlich für die Außenpolitik interessierte und jahrelang versucht hatte, auf eine freundschaftliche Zusammenarbeit zwischen England und Deutschland hinzuwirken. Manche behaupteten, seine politischen Vorstellungen seien dadurch beeinflußt worden, daß er das Ehrenamt eines österreichischen Generalkonsuls innehatte, ein Amt, das von Nathan auf Lionel und dann von Lionel auf ihn übergegangen war. Vielleicht liegt darin sogar ein Körnchen Wahrheit, denn Alfred war sich deutlicher als die meisten der scharfen Rivalität bewußt, die auf dem Balkan zwischen Österreich und Rußland bestand. Er war gut über die panslawistische Bewegung unterrichtet, die den russischen Imperialismus beflügelte, und er hat oft behauptet, durch die russische Raubgier werde eher ein Weltkrieg entfesselt werden als durch den deutschen Militarismus.

Als sich die europäischen Mächte in den 1890er Jahren darum bemühten, von China Konzessionen zu erhalten, marschierten die Russen in die Mandschurei ein und weigerten sich, dieses Gebiet wieder zu räumen. Der Kolonialminister Joseph Chamberlain betrachtete die russische Expansion als ernste Bedrohung des Britischen Weltreiches. 1889 schrieb er: „Sowohl in China als auch anderswo liegt es in unserem Interesse, daß Deutschland den Russen den Weg verlegt. Ein Bündnis zwischen Deutschland und Rußland ist das ..., was wir zu fürchten haben ...“

Joseph Chamberlain und Alfred de Rothschild waren hier einer Meinung. England durfte sich nicht länger in der *Splendid Isolation* verschanzen. Es mußte auf dem europäischen Kontinent Verbündete gewinnen. Wenn es nicht gelang, mit Deutschland, das zur Tripelallianz gehörte, ins Einvernehmen zu kommen, dann mußte England sich an Frankreich, eines der Mitglieder der Zweierallianz, wenden. Alfred lud Chamberlain und den deutschen Botschaftssekretär, Baron von Eckardstein, der die Geschäfte für den kränkelnden deutschen Botschafter, Graf Hatzfeld, führte, zu intimen Dinners in sein Haus ein. Eckardstein war mit einer Tochter des Kaufhausmagnaten Sir Blundell Maple verheiratet und war englischer als ein Engländer. Er befürwortete leidenschaftlich die deutsch-englische Annäherung und bemühte sich während des ganzen Jahres 1900 darum, sie zustande zu bringen. Alfred, der Rußland zum Teil wegen der russischen Außenpolitik und zum Teil wegen der Judenverfolgungen haßte, setzte seinen Einfluß in der City dafür ein, daß der zaristischen Regierung die Anleihen verweigert wurden, um die sie sich ständig bemühte. Eckardstein berichtet:

Ich erinnere mich an ein Mittagessen im Frühjahr 1900 mit Alfred Rothschild in seinem Citybüro in New Court, bei dem der russische Agent Rothstein sich überraschend anmelden ließ. Der Diener hatte kaum den Namen Rothstein ausgesprochen, als Alfred Rothschild erregt ausrief, „ich werde diesen *Chuzpe Ponem*“ [unverschämten Burschen] nicht empfangen.

Der Diener sollte ihm sagen, er habe jetzt für Herrn Rothstein keine Zeit, kam aber mit der Meldung zurück, Herr Rothstein sei im Auftrage von Graf Witte in einer sehr wichtigen geschäftlichen Angelegenheit zur Firma Rothschild nach London gekommen, und er müsse einen persönlichen Brief des russischen Finanzministers überbringen. Darauf geriet mein sanfter und liebenswürdiger Freund Alfred regelrecht in Wut. Er ließ seinen Sekretär kommen und sagte diesem, er solle Herrn Rothstein ausdrücklich erklären, er werde ihn nicht empfangen, auch wenn er zwanzig Briefe des Zaren von Rußland zu überbringen habe[5].

Offenbar ließ sich Herr Rothstein nicht einmal durch diese harten Worte entmutigen. Er hatte natürlich schon versucht, Lord Rothschild und Mr. Leo zu sprechen, die jedoch angeblich in Epsom Downs waren. Er ließ sich eine Zeitung geben und sagte, er werde warten, um Mr. Alfred beim Fortgehen abzupassen. Aber Mr. Alfred war darauf vorbereitet. Er gab seinem Kutscher den Befehl, in der Cannon Street auf ihn zu warten, und führte Eckardstein über die Hintertreppe durch den Keller und zum Dienstbotenausgang hinaus. Am folgenden Tage empfing Lord Rothschild Herrn Rothstein. Aber Alfred errang einen moralischen Sieg, denn es stellte sich heraus, daß Rothstein keinen Brief des Grafen Witte mitgebracht hatte und nur über eine neue Anleihe verhandeln wollte, die ihm nicht gewährt wurde.

Die Gespräche zwischen Chamberlain und Eckardstein machten gute Fortschritte, als Königin Viktoria 1901 starb und Kaiser Wilhelm II. nach Windsor an das Sterbebett seiner Großmutter kam. Er ließ sich über die politische Lage auf dem laufenden halten, und als er durch Baron von Eckardstein von dem Vorschlag Chamberlains hörte, ein englisch-deutsches Abkommen zu schließen, schickte er seinem Kanzler ein begeistertes Telegramm: „Es scheint also, ‚sie kommen'. Darauf haben wir nur gewartet."

Aber die Begeisterung des Kaisers war verfrüht. Dem Grafen von Bülow gelang es unter dem Einfluß der „grauen Eminenz" im Auswärtigen Amt, des Barons Holstein, das Angebot mit einer kalten Dusche abzuschlagen. Obwohl Eckardstein die deutsche Botschaft warnte und sagte, wenn England sich nicht mit Deutschland verständigen könne, müsse es sich an Frankreich wenden, weigerten sich die Beamten, daran zu glauben. „Die angedrohte Verständigung zwischen Rußland und Frankreich ist ein regelrechter Betrug", schrieb Holstein an den ranghöchsten Diplomaten im Gefolge des Kaisers. „Die Zeit ist auf unserer Seite... Ein vernünftiges Übereinkommen mit England... wird erst in Reichweite sein, wenn England sich noch mehr in die Enge getrieben sieht als heute..."

Indessen wurde die deutsche Presse ermutigt, sich mit Schmähungen gegen die britischen Expeditionsstreitkräfte in Südafrika zu wenden und die königliche Familie lächerlich zu machen. 1902 schrieb Alfred de Rothschild einen Brief an seinen Freund Eckardstein, der, wie er hoffte, an den Kanzler von Bülow weitergegeben werden würde:

> Man wäre hier froh, zu hören, daß die Karikaturen unserer königlichen Familie, die in Deutschland auf der Straße verkauft wurden, von der Polizei beschlagnahmt worden wären. Mit einem Wort, in den letzten Jahren ist die deutsche Politik gegenüber England eine Art Politik der Nadelstiche gewesen, und obwohl eine Nadel kein sehr wirksames Instrument ist, können wiederholte Stiche einem eine Wunde beibringen; und da ich von ganzem Herzen hoffe und bete, daß es keine schwere Wunde sein wird, wage ich Ihnen diese Zeilen zu schreiben in der Hoffnung, daß Sie dem Grafen Bülow klarmachen werden, wie schwierig meine Stellung in dieser Angelegenheit gegenüber der britischen Regierung geworden ist; denn ich habe seit so vielen Jahren alles in meiner Macht Stehende getan, und ich glaube jetzt, daß man nicht gebührend den großen Vorteil würdigt, der in einer echten Verständigung mit England liegt...[6]

Die Bemühungen Alfreds führten zu nichts, und drei Jahre später schloß sich Großbritannien der berühmten Entente mit Frankreich an.

Kolonialpolitischer Ausgleich zwischen Frankreich und England durch die Entente cordiale (1904).

Niemand bedauerte das Zustandekommen eines Bündnissystems, das Österreich in das Lager der Gegner von Großbritannien und Frankreich drängte, tiefer als Baron Albert von Rothschild in Wien. Als Bruder von

Ferdinand und Alice aus Waddesdon und als Schwiegersohn des Barons Alphonse beklagte er die immer tiefer werdende Kluft, die so ganz und gar nicht der Familientradition entsprach. Doch nichts konnte ihn daran hindern, auch weiterhin der vollkommene Rothschild zu bleiben. Er leitete die Bank, ließ seine Pferde im Derby laufen, kaufte das erste Automobil, das auf den Straßen der Hauptstadt zu sehen war, veranstaltete musikalische Soireen, sammelte Kunstwerke, lud den Adel an den Wochenenden zu großen Jagden ein und fand sogar die Zeit, das Matterhorn zu besteigen, eine ganz unrothschildsche Freizeitbeschäftigung. Zwei seiner fünf Söhne waren geistig behindert. Georg mußte in einem Irrenhaus untergebracht werden, und Oskar nahm sich das Leben. Nur einer der drei anderen interessierte sich für Finanzangelegenheiten. Als Albert drei Jahre vor Ausbruch des ersten Weltkrieges starb, überließ er die Leitung der Bank seinem dritten Sohn, Baron Louis.

Ebenso wie in Österreich nahm auch in Frankreich eine neue Generation die Zügel in die Hand. Baron Alphonse wurde 1905 zu Grabe getragen, als sein Erbe, Édouard, 37 Jahre alt war, während sein Bruder Gustave, dem sein einunddreißigjähriger Sohn Robert folgte, wie Albert aus Wien 1911 starb. 1898 war Ferdinand in England gestorben, und seine Schwester Alice übernahm den Besitz in Waddesdon. Sie war zwar kaum die Vertreterin einer neuen Generation, führte aber einen ganz neuen Lebensstil ein. Während Ferdy an seinen Wochenendgesellschaften viel Freude gehabt hatte, bei denen er zahlreiche Gäste bewirtete, zog die „allmächtige“ Miss Alice die Vorhänge zu, um die wertvollen Brokatstoffe vor dem Sonnenlicht zu schützen, verbat sich das Rauchen außer im Rauchzimmer und beschränkte sich auf die steifen Lunchs und Dinners, die so typisch für das Viktorianische Zeitalter waren.

In London jedoch lebten die drei großartigen Brüder während der ganzen Regierungszeit Edwards ebenso wie der junge König selbstverständlich auch weiterhin im Luxus, obwohl sie jetzt schon ältere Herren waren und unter den bei sehr reichen Leuten so häufigen Magenbeschwerden litten.

Die faszinierendste Persönlichkeit dieser Periode in der ganzen Familie Rothschild war aber Baron Edmond in Paris. Der große jüdische Staatsmann Ben Gurion schrieb 1951: „Es ist zweifelhaft, ob es in der fast zweitausend Jahre dauernden Periode, in der die Juden im Exil gelebt haben, eine Persönlichkeit gegeben hat, die der bemerkenswerten Gestalt des Barons Edmond de Rothschild, des Gründers der jüdischen Siedlungen im Heimatland, gleicht oder mit ihr verglichen werden kann...“[7]

Edmond ließ immer mehr Geld nach Palästina fließen – mehr als alle anderen Juden in der Welt zusammen genommen –, um zu erreichen, daß die dortigen Kolonien sich selbst erhalten konnten. Es gab viele, die ihn anfeindeten und behaupteten, er baue auf Sand, und die prophezeiten, der steinige, ausgedorrte Boden werde sich nie kultivieren lassen. Baron Maurice de Hirsch zum Beispiel kaufte weite, fruchtbare Landstriche in Argentinien, auf denen er Hunderte von Flüchtlingen ansiedelte. Er drängte Edmond, seinem Beispiel zu folgen, aber dieser ließ nicht von seinem Traum ab, Israel wiederherzustellen. Es war der gleiche Traum, der auch Herzl fasziniert hatte, doch Edmond wollte ihn in aller Stille verwirklichen und nicht dadurch, daß er lautstark dafür Propaganda machte.

Der Baron war aber ein Diktator, der von den Kolonisten erwartete, daß sie ihm bedingungslos gehorchten. Als er 1899 seine dritte Palästinareise unternahm, war er über die endlosen Streitigkeiten und Beschwerden

Baron Edmond de Rothschild überwachte wie ein Diktator die Verwaltung der Gelder, die er in der Frühzeit des Zionismus für den Kauf und die Urbarmachung von Land in Palästina zur Verfügung stellte.

zutiefst deprimiert. Zwei Jahre später schickten die palästinensischen Juden eine Delegation nach Paris, um ein „offenes Wort" mit dem „angesehenen Wohltäter" zu sprechen. „...Wenn sie das Yishuf [die jüdische Siedlung] retten wollen, dann lassen Sie erst einmal die Finger davon", sagte ihr Sprecher, „und ... erlauben Sie es endlich den Kolonisten, selbst das zu verbessern, was verbessert werden muß..." Aber Baron Edmond erwiderte ärgerlich: „Ich habe das Yishuf geschaffen, ich ganz allein. Deshalb hat niemand, weder Kolonisten noch Organisationen, das Recht, mir in meine Pläne hineinzureden..."[8]

Edmond beanspruchte nicht nur diktatorische Vollmachten im Rahmen seiner Verwaltung, sondern kaufte auch neues Land und errichtete Kolonien an strategischen Punkten in Judäa, Samaria und Galiläa. Er erklärte, das seien Festungen für den Fall, daß das Land später einmal bedroht werden sollte, Festungen, deren Wert sich ein halbes Jahrhundert später erweisen sollte.

In der zionistischen Bewegung rückte jetzt jedoch ein neuer Mann an die Spitze. Herzl war 1904 gestorben, und an seine Stelle trat im Verlauf der Zeit der russische Jude Chaim Weizmann, der später der erste Präsident des Staates Israel werden sollte. Er hatte sich zunächst in Manchester niedergelassen und besaß einen fast magischen Einfluß auf die führenden englischen Juden. Als höchst geschickter Diplomat war Weizmann viel taktvoller als Herzl und stellte sehr bald die Verbindung zum „Vater des Yishuf" her. 1913 traf er mit Edmond zusammen und schrieb über diese Begegnung:

Als ich Baron Edmond kennenlernte, war er schon über sechzig Jahre alt. Er war sehr lebhaft, wirkte etwas dandyhaft, besaß jedoch reiche Erfahrungen und war sehr intelligent. Er hatte in jeder Hinsicht einen kultivierten Geschmack. Das zeigte sich in seinem Anzug, in seinem Haus – oder vielmehr seinen Häusern –, seinen Möbeln und seinen Gemälden, und es umgab ihn immer noch die Atmosphäre des Lebemannes, der er einst gewesen war. Er konnte sowohl zuvorkommend als auch brutal sein. Darin zeigte sich eine gespaltene Persönlichkeit; denn auf der einen Seite war er sich seiner Macht bewußt und deshalb arrogant, auf der anderen fürchtete er sich davor, und deshalb wirkte er manchmal, als müsse er sich vor etwas verstecken[9].

Der Baron sagte Herrn Weizmann, er wolle für die Gründung einer hebräischen Universität in Palästina Geld zur Verfügung stellen. „Diese Mitteilung kam ganz unerwartet, denn für uns war der Baron der reiche Autokrat, der sich ausschließlich für die philanthropischen Aspekte des jüdischen Problems interessierte und den politischen Zionismus ablehnte. Darin irrten wir uns, aber das war nicht unsere Schuld, denn der Baron war nicht der Mann, der seine inneren Beweggründe preisgab. Einmal tat er das nicht, weil es nicht seinem diktatorischen Temperament entsprach, und zum zweiten konnte er es nicht, weil er sich wahrscheinlich selbst nicht verstand." [10]

Als Baron Edmond 1914 Palästina wieder einen Besuch abstattete, nachdem er fünfzehn Jahre nicht dort gewesen war, wurde er begeistert empfangen.

Im Verlauf der Jahre rückte Edmond der zionistischen Bewegung immer näher, und 1914 stellte Weizmann zu seiner Freude fest, daß Edmond sich entschlossen hatte, Palästina noch einmal einen Besuch abzustatten, um zu sehen, welche Fortschritte man gemacht habe. Er war fast fünfzehn Jahre nicht mehr in seinen Kolonien gewesen. Wieder reiste er mit seiner Frau auf seiner großen Dampfjacht und ging auf der Reede von Jaffa vor Anker.

Edmond traute kaum seinen Augen. Tel Aviv war zur Großstadt geworden, und seine elenden, dem Wüstenwind ausgesetzten Kolonien hatten sich in blühende Gärten verwandelt. Soweit das Auge reichte, sah man Orangenhaine und Weingärten, und überall erblickte man neuangelegte Pflanzungen von Oliven, Äpfeln und Kirschen, die aus artesischen Brunnen bewässert wurden.

Diesmal glich die Reise Edmonds der Rückkehr eines Fürsten, der im Exil gelebt hatte, zu seinem Volk, Er bereiste das untere Galiläa und besuchte Petach Tikvah, Mikveh Israel, Rishonle-Zion, Rehoboth, Ekron, Nachlath Yehuda und Ness Ziona. Man bereitete ihm überall einen so begeisterten Empfang, daß er oft den Tränen nahe war. Als die Kolonisten von Rosh Pinah ihn baten, ihre Kolonie durch seine Gegenwart zu ehren, schüttelte er, von seinen Gefühlen überwältigt, den Kopf und sagte: „Ich bin alt und schwach. Bald wird mein Sohn James zu Ihnen kommen, und er wird auf hebräisch zu Ihnen sprechen." Baron Edmond konnte nicht wissen, daß er, so alt er sich jetzt auch schon fühlen mochte, noch weitere zwanzig Jahre leben würde und daß James dazu bestimmt war, in der britischen Armee zu dienen, die später einmal Palästina eroberte und besetzte. James löste das Versprechen seines Vaters ein. Er besuchte Rosh Pinah und sprach hebräisch zu den Bewohnern. Auch Edmond selbst schloß sich zu guter Letzt der zionistischen Bewegung an. Als er nach Paris zurückgekehrt war, sagte er zu Weizmann: „Ohne mich hätte der Zionismus keinen Erfolg gehabt, aber ohne den Zionismus hätte mein Werk einen tödlichen Schlag erlitten.“ [11]

Erster Weltkrieg: Anlaß Ermordung des österreichischen Thronfolgerpaares in Sarajewo am 28. Juni 1914; Kriegserklärung Österreich-Ungarns an Serbien am 28. Juli 1914.

Was die Historiker heute auch über die Unvermeidlichkeit des Ersten Weltkrieges schreiben mögen, der Kriegsausbruch kam überall für die Masse der Menschen als ein plötzlicher Schock. Die Beziehungen zwischen Großbritannien und Deutschland waren 1914 besser als zwanzig Jahre zuvor. Zu Beginn des Jahres hatte der Schatzkanzler, Lloyd George, sogar noch zuversichtlich behauptet: „Der Himmel ist noch nie so blau gewesen wie jetzt.“ Dann kam das Attentat von Sarajewo, und diese Flamme setzte Europa in Brand. Ebenso wie die regierenden Fürstenhäuser sah sich auch die Familie Rothschild gezwungen, die Familiensolidarität aufzugeben und den Ländern die Treue zu bewahren, die sie sich jeweils zur Heimat gewählt hatten.

Lloyd George in England hatte vor nicht langer Zeit von Lord Rothschild indirekt als von einem „Philister“ gesprochen und in recht undezenter Weise hinzugefügt, nicht alle Philister seien unbeschnitten. Doch jetzt lag dem Schatzkanzler viel daran, mit seinem politischen Gegner Frieden zu schließen. Er bat den Bankier um einen Besuch und wollte mit ihm darüber sprechen, welche Maßnahmen man ergreifen könnte, um die Währungsstabilität zu garantieren. Wie berichtet, erwartete er seinen Besucher mit einiger Sorge; denn er war sich der Tatsache wohl bewußt, daß er über das Haus Rothschild mehr als einmal nicht so gesprochen hatte, wie man es dort gewohnt war. Als Lloyd George seinem Besucher zur Begrüßung die Hand reichte, sagte er: „Lord Rothschild, es hat zwischen uns gewisse politische Unstimmigkeiten gegeben.“ Aber Natty ging mit einer Handbewegung über diesen Entschuldigungsversuch hinweg und sagte in seiner berühmten Knappheit: „Für so etwas haben wir jetzt keine Zeit. Wie kann ich Ihnen helfen?“ Lloyd George schreibt: „Ich sagte es ihm, und er verpflichtete sich sofort, es zu tun. Dann tat er es.“

Die Rothschilds in allen drei Ländern taten, was in ihren Kräften stand. James de Rothschild, einer der Söhne von Baron Edmond, trat nacheinander in die Dienste dreier Armeen; zuerst wurde er französischer, dann kanadischer und schließlich britischer Soldat. Der Sohn von Baron Albert in Österreich, Eugen, wurde an der russischen Front schwer am Bein verwundet, während Leo in England die traurige Nachricht erhielt, daß sein Sohn Evelyn im Kampf gegen die Türken in Palästina gefallen war. Der zweiundvierzigjährige Arzt Baron Henri in Paris entwarf Sanitätsfahrzeuge, ließ sie bauen und an die Front bringen, und in London stellte der zweiundsiebzigjährige Alfred, als er erfuhr, daß Grubenholz für die Schützengräben benötigt wurde, seine schönen Parkbäume in Hulton dafür zur Verfügung. Am 28. Februar 1917 schrieb er an den Premierminister: „Ich bin kein Fachmann und weiß nicht, welches Bauholz man als Grubenholz verwenden kann, aber da ich in meinen Wäldern in Hulton so viele Fichten habe, nehme ich an, daß sich wenigstens einige davon eignen werden. Darf ich Sie um die Freundlichkeit bitten, mir einen Fachmann zu schicken, der sicher Genaueres feststellen wird. Ich würde mich aufrichtig freuen, wenn mein Angebot einen praktischen Nutzen hätte.“ [12]

Sein Wunsch wurde erfüllt, und es wurden viele Bäume geschlagen und abtransportiert.

Die drei großartigen englischen Brüder starben im Lauf der vier Kriegsjahre. Im Frühjahr 1915 erbte der exzentrische Lionel Walter den Titel des zweiten Lords Rothschild. Er war fasziniert von den Ideen Weizmanns und unterstützte leidenschaftlich die Sache des Zionismus, und zwar zum Ärger seiner meisten Verwandten, die sich nicht mit dieser Idee befreunden konnten. Ein Rothschild – niemand weiß, welcher es gewesen ist – bezeichnete einen Zionisten als „einen amerikanischen Juden, der einem englischen Juden Geld gibt, damit er einen polnischen Juden nach Palästina bringt". Die unversöhnlichste Gegnerin von Walter ist vielleicht die Witwe von Leo, seine Tante Maria, gewesen. Als Leos Sohn Evelyn in Palästina gefallen war, schrieb sie sogar an die zionistische Organisation und verbat es sich, daß daraus eine Affäre gemacht würde. Mit anderen Worten, sie wollte es verhindern, daß der Soldatentod ihres Sohnes dramatisiert würde, so, als habe er sein Leben für die Befreiung Palästinas geopfert. Die Empfänger ihres Briefes waren überrascht, denn sie hatten gar nicht daran gedacht, so etwas zu tun.

Als die Alliierten die Türken im ganzen Nahen Osten in die Defensive gezwungen und sich in Palästina festgesetzt hatten, gab der britische Außenminister, Mr. Arthur Balfour, dem Druck der Zionisten nach und veröffentlichte eine Absichtserklärung. Diese berühmte Deklaration richtete er nicht an den Oberrabbiner und auch nicht an Weizmann, sondern an den zweiten Lord Rothschild, denn sein Name hatte noch immer einen magischen Klang.

Foreign Office
2. November 1917.

Lieber Lord Rothschild,

„Ich habe das außerordentliche Vergnügen, Ihnen im Namen der Regierung Seiner Majestät die folgende, dem Kabinett unterbreitete und von ihm gebilligte Erklärung der Sympathie mit den jüdischen zionistischen Bestrebungen zu übermitteln:

„Seiner Majestät Regierung betrachtet mit Wohlwollen die Errichtung einer nationalen Heimstätte für das jüdische Volk in Palästina und wird die größten Anstrengungen unternehmen, das Erreichen dieses Ziels zu erleichtern, wobei selbstverständlich nichts unternommen werden soll, was die bürgerlichen und religiösen Rechte bestehender jüdischer Gemeinschaften in Palästina oder die staatsbürgerliche Rechtsstellung der Juden in anderen Ländern präjudizieren könnte."

Ich wäre Ihnen dankbar, wenn Sie diese Erklärung der zionistischen Vereinigung zur Kenntnis bringen wollten.

Ihr ergebener
Arthur Balfour

Sehr bald nach der Veröffentlichung dieses Briefes beschloß Walter Rothschild, sich aus dem öffentlichen Leben zurückzuziehen. Er war Wissenschaftler und nicht Politiker und weigerte sich jetzt, noch länger irgendwelchen Ausschüssen anzugehören oder Versammlungen zu besuchen. Er kehrte nach Tring Park zurück, wo er sich aufs neue mit seinen Vögeln, Käfern und Flöhen beschäftigte. Eine Ironie des Schicksals hatte es gewollt, daß der Erbe des ersten Lords Rothschild, ein so entschieden unpolitischer Mann, in die Geschichtsbücher hineinstolpern mußte, weil er während einer kurzen Periode etwas mit dem Zionismus zu tun gehabt hatte. Aber ein Mitarbeiter von Dr. Weizmann, Nahum Sokolow, sagte, die Balfour-Deklaration sei „an den Lord und nicht an das jüdische Volk gerichtet worden, weil dieses keine Adresse hatte, während der Lord eine sehr vornehme besaß".

10 Die Jahre zwischen den Weltkriegen

(1918–1939)

Als sich 1918 der Rauch der Geschütze auf den Schlachtfeldern verzogen hatte, schrieb ein Zeitgenosse: „Nichts ist dasselbe geblieben, nicht einmal die Rothschilds.“ Nichts als der legendäre Zusammenhalt in der Familie. Das erste, was die nun zu den Siegern gehörenden französischen und englischen Rothschilds taten, war es, daß sie die österreichischen Rothschilds wieder auf die Füße stellten. Das Bankhaus S. M. Rothschild und Söhne in Wien wurde nicht, wie die Banken in London und Paris, von mehreren Brüdern Rothschild geleitet, sondern nur ein einziger Angehöriger der Familie führte das Zepter, wie er es für richtig hielt. Weil zwei Söhne von Baron Albert, Alphonse und Eugene, den Vater von ihrer Fähigkeit überzeugt hatten, auch ohne Arbeit ein angenehmes Herrenleben führen zu können, übergab er die Leitung der Bank seinem dritten Sohn Louis. Dieser hochgewachsene, schlanke, blonde Rothschild, der „den Eindruck eines angelsächsischen Aristokraten machte, wenn er nicht in die Synagoge gegangen wäre“, war vierunddreißig Jahre alt, als der Krieg zu Ende ging. Wie seine beiden Brüder hatte er in der österreichischen Armee gedient und war glücklich, mit dem Leben davongekommen zu sein. Doch das finanzielle Chaos, das ihn erwartete, war alles andere als ermutigend.

Vor dem Kriege war das Bankhaus Rothschild das größte im Habsburgerreich gewesen, eine Macht, mit der man in ganz Mitteleuropa rechnen mußte. Aber kurz nach der Jahrhundertwende hatte die deutsche Flottenrüstung Lord Rothschild veranlaßt, genau zu überlegen, was mit dem Gesamthaus Rothschild geschehen könnte, wenn es zu kriegerischen Auseinandersetzungen kam. Bei den bestehenden Bündnissystemen war es klar, daß Österreich auf der einen und Frankreich und England auf der anderen Seite stehen würden. Da eine Seite verlieren mußte, konnten die Rothschilds nicht gewinnen, das heißt, wenn die Familie ihre Bankhäuser nicht zu drei jeweils ganz selbständigen Firmen umorganisierte.

Zum Glück hatte Lord Rothschild 1908 genau dies getan; denn elf Jahre später verlor Österreich durch den Vertrag von Versailles Tausende von Quadratkilometern, die Monarchie stürzte, und die Republik wurde ausgerufen. Das neue Österreich war nur noch ein Schatten seines früheren Selbst. Vor 1918 war Wien die Hauptstadt eines Landes mit 53 Millionen Einwohnern gewesen. Jetzt war die Bevölkerungszahl auf 7 Millionen zusammengeschrumpft. Der Wechselkurs der österreichischen Krone (und der deutschen Mark) reagierte heftig und begann einen langandauernden Abstieg. Baron Louis kaufte für viele Millionen Staatspapiere, um damit

Unterzeichnung des Friedensvertrages von Versailles am 28. Juni 1919.

Unterzeichnung des Friedensvertrags zwischen Deutsch-Österreich und den Siegermächten in St-Germain-en-Laye am 10. September 1919. Frieden mit Ungarn im Vertrag von Trianon am 4. Juni 1920.

Der hochgewachsene, schlanke, blonde Chef der Bank in Wien, Baron Louis, war nicht nur ein guter Polospieler und passionierter Jäger, sondern auch ein sehr gebildeter Mann.

den Markt zu beruhigen, aber seine Konkurrenten fühlten sich dem neu entstandenen Staat nicht in dieser Weise verpflichtet. Der größte Gegenspieler von Louis, Herr Castiglione, drückte die Währungskurse durch Verkäufe und verdiente ein Vermögen.

Man erzählte sich hinter vorgehaltener Hand, die österreichischen Rothschilds seien erledigt, und ihre Paläste und Kunstschätze würden bald unter den Hammer kommen. Aber nicht nur die Währungskurse der deutschsprachigen Länder fielen. Auch der französische Franc steckte sich an und riß mit einer Art Dominoeffekt die Kurswerte des Pfundes und des Dollars mit. In all diesen Vorgängen war kein Sinn zu erkennen. Conte Corti schrieb: „In einer Weise, die für den mit einem normalen Menschenverstand begabten Laien völlig unverständlich ist, spekulierten auch die erfahrensten Finanzleute in Deutschland und Österreich darauf, daß die Währung des mächtigsten Siegerstaates [Frankreichs] fallen werde ... Man prophezeite dem Franc das Schicksal der Mark und der Krone."

Wieder stürzte sich Herr Castiglione ins Getümmel. Französische Francs wurden in atemberaubend hohen Beträgen auf den Markt geworfen, und er drückte sie auf einen ebenfalls atemberaubenden Kurs herunter. Dann ereignete sich das Unerwartete. Über Nacht stabilisierte sich der Franc und begann mit erstaunlichem Tempo in die Höhe zu schnellen. Die Fachleute waren erstaunt, und der unglückliche Castiglione verlor so viel Geld, daß er aus dem Geschäft aussteigen mußte. Was war geschehen? Es war die alte Geschichte. Die französischen Rothschilds hatten ein geheimes Konsortium gebildet, diesmal mit J. P. Morgan aus New York, der erkannt hatte, daß im Falle einer schweren französischen Wirtschaftskrise die ganze Welt, auch Amerika, hineingezogen werden würde.

Auf ein verabredetes Zeichen hin stützten die Rothschilds und die Morgans den Franc, was natürlich Kursverluste der Sterlingwährung zur Folge hatte. Da sie jedoch die Bewegungen auf dem Markt bestimmten, verdienten sie in jedem Falle, ob die Kurse nun stiegen oder fielen. Natürlich weihten sie auch die österreichischen Rothschilds in ihr Geheimnis ein und sagten ihnen auf den Tag genau voraus, wann der Franc wieder steigen werde. Die Bank in Wien strich daher so riesige Gewinne ein, daß sie die im Krieg erlittenen Verluste fast wettmachte. Baron Louis verschickte wieder Einladungen zu einem Ball, den er in seinem Haus an der Prinz-Eugen-Straße gab. Er veranstaltete Jagden in Böhmen und legte sich die besten Polopferde Österreichs zu.

Auch die französischen Rothschilds profitierten und nahmen einer nach dem anderen den gewohnten Lebensstil in Paris wieder auf. Der Erbe von Alphonse, Baron Édouard, bezog sein riesiges Haus an der Rue Saint Florentin 2 in der Nähe des Place de la Concorde, während der Sohn von Gustave, Baron Robert, mit seiner Familie in das noch größere Haus an der Avenue de Marigny 23 übersiedelte. Der 75 Jahre alte Baron Edmond empfing 1920 seine Besucher wieder an der Rue du Faubourg Saint-Honoré 41, während Baron Henri in einem Stadthaus, dem heutigen Cercle Interallié, das fast so groß war wie der Elyséepalast, seine Gesellschaften gab. Daneben bewohnte er das neu erbaute La Muette, den späteren Sitz der Europäischen Organisation für Wirtschaftliche Zusammenarbeit, die 1948 zunächst für die Verwaltung der Marshallplanhilfe gegründet worden war.

Die Barone Édouard und Robert leiteten die Bank, aber in ganz anderer Weise als ihr Großvater Jacob und ihre Väter Alphonse und Gustave. Sie waren sehr reich, sehr still und sehr passiv und interessierten sich mehr

Der Sohn von Baron Gustave, Baron Robert de Rothschild, leitete gemeinsam mit seinem Vetter Édouard das Bankhaus in Frankreich.

Oben: Karikatur von Henri de Rothschild, der als „Krösus" mit Mlle. Dorziat, einer der bekanntesten Gesellschaftsdamen, tanzt.
Unten: Karikatur der beiden Söhne von Baron Edmond, Maurice und James de Rothschild. Die Unterschrift bezieht sich auf James und lautet: „Tout de même, il a le chic Anglais!"

dafür, Kapital für die Familie zu investieren, als sich auf neue geschäftliche Unternehmungen einzulassen. Irgendwie hatte der Krieg den Unternehmungen der Rothschilds die Dynamik geraubt. Wer das fürchterliche Blutbad überstanden hatte, war dankbar dafür, daß er noch lebte, und streckte wie Pflanzen, die dem Sonnenlicht entgegensteigen, die Hände nach einem Gut aus, das der Rothschild-Tradition ganz und gar nicht entsprach: nämlich nach Müßiggang im Wohlstand.

Es gab reichlich Gelegenheit, sich zu amüsieren. Die Rothschilds besaßen nicht nur Häuser in Paris und auf dem Lande, sondern auch Weingüter, Rennställe, Theater, Jachten, Gestüte und Ferienhäuser. Sie amüsierten sich jedoch mit solcher Umsicht, daß nur zwei von ihnen in der Öffentlichkeit dafür bekannt wurden. Der eine war seltsamerweise der Arzt Baron Henri, der Enkel des englischen Nathaniel, der nach seinem Jagdunfall nach Frankreich übergesiedelt war. Der andere war der Sohn des tief religiösen „Vaters von Israel" Edmond, Baron Maurice. Henri glaubte, er habe genug für das Allgemeinwohl getan, als er das „Henri-und-Mathilde-Hospital" in Paris gründete*. Er hatte wissenschaftliche Arbeiten über Pasteurisation und Hygiene geschrieben, einen neuen Krankenwagen entwickelt und für die Frontsoldaten Marmelade wie Zahnpasta in Tuben verpacken lassen. Nun baute er das Théâtre Pigalle in Paris, schrieb unter dem Pseudonym André Pascal Stücke und lud die hübschesten Schauspielerinnen zu Mittelmeerkreuzfahrten auf seiner bezeichnenderweise *Eros* getauften riesigen Jacht ein. Bald übernahm Henris Sohn Philippe die Leitung des Théâtre Pigalle und machte Filmgeschichte, als er in Frankreich den ersten Tonfilm, *Lac aux Dames*, produzierte.

* Das war ein kleines Krankenhaus im Vergleich mit dem *Hôpital Rothschild*, das 1852 von Baron Jacob gegründet wurde und noch heute eines der bedeutendsten von Paris ist.

So erfolgreich Henri auch bei den Damen sein mochte, er wurde von seinem Vetter Maurice bei weitem übertroffen. Dieser schwere und eigentlich häßliche Mann besaß den gewissen Charme, der für viele Frauen unwiderstehlich zu sein scheint. Natürlich schadete es seinem Ruf nicht, daß er sie reichlich mit Juwelen beschenkte. Dadurch wurde er zu einem der begehrtesten Liebhaber der großen Abenteurerinnen der Welt. Aber in seinen letzten Lebensjahren wurde er von einer unscheinbaren jungen Frau betreut. Sie hieß Milly, war von Beruf Krankenschwester und begleitete ihn auf allen seinen Reisen, weil sie, wie er sagte, die gleiche „Blutgruppe" habe wie er. Weil er alt und gebrechlich war, gab ihm Milly die nötige Beruhigung. Man erzählte sich aber auch, er bezahle sie für eine allwöchentliche Bluttransfusion, weil er glaube, sich dadurch seine männliche Kraft zu erhalten.

Doch das Leben von Maurice hatte auch eine ernste Seite, denn er gehörte viele Jahre dem französischen Parlament als Senator für den Bezirk Hautes-Alpes an. Er war ein charmanter Gastgeber, launig und humorvoll und, wenn es um das Geld ging, trotz seiner Eigenheiten ungewöhnlich geschickt. Einige der reichsten Männer Frankreichs konsultierten ihn regelmäßig, und das aus gutem Grund. Als er 1957 starb, hinterließ er ein größeres Barvermögen als jeder andere französische Rothschild vor ihm. Der Erbe war sein Sohn Edmond.

Das Vermögen der englischen Rothschilds war dagegen bis auf die letzten Millionen zusammengeschmolzen. Ironischerweise hatten sie die schwersten finanziellen Verluste hinnehmen müssen. Obwohl Großbritannien weder so schwere Kriegsschäden erlitten hatte wie Frankreich noch besiegt worden war wie Österreich, sahen sich die englischen Partner gezwungen, tiefer in die Tasche zu greifen als ihre Verwandten auf dem europäischen Kontinent. Durch den Tod der drei großartigen Brüder innerhalb von vierundzwanzig Monaten waren in die Reserven der Firma große Lükken gerissen worden, denn die Regierung strich hohe Beträge als Erbschaftsteuern ein. Die Lage hatte sich noch dadurch verschlimmert, daß Alfred nicht der sonst geltenden Regel gefolgt war, den weiblichen Mitgliedern der Familie kein Geld zu hinterlassen, sondern ausschließlich den männlichen. Bei der Testamentseröffnung 1917 stellte sich heraus, daß die Masse des Vermögens, das der Junggeselle hinterließ, größer war als das Vermögen Nattys oder Leos und daß er es seiner natürlichen Tochter, Almina Wombwell, der Frau des Earl of Carnarvon, vermacht hatte. Die Erbin machte mit diesem Geld Geschichte. Sie veranlaßte nämlich ihren Mann, die archäologische Expedition von Howard Carter zu finanzieren, bei der dieser 1922 das Grab und die Schätze des Tutenchamon bei Theben im Niltal entdeckte.

Die junge Generation der englischen Rothschilds machte sich keine Sorgen darum, daß sie nicht mehr so luxuriös leben konnte. Ebenso wie ihre französischen Vettern unterschieden sie sich grundsätzlich von ihren Vätern. Sie lebten in den 1920er Jahren, und der Lebensstil des Viktorianischen Zeitalters gehörte der Vergangenheit an – mit ihm auch eine Haltung, die von manchen als heuchlerisch und hochmütig angesehen wurde. Die Mädchen schnitten sich die Haare ab, trugen kürzere Röcke, waren sogar so pervers, den Busen zu verstecken, und ihre Emanzipation wurde mit Shimmy und Cocktailparty gefeiert. Obwohl es immer noch angenehm war, reich zu sein, war der Dünkel aus der Mode gekommen. Zugleich mit der Pferdekutsche verschwanden auch die livrierten Diener, und die riesigen Stadthäuser in London waren bald so ausgestorben wie die Dinosaurier. Mit dem Sportwagen war ein neues, revolutionäres Zeitalter angebrochen. Man nahm die Dinge leicht, amüsierte sich in den Nightclubs und legte keinen Wert mehr auf Förmlichkeiten – wenigstens nach Einbruch der Dunkelheit.

Die Rothschilds hatten diesen Wandel rasch erfaßt, und es dauerte nicht lange, bis die großen Häuser in London entweder versteigert oder abgerissen wurden. Sie verkauften sogar einige ihrer Landhäuser. Aston Clinton, wo Sir Anthony gelebt hatte, wurde ein ländliches Hotel, während die britische Luftwaffe Halton, wo Alfred seine Gäste so luxuriös bewirtet hatte, kaufte und eine Offiziersschule daraus machte. Der im Jahre 1836 von dem großen Nathan erworbene Landbesitz Gunnersbury Park wurde in ein Museum verwandelt und der Park der Öffentlichkeit zugänglich gemacht.

Die Häuser am Piccadilly wechselten, eines nach dem anderen, den Besitzer. In einigen wurden Klubs eingerichtet, andere wurden abgerissen, um Platz für den Verkehr zu schaffen. Alfreds Haus am Seamore Place verschwand, um von der Curzon Street einen Zugang in die Park Lane zu schaffen, während das Haus Piccadilly 148 abgerissen wurde, um einen neuen Zugang zum Hyde Park zu haben. Doch das alles brauchte Zeit, und zunächst behielten einige Rothschilds noch einige ihrer viel zu großen Häuser. Anthony zog in die Wohnung seines Vaters am Hamilton Place 5 und verbrachte die Wochenenden in Ascott bei Wing. Nattys Witwe, Lady Rothschild, wohnte auch weiterhin am Piccadilly 148 und in Tring Park, und Miss Alice bewohnte bis zu ihrem Tode 1923 den Landsitz Waddesdon. Da sie keine direkten Erben hatte, hinterließ sie den riesigen Besitz ihrem Großneffen, Baron Edmonds ältestem Sohn, James de Rothschild, der 1913 die charmante Engländerin Dorothy Pinto geheiratet hatte und 1919 die englische Staatsbürgerschaft annahm.

James – oder Jimmy – de Rothschild. Seine Passionen waren Pferde, die Politik und die Kunst – in dieser Reihenfolge.

Als gebürtiger Franzose und Wahlengländer war James – oder Jimmy, wie man ihn nannte – auch noch der Nutznießer einer zweiten Erbschaft von einer österreichischen Verwandten, die die britische Staatsbürgerschaft angenommen hatte. So schien dieser Rothschild also eine Mischung von allem zu sein. Abgesehen von der Tatsache, daß er ein Krösus war – als er starb, hinterließ er £ 11 000 000 –, war es nicht möglich, ihn irgendwo einzuordnen. Er war hochgewachsen, schlank, hatte die Allüren eines Lebemannes und hätte ein spanischer Grande oder ein Buchmacher, ein Bibliothekar oder ein Auktionator sein können. Das alles hätte zu seinem Charakter gepaßt. Seine besonderen Passionen waren Pferde, die Politik und die Kunst, und zwar in dieser Reihenfolge. Als er 1896 nach Cambridge ging, begann er, sich für den englischen Sport zu interessieren. Obwohl er ein tüchtiger Schüler gewesen war, begeisterten ihn die Jagd und das Reiten hinter der Meute so sehr, daß er nach einem dreijährigen Aufenthalt in England seinen Vater bat, ihn noch ein weiteres Jahr dort zu lassen. Baron Edmond wollte ihm diesen Wunsch nur erfüllen, wenn er für seine wissenschaftlichen Leistungen einen Preis bekäme. Seine Freunde staunten, als er sich für drei Monate in sein Zimmer einschloß. Aber ihre Überraschung war noch größer, als er mit dem in dieser Zeit verfaßten Aufsatz *Shakespeare und seine Zeit* den Harness-Preis gewann. Zwar wurde Jimmy dann nach Hamburg geschickt, um das Bankfach zu lernen, gab aber seine Verbindungen zur Welt des Reitsports in England nicht auf. Seine Witwe schreibt, er habe lange Nachtfahrten unternommen, um an seinen freien Tagen auf die Jagd zu gehen oder an Reitjagden teilzunehmen.

1915 wurde Jimmy mit der *Distinguished Conduct Medal* ausgezeichnet. Er stellte ein jüdisches Bataillon auf, diente unter Allenby und erlebte das Kriegsende in Palästina. Bald nach Friedensschluß hatte er das Pech, beim Golfspielen in Deauville ein Auge zu verlieren; dem Duc de Gramont war der Schläger ausgerutscht. Doch obwohl das gesunde Auge schwach war, ließ er sich durch den Unfall nicht die gute Laune nehmen. Mit seiner üblichen Gelassenheit klemmte er das Monokel, das er stets trug, einfach auf der anderen Seite vor das blinde Auge und erlebte zu seiner Freude, daß die Sehkraft des anderen Auges zunahm.

„Waddesdon ist kein Erbe, sondern eine Aufgabe", erklärte Lord d'Abernon, als er hörte, daß Jimmy den Besitz übernommen hatte. Aber dennoch gelang es dem Erben, auch noch für andere Dinge Zeit zu finden. Sechzehn Jahre war er liberaler Parlamentsabgeordneter für die Insel Ely, und siebenunddreißig Jahre beschäftigte er sich intensiv mit dem Rennsport. In Waddesdon richtete er ein Gestüt ein und betrieb dort eine ausgezeichnete Pferdezucht. Oft wettete er ganz nach Gefühl hohe Summen und gewann einmal £ 40000 dabei.

Niemand fand es verwunderlich, daß der liebenswürdige Jimmy schrullenhaft war. Schließlich hatte er einen sehr individualistischen Vater gehabt und eine sehr ungewöhnliche Jugendzeit verbracht. Doch weshalb sollten die beiden Söhne jenes pflichtbewußten, großartigen Viktorianers, des ersten Lord Rothschild, der mit einer Rothschild verheiratet gewesen war und den man als das Orakel der City und eine Säule des Staates betrachtet hatte, sich als Kuckuckseier erweisen? Was hatte sich in die Erbmasse eingeschlichen und machte aus zwei Rothschilds so ganz anders geartete Menschen, die nicht Bankiers, sondern Wissenschaftler wurden, nicht Männer der Tat waren, sondern Denker, und zwar keine Intellektuellen im üblichen Sinne, sondern Einsiedler? Der erste Lord Rothschild war so ungehalten über die Untüchtigkeit seines ältesten Sohnes in der Bank gewesen und hatte seine Vorliebe für Ballettmädchen und zoologische Extravaganzen so sehr abgelehnt, daß er ihn zugunsten seines zweiten Sohnes Charles enterbte. Bevor er sein Testament änderte, legte er jedoch für Walter eine bestimmte Summe an, die ihm die Möglichkeit gab, das bisher gewohnte Leben weiterzuführen.

Nachdem Walter kurze Zeit als Empfänger der Balfour-Deklaration im Rampenlicht gestanden hatte, kehrte er in sein naturhistorisches Museum nach Tring zurück und war mehr denn je davon überzeugt, daß dies das einzige Leben war, das ihn befriedigen konnte. Obwohl der erste Lord Rothschild sein Haus an Charles vererbt hatte, lebte Walter weiter in Tring Park und am Piccadilly 148 bei seiner Mutter, bis sie 1933 starb.

Balfour-Erklärung siehe Text Seite 207.

Walter machte auf manchen den Eindruck einer grotesken Figur, denn seine Schüchternheit, sein Flüstern und sein abgewendeter Blick standen im scharfen Kontrast zu seiner auffallenden Körpergröße und seinem Gewicht von zweieinhalb Zentnern. Alles an ihm hatte gewaltige Proportionen, nicht nur sein Körper, sondern auch das Ausmaß seiner Sammlung und der Umfang seiner wissenschaftlichen Arbeit. Mit seinen beiden begabten Kuratoren verfaßte er mehr als 800 wissenschaftliche Aufsätze und beschrieb darin einige hundert der Wissenschaft bisher noch unbekannte Spezies. „Es gibt nur wenige, ja vielleicht sogar keinen anderen Zoologen, nach dem zu Lebzeiten so viele Tiere benannt worden sind", schrieb Walters Nichte, Miriam Rothschild. „Plötzlich tauchten Rothschilds unter den

Die „Diomeda immutabilis rothschildia", eine der zahlreichen Vogel- und Tierarten, die nach den Rothschilds benannt wurden.

Giraffen, den Zebras, den Kasuaren, den Mäusen, den Fischen, den Paradiesvögeln, den Seidenraupen, den Schwalbenschwänzen, den Fliegen und den Lilien auf dem Felde auf."[1]

Die Sammlung von Walter nahm einen eindrucksvollen Umfang an und wuchs, bis das Museum mehr als 100 000 ausgestopfte Vögel und zwei Millionen Paare von Schmetterlingen und Motten beherbergte. Aber die Kosten stiegen ebenso rasch wie die Zahl der Neuerwerbungen, und 1932 sah sich Walter Rothschild gezwungen, seine wertvollen Vögel dem Naturgeschichtlichen Museum in New York zu verkaufen, um das Museum von Tring und sich selbst vor dem Bankrott zu bewahren.

Dieser Rückschlag dämpfte aber nicht seine Begeisterung, und er suchte weiter eifrig nach neuen Spezies. Einmal hatte er das außergewöhnliche Glück, für seine Sammlung in Park Lane die Pelze von Baumkänguruhs zu bekommen. Als ein Chauffeur die Tür eines parkenden Wagens öffnete, erblickte Walter darin eine Kniedecke, die sein Herz höher schlagen ließ. Er trat an das Fahrzeug heran, sah genauer hin, stellte den Namen des Besitzers fest und kaufte schließlich die Baumkänguruhdecke für £ 30.

Walters jüngerer Bruder Charles, ein hochbegabter, sanfter und bescheidener Mann, war der leitende Direktor der Bank. Obwohl er ein tüchtiger Finanzmann war, arbeitete er hier nur seinem Vater zuliebe, denn seine wirkliche Liebe galt, wie die seines Bruders, der Wissenschaft. 1907 hatte er die schöne und geistreiche ungarische Jüdin Rozsika von Wertheimstein geheiratet, die ihm eine Reihe lebhafter Kinder schenkte, drei Mädchen und einen Knaben. Für Charles gab es nichts Schöneres, als mit ihnen Felder und Wiesen zu durchstreifen und Schmetterlinge zu fangen. „Wenn es nach mir ginge, dann würden wir nur selten in England sein", schrieb er wehmütig. „Am liebsten würde ich auf irgendeiner schönen Insel leben oder mich in Japan oder Burma niederlassen und nur noch Insekten sammeln."[2]

Aber seine Kinder fanden das sorgenfreie Insel-Leben, nach dem der Vater sich sehnte, augenscheinlich in England. Die Familie lebte in Palace

Unten: Mrs. Charles Rothschild.
Links: ihr Sohn Victor, der heutige Lord Rothschild.

Green, in einem Hause gegenüber den Kensingtons Gardens, das heute die rumänische Botschaft beherbergt. Obwohl es eigentlich nicht hätte schwierig sein dürfen, die Kinder auszuführen, endeten solche Unternehmungen meist mit lautem Geschrei und Zank. Da die Kinder alle schnell laufen konnten, wechselten die Kindermädchen sehr oft, bis endlich eine energische Miss das Problem dadurch löste, daß sie sie zum Erstaunen der Passanten aneinanderband.

Victor und seine zwei Jahre ältere Schwester Miriam waren die ungebärdigsten. Aber während Miriam der besondere Liebling von Mrs. Rothschild war, zeichnete sich Victor durch eine geradezu sensationelle Ungezogenheit aus. Er befand sich nicht nur ständig im Kriege mit seinen Schwestern, sondern plagte auch das Kindermädchen erbarmungslos. Kaum hatte die Miss seinen Koffer gepackt, wühlte er darin herum und warf den Inhalt auf den Fußboden, weil er angeblich etwas suchte. Schon als Sechsjähriger verstand er es, alles in Aufregung zu versetzen, wenn er durch den Salon rannte und die auf dem Kaminsims stehenden Gegen-

Miriam Rothschild im Alter von siebzehn Jahren.

stände hinunterfegte. Offenbar gefiel das Temperament des Knaben dem alten Lord Rothschild, denn als Victor vier Jahre alt war, warf er einen Teller Spinat nach seinem Großvater, der ihm später £ 25000 vererbte.

Der unerschrockene Charles Rothschild nahm Miriam und Victor häufig zu seinen zoologischen Exkursionen mit. Viele Jahre später schilderte Victor, wie sein Vater ihn im Alter von vier Jahren in den Garten geschickt hatte, „um einen seltenen Schmetterling zu fangen, einen Scheinzwitter mit orangefarbigen Flügelspitzen. Das ist ein Schmetterling, der halb männlich und halb weiblich ist und deshalb die orangefarbige Spitze nur an einem Flügel hat. Ich erinnere mich, daß ich einige Jahre später bestraft wurde, weil ich ohne Galoschen ins hohe Gras gelaufen war, um wieder einen seltenen Schmetterling zu fangen. Die Strafe war sehr hart: Ich mußte den Schmetterling meiner älteren Schwester geben. Sie hat ihn mir, schön gerahmt, zu meinem einundzwanzigsten Geburtstag wieder geschenkt."[3]

Eine besondere Spezialität von Charles Rothschild waren Flöhe. Er hatte sich als junger Student in Cambridge für diese Insekten als Krankheitsüberträger zu interessieren begonnen, und 1902 hatte eine Schlagzeile im *Daily Express* gelautet:

10000 FLÖHE SIND HERRN ROTHSCHILDS HOBBY

Auch wenn sich Charles nur in seiner Freizeit an den Wochenenden und Feiertagen der Wissenschaft widmen konnte, beschäftigte sie seine Gedanken doch sehr intensiv. 1908 veröffentlichte er zusammen mit Karl Jordan eine Arbeit mit dem Titel *Revision of the Non-Combed-Eyed Siphonaptera.* „Jordan und ich veröffentlichen eben einen Artikel in dem *Journal of Hygiene* über Flöhe, die mit dem *P. Cheopis,* dem Überträger der Pest, verwandt sind", schrieb er an einen anderen Entomologen. „Wir haben uns damit viel Mühe gemacht, und ich glaube, es ist eine gute Arbeit... Bitte schreiben Sie darüber eine ausführliche kritische Besprechung..."

Nachdem er seine Flohsammlung viele Jahre mühsam geordnet und beschriftet hatte, schenkte er sie 1913 dem Britischen Museum. Ein Jahr später veröffentlichte er eine Arbeit über die drei Spezies der Xenopsylla, die in Indien auf Ratten vorkommen, und vertrat darin die These, daß die Flöhe wahrscheinlich die Beulenpest übertragen. Fabian Hirst, der nachweisen konnte, daß er recht hatte, schrieb, daß sein Beitrag „die natürliche Folge der rein zoologischen Forschungen von Rothschild und Jordan auf dem Gebiet der Systematik der *Siphonaptera*" sei[4].

Charles beschäftigte sich auch mit dem Schutz von Pflanzen und Tieren; er gründete und finanzierte eine Gesellschaft für den Naturschutz, die 1916 einen königlichen Freibrief erhielt. Vor Ausbruch des Krieges arbeitete er jahrelang an einer Karte von England, auf der er im Auftrage des Landwirtschaftsministeriums Vorschläge für die Einrichtung von Naturschutzgebieten einzeichnete. Als die Regierung Attlee nach dem Zweiten Weltkrieg Ausschüsse einsetzte, um ähnliche Vorschläge zu unterbreiten, waren ihre Empfehlungen etwa die gleichen. Das Bemerkenswerte an Charles Rothschild war die Tatsache, daß er seine Arbeit ausschließlich außerhalb der Bürostunden tat. Tragischerweise steckte er sich 1916 mit der Schlafkrankheit an, die damals unheilbar war, und geriet dadurch in tiefe Depressionen. Er konsultierte Ärzte in ganz Europa, verbrachte lange Urlaube in der dünnen Luft der Schweizer Berge, schloß sich aber 1923 in seinem Zimmer ein und nahm sich das Leben.

Die Witwe von Charles mußte feststellen, daß es nicht leicht war, die temperamentvollen Kinder zu erziehen. Aber die drei Töchter waren weniger anstrengend als der rebellische und hochbegabte zwölfjährige Victor, der im Herbst auf das Internat nach Harrow kam. Mrs. Rothschild gab sich nie mit Halbheiten zufrieden, und als Victors Geschichtslehrer berichtete, seine Kenntnisse von den karthagischen Kriegen ließen viel zu wünschen übrig, ließ sie ihn nicht nur in den Ferien arbeiten, sondern arbeitete selbst mit. Seite an Seite schrieben sie an zwei Schreibtischen Aufsätze über das verhaßte Thema und verglichen sie miteinander.

Victor erbte von seinem Vater £ 2500000 und dazu das Haus am Piccadilly 148 und Tring Park. Das Geld blieb bis zum Oktober 1930, als er sein einundzwanzigstes Lebensjahr vollendete, auf einem Sperrkonto. Bis dahin war er so arrogant geworden, daß er unter seinen Zeitgenossen sehr unbeliebt war, besonders deshalb, weil seine Arroganz auf echten Verdiensten beruhte. In Cambridge hatte er in Englisch, Französisch und Physiologie die besten Arbeiten geschrieben, aber das bedeutete nicht soviel, wie es scheinen mochte, denn es handelte sich um eine ganz gewöhnliche und keine außerordentliche Prüfung. 1935 erwarb er jedoch den Titel eines Prize Fellow des Trinity College in Cambridge, und diese Leistung war wirklich so bedeutend, wie der Titel klang.

Einer der wenigen Menschen, die gelegentlich an ihn heranreichten, war Miriam. Obwohl man damals glaubte, es sei eine Zeitverschwendung, wenn Frauen studierten, und Miriam deshalb nicht ermutigt worden war, eine Universität zu besuchen, waren ihre wissenschaftlichen Kenntnisse deren Victors fast ebenbürtig. Sie war im Lauf der Jahre nicht nur von ihrem Vater und ihrem Onkel unterrichtet worden, sondern hatte viele Stunden bei Forschungsarbeiten mit dem gefeierten Karl Jordan am Tring Museum zugebracht. Sie wendete sich dem besonderen Interessengebiet ihres Vaters zu, und Ende der 1930er Jahre konnte man auf der Straße in London häufig ein hochgewachsenes, dunkelhaariges, hübsches junges Mädchen beobachten, das mit einer Schachtel Flöhe unter dem Arm zu einem Laboratorium ging.

Als typische älteste Schwester versuchte Miriam, ihren Bruder Victor zu erziehen und ihm sogar gute Manieren beizubringen. Als sie einmal bei Freunden, die eine ausnehmend hübsche Tochter hatten, zum Lunch eingeladen waren, versuchte Miriam, ihren Bruder mit ernsten Blicken zurechtzuweisen. Dann zog sie ihn zur Seite und flüsterte ihm zu: „Sieh sie nicht so an, oder sie wird glauben, du wolltest sie heiraten.“ Der Gedanke an eine Heirat hatte für Victor etwas Bedrohliches, denn er wurde vom anderen Geschlecht sehr bewundert, und zwar nicht nur wegen seiner schnellen Sportwagen, seiner Oxfordhosen oder seines Talents als Jazzpianist, sondern auch wegen seines dunklen, romantischen Aussehens und seiner scharfen Zunge. Manche nannten ihn den modernen Lord Byron. Andere waren von seiner Grobheit, in der niemand ihn übertraf außer dem Sohn von Winston Churchill, so beeindruckt, daß sie von ihm als von dem „schwarzen Randolph“ sprachen.

Als Victor 21 Jahre alt geworden war, bat ihn seine Mutter, in die Bank einzutreten. Er erzählt: „Es war ein ziemlicher Schock für mich, als ich erfuhr, daß meine Eltern, die zwar wußten, daß ich ein Wissenschaftler war, viel daran gelegen war, daß ich wenigstens den Versuch unternahm, das Leben eines Bankiers in der City von London kennenzulernen. Ich tat es, aber in einem ungünstigen Augenblick. 1930 war die Zeit der Wirtschaftskrise, und die City schien tot, langweilig und sehr bedrückend.

Deshalb kehrte ich nach etwa sechs Monaten auf die Universität nach Cambridge zurück, um dort als Assistent zu arbeiten … Hier lebte ich in einer entspannten und irgendwie weltabgeschiedenen Atmosphäre.“[5] Sein Leben wurde jedoch aufregender, als er 1932 die Tochter von St. John Hutchinson, Barbara, heiratete. Sie war intelligent und attraktiv, zog aber das gesellschaftliche Leben in London der akademischen Welt von Cambridge vor. Nach dem Kriege aber endete diese Ehe, aus der zwei Töchter und 1936 ein Sohn, Jacob, hervorgegangen waren, mit der Scheidung.

Anfangs der 1930er Jahre gab es in der Familie Rothschild nur noch zwei Bankiers, Leos Söhne Lionel und Anthony. Lionel war nach dem Tode von Charles erster Direktor geworden. Er war damals 41 und Anthony 36 Jahre alt. Wie ihre französischen Vettern hatten auch die englischen Brüder nicht das Bedürfnis, ihren weltlichen Besitz zu vermehren, und neigten dazu, den finanziellen Konkurrenzkampf, der sich entwikkelte, als einen niedrigen Zeitvertreib anzusehen. Die Firma N. M. Rothschild & Sons genoß genug Ansehen, um dank ihrer eigenen Gewichtigkeit weiter zu florieren, und die beiden Partner hatten, wie alle kultivierten Leute, neben dem Geschäft auch andere Interessen.

Die Autoleidenschaft Lionels hatte etwas nachgelassen; denn seit die modernen Wagen Stoßdämpfer hatten, war das Autofahren nicht mehr so aufregend. Dafür hatte er viel Freude an dem wunderbaren 850 Hektar großen Landgut im New Forest von Exbury, das er 1919 gekauft hatte. Es wurde auf der einen Seite vom Fluß Beaulieu, auf der anderen vom Solent begrenzt, und daher konnte er hier seine neuen Hobbies pflegen, das Fischen und das Segeln. Doch bald entdeckte er ein neues Gebiet, das ihn fesselte, das Züchten von Rhododendron. Wie alle Rothschilds ließ er sich von seiner neuen Leidenschaft ganz gefangennehmen und wurde dabei zum Experten. Jeden Freitag um 15.30 Uhr verließ er das Londoner Büro im Sportwagen, und wenn er in Exbury ankam, erwarteten ihn dort etwa 20 Obergärtner, denen er, nachdem er jedem eine Zigarre geschenkt hatte, seine Anweisungen für die am Wochenende auszuführenden Arbeiten gab.

Lionel züchtete viele neue Sorten, insgesamt 1210, indem er immer wieder neue Kreuzungen vornahm. Er benannte und registrierte 416 neue Arten und bestäubte die Blüten meist eigenhändig. Wenn er erfuhr, daß es etwa in Schottland eine besonders schöne Art gab, schickte er seinen Chauffeur, ohne zu zögern, auf die 1600 Kilometer weite Reise, um den Blütenstaub zu beschaffen. Er bestimmte persönlich die Stelle, an der wichtige Pflanzen zu setzen waren, stieß mit dem Spazierstock in den Boden und sagte: „Pflanzen Sie sie hierher.“ Bei Kriegsausbruch im Jahre 1939 wuchsen in seinem Park etwa eine Million Rhododendronbüsche, und es waren die besten in der ganzen Welt.

Das kostete natürlich ein Vermögen. Zehn Jahre waren 150 Männer damit beschäftigt, Pflanzlöcher zu graben und den Boden zu düngen. Ein 35 Kilometer langes Netz von Rohrleitungen sorgte dafür, daß die Anlage täglich mit einer Million Liter Wasser bewässert wurde. Die Schmiedewerkstatt Rothschilds stellte 150 Tonnen Metallrahmen für die Gewächshäuser her, und ein in der Nähe gelegenes Dorf wuchs auf die doppelte Größe, um die Scharen der Gärtnergehilfen zu beherbergen.

Zum Glück war Lionels Frau, Marie-Louise Beer, eine Schwester der Baronin Robert de Rothschild in Paris, sehr vital. Sie übernahm nicht nur die Pflichten der Hausfrau in Exbury House, wo sie, der Rothschildschen

Tradition folgend, für erlesene Speisen und Getränke und die Bequemlichkeit der Bewohner sorgte, sondern begleitete ihren Mann auch bei jedem Wetter zum Segeln und Fischen. Gelegentlich fuhr sie mit ihm sogar im Auto nach Nordafrika und Griechenland. Das Haus in Exbury war voll von allen möglichen Trophäen, von ausgestopften Fischen und Hirschgeweihen bis zu beim Segeln gewonnenen Silberpreisen und Pferdestichen aus dem Besitz von Lionels Vater Leo und Leos Onkel Mayer. Natürlich hingen auch hier, wie in allen Häusern der Familie Rothschild, berühmte Meisterwerke: Gemälde von Romney, Reynolds und Cuyp.

Lionel ließ sich nicht dadurch anfechten, daß die Zeiten sich geändert hatten. Er war ein reicher Mann mit kostspieligen Gewohnheiten, deren er sich nicht schämte. Einige Angestellte seiner Bank vergötterten ihn geradezu. Als einer von ihnen starb, fand man in seinem Schreibtisch einen Briefumschlag mit der Aufschrift: „Schrotkörner aus einem von Mr. Lionel geschossenen Fasan." Mr. Lionel fuhr jeden Morgen in einem zweisitzigen Rolls Royce zur Arbeit, um den ihn alle jungen Leute in der Bank beneideten. Als er einmal aufgefordert wurde, vor dem Gartenverein der City, dessen Mitglieder in den Londoner Vororten lebten, einen Vortrag zu halten, war er mit der Wahl seiner Worte nicht gerade vorsichtig: „In keinem Garten, und mag er noch so klein sein, sollte ein mindestens zwei Morgen großes Stück Wald fehlen." Ein anderes Mal sah Lionel im Kassenraum eine Schachtel auf dem Tisch liegen. Als man ihm sagte, sie enthielte Gedeckuntersätze, die ein Angestellter von seinen Kollegen zur Hochzeit bekommen sollte, ließ er sie sich zeigen, war jedoch enttäuscht, als er sah, was darin war: „Das ist nicht sehr gut. Damit könnte er niemals mehr als zwölf Personen zum Essen haben."

Anthony war bescheidener als sein Bruder, ein ruhiger, etwas pedantischer Mann, der seine Examen in Cambridge mit Auszeichnung bestanden hatte und keine Torheiten ertragen konnte. Er hatte einen erlesenen Geschmack und erwarb im Lauf der Jahre eine kostbare Sammlung von chinesischem Prozellan aus der Zeit der Ming- und K'ang-Hsi-Dynastien, die er in seinem Haus in Ascott aufbewahrte. Obwohl er gegenüber seinen Angestellten einen gewissen Abstand wahrte, war er in der City ein geachteter Mann und galt als „großer Gentleman". Damals hielt man es für vulgär, wenn eine Handelsbank für sich warb oder Anzeigen aufgab. Mit Leuten zu verkehren, um wichtige Geschäftsverbindungen herzustellen, obwohl man sie nicht mochte, war in den Augen eines angesehenen Kaufmannes etwas Unmögliches. Anthony Rothschild hielt sich genau an diese ungeschriebenen Gesetze. Palin schreibt: „Er ging selbst nicht auf Geschäftsreisen und war auch nicht Mitglied in den Aufsichtsräten großer Firmen, denen sicher viel an seiner Mitarbeit lag. ‚Sie wissen, wo wir zu Hause sind', sagte er, wenn von potentiellen neuen Kunden die Rede war. ‚Wenn sie mit uns in Geschäftsbeziehungen treten wollen, dann können sie zu uns kommen und mit uns sprechen.'"[6] Und wenn sie kamen und ihm nicht gefielen, komplimentierte er sie nach dem Gespräch höflich hinaus und fand einen Grund, das vorgeschlagene Geschäft abzulehnen.

Die Firma N. M. Rothschild & Sons war in der Tat ein von autokratischen Feudalherren regiertes Reich. In den Jahren zwischen den Kriegen war das für die Angestellten eine Selbstverständlichkeit. Für viele und auch für Palin waren die Angehörigen der Familie Rothschild höhere Wesen und keine gewöhnlichen Sterblichen. Er schreibt:

Es lag in der Natur der Sache, daß ein junger Rothschild als Partner in das Familienun-

Das Bankhaus S. M. Rothschild und Söhne in Wien von R. Alt.

Nächste Seite: Bronzene Brunnenplastik von Julian Story im Park von Ascott House. Das Fachwerkhaus wurde 1872 zusammen mit etwa 1200 Morgen Land von Mayer Amschel Rothschild erworben. Im folgenden Jahr übernahm es sein Neffe Leopold, der es vor allem als Jagdhaus benutzte. Später hat Leopolds Sohn Anthony oft hier gewohnt.

K K

ternehmen aufgenommen wurde, wenn er alt genug dafür geworden war, wie er auch einen Vermögensanteil erbte, und niemand ist je auf den Gedanken gekommen, man könnte unter anderen Voraussetzungen das gleiche erreichen. Als ich 1926 erfuhr, daß Anthony heiraten würde, fragte ich Hugh Miller, ob es eine dynastische Heirat sei, denn ich glaubte, die Familie hätte diese Verbindung vielleicht aus politischen oder geschäftlichen Gründen „arrangiert". Ich kam gar nicht auf den Gedanken, daß ein Rothschild, besonders wenn er zur Firma gehörte, wie andere Leute aus Liebe heiraten könnte[7].

Aber gerade das hatte Anthony getan. Seine Verlobte war die charmante Französin Yvonne Cahen d'Anvers, aber die Verbindung entsprach wenigstens insofern der Familientradition, als die Braut aus einer jüdischen Bankiersfamilie stammte.

Obwohl die Firma N. M. Rothschild & Sons inzwischen eine Reihe von aggressiven neuen Konkurrenten bekommen hatte, blieb sie doch eine der führenden Handelsbanken. Aber anstatt „die erste unter den ersten" zu sein, gehörte sie nur noch zu den ersten. Sie erfreute sich allerdings immer noch der Privilegien, die aus der Zeit stammten, als sie an erster Stelle gestanden hatte. Allmorgendlich um 10.30 Uhr trafen sich die Fachleute vom Edelmetallmarkt in „Mr. Anthonys Zimmer" und setzten feierlich den Goldpreis fest, wie das der große Nathan schon vor so langer Zeit getan hatte; nur war das damals nicht in einer so angenehmen Umgebung geschehen, sondern oft sogar draußen auf dem Hof im Stehen. Der Name Rothschild hatte noch immer einen magischen Klang; denn ausländische Geschäftsleute, Bankiers und Industrielle aus der ganzen Welt trafen sich in New Court, um über Anleihen, Wechsel und Firmenzusammenschlüsse zu beraten. Mehr als einmal mußten sich die subalternen Bankbeamten auf die Lippen beißen, um nicht laut zu lachen. Das geschah zum Beispiel bei den Besprechungen über den Zusammenschluß der Brauerei Charrington und der Firma Hoare & Co. Lionel, der in seinem ganzen Leben kaum ein öffentliches Lokal betreten hatte, wendete sich an den Buchprüfer der Firma Hoare und fragte: „Sagen Sie mir, wo befinden sich diese ‚Hoare'-Häuser?* Liegen sie im West End oder im East End?" Der Mann antwortete ohne eine Miene zu verziehen: „Es gibt sie überall in London, Mr. Rothschild." Noch schwieriger ist es wahrscheinlich gewesen, ernst zu bleiben, als ein deutscher Industrieller, der von einem Konkurrenten sprach, sagte, dieser habe, „wie sagen Sie doch – einen Finger in jeder ‚tart'"**.

Der Umstand, daß die Firma Rothschild nach feudalistischen Grundsätzen geleitet wurde, bedeutete auch, daß die Inhaber bestimmte Verpflichtungen gegenüber ihren Angestellten hatten. In den 1930er Jahren waren viele dankbar für den Schutz, den man ihnen dort gewährte, denn es war eine Zeit der Depressionen, der Arbeitslosigkeit, der Finanzkrisen und der „Zahlungsunfähigkeit vieler ausländischer Schuldner". Während andere Firmen ihre Angestellten entließen, forderte die Firma Rothschild keinen einzigen Angestellten, und stünde er auch auf noch so unbedeutendem Posten, dazu auf, zu gehen oder sich mit einem geringeren Gehalt zu begnügen.

Die Firma N. M. Rothschild & Sons hatte zwar noch internationale Bedeutung, aber wer Ende der 1920er Jahre etwas über die Familie schrieb, sprach meist nur über ihre Leistungen in der Vergangenheit. Natürlich hatten sich die Zeiten geändert, und Regierungen waren in die Lücke ge-

Interieur in Ascott mit einer großen Deckelvase aus der K'ang-Hsi-Periode, schwarz mit farbigem Emaildekorationen. Sie gehört zu einer großartigen chinesischen Porzellansammlung, hauptsächlich aus der Ming- und K'ang-Hsi-Periode, die Anthony de Rothschild in Ascott zusammengetragen hat.

* Im Englischen wird das Wort whore = Hure ebenso ausgesprochen.
** Das englische Wort *tart* hat zwei Bedeutungen: Obsttorte und Hure.

Anthony de Rothschild mit seiner Frau Yvonne und Lord D'Abernon in Epsom beim Oaks-Rennen.

treten, die Nathan Rothschild einst ausgefüllt hatte. Aber selbst unter Berücksichtigung aller Veränderungen sah es so aus, als sei der Zauber der Rothschilds so still und geheimnisvoll verschwunden, wie es dieser Begriff verlangt. Der Historiker des englischen Judentums, Cecil Roth, glaubte, mit dem Tode der drei englischen Granden der Familie im Ersten Weltkrieg sei ein neues Zeitalter angebrochen. „Als sich nach einem vier Jahre dauernden Alptraum die Dunkelheit verzog, waren sie alle fort, und es gab niemanden, der an ihre Stelle hätte treten können.“ R. E. Ravage erklärte, „die Initiative der Väter kann die Söhne zu nichts anspornen... Deshalb ist der Glanz des Hauses Rothschild leider getrübt, und wenn das Vermögen nicht erhalten geblieben wäre, dann würden die neuentstandenen Bankhäuser kaum daran denken, die Rothschilds noch zu konsultieren.“ Nur Graf Corti behielt sich ein abschließendes Urteil vor und wies darauf hin, daß die Rothschilds zwar Macht eingebüßt hätten, „es aber ein Fehler wäre, zu glauben, sie hätten allen Einfluß verloren...

Durch die Jahrhunderte ist ein Faktor konstant geblieben – die Macht des Geldes; ja, dieser Faktor hat an Bedeutung zugenommen..., weil sich die Gesamtbevölkerung und mit ihr die Zahl derjenigen, die kein Geld haben, in ungewöhnlichem Ausmaß vermehrt hat."

Corti hatte recht, denn die große Zeit der Rothschilds war noch längst nicht vorüber. Das Auftreten Hitlers im Jahre 1933 erregte zwar nicht sofort die Aufmerksamkeit der Weltöffentlichkeit, schreckte jedoch die Rothschilds aus ihrem Schlummer. Eigenartigerweise war das erste Mitglied des englischen Zweiges der Familie Rothschild, das die ganze Bedeutung dessen erkannte, was nun geschah, die in Frankreich geborene Yvonne, die Frau von Anthony. Im Herbst 1933 war Yvonne Präsidentin einer Gesellschaft „zur Unterstützung deutscher jüdischer Frauen und Kinder" geworden. Sie veranstaltete am 10. Dezember einen Lunch für Damen im „Savoy-Hotel", bei dem Geld gesammelt wurde und Lady Violet Bonham Carter die Ansprache hielt. Aber das war erst der Anfang. Wenige Monate darauf überredete sie die Verleihfirmen des Films *The House of Rothschild* mit George Arliss in der Hauptrolle, den Erlös der Erstaufführung ihrer Gesellschaft zu stiften. Sie versammelte alle bekannten englischen Juden um sich und erlebte einen finanziellen Triumph. Im folgenden Jahr wiederholte sich der Erfolg bei einem ersten Auftritt von Eddie Cantor.

In der zweiten Hälfte der 1930er Jahre wurde Baron Robert de Rothschild in Paris Präsident einer Organisation zur Unterstützung jüdischer Flüchtlinge. Er ging mit seiner schönen Frau Nelly, einer der großen Gesellschaftsdamen jener Tage, daran, überall, wo es möglich war, für diesen Zweck Geld zu sammeln. In London übernahm Miriam Rothschild die Betreuung einer Anzahl von Kindern, die aus Deutschland nach England gekommen waren, während Jimmy Rothschild ein ganzes Waisenhaus mit zwei Dutzend Jungen im Alter zwischen fünf und fünfzehn Jahren aus Frankfurt nach England brachte, das von einem Verwalter, dessen Frau, zwei Töchtern und einer Schwägerin begleitet wurde. Er stellte diesen Menschen ein Haus in Waddesdon zur Verfügung und schickte die Kinder in die Schule am Ort. Die Witwe von James, Dolly, schrieb viele Jahre später: „Sie wurden wunderbar aufgenommen, und das war nicht nur eine Anerkennung für die Flüchtlinge, sondern muß auch den Dorfbewohnern hoch angerechnet werden, die diese Kinder und ihre Betreuer mit so großer Herzlichkeit empfingen. Das war für beide Seiten keine leichte Sache, wenn man daran denkt, welche Gefühle damals den Deutschen entgegengebracht wurden, ob es nun Flüchtlinge waren oder nicht."

Walter Rothschild starb 1937, und Victor übernahm von ihm den Titel. Als Lord Rothschild war er jetzt das Familienoberhaupt, und als solches erhielt er Tausende von Bittbriefen. Er interessierte sich aktiv für den britischen Zentralfonds zur Unterstützung deutscher Juden, der von Simon Marks und Herbert Samuel gegründet wurde und sein Büro in New Court hatte. Nach dem November 1938, als ein junger in Paris lebender Jude, dessen Eltern in ein Konzentrationslager eingeliefert worden waren, den dritten deutschen Botschaftssekretär, Herrn vom Rath, erschoß, spitzte sich die Lage zu. Die nationalsozialistische Partei benutzte die Gelegenheit, einen Pogrom zu veranstalten, bei dem Tausende von Juden zusammengetrieben und ins Konzentrationslager geschickt wurden, während der Pöbel Millionenwerte an jüdischem Besitz vernichtete.

Am 12. November 1938 schrieb Lord Rothschild einen Brief an die

Am 9. November 1938 wird das Mitglied der deutschen Botschaft in Paris, Ernst vom Rath, von einem jungen Juden erschossen. Das führt zu von Goebbels inszenierten Ausschreitungen gegen die Juden in Deutschland in der sogenannten „Kristallnacht".

Times, um die britische Öffentlichkeit auf die Vorgänge in Deutschland aufmerksam zu machen. Obwohl einige ihn, wie er sagte, warnten, „daß die Kritik, die man im Ausland an der Behandlung der Juden übt, ihre Leiden nur verschlimmern werde", habe er „keine Furcht, das zu tun, weil ihre Foltern nicht vermehrt werden könnten, es sei denn durch so ausgeklügelte Torturen, daß sie in Deutschland selbst allgemeinen Abscheu erregen würden..."[8] Aber im Monat darauf entschuldigte sich Lord Rothschild vor einer großen Versammlung im Mansion House für seinen Optimismus. Der Anlaß war die Einrichtung des „Lord Baldwin Fonds für deutsche Flüchtlinge", an der Victor sich aktiv beteiligte. „Ich habe festgestellt, daß ich unrecht hatte. Es sind Folterungen erfunden und angewendet worden, und das Wort ‚mittelalterlich', das man so häufig gebraucht hat, um zu beschreiben, was dort geschieht, ist eine Beleidigung der Vergangenheit." Wenige Monate später, im Mai 1939, gab Lord Rothschild sein wertvollstes Gemälde, *The Braddyll Family* von Joshua Reynolds, bei Christie zur Versteigerung und spendete den Erlös dem Baldwin Fonds.

Der jüngere Bruder von Louis, Baron Eugene von Rothschild, verließ Österreich 1936 mit seiner Familie und seinem Vermögen, als der Einzug von Nazis in wichtige Stellen der Regierung begann.

Während die englischen und französischen Rothschilds Geldsammlungen für Flüchtlinge organisierten, führte Baron Louis aus Österreich in einem Wiener Gefängnis ein Streitgespräch mit Heinrich Himmler.

Das Dritte Reich hatte vom Augenblick der Machtergreifung Hitlers an einen düsteren Schatten über Österreich geworfen. Wer sich die Mühe gemacht hatte, *Mein Kampf* zu lesen, wußte, daß Hitler die Wiedervereinigung Deutschlands und Österreichs als eine „Lebensaufgabe" ansah. Es überraschte deshalb nicht, daß die deutschen Nazis die österreichischen Nazis mit Waffen und Sprengstoff versorgten. Bald begann eine Terrorwelle, bei der Eisenbahnen, Elektrizitätswerke und Regierungsgebäude gesprengt und Beamte entführt und ermordet wurden. Im Juli 1934 stürmten 154 Mitglieder der Nazipartei in Wien in Uniformen des Heeres das Regierungsgebäude und töteten den Bundeskanzler Dollfuß auf kürzeste Entfernung mit einem Schuß in den Hals. Hitler erhielt die Nachricht während einer *Rheingold*-Aufführung bei den Wagnerfestspielen in Bayreuth. Friedelind Wagner, die Enkelin des großen Komponisten, saß in seiner Nähe und berichtete später, er habe kaum die Freude darüber verbergen können.

Trotz des Attentats auf Dollfuß gelang es den Nazis nicht, die Macht zu ergreifen. Der siebenunddreißigjährige Abgeordnete Kurt von Schuschnigg versammelte die regierungstreuen Elemente um sich und wurde Herr der Lage. Bald darauf übernahm er das Amt des Bundeskanzlers, war aber, wie die meisten europäischen Staatsmänner, den Winkelzügen, Lügen, Versprechungen und Wutausbrüchen Hitlers nicht gewachsen. Im Mai 1935 erklärte Hitler, Deutschland habe nicht die Absicht, sich in die inneren Angelegenheiten Österreichs einzumischen, Österreich zu annektieren oder einen Anschluß herbeizuführen. Zur gleichen Zeit schrieb jedoch Hitlers Beauftragter in Wien, Herr von Papen, nach Berlin, daß der Nationalsozialismus die neue österreichische Ideologie besiegen müsse und werde.

Die Rothschilds unterhielten enge Beziehungen zu Dr. von Schuschnigg, der sie über die Verhandlungen mit Deutschland auf dem laufenden hielt. Da ein politischer Führer, der alle Hoffnung aufgibt, sich nicht an seinem Posten halten kann, mußte Schuschnigg daran glauben, er könne Österreichs Unabhängigkeit bewahren. Es war nur logisch, daß er es mit

11. Juli 1936 Abkommen mit dem Deutschen Reich.

einer Beschwichtigungspolitik versuchte. Obwohl weder Baron Louis noch seine beiden Brüder Eugene und Alphonse seinen Optimismus teilten, hatten auch sie keine Alternative. Im Juli 1936 unterzeichnete Schuschnigg ein Abkommen mit Deutschland, das er als Kompromiß bezeichnete, das sich jedoch als Todesurteil Österreichs erwies. In geheimen Klauseln verpflichtete er sich, nationalsozialistische Verbrecher zu begnadigen und wichtige Regierungsposten durch Nationalsozialisten zu besetzen. Als die Rothschilds den Inhalt dieses Abkommens erfuhren, waren sie überzeugt, daß die Tage Österreichs gezählt seien. Alphonse und Eugene siedelten mit ihren Familien nach Frankreich und der Schweiz über und nahmen ihr Geld mit. Aber der Junggeselle Louis blieb in Wien, um sich hier in eine juristische Auseinandersetzung einzulassen. Er ließ Anwälte aus London und Prag kommen und begann ein langes und kompliziertes Verfahren, um die großen Eisen- und Stahlwerke von Witkowitz in der Tschechoslowakei, die sein Großvater Salomon von Rothschild erworben hatte, aus österreichischem in britischen Besitz überzuführen.

Die rechtliche Grundlage für das Verfahren war der Umstand, daß ein Kleinaktionär, die jüdische Familie von Gutmann, Bargeld brauchte und ihr Aktienpaket verkaufen wollte. Louis benutzte diese Gelegenheit, die Körperschaftsstruktur der Gesellschaft zu verändern. Es war nicht schwierig, den tschechischen Ministerpräsidenten davon zu überzeugen, daß es angesichts des Anwachsens der nationalsozialistischen Partei gefährlich sein könnte, Witkowitz noch länger in österreichischem Besitz zu lassen. Auch Schuschnigg war bereit, zu glauben, daß die tschechische Regierung gerne eine österreichische Gesellschaft an sich gebracht hätte, was wiederum die Beziehungen zu Hitler erheblich stören mußte. Beide Seiten erklärten sich damit einverstanden, daß die Anteile der Gesellschaft an die große britische Versicherungsgesellschaft *Allied Insurance* verkauft würden, eine Gründung von Nathan Rothschild, die immer noch im Besitz der Familie war.

Die schöne Baronin Kitty, die erste Frau von Eugene. Sie starb bald nach dem Kriege.

Louis wurde von seinen Brüdern gebeten, Österreich zu verlassen, solange dies noch möglich war. Aber der kühle, intelligente fünfundfünfzigjährige Junggeselle glaubte nicht, daß ein Rothschild untergehen könnte. Erst kürzlich war die ihm gehörende berühmte Kreditanstalt einer Gefahr entronnen, die fast ebenso groß gewesen war wie Hitler. 1930 hatte das Unternehmen kurz vor dem Bankrott gestanden und alle Zahlungen einstellen müssen. Das war geschehen, weil der Bundeskanzler Louis gebeten hatte, die Bodenkreditanstalt, die am Rande des Zusammenbruchs stehende größte Landwirtschaftsbank des Landes, zu übernehmen. Ferner sollte er Firmen und Regierungen auf dem Balkan, die früher zu Österreich gehört hatten, jetzt aber verarmt waren und ihren Zahlungsverpflichtungen nicht mehr nachkommen konnten, Kredite gewähren. Louis beging einen Fehler, als er auf diese Bitte einging; denn ein Jahr später geriet seine eigene Firma durch diese Rettungsversuche selbst in eine äußerst prekäre Lage. Die Familie Rothschild stellte sich jedoch geschlossen hinter ihn, und es gelang ihr, das Unheil durch ihr dramatisches Eingreifen abzuwenden, denn hinter den von Louis eingegangenen Verpflichtungen stand der Name Rothschild. Viele Jahre später berichtete Baron Guy: „Meine Familie brachte die Summe von $ 8000000 auf. Das waren fast 100000000 Francs, für damalige Zeiten eine riesige Summe. Niemand sollte sagen können, ein Rothschild habe es auch nur ein einziges Mal in der Geschichte versäumt, den mit seiner Unterschrift übernommenen Verpflichtungen nachzukommen.“[9]

Mit diesem Geld konnte Louis seine Stellung halten, und wieder beherrschte er ein ganzes Netz von Industrien in Mitteleuropa. Vor dem Feind zu fliehen, ehe er sein wirtschaftliches Reich unwiderruflich verloren hatte, wäre, wie er glaubte, für den angesehensten österreichischen Juden ein verabscheuungswürdiges Verhalten gewesen. Was er auch tat, es mußte in würdiger Haltung geschehen.

Knappe achtzehn Monate nach Hitlers Versicherung, er habe keine Ansprüche an Österreich, wurde Schuschnigg im Februar 1938 nach Berchtesgaden befohlen. Der „Führer" hatte alle Zurückhaltung aufgegeben und empfing ihn in aufgebrachter, hysterischer Stimmung. Wenn Schuschnigg nicht den Nationalsozialisten Seyß-Inquart zum Innenminister ernannte, würden deutsche Truppen Österreich besetzen. Hitler warf ihm ein Papier auf den Tisch und erklärte, dies sei der Entwurf eines Vertrages. Darüber wäre nicht mehr zu diskutieren, und er werde kein Jota mehr daran ändern. Schuschnigg solle das Dokument innerhalb von drei Tagen unterschreiben, oder Hitler werde den Einmarsch deutscher Truppen nach Österreich befehlen.

12. Februar 1938: Schuschnigg bei Hitler in Berchtesgaden. Am 1. März Unruhen in Graz.

Als Schuschnigg nach Hause zurückgekehrt war, erfüllte er Hitlers Forderungen und ernannte Seyß-Inquart zum Minister. Aber in einer Rundfunkansprache erklärte er seinen Landsleuten, er wolle „so weit und nicht weiter" gehen. In Graz hatten sich 20000 Nazis versammelt, die, durch diese Rede in Wut versetzt, auf den Marktplatz marschierten, die österreichische Flagge vom Mast rissen und dafür die deutsche Hakenkreuzfahne aufzogen. Am 1. März klopfte ein aus Paris kommender Kurier des Barons Édouard an die Tür des Chalets von Baron Louis in Kitzbühel, wo dieser sich zum Skilaufen aufhielt. Der Mann bat den Baron, Österreich auf dem schnellsten Wege zu verlassen. Doch Louis legte nur in aller Ruhe seine Skier ab und fuhr nach Wien zurück.

Indessen war es in vielen Teilen des Landes zu von den Deutschen geschürten Unruhen gekommen, und Schuschnigg erklärte, er werde über die Zukunft Österreichs eine Volksabstimmung abhalten lassen. Damit erregte er den Zorn Hitlers, der ihm ein Ultimatum stellte. Wenn Schuschnigg nicht zurückträte und Seyß-Inquart zu seinem Nachfolger ernannte, würden deutsche Truppen die Grenze überschreiten. Schuschnigg gab beiden Forderungen nach, aber dennoch kamen die deutschen Truppen am 12. März um 9.00 Uhr vormittags nach Österreich und Schuschnigg wurde verhaftet und gefangengesetzt.

Am anderen Morgen fuhr Baron Louis in Begleitung seines Dieners zum Flughafen, um zu einem Polospiel nach Italien zu fliegen. Aber es war zu spät. Die SS hatte den Flughafen besetzt und zog seinen Paß ein. Der Diener Édouard berichtet: „Dann fuhren wir nach Hause und warteten."

Am Abend klopften zwei Männer mit Hakenkreuzarmbinden an die Haustür. Ein Butler öffnete und sagte ihnen, Baron Louis sei nicht zu Hause. Am folgenden Tage erschienen drei Soldaten mit Stahlhelmen, um ihn abzuführen. Diesmal empfing der Baron ihren Wortführer. Er sagte, er werde mitgehen, aber erst nach dem Essen, das gerade aufgetragen werden sollte. Die Soldaten berieten sich im Flüsterton und hatten schließlich nichts dagegen einzuwenden, daß der Baron vorher zu Mittag aß. Nachdem er sich Kaffee und Likör hatte servieren lassen, fuhr er mit den Soldaten fort, und als er am späten Abend noch nicht zurückgekehrt war, packte der Diener die Toilettensachen, Bücher, Bettlaken, die bestickten Pantoffeln und einige Kleidungsstücke seines Herrn ein. Als er jedoch mit dem schweinsledernen Koffer, der das Wappen der Rothschilds trug, auf der

Polizeistation erschien, wurde er dort mit brüllendem Gelächter empfangen und wieder fortgeschickt.

Baron Louis ließ es sich nicht anmerken, daß die Unbequemlichkeiten, denen er ausgesetzt war, ihm etwas ausmachten. Er war Bergsteiger und Polospieler, ritt die berühmten Lipizzaner der spanischen Hofreitschule, war ein erstklassiger Golfspieler und körperlich gut trainiert. Als man ihn dazu anstellte, gemeinsam mit einigen gefangenen Kommunisten Sandsäcke in den Keller zu tragen, stellte er fest, daß er schneller und besser arbeiten konnte als seine Mitgefangenen. Später erzählte er: „Wir sind recht gut miteinander ausgekommen und mußten feststellen, daß dies der klassenloseste Keller der Welt sei."

Doch Louis mußte nicht lange im Keller bleiben. Bald fand er sich im Wiener Hotel „Metropol" wieder, das die Gestapo requiriert hatte. Hier wurde er in einem Zimmer neben seinem Freund, dem Bundeskanzler von Schuschnigg, einquartiert und von 24 Wachtposten, „meinen Grenadieren", wie er sie nannte, bewacht. Er vertrieb sich die Langeweile damit, daß er dem Wachpersonal Vorträge über Geologie und Botanik hielt. Nur wenige Straßenzüge von hier entfernt wurde sein Haus geplündert, aber nicht vom entfesselten Pöbel, sondern systematisch von den neuen Herren im Lande. William Shirer schreibt: „Ich habe von unserer Wohnung in der Ploßlgasse aus selbst beobachtet, wie SS-Trupps Silber, Gobelins, Gemälde und andere Beutestücke aus dem nebenan gelegenen Palais Rothschild herausschleppten."

Baron Louis erhielt den Besuch eines Mannes namens Weber, der sich als Verbindungsmann von Hermann Göring vorstellte. Er sagte, der Baron könne seine Freiheit wiederhaben, wenn er Göring £ 40000 bezahlte und die Eisen-und-Stahl-Werke von Witkowitz dem Deutschen Reich übereignete. Aber der Baron erklärte mit übertrieben höflichen Entschuldigungen, daß ihm Witkowitz gar nicht mehr gehöre. Wenige Wochen später wurde Weber verhaftet. „Offenbar war in Berlin ein innerparteilicher Krieg ausgebrochen, und Göring hatte gegenüber Heinrich Himmler eine Niederlage erlitten. Himmler schickte keinen Mittelsmann, sondern kam selbst nach Wien, um mit dem Baron zu sprechen. Er bot dem Gefangenen eine Zigarette an, aber Louis lehnte ab und versuchte, aus der Miene seines gefürchteten Inquisitors dessen Absichten zu erraten. Später sagte er entrüstet: ‚Dieser Bursche hatte ein Gerstenkorn im Auge und versuchte es zu verbergen.'"

Louis und nicht die Nazis diktierten im Einvernehmen mit der Familie die Bedingungen. Er erklärte sich bereit, dem Dritten Reich für seine Freilassung alle seine Vermögenswerte in Österreich abzutreten. (Er wußte, daß die Nazis sie ohnedies beschlagnahmen würden.) Aber Witkowitz sollte erst übergeben werden, nachdem er selbst das Land verlassen hatte und in Sicherheit war – und zwar für den Preis von £ 3000000. Auch das war ein Bluff; denn Louis glaubte, der Krieg sei unvermeidlich, und in diesem Falle würden ihm die Stahlwerke ohnehin verlorengehen.

Augenscheinlich war Himmler nicht seiner Ansicht; denn er bemühte sich, Louis zu weiteren Eingeständnissen zu bewegen. Zunächst versuchte er, es seinem vornehmen Gefangenen etwas bequemer zu machen. Auf seinen Befehl brachten die Wachen eine Reihe unglaublich häßlicher Gegenstände in das Zimmer. Dazu gehörten eine orangefarbene samtene Bettüberdecke, eine monströse Louis-Quinze-Vase und ein Radio, das sie auf eine Fransendecke stellten. Louis rief empört aus: „Das Zimmer sieht ja aus wie ein Krakauer Bordell!"

Heinrich Himmler, Oberster Führer der SS und seit 1934 Chef der Geheimen Staatspolizei in Preußen.

Der Baron weigerte sich, über die Bedingungen für seine Freilassung zu verhandeln, und erhielt nach einigen Tagen die Mitteilung, daß Himmler sie angenommen habe; er sei jetzt frei und könne gleich gehen. Aber Louis war nicht der Mann, der sich herumkommandieren ließ, und erklärte zur allgemeinen Überraschung, er wolle bis zum nächsten Morgen bleiben. Er sagte, er dürfe seine Freunde nach 11.00 Uhr abends nicht mehr stören; denn die Dienerschaft sei um diese Zeit schon zu Bett gegangen.

Nach wenigen Tagen war Louis in Paris und in Sicherheit, und zwei Monate später, im Juli 1939, wollte das Reich die Stahlwerke von Witkowitz für die vereinbarte Summe kaufen. Aber im September brach der Krieg aus, und der Vertrag wurde nicht mehr unterzeichnet. Als das Massensterben jedoch zu Ende war, setzte man die kommunistische Tschechoslowakei unter Druck und verlangte, die neue Regierung solle die sich aus der Vereinbarung ergebenden Verpflichtungen erfüllen. Schließlich erhielten die Rotschilds eine Entschädigung von £ 1000000, was, wie jeder zugab, besser war als gar nichts.

Während Baron Louis damit beschäftigt war, Witkowitz seinen britischen Verwandten zu überschreiben, beauftragte Lord Rothschild das Versteigerungshaus Sotheby & Co. mit dem Verkauf der Einrichtung des Hauses am Piccadilly 148, das seinem Großvater gehört hatte. Dieses Haus war fast ein Museum, angefüllt mit Gemälden, Möbeln und Kunstgegenständen, die der Sohn des großen Nathan, Lionel, erworben hatte. Als in Cambridge lebender Wissenschaftler hatte Victor keine Verwendung für das Haus und ohne dieses Haus auch keinen Ort für die Aufbewahrung seiner Einrichtung. So kam er zu dem Entschluß, alles zu veräußern. Die Auktion begann am 19. April 1937 und dauerte vier Tage, während die Versteigerung der kostbaren Silbersammlung seiner Großmutter, die von ihrem Vater, Baron Willy von Rothschild aus Frankfurt stammte, weitere drei Tage in Anspruch nahm. Am ersten Tag wurden 21 Gemälde verkauft. Der Korrespondent der *Times* schrieb: „Mit einem Umsatz von £ 41252 übertraf die Versteigerung am Piccadilly 148 bei weitem alle Erwartungen." Das lag daran, daß das Gemälde *The Courtyard* von Pieter de Hooch £ 17500 brachte, während neun Jahre zuvor, 1928, für ein Gemälde desselben Künstlers nur £ 11600 bezahlt worden waren. *Die Rückkehr einer Dienstmagd vom Markt* von dem Rembrandtschüler Nicholas Maes, die 1822 nur £ 76 gekostet hatte, erzielte jetzt £ 1100. Ein Interieur von Eglon van der Heer, für das 1823 £ 43 bezahlt worden waren, ging für £ 800 weg, und eine 1832 für £ 120 erworbene Wirtshausszene von Philips Wouwerman wurde für £ 850 verkauft.

Man hielt fast alle hier erzielten Preise für hoch. Frank Partridge zahlte tausend Pfund für einen Louis-Quinze-Damenschreibtisch mit Intarsien. Ein Bergkristallkronleuchter mit der Signatur „F. Rinnaldi, 1648 Milano", brachte £ 340. Eine Augsburger Uhr aus dem 16. Jahrhundert wurde für £ 620 verkauft. Duveen bot gegen einige französische Händler für einen Sekretär von dem Tischler Ludwigs XVI., Martin Carlin, £ 8000 und erhielt den Zuschlag. Zwei von Charles le Brun entworfene Gobelins brachten £ 1300.

Der Erlös für die europäische Silbersammlung, die auf der Auktion bei Sotheby verkauft wurde, betrug insgesamt £ 40000, ein Ergebnis, das man als „außerordentlich befriedigend" bezeichnete. Die beiden seltensten Stücke waren ein in vergoldetem Silber gefaßter Pokal aus einem bemalten Straußenei, die Arbeit des Leipzigers Elias Geier aus dem 16. Jahrhundert, die £ 2900 erzielte, und ein Straßburger Doppelpokal aus in vergoldetem Silber gefaßtem Kristall aus der gleichen Zeit, für den £ 2000 bezahlt wurden. Die Einrichtung des Hauses brachte insgesamt £ 125000.

Im gleichen Jahr wurde das Haus am Piccadilly 148 an einen Gartenklub verkauft. Als ein Reporter Lord Rothschild fragte, ob er vorhabe, ein anderes Haus in London zu kaufen, antwortete er lakonisch: „Ich werde mir das überlegen, wenn der zu erwartende Krieg gekommen und vorüber sein wird."

Obwohl es nur selten vorkam, daß ein Rothschild sich von einem Rothschildschen Erbe trennte, fehlte es Victor doch nicht an typischen Familieneigenschaften. Eine der am stärksten entwickelten war seine Sammlerleidenschaft. In den 1930er Jahren kaufte er einige Gemälde, darunter mehrere Bilder von Cézanne, einige Silberstücke aus dem frühen 18. Jahrhundert sowie seltene Bücher und Handschriften, deren Wert heute insgesamt auf £ 2000000 geschätzt wird. Doch viele dieser Bilder und Einzelstücke befinden sich nicht mehr in seinem Besitz. 1951 stiftete er zum Beispiel dem Trinity College in Cambridge die Bibliothek, die er gesammelt hatte; darin befanden sich unter anderem: ein Exemplar der lyrischen Balladen von Wordsworth und Coleridge mit handschriftlichen Korrekturen von Coleridge, eine mit Anmerkungen von Gibbon versehene Ausgabe von Herodot und die Oden von Gray mit Randbemerkungen von Horace Walpole.

11 Der Zweite Weltkrieg

(1939–1945)

10. Mai 1940 Beginn des Frankreichfeldzuges; Zusammenbruch des französischen Heeres, Waffenstillstand in Compiègne am 22. Juni 1940 unterschrieben.

Die drei französischen Rothschilds, die heute das Bankhaus in Paris leiten, standen an der Front, als Deutschland Frankreich im Frühjahr 1940 überrannte. Die dreißig und zweiunddreißig Jahre alten Söhne von Baron Robert, Alain und Élie, gerieten in Gefangenschaft; Alain in dem Lazarett, in dem er als Verwundeter lag, und Élie in der Nähe der belgischen Grenze. Élie war zu Pferde in den Krieg gegangen und wurde mit der Masse seines Kavallerieregiments, den 11. Kürassieren, gefangengenommen. Beide Brüder hatten das Glück, als Offiziere und nicht als Juden behandelt zu werden.

Dennoch lehnten sie sich gegen die Inaktivität auf, zu der sie verurteilt waren. Élie begann sofort, seine Flucht aus Nienburg an der Weser zu planen, aber sein Vorhaben wurde entdeckt, und man schickte ihn zuerst für ein Jahr nach Colditz und dann nach Lübeck in ein noch strengeres Lager, wo er das Kriegsende erlebte. Diese Versetzung brachte ihm jedoch eine Annehmlichkeit. Er traf dort seinen Bruder Alain, der versucht hatte, in einem Korb mit schmutziger Wäsche aus dem Offizierslager 6 in Soest zu fliehen. Er war dabei ergriffen und zur Strafe nach Lübeck versetzt worden.

Nur in bezug auf seine Heirat konnte der ruhelose Élie seinen Willen durchsetzen. Er schrieb an seine Freundin aus der Kinderzeit, die intelligente, lebhafte Liliane Fould-Springer und fragte sie, ob sie mit einer Ferntrauung einverstanden sei. Obwohl sich die Fould-Springers widersetzten, weil sie meinten, daß es nicht günstig sei, den Namen Rothschild zu führen, während die Gestapo überall in Frankreich ihr Unwesen trieb, stimmte Liliane zu. Die Hochzeitsfeierlichkeiten für die Braut und den Bräutigam fanden an verschiedenen Tagen mit einem Zeitunterschied von mehreren Monaten statt. Élie gab am 7. Oktober 1941 in Colditz sein Jawort und Liliane am 7. April 1942 in Cannes.

Solche äußeren Umstände müßten jeder Hochzeit einen bitteren Beigeschmack geben, aber diese hatte auch ihre romantische Seite, denn Liliane war die Großnichte von Achille Fould, der im zweiten Kaiserreich so leidenschaftlich gegen James de Rothschild gekämpft hatte. Foulds *Crédit Mobilier* hätte beinahe die Finanzmacht der Rothschilds gebrochen, aber schließlich hatte der Angreifer und nicht der Angegriffene ins Gras gebissen.

Der dritte Rothschild, der an der Front stand, als die deutschen Panzer durch Frankreich stürmten, war der Sohn und Erbe des ersten Direktors der Firma Messieurs de Rothschild Frères, Baron Édouard, Guy de Rothschild. Die beiden alten Herren, Édouard und sein Vetter Robert, waren

Élie de Rothschild. Photo aus dem Archiv des Schlosses Colditz, wo er ein Jahr als Kriegsgefangener festgehalten wurde.

im Frühjahr 1940 nach New York geflohen. Guy diente in einem motorisierten Kavallerietruppenteil, der in Belgien kämpfte und sich dann nach Dünkirchen zurückzog, um von den Briten evakuiert zu werden. Guy kehrte bald darauf nach Frankreich zurück. Nach wenigen Monaten wurde sein Regiment aufgelöst, und obwohl die allgemeine Stimmung sich damals gegen die Juden richtete, war er dafür ausersehen worden, die Regimentsfahne zu tragen, eine Ehre, die nur den Tapfersten zuteil wurde. Ein Jahr später sah er seine Frau und seinen Vater in Amerika wieder. Aber im Frühjahr 1943 ging er nach London, um unter Charles de Gaulle zu dienen. Sein Schiff wurde auf der Überfahrt von einem Torpedo getroffen, und er verbrachte die Nacht – es waren im ganzen sieben Stunden – auf einem überfüllten Floß, das von jeder Welle überspült wurde. Im Morgengrauen

Die britische Expeditionsarmee wird mit Teilen der französischen Streitkräfte am 29. Mai 1940 aus dem Brükkenkopf Dünkirchen evakuiert (224585 Briten und 112546 Franzosen).

General de Gaulle gründet nach der französischen Niederlage das von England am 18. Juni 1940 anerkannte Nationalkomitee zur Befreiung Frankreichs.

rettete ein britischer Zerstörer die Überlebenden. Als Guy nach England kam, erholte er sich einige Tage als Gast seiner Kusine Miriam Rothschild in Northamptonshire. Das große Haus Ashton Wold, das Miriams Mutter gehörte, war jetzt ein Lazarett. Miriam arbeitete die Woche über im Versorgungsministerium, half aber an den Wochenenden oft im Lazarett aus. Hier lernte sie einen gut aussehenden ungarisch-jüdischen Flüchtling kennen, der den englisch klingenden Namen George Lane angenommen hatte, in eine britische Kommandoeinheit eingetreten und vor dem Feinde verwundet worden war. Nach kurzer Verlobungszeit fand 1941 die Hochzeit statt.

Alle Rothschilds im wehrdienstfähigen Alter erlebten im Kriege die größten Abenteuer. Ein Konflikt wie dieser entsprach dem Temperament der Familie. Die Sache, für die sie kämpften, war nicht nur gerecht und hatte nicht nur für sie als Juden eine besondere Bedeutung, sondern das schnell wechselnde Tempo, die einander entgegenlaufenden Strömungen leidenschaftlicher Hingabe und geheimen Widerstandes boten unerschrockenen Männern auch große Möglichkeiten. Obwohl die Roth-

Guy de Rothschild mit seinen Eltern, Baron und Baronin Édouard. Guy diente bei der motorisierten Kavallerie. Seine Einheit wurde von den Briten in Dünkirchen evakuiert. 1943 schloß er sich in London den Streitkräften von de Gaulle an.

schilds, wie jemand einmal gesagt hat, im Zivilleben Feldmarschälle waren und obwohl sie diesen Rang im Kriege nicht einnehmen konnten, agierte jeder von ihnen mit der Autorität und Individualität eines Geheimagenten mit einem Sonderauftrag, und in manchen Fällen waren sie das sogar.

Die beiden Söhne von Dr. Henri de Rothschild, die 1943 schon mehr als vierzig Jahre alt waren, kamen wenige Monate später als Guy nach London. James, der im Ersten Weltkrieg Kampfflieger gewesen war, ging nun zum militärischen Verbindungsstab von de Gaulle, während Philippe sich in der Abteilung für zivile Angelegenheiten ausbilden ließ. Philippe erlebte eine Reihe aufregender Abenteuer. 1940 war er nach Marokko gegangen, um die deutsche Besetzung nicht miterleben zu müssen, wurde aber von der Vichyregierung verhaftet. Im Gefängnis richtete er einen Kursus für die körperliche Ertüchtigung seiner Mitgefangenen ein und leitete eine Sprachenschule. Sein bester Schüler war Herr Mendès-France. Schließlich wurde er entlassen und kehrte nach Frankreich zurück, aber als er befürchten mußte, daß er im Konzentrationslager enden würde, ging er zu Fuß über die Pyrenäen, kam nach Portugal und fuhr per Schiff nach England. Als er in London ankam, ging er in das Hyde Park Hotel zu Herrn Gaston Palewski. In der Hotelhalle kam ein Fremder auf ihn zu, umarmte ihn und sagte bewegt: „Ich danke Ihnen von ganzem Herzen, daß Sie uns in den Bombennächten geholfen und das Leben erträglicher gemacht haben.“ Erstaunt fragte Philippe: „Wer sind Sie, und wovon in aller Welt sprechen Sie?“ „Vom Mouton Rothschild, Baron Philippe, von diesen wunderbaren Flaschen, deren jede Ihren Namen auf dem Etikett trägt“, antwortete der Mann und stellte sich als Cyril Connolly vor.

Philippe fand eine Unterkunft im Free French Club, der jetzt am Piccadilly 107 untergebracht war. Nathan Rothschild hatte das Haus in den 1820er Jahren gekauft, und später hatte Nathans Tochter Hannah, eine Schwester von Philippes Urgroßvater, darin gewohnt. Doch nach der Invasion an der Kanalküste zerstreuten sich die Rothschilds wieder. Die Frau von James, Claude, wurde vor der Landung nach Frankreich geschmuggelt, um mit von den Deutschen festgenommenen Widerstandskämpfern die Verbindung aufzunehmen. Sie wurde dafür mit dem *Croix de Guerre* und der Ehrenlegion ausgezeichnet. Als einer der ersten traf Guy, der im Stab von de Gaulles Militärgouverneur arbeitete, in Paris ein, während James als Dolmetscher einen französischen Truppenverband begleitete. Philippe wurde im Raum von Le Havre eingesetzt und wie Claude mit dem *Croix de Guerre* und der Ehrenlegion dekoriert. Guy, Alain und Élie erhielten die gleichen Auszeichnungen.

Lionels ältester Sohn, der englische Edmund, diente in der britischen Armee. Eddie hatte im Frühjahr 1938 sein Abschlußexamen in Cambridge bestanden, und im Herbst schickte ihn sein Vater zur Vervollständigung seiner Ausbildung auf eine Reise um die Welt. Die drohende Haltung Hitlers überschattete damals schon die Weltlage, und der erst 22 Jahre alte Eddie, ein stiller, nachdenklicher und sehr verantwortungsbewußter junger Mann, war zutiefst beunruhigt. Am 5. Oktober 1938 – nach München – schrieb er in sein Tagebuch: „Bin ich nun ein Civis Britannicus, oder habe ich alles andere aufgegeben und bin zum Civis Judaeus geworden? ... Es hat heute fast unaufhörlich geregnet. Die Welt scheint um das gequälte Volk Israel zu weinen – oder bilde ich mir das nur ein?“[1]

Bei Kriegsausbruch trat Edmund in die Buckinghamshire Yeomanry ein und diente als Hauptmann in einem Artillerieregiment in Nordafrika und Italien. 1944 genehmigte Churchill die Aufstellung einer jüdischen Infan-

Konferenz in München (29. September 1938) mit Hitler, Mussolini, Daladier und Chamberlain beschließt Abtretung deutsch besiedelter Randgebiete der Tschechoslowakei in Böhmen, Mähren und Schlesien an das Deutsche Reich.

teriebrigade, und Edmund trat als Major und Chef der „P“-Batterie in das Feldregiment ein. In der Brigade dienten Leute aus Yorkshire und Juden, doch im Lauf der Zeit schlossen sich ihr auch jüdische Flüchtlinge aus Palästina und fast allen europäischen Ländern an. Da Palästina noch kein Staat war und die Briten die Empfindlichkeit der Araber nicht verletzen wollten, durfte keine palästinensische Flagge gezeigt werden. Aber Major Rothschild fand einen glücklichen Kompromiß. Edmund schreibt: „Als wir bei einer Parade am General vorbeimarschieren mußten, ließ ich neben der Tribüne zwei Fahnenmasten aufstellen und hißte an dem einen den Union Jack und am anderen die blauweiße Flagge mit dem Davidstern. Der General sah mich scharf an und fragte: ‚Was ist das?‘ Ich antwortete: ‚Das ist die Standarte der „P“-Batterie, Sir‘. Er ließ es dabei bewenden.“[2]

Nach dem alliierten Sieg marschierte Edmunds Brigade von Italien aus über die Alpen und dann durch Deutschland nach Holland und Belgien. Auf dem Wege dorthin kam sie durch Mannheim. Vor der Stadt passierte die Kolonne einen steinernen Triumphbogen mit der Aufschrift „Judenrein“. Mannheim war schwer bombardiert und von Artillerie zerschossen, und es war kaum ein Haus stehengeblieben. Edmund schreibt:

„Ich führte die Kolonne in einem Panzerspähwagen. Als wir in die Stadt hineinfuhren, kamen einige Menschen aus den Ruinen ihrer zerstörten Häuser, starrten uns an und riefen sich zu: „Die Juden kommen! Die Juden kommen!“ Immer mehr Leute versammelten sich, um uns vorbeifahren zu sehen, und als wir in die Stadtmitte vor der Rheinbrücke kamen, hatten sich etwa zweihundert Menschen auf einem Platz zusammengefunden. Plötzlich geriet die Menge in Bewegung, und drei oder vier Männer in der Gefangenenkleidung des Konzentrationslagers Belsen liefen auf meinen Panzerspähwagen zu, knieten hin und küßten den Davidstern darauf.“[3]

Die Szene wäre noch dramatischer gewesen, wenn das Regiment von Edmund durch Frankfurt oder Kassel gekommen wäre, aber diese beiden Städte lagen im amerikanischen Sektor. Doch es gibt in der Geschichte die seltsamsten Verwicklungen. Der fürstlichen Familie von Hessen-Kassel war es ebenso wie den Rothschilds im Lauf der Jahre gut gegangen, und als 1939 der Krieg ausbrach, war sie eine der reichsten Familien Europas. Zur Zeit Napoleons I. waren sie und die Rothschilds gegen den Aggressor verbündet gewesen, aber diesmal standen sich die beiden Familien in zwei verschiedenen Lagern gegenüber.

Das Oberhaupt des Hauses Hessen-Kassel, Fürst Philipp, war ein leidenschaftlicher Anhänger von Hitler. Weil er mit der Tochter des Königs von Italien, der Prinzessin Mafalda, verheiratet war, hatte er die Aufgabe eines Kuriers zwischen Hitler und Mussolini übernommen. Als Hitler mit dem italienischen Diktator in einen Streit geriet, wurde die arme Mafalda in ein Konzentrationslager gesperrt. Sie war tief religiös, setzte sich über ihr persönliches Schicksal hinweg und opferte sich in rührender Weise für ihre Leidensgenossen auf. Schließlich starb sie an Hunger und den in der Gefangenschaft erlittenen Qualen als eine der großen Heldinnen dieses Krieges.

Philipp blieb am Leben und wohnt heute nicht weit von Frankfurt im Schloß Friedrichshof in Kronberg, das der Kaiserin Friedrich, der ältesten Tochter der Königin Viktoria, gehört hatte und heute ein Hotel ist. Das Haus Hessen-Kassel versteht es augenscheinlich auch jetzt noch, Geld zu verdienen, denn obwohl Philipp sich auf die falsche Seite gestellt hatte, überstand er nicht nur die Schrecken des Krieges, sondern soll auch der reichste Mann in Deutschland und der reichste Fürst in Europa sein. Das behauptete man auch im Jahre 1800 von dem Kurfürsten von Hessen-Kassel, seinem Vorfahren, der, ohne es zu wollen, Mayer Rothschild dabei half, das Fundament für das Familienvermögen der Rothschilds zu legen.

Anthony und Lionel de Rothschild versuchten indessen, den Betrieb in der Bank weiterzuführen. Als die City 1940 und 1941 schweren Luftangriffen ausgesetzt war, kam Anthony täglich in sein Büro nach New Court. Abends aß er mit seiner Frau Yvonne in einem Restaurant und schlief im Keller in der Umgebung von Tresoren und Schließfächern. Wenn die Sonne aufging, hatte sich die Welt draußen oft in ein Chaos verwandelt. Immer mehr Straßen wiesen gähnende Lücken auf, und oft standen sie auch unter Wasser, weil die Leitungen gebrochen waren. Aber New Court schien unter einem besonderen Schutz zu stehen; denn es wurde nicht getroffen und blieb als einziges Gebäude inmitten eines Ruinenmeeres unversehrt.

Dennoch ergriffen die Brüder gewisse Vorsichtsmaßnahmen. Anfang 1940 überlegten sie, daß das Geschäft und die Dynastie der Rothschilds vernichtet werden könnten, wenn die Bank von einer Bombe getroffen würde. Sie gründeten deshalb eine Holdinggesellschaft, die Rothschild Continuations Ltd., auf die sie die Anteile der Bank überschrieben, um die Zukunft der nächsten Generation zu sichern. 1942 starb Lionel jedoch eines natürlichen Todes, und Anthony führte die Geschäfte allein weiter, bis er sich 14 Jahre später zur Ruhe setzte.

Der Krieg eröffnete nicht nur einen weiten Spielraum, sondern auch eine bunte Vielfalt, und die Rothschilds nutzten die verschiedenartigen Möglichkeiten zur Erfüllung ihrer Bürgerpflichten voll aus. Dies galt vor allem für den neunundzwanzigjährigen Victor, den heutigen Lord Rothschild, der seine Dienste dem Kriegsministerium anbot und den Auftrag erhielt, „Sabotage-Bomben" zu entschärfen.

Dieses Arbeitsgebiet bot gewisse Vorteile. Die Zahl der hier beschäftigten Menschen war nicht groß, und wenn man am Leben blieb, war man bald einer der ersten. Außerdem gab es keine erfahrenen Fachleute, die einen Anfänger einschüchterten; denn die von den Deutschen hergestellten Sabotagesprengladungen waren neu erfunden und sinnreich konstruiert. Sie sahen ganz harmlos aus und verbargen sich etwa in einem Brikett, einer Thermosflasche mit echtem Tee, einem Regenmantel, einem Spazierstock oder einem Kleiderbügel.

Die Ladungen waren an einen Zeitzünder angeschlossen, der manchmal mit einem Uhrwerk und manchmal durch eine Säure, die einen Draht durchfraß, betätigt wurde. Es kam darauf an, den Zünder zu entfernen, bevor die Ladung detonierte. Das wurde durch die heimtückische Konstruktion erschwert, und oft detonierte die Ladung bei dem Versuch. Auch die Zünder waren so gebaut, daß sie gelegentlich detonierten, nachdem sie aus der Hauptladung entfernt worden waren.

Viele dieser Bomben kamen von Algeciras nach Gibraltar. Die Spanier hatten es den Deutschen erlaubt, vor dem Hafen von Algeciras ein Schiff zu versenken, von dem aus Tiefseetaucher nach Gibraltar schwammen. Gelegentlich versuchten sie, alliierte Schiffe zu sprengen, oder sie versteckten die Ladungen in Obstkisten und anderen Waren, die nach Großbritannien gingen.

Es gab niemanden, der Lord Rothschild für diese Arbeit ausbilden konnte. Man sagte ihm, daß das Entschärfen von Bomben einfach eine Sache des Ausprobierens sei. Allerdings dürfe man sich dabei nicht irren.

Zum Glück war er für diese Spezialaufgabe besonders gut geeignet. Ein Kollege sagte: „Wer verfügte sonst zugleich über die leichte Hand und die geschickten Finger eines Jazz-Pianisten und den scharfen Verstand eines erstklassigen Wissenschaftlers?“ Natürlich gehörte auch Mut dazu, denn Victor mußte jedesmal damit rechnen, daß der Versuch mißlang. Einmal sollte er die Sprengladung an einer Kiste Zwiebeln entfernen, die aus Spanien stammte und nach Northampton gekommen war. Er schreibt: „Der Zünder sah aus, als enthielte auch er einen versteckten Mechanismus, der die Detonation auslösen könnte. Als ich die Ladung entschärfte, hielt ich es für richtig, den Vorgang in jeder Phase festzuhalten, falls es zu einem Unfall käme. Ich diktierte deshalb über ein Mikrophon jeden Handgriff beim Auseinandernehmen der Ladung.“

Ein anderes Mal, als er bei der Polizei in Liverpool einen Lehrvortrag über Sabotage hielt, bat ihn einer der Beamten, sich einen großen Kanister mit Flüssigkeit anzusehen, der aus China gekommen war, von dem man aber annahm, daß in Gibraltar eine Sprengladung daran angebracht worden sei. Victor schreibt: „Nachdem ich den Zünder entfernt hatte, ein sieben Tage laufendes Uhrwerk, nahm ich Ladung und Zünder im Wagen mit nach London. Wir vermuteten, auch der Zünder sei mit einem versteckten Mechanismus versehen, der ihn zur Detonation bringen könnte, denn ein Marineoffizier in Gibraltar war vor einigen Wochen schwer verwundet worden, als er einen gleichen Zünder auseinandernahm. Ich entschärfte ihn in meinem Büro in London und kniete mich dabei hinter einen dick gepolsterten Sessel, damit, falls das Ding detonierte, nur meine Hände und Unterarme Schaden nehmen konnten. Alles ging gut.“[4]

Bald galt der Oberst Rothschild als führender Bombenentschärfer in England. Eines führte zum anderen, und irgend jemand kam auf den Gedanken, er sei der geeignete Mann, eine der wichtigsten Persönlichkeiten in Großbritannien vor Sabotageanschlägen zu schützen. Diese Persönlichkeit war Winston Churchill. Man fürchtete, es könnte ein Attentat mit Gift auf ihn verübt werden, und zwar in Lebensmitteln, Getränken oder Zigarren. Als der Premierminister eines Tages von Downingstreet 10 zum Unterhaus ging, kam ein französischer General auf ihn zu, grüßte ihn militärisch und überreichte ihm einen geräucherten Schinken, eine seiner Lieblingsdelikatessen. Churchill befahl dem Sekretär, der ihn begleitete, den Schinken dem Koch in Downingstreet zu bringen, und sagte, er wollte zum Frühstück davon essen. Wie üblich mußte Rothschild ihn jedoch zuvor untersuchen und feststellen, ob er nicht vergiftet war. Dazu wendete er sich an den medizinischen Forschungsrat, wo man ihm jedoch mitteilte, zwölf Stunden reichten nicht aus, um festzustellen, ob das Fleisch mit tödlichen Bakterien verseucht sei. Am besten sei es, der Katze im Institut, die man um des Premierministers willen zu opfern bereit sei, eine Scheibe zu geben. Das geschah, und als die Katze am folgenden Morgen munter aus ihrem Körbchen sprang, durfte Churchill seinen Frühstücksschinken haben.

Man sagte dem Premierminister nicht, daß alles, was er zu sich nahm, vorher auf Gift untersucht wurde. Aber die Beamten konnten die Tatsache nicht vor ihm verbergen, daß auch seine Zigarren geprüft wurden, denn jedesmal, wenn er welche geschenkt bekam, sah er sie tagelang, manchmal sogar wochenlang nicht wieder. Als ihm einmal seine Havannazigarren ausgegangen waren, schickte ihm ein Bewunderer zehntausend Stück. „Aber wo sind sie geblieben?“ fragte er ungehalten. „Wer hat sie fortgezaubert? Es ist doch nicht zuviel verlangt, daß man mir gestattet, meine eigenen Zigarren zu rauchen ..." Man sagte ihm daher, Victor Rothschild, bei dessen Großvater er in jungen Jahren zu Gast gewesen war, untersuche sie auf versteckte Ladungen oder tödlich wirkende chemische Substanzen. Um Churchills Ungeduld nicht zu lange auf die Folter zu spannen, entschied sich Lord Rothschild für die statistische Stichprobentechnik und untersuchte nur jede zehnte Zigarre. Das faszinierte Churchill offenbar; denn er liebte das Glücksspiel und verglich diese Methode mit dem russischen Roulette.

Manchmal zogen Rothschild und seine Mitarbeiter auch unerwartet gewisse persönliche Vorteile aus ihrer Schutzengel-Rolle. Gegen Ende des Krieges begleiteten sie Churchill nach Paris, um ihn vor Attentaten zu schützen. Ein bekannter Industrieller schenkte ihm zwölf Flaschen sehr alten, kostbaren Armagnac, die wie üblich Victor zur Prüfung übergeben wurden. Viele Jahre später berichtete Lord Rothschild: „Ich sagte, ich könnte es nicht verantworten, die Sendung freizugeben, wenn man mir nicht eine dreizehnte Flasche zur Prüfung überließ. Der Industrielle erklärte sich, wenn auch nur ungern, dazu bereit, und meine Kollegen und ich verbrachten einen sehr angenehmen Abend."[5]

In Paris quartierte sich Victor an der Avenue de Marigny 23 ein. Dieses mitten in der Stadt in einem mehrere Morgen großen Park gelegene Haus gehörte der Familie Robert de Rothschild und deren Kindern Diane, Alain, Cécile und Élie. Das gegenüber dem Élyséepalast aufragende stattliche Gebäude enthielt die kostbarsten Möbel und Kunstgegenstände. Es war ganz unerklärlich, weshalb es als einziger Besitz der Familie Rothschild in der Hauptstadt nicht ausgeplündert worden war, obwohl die deutsche Luftwaffe hier ihr Hauptquartier eingerichtet hatte und der für seine langen Finger berüchtigte Hermann Göring häufig dort gewesen war. Als man später die Haushälterin der Rothschilds, die das Haus auch während der Besatzungszeit nicht verlassen hatte, fragte, weshalb die Deutschen das fremde Eigentum respektiert hätten, antwortete sie: „Sogar die Deutschen wissen, daß ‚Führer' kommen und wieder vergehen, die Rothschilds aber ewig bestehen." Die französische Dienerschaft war jedoch kein Risiko eingegangen und hatte alles getan, um die ungebetenen Gäste nicht in Versuchung zu führen. Die wertvollsten Gemälde und andere kostbare Gegenstände hatten sie in einem Geheimzimmer versteckt, das hinter den Bücherwänden lag. Dieser Raum wurde während der ganzen Besatzungszeit nicht entdeckt.

1944 war das Leben hier nicht sehr bequem, denn es gab kaum Heizmaterial für die Öfen und die Bäder. Aber nachdem es unter den Deutschen intakt geblieben war, wollte Victor es nicht zulassen, daß die Alliierten das Haus plünderten, und quartierte sich deshalb hier ein. Zum Glück hatte er bei den Amerikanern einen gewissen Einfluß, weil die amerikanische Armee ihn gebeten hatte, einen Lehrgang für Sabotageabwehr abzuhalten. 1946 wurde er dafür sogar mit dem amerikanischen Bronzestern ausgezeichnet. In der Verleihungsurkunde bezeichnete Präsident Truman ihn als „einen der bedeutendsten Fachleute der Welt". Truman schrieb: „Bei der von ihm persönlich geleiteten Ausbildung amerikanischer Offiziere zu Spezialisten in der Sabotageabwehr hat er uns großzügig seine Zeit und Kraft zur Verfügung gestellt. Er hat viele technische Handbücher herausgegeben, die noch immer von der Armee der Vereinigten Staaten, besonders von Spezialisten für das Entschärfen von Bomben und von dem Personal unserer Gegenspionage, verwendet werden."[6]

Während dieser Zeit hinderte Victor beutelüsterne Generäle daran, das

Haus seiner Vettern in Besitz zu nehmen. Er konnte sie sich so lange vom Leibe halten, bis die Töchter von Baron Robert, Diane und Cécile, seine Söhne, Schwiegertöchter und Enkel wieder unter dem weiten Dach des der Familie gehörenden Gebäudes versammelt waren.

Andere Rothschilds hatten weniger Glück. Weil sie fliehen mußten, um das nackte Leben zu retten, als die deutsche Armee sich im Frühjahr 1940 über ganz Frankreich ergoß, versuchten alle Mitglieder der Familie in großer Eile, ihren wertvollen Besitz in Sicherheit zu bringen. Das war eine fast unlösbare Aufgabe, denn viele Rothschilds, wie Henri, Édouard, Maurice und die Schwester von Maurice, Miriam, besaßen nicht nur große Häuser in Paris (in der Rue du Faubourg Saint-Honoré, La Muette, der Rue de Monceau und der Rue Saint Florentin), sondern auch ebenso stattliche Häuser auf dem Lande. Dazu gehörten Roberts Château de Laversine bei Chantilly und Édouards Schloß in Ferrières, Henris Abbaye des Vaulx de Cernay und der Besitz von Maurice, Armainvilliers. Sie brachten die Wertsachen in die Häuser ihrer Freunde, in Banktresore, in neutrale Botschaften und in Museen. Ein Versteck im Südwesten Frankreichs wurde von den französischen Behörden entdeckt, weil ein anonymer Informant es denunziert hatte. Die Direktoren des Louvre wurden benachrichtigt und nahmen die Kunstschätze „vorläufig" in ihre Verwahrung.

Doch oft war alle Mühe vergeblich. Im Herbst 1940 erklärte der Chef des Oberkommandos der Wehrmacht, Feldmarschall Keitel, Alfred Rosenberg sei mit der Sicherstellung von Kunstschätzen beauftragt worden, eine höfliche Umschreibung der Tatsache, daß er zum Hauptplünderer ernannt worden war. Die Gestapo werde alle Versuche, jüdischen Besitz zu verbergen, vereiteln und alle Ausflüchte für null und nichtig erklären. Keitels Anordnung hatte folgenden Wortlaut:

> Maßgebend für den Besitzstand sind die Verhältnisse in Frankreich vor der Kriegserklärung am 1. 9. 1939.
>
> Nach diesem Stichtag vollzogene Übereignungen an den französischen Staat oder dergleichen sind gegenstandslos und rechtsunwirksam (z. B. polnische und tschechische Bibliotheken in Paris, *Bestände des Palais Rothschild oder sonstiger herrenloser jüdischer Besitz).* Vorbehalte bezüglich der Durchsuchung, Beschlagnahme und des Abtransports nach Deutschland aufgrund solcher Einwände werden nicht anerkannt.
>
> Reichsleiter Rosenberg und / oder sein Stellvertreter, Reichshauptstellenleiter Ebert, hat hinsichtlich des Zugriffsrechtes eindeutige Weisungen vom Führer persönlich; er ist ermächtigt, die ihm wertvoll erscheinenden Kulturgüter nach Deutschland abzutransportieren und dort sicherzustellen. Über ihre Verwendung hat der Führer sich die Entscheidung selbst vorbehalten.

Hitler meinte es ernst, denn er befahl der Gestapo, Rosenberg bei dem Auffinden „versteckter jüdischer Kunstschätze" zu unterstützen, und Rosenberg stellte einen Stab von Kunstexperten zusammen, um die konfiszierten Gegenstände zu registrieren. Als Paris befreit worden war, teilte einer der nationalsozialistischen Helfer von Rosenberg den französischen Militärbehörden mit:

> Nach der Beschlagnahme der bedeutendsten jüdischen Kunstsammlungen in Paris wurden alle von den reichen Pariser Juden verlassenen Wohnungen wie auch die Lagerhäuser aller Speditionsfirmen und viele andere Kunstdepots ausgewanderter Juden, die oft von französischen Nichtjuden getarnt worden waren, von dem Sonderstab für die bildende Kunst systematisch durchsucht, und auf diese Weise fand man große Mengen von Kunstschätzen.
>
> Diese Beschlagnahmen wurden aufgrund umfangreicher vorangegangener Nachforschungen in den Personenverzeichnissen der französischen Polizeibehörden, aufgrund

> jüdischer Handbücher, Lagerhausverzeichnisse und Auftragsbücher über französische Kunst und Sammlungskataloge durchgeführt. Daß die einzelnen Besitzer Juden waren, wurde in jedem Fall in Zusammenarbeit der französischen Polizeibehörden mit dem Sicherheitsdienst sowie auch aufgrund des politischen Quellenmaterials des Stabes selbst nachgewiesen.[7]

Der Mann, der diese Feststellungen traf, machte die folgende eidesstattliche Erklärung, nach der fast zwanzig Prozent der requirierten Gegenstände von den Rothschilds stammten:

> Stab Reichsleiter Rosenberg — St. Georgen/Attergau
> Sonderstab für bildende Kunst — Kogl I, 14. Juli 1944
> Aufstellung beschlagnahmter Kunstwerke nach den Inventarverzeichnissen, die bis zum 13. Juli 1944 von 203 Sammlungen eingegangen sind.
>
> Die wichtigsten Sammlungen sind:
> I. ROTHSCHILD mit 3978 Listennummern
> II. KAHN mit 1202 Listennummern
> III. David WEILL mit 1121 Listennummern
> IV. Levy de VENZION mit 989 Listennummern
> V. Brüder SELIGMANN mit 556 Listennummern
> Gesamtzahl der Gegenstände: 21 903.

Reichsleiter Rosenberg war seit Juli 1941 auch Reichsminister für die besetzten Ostgebiete. Am 1. Oktober 1946 vom Internationalen Militärtribunal in Nürnberg als Kriegsverbrecher zum Tode verurteilt und hingerichtet.

In den drei Jahren von 1941 bis 1944 sind mehr als 137 Eisenbahnwaggons, die mit Kunstgegenständen beladen waren, von Frankreich nach Deutschland gegangen. Doch wieder bestätigte sich das Sprichwort, daß das Böse des Schlechteren Feind ist, denn wenn diese Schätze nicht fortgebracht worden wären, hätte man sie vielleicht nicht vor den alliierten Armeen retten können. Die deutschen Kunstexperten sind jedenfalls sehr sorgfältig mit ihnen umgegangen.

> Diese Sendungen wurden an sechs verschiedenen Aufbewahrungsorten im Reich untergebracht, ausgepackt und unter Beachtung aller Vorsichtsmaßnahmen im Hinblick auf ihre Erhaltung und den Schutz vor Luftangriffen und Feuer eingelagert ... Der Sonderstab richtete an einer Einlagerungsstelle (in Buxheim) eine mit allen technischen Hilfsmitteln versehene Restaurierungswerkstatt ein und beschäftigte sich damit, die beschlagnahmten künstlerisch wertvollen Gegenstände mit aller Sorgfalt zu behandeln und zu restaurieren. Mehrere hundert Kunstwerke waren von ihren jüdischen Besitzern vernachlässigt oder früher unfachmännisch restauriert worden. Sie wurden in der Werkstatt fachmännisch restauriert, und man sorgte für ihre Erhaltung[8].

Doch im Herbst 1944 wußte niemand, was mit den nach Deutschland verschleppten Gegenständen geschehen war. Im gleichen Frühjahr war James Rorimer vom New Yorker Metropolitan Museum of Art zu dem für Denkmalschutz, bildende Kunst und Archive verantwortlichen Offizier der amerikanischen Siebenten Armee ernannt worden. Ursprünglich sollte es seine Aufgabe sein, Kulturwerte im Einflußbereich der Besatzungsstreitkräfte zu schützen. Nachdem er jedoch mehrere Monate in Paris gewesen war, interessierte er sich immer mehr für die „fehlenden Kunstschätze", die aus Frankreich nach Deutschland abtransportiert worden waren. Er war sein eigener Detektiv und setzte sein besonderes Vertrauen in Fräulein Rose Valland, die im *Musée du Jeu de Paume* gearbeitet und selbst miterlebt hatte, wie Göring bei seinen häufigen Besuchen Kunstwerke für seine Privatsammlung auswählte. Obwohl sie keine Beweise dafür hatte, war Rose überzeugt, viele französische Kunstschätze

Nächste Seite: Die meisten Kunstschätze der Familie Rothschild wurden nach dem Kriege in der von Ludwig II. von Bayern erbauten theatralischen, pseudogotischen Burg Neuschwanstein wiedergefunden.

seien auf zwei Schlösser in die Nähe von Füssen im Allgäu gebracht worden. Eines davon war Neuschwanstein, eine phantastische pseudogotische Burg, die der geistesgestörte bayerische König Ludwig II. erbaut hatte.

James Rorimer verließ sich auf die Aussagen von Rose, und als die amerikanische Armee im Frühjahr 1945 nach Füssen kam, nahm er einen Jeep und fuhr zur abgelegenen Sommerresidenz von Ludwig II. Er schreibt: „Als wir von Norden her durch ein offenes Tal herankamen, sah es inmitten der Gebirgslandschaft aus wie der Prototyp aller Märchenschlösser. Es war das zum Leben erweckte Traumschloß eines egozentrischen und machtlüsternen Mannes; die malerische, romantische, abgelegene Szenerie war der geeignete Ort für eine Verbrecherbande, um ihre kunsträuberische Tätigkeit fortzusetzen."

Weil das Schloß sich an einen Berghang anlehnte, waren alle Stockwerke durch fast senkrecht aufsteigende Wendeltreppen miteinander verbunden. An allen Ecken und Enden waren Kunstwerke aufgestapelt, und die meisten von ihnen trugen eine Pariser Kennziffer. Es waren Gemälde, Juwelen, Möbel, Gobelins, Bücher, Silber und Antiquitäten, kurz alles, was man sich vorstellen kann.

Wir wurden zu einer versteckten, schweren Stahltür geführt, die mit zwei Schlössern gesichert war. Dahinter fanden wir zwei große Kisten mit weltberühmten Rothschildschen Juwelen und zahlreiche kleinere Kästen mit edelsteinbesetzten Schmuckstükken...

Im April 1941 waren 30 Packwagen mit Kunstgegenständen und im Oktober des gleichen Jahres 23 weitere Waggonladungen von Frankreich hierher gebracht worden. Allein für den Rücktransport dieser Gegenstände nach Frankreich brauchten wir 36 Güterwagen für 1221 Bahnbehälter, die 6000 Objekte enthielten. Ich ging wie in Trance durch die Zimmer und hoffte, daß die Deutschen auch hier so methodisch vorgegangen waren, wie man es von ihnen gewohnt war, und alle diese Dinge photographiert und in Katalogen und Listen registriert hatten. War das nicht geschehen, dann würden wir zwanzig Jahre brauchen, um diesen riesigen Beutehaufen zu sortieren und zu identifizieren[9].

Rorimers Hoffnungen erfüllten sich. In einem Zimmer war ein Photolabor eingerichtet, wo die von Rosenberg aus 203 Privatsammlungen in Frankreich zusammengetragenen Gegenstände aufgenommen worden waren. Aus den Listen ging hervor, daß sich der größte Teil des Rothschildschen Kunstbesitzes in diesem Gebäude befand. Die Möbel waren auf besonders dafür hergestellten Regalen bis unter die Decke gestapelt. Dazu kamen Kaminschirme aus Gobelin, Bücher, Juwelen und Gemälde, unter anderen auch die *Drei Grazien* von Rubens aus dem Besitz von Baron Maurice.

Die Kartothek war so wichtig, daß sie besonders geschützt werden mußte.

Wir konnten nicht riskieren, daß diese unersetzlichen Aufzeichnungen beschädigt wurden [schrieb Rorimer]. Wir beschlossen, weder die Deutschen noch die alliierten Wachen unter irgendwelchen Umständen in diese beiden Zimmer hineinzulassen. Deshalb vernagelten wir die Falltür, die über einer in diese Räume führenden geheimen Fluchtleiter lag, und wir stellten eine schwere Eisentruhe darauf. Dann verschlossen wir die Türen hinter uns, und als letzte Vorsichtsmaßnahme, nahm ich eines der alten Rothschildschen Petschafte mit der Aufschrift SEMPER FIDELIS und versiegelte die Türen mit Wachs und Bindfaden.

Im Lauf der Zeit fanden sich alle Mitglieder der Familie Rothschild wieder in Frankreich ein und nahmen ihr Eigentum in Empfang. Da die

Vichy-Regierung der älteren Generation die Staatsbürgerschaft abgesprochen und einen Teil ihres Besitzes versteigert hatte, brauchten die Juristen viele Monate, um die verzwickten rechtlichen Fragen zu klären. Die meisten Leute, die etwas von den beschlagnahmten Gegenständen gekauft hatten, waren bereit, sie zurückzugeben, wenn sie ihr Geld wiederbekommen würden. Die neue Regierung erklärte sich bereit, zu zahlen, und schließlich wurden alle Schwierigkeiten aus dem Wege geräumt.

Die österreichischen Rothschilds beschlossen, in den Vereinigten Staaten zu bleiben. Weil der größte Teil von Mitteleuropa jetzt zur sowjetischen Einflußsphäre gehörte, gab es für Privatbankiers keine Zukunft in diesem Teil der Welt. Eugene kaufte ein Haus auf Long Island, das er mit seiner Frau, der für ihre Schönheit berühmten ehemaligen Gräfin Kitty Schönborn, bewohnte. Sie starb 1946, und danach verbrachte Eugene den meisten Teil seiner Zeit auf Reisen.

Eines Tages erlebte er einen kleinen Triumph, und zwar ging es dabei um keinen Geringeren als Einstein. Zwar hatte sich Eugene nie viel aus dem Bankgeschäft gemacht, war aber ein für Zahlen besonders begabter Mensch und studierte zu seinem Vergnügen Mathematik. Wie andere Rothschilds wurde auch er ein Fachmann auf dem Gebiet, das sein Hobby war, und er las zur Entspannung die Theorien von Einstein. Eines Tages stieß er auf einen Fehler in den logischen Schlußfolgerungen des großen Mannes. Er schrieb ihm und erhielt eine Woche darauf einen überschwenglichen Dankesbrief dafür, daß er einen Druckfehler entdeckt hatte.

Das Schicksal von Eugene und Louis schien einer Wippschaukel zu gleichen; denn wenn der eine unten war, dann war der andere oben. Nur zwei Monate bevor Eugene seine Frau verlor, war der vierundsechzigjährige eingefleischte Junggeselle Louis mit der charmanten österreichischen Gräfin Hilda von Auersperg vor den Traualtar getreten. Hilda ließ sich mit ihrem fein gebildeten Bräutigam ausgerechnet in Vermont nieder. Die Berge erinnerten Hilda wahrscheinlich an die Alpen, und Louis waren die schweigsamen, einsilbigen Bewohner von Vermont lieber als die neugierigen Reporter der Boulevardpresse. Er war zudem Wissenschaftler, und es machte ihm Freude, die Professoren des in der Nähe gelegenen Dartmouth College zu sich einzuladen und mit ihnen über Botanik und Kunst zu sprechen.

1947 statteten Louis und seine Frau Österreich einen Besuch ab. Die Russen waren immer noch in Wien, und das verstümmelte Land befand sich in ernsten wirtschaftlichen Schwierigkeiten. Die Nachricht von dem Besuch der Rothschilds breitete sich schnell aus, und vor dem Hotel, in dem sie abgestiegen waren, versammelte sich eine Menschenmenge. Hunderte baten den Baron um Hilfe, die er ihnen großzügig gewährte. Seinen gesamten Besitz, den die österreichischen Nazis beschlagnahmt hatten, der jedoch nach langwierigen Verhandlungen zum Teil wieder an ihn zurückgegeben worden war, übergab er der österreichischen Regierung. An dieses Geschenk war jedoch eine Bedingung geknüpft. Die Regierung verpflichtete sich, ein besonderes Gesetz zu erlassen, nach dem die Rothschildschen Vermögenswerte in einem staatlichen Pensionsfonds zusammengefaßt wurden, aus dem nun alle ehemaligen Haus- und Firmenangestellten von Louis die gleichen Pensionen erhalten sollten wie pensionierte österreichische Staatsbeamte. Als diese Dinge geregelt waren, kehrte Louis nach Vermont zurück. Im Winter besuchte er regelmäßig die Karibischen Inseln und starb 1955 beim Schwimmen im Golf von Montego.

Österreich schließt unter Verpflichtung zur Neutralität am 15. Mai 1955 einen Staatsvertrag mit den Siegermächten des Zweiten Weltkrieges ab, ohne sich dem Westen anzuschließen, um die Zweiteilung zu vermeiden.

Louis' Bruder Eugene hatte indessen die englische Schauspielerin Jeanne Stewart geheiratet. Viele Jahre bewohnten sie ein Haus auf Long Island, kehrten jedoch in den 1960er Jahren nach Europa zurück und kauften ein Haus in Monte Carlo. Eugene ist noch am Leben und wird demnächst seinen neunzigsten Geburtstag feiern.

Während die österreichischen Rothschilds in Amerika Häuser kauften, versuchten die französischen Mitglieder der Familie unter der Führung des siebenundsiebzigjährigen Barons Édouard und des dreiundsechzigjährigen Barons Robert, die alten Verbindungen wiederaufzunehmen und die Bank an der Rue Laffitte weiterzuführen. Wenige Wochen nach seinem Eintreffen in Paris im Jahre 1945 schickte Édouard einen vertrauenswürdigen Angestellten, den alten Herrn Moccand, auf eine Reise durch Frankreich, um die Wertpapiere „auszugraben", die beim Einmarsch deutscher Panzer in die Hauptstadt wie durch einen Zaubertrick aus den Tresoren der Bank verschwunden waren.

Die Reise ging nicht ohne Schwierigkeiten vonstatten, denn die Deutschen hatten Hunderte von Brücken zerstört und die Eisenbahnschienen auf weiten Strecken abmontiert. Zunächst führte ihn sein Weg nach Vercors, auf ein mit Gras bewachsenes Hochplateau 800 Kilometer südöstlich von Paris, wo schwere Kämpfe stattgefunden hatten. Zum Teil reiste Moccand mit der Eisenbahn, aber wo der Schienenstrang unterbrochen war, ließ er sich von Armeelastwagen mitnehmen oder er marschierte zu Fuß weiter über die von Granateinschlägen zerrissenen Straßen. Weil die Verhältnisse sich noch nicht normalisiert hatten, schlief er neben der griffbereiten Pistole, denn er mußte damit rechnen, von versprengten Soldaten angegriffen zu werden oder auf Mitglieder der Résistance zu stoßen, die jetzt begonnen hatten, das Leben von Anarchisten zu führen.

Schließlich kam er am Rande des Plateaus zu einem kleinen Bauernhaus. Der Pächter war früher als Kassierer bei der Firma Messieurs de Rothschild Frères angestellt gewesen. „Es ist alles hier", sagte er Moccand freundlich. „Kommen Sie und sehen Sie selbst." Moccand folgte ihm in einen Keller, in dem mehrere Stahlkassetten lagen. Sie waren vollgestopft mit wichtigen Papieren: 50 Millionen Francs in begebbaren Wertpapieren, Hypotheken, Industrieakten und Urkunden. Hier wiederholte sich eine geschichtliche Szene in einer neuen Variation. Vor 150 Jahren hatte es einen anderen Keller gegeben, in dem sich mit wichtigen Dokumenten gefüllte Kisten befanden. Damals hatten die Rothschilds das Vermögen des Kurfürsten gerettet. Nun hatten andere, die zwar nicht in der Lage gewesen waren, das Vermögen der Rothschilds zu retten, wenigstens die Verluste Rothschildscher Kunden gemindert, denn die Wertpapiere gehörten fast ausnahmslos jüdischen Bankkunden.

Die Reise Moccands dauerte etwa drei Wochen. Zu den Leuten, die er besuchte, gehörte auch ein junger Bankangestellter aus Paris mit seiner Frau in einer Villa am Meer in der Nähe von Marseille, der Wertpapiere in einem artesischen Brunnen versteckt hatte. Von hier kam er zu einem Versicherungskaufmann in der Dordogne und zu einem Ladenbesitzer in der Auvergne, der unter den Dielen seines Hauses ein Depot von Banknoten angelegt hatte. Als Moccand alle diese Leute aufgesucht hatte, kaufte er einen alten Lastwagen und fuhr die gleiche Strecke zurück, um alles zu verladen und mitzunehmen. Nach drei Monaten kam er mit etlichen Millionen Francs in barem Geld und in Wertpapieren völlig ermattet in Paris an.

Herr Moccand war aber nicht der einzige, der sich damit beschäftigte, die Einlagen der Bank aus ihren Verstecken zu holen. Mehr als fünfzig Scheinkonten waren in ganz Frankreich bei Provinzialbanken eröffnet worden, um das Eigentum weiterer jüdischer Kunden zu tarnen. Daneben gab es zwei Holdinggesellschaften in Lyon und eine dritte in Marseille, die man nur gegründet hatte, um gefährdete Wertpapiere unterzubringen. Es dauerte sechs Monate, bis dieses verstreute Kapital eingesammelt und wieder in den Tresoren an der Rue Laffitte deponiert war. Das Erstaunliche daran war die Tatsache, daß nicht eine einzige Aktie oder Schuldverschreibung, die man den deutschen Besatzungsbehörden vor der Nase weggeschnappt hatte, auf ihrem Weg durch viele Hände verlorengegangen oder veruntreut worden war.

Niemand wußte, was er von den Vorgängen an der Pariser Börse am 30. Juni 1949 halten sollte. Es gab keinen Grund für eine Baisse, doch die Aktien der großen Royal Dutsch Shell fielen unerwartet. Das gleiche geschah mit denen des Metallkombinats Río Tinto, der riesigen Bergwerksgesellschaft Le Nickel und des Diamantentrusts von De Beers. Die Makler waren zunächst überrascht, dann besorgt, und viele begannen, übereilt zu verkaufen. Am Abend standen die Aktienkurse niedriger als seit vielen Monaten.

Am nächsten Morgen sah die Sache weniger geheimnisvoll aus, als man in den Zeitungen lesen konnte, daß der einundachtzigjährige Baron Édouard de Rothschild am Vormittag des vergangenen Tages gestorben war. Die Rothschilds besaßen große Aktienpakete aller Gesellschaften, deren Kurse gefallen waren. Neben den Nachrufen auf den Titelseiten der großen Zeitungen brachten die Wirtschaftsspalten Spekulationen über sein Vermögen und erklärten, daß sich die Höhe der Erbschaftsteuer nach den Schlußkursen an der Börse richten werde, die am Todestage gegolten hätten. Wenn es zu einer kritischen Situation kam, hatte die Familie immer gemeinsam etwas unternommen, und sie hatte auch diesmal die Kurse gedrückt. Doch schon als die Vorbereitungen für die Beisetzung getroffen wurden, handelten die Rothschilds wieder gemeinsam und kauften alle Aktien zurück, die sie vor 48 Stunden verkauft hatten.

Die Interessen der Rothschilds in Frankreich wurden nun von der jungen Generation vertreten; denn die beiden Vettern von Édouard, Robert, der vor dem Kriege mit ihm die Bank geleitet hatte, und Henri, der Arzt und Bühnenautor, waren nur wenige Monate vor ihm verstorben. Die Hauptverantwortung ging auf Édouards einzigen Sohn, den vierzigjährigen Baron Guy, über. Dieser schlanke, elegante, blonde Mann war von allen Rothschilds, die jemals Leiter der Bank geworden waren, derjenige, der am wenigsten wie ein Rothschild aussah. Ein Journalist schrieb, er sähe eher aus wie ein Marquis in einem Gesellschaftsstück als wie der Enkel des gefürchteten Alphonse, der nach dem Kriege gegen Preußen die Kriegsentschädigungen aufgebracht hatte, oder wie der Urenkel Jacobs, der Wellingtons Armeen mit Gold versorgt und die Eisenbahngesellschaft *Chemin de Fer du Nord* gegründet hatte.

Aber wenn Guy auch nicht die wulstigen Lippen und den imponierenden Leibesumfang anderer Rothschilds hatte, so konnte doch niemand behaupten, es fehle ihm die Rothschildsche Energie. Jetzt mußte er mit allen nur denkbaren Problemen zugleich fertig werden, aber er tat es ruhig, rasch und effektvoll. Er verkaufte das große Haus an der Place de la Concorde, das früher dem Fürsten Talleyrand gehört hatte, an den einzigen Interessenten, der reich genug war, es zu bezahlen: die Regierung der Vereinigten Staaten. Die Nazis hatten die gesamte Einrichtung daraus entfernt, und es hätte Millionen gekostet, sie wieder in Ordnung zu bringen. Außerdem war das Haus in den unsicheren Nachkriegsjahren selbst für einen Rothschild zu groß. Zuerst richtete sich der Abwicklungsstab für den Marshallplan darin ein, dann war es das Hauptquartier der Mission der Vereinigten Staaten bei der NATO, und schließlich wurden verschiedene regionale europäische Organisationen darin untergebracht.

Guy behielt jedoch das vor hundert Jahren erbaute Familienschloß Ferrières mit dem dazu gehörenden, dreitausend Hektar großen Landbesitz, 30 Kilometer ostwärts von Paris. Auch Ferrières war von den Deutschen ausgeplündert worden, die nicht nur die Teppiche und Möbel, sondern zum allgemeinen Erstaunen und aus keinem ersichtlichen Grunde auch die Tiere aus dem zoologischen Garten fortgebracht hatten. Allmählich trafen die von Rorimer wiedergefundenen Kunstgegenstände in Frankreich ein, und zwar zuerst die mit geraubten italienischen Fayencen und wertvollen Gemälden beladenen Güterzüge. Es folgten 59 Kisten mit seltenen Büchern, dann die Gobelins, das Silber und Möbel, die, zum Teil von geschickten Handwerkern repariert, jetzt viel besser aussahen als zu der Zeit, zu der sie verschleppt worden waren. Andere Kunstgegenstände tauchten aus anderen Verstecken wieder auf. Ausländische Botschaften hatten sie für die Dauer der deutschen Besetzung in ihren Kellern aufbewahrt. Wieder andere kamen aus dem Louvre, wo sie zur Tarnung als Bestandteile von Sammlungen gelagert worden waren, die anderen Leuten gehörten. Ferrières wurde zu einem großen Lagerhaus für die Schätze der ganzen Familie. Wie gewöhnlich bewiesen die Rothschilds ihre Dankbarkeit in großzügigster Weise. Alain, Élie und ihre Schwestern schenkten dem Louvre eine Reihe wertvoller Kunstwerke, unter anderen Gainsboroughs Porträt von *Lady Alston*. Guy und seine Schwestern stifteten dem Museum das Porträt der *Gräfin Doria* von van Dyck.

Ferrières blieb mehr als zehn Jahre unbewohnt. Während dieser Zeit wurde ein amerikanischer Besucher von einem Kastellan durch die unaufgeräumten Zimmer geführt. „Zuerst befand er sich in einem goldenen Gewirr von Uhren. Er glaubte, in ein Uhrenmuseum geraten zu sein, bis sein Führer ihm sagte, dies sei nur der Raum, in dem die ins Schloß gehörenden Uhren aufbewahrt würden. Dann stand der Besucher vor einem riesigen Stapel kostbarer Louis-Quatorze- und Louis-Quinze-Stühle. Ein weiteres Zimmer war angefüllt mit den verschiedenartigsten Tischen. Schließlich sah er eine Anzahl prächtiger, aus Rosenholz geschnitzter Gestelle, auf denen mit Blumenmustern bemalte, antike chinesische Porzellanschüsseln lagen. Er überlegte einen Augenblick, was das sein könnte, sah genauer hin und begriff, weshalb der Kastellan lächelte. Es war eine Sammlung der kostbarsten Bidets der Welt.“[10]

Häuser und Kunstgegenstände waren jedoch nur ein geringer Teil dessen, worum sich Guy jetzt zu kümmern hatte. Weil sein Vater der größte Rennstallbesitzer in Frankreich gewesen war und weil seine Ställe 1941 versteigert worden waren, kostete es viel Mühe, Klarheit in die Angelegenheit zu bringen. Doch nicht alles ließ sich wieder rückgängig machen. Viele Stuten, die Édouard gehört hatten, waren von den Hengsten Marcel Boussacs, des französischen Textilkönigs und größten Rivalen der Rothschilds in Longchamps, gedeckt worden.

Herr Boussac war jetzt so wenig großzügig, zu behaupten, die erzwungenen Kreuzungen seien „ohne Genehmigung und irregulär“ erfolgt. Für

Baron Guy war es jedoch außerordentlich wichtig, daß die den Rothschilds gehörenden Fohlen, die aus diesen illegitimen Verbindungen hervorgegangen waren, in das *Stutbuch*, den *Gotha* für Vollblutpferde, eingetragen wurden. Zunächst weigerte sich der zuständige Ausschuß, das zu tun, aber nach monatelangem Gerangel erklärten sich die Fachleute einverstanden, und die jungen Pferde bekamen ihren legitimen Stammbaum.

Unter der Leitung von Guy gewannen die neu eingerichteten Rennställe bald wieder das Ansehen, das sie unter seinem Vater genossen hatten; schon 1950 stand er ganz oben auf der Liste der Eigentümer und Züchter, und 1963 gewann sein Champion, der vierjährige Hengst Exbury, den Coronation Cup in Epsom und den Preis des Arc de Triomphe in Longchamps. Der Hengst wurde anschließend für mehr als £ 400000 an ein Syndikat verkauft und verdiente viele Jahre nacheinander alljährlich eine Viertelmillion Pfund.

Während die Rothschilds in Frankreich versuchten, sich in der Nachkriegswelt zurechtzufinden, mußten die Rothschilds in England sich den Sparmaßnahmen anpassen, die die jetzt im Frieden angebrochene Notzeit erforderte und die eine Labourregierung eingeführt hatte, um – wie Churchill das nicht sehr fair ausdrückte – die Gleichheit im Elend herzustellen. Wieder mußten die Rothschilds einige ihrer Häuser verkaufen. Leos Haus am Hamilton Place 5 wurde von dem Klub Les Ambassadeurs übernommen, während das Haus von Charles Rothschild in Kensington Palace Garden an die Rumänen verkauft wurde, die darin ihre Botschaft einrichteten. Zwar bewohnte Anthony als erster Direktor der Bank immer noch sein Landhaus Ascott bei Wing, das er mit von ihm selbst gesammelten Kunstschätzen angefüllt hatte, übergab es aber 1949 in die Obhut des National Trust.

Nach dem Tode seines Vetters Lionel hatte Anthony 1942 die Leitung der Bank übernommen. Obwohl Lionels Sohn Edmund, der Erbe des großen Besitzes in Exbury, 1946 in die Bank eintrat, konnte der junge Mann ihm die Verantwortung nicht abnehmen, bevor er sich nicht in das Geschäft eingearbeitet hatte. Die Kriegsjahre waren für die Bankiers schon schwierig genug gewesen, aber die Nachkriegsjahre wurden mit ihren periodisch wiederkehrenden Währungskrisen zu einem regelrechten Alptraum. Die 1930er Jahre mit ihrer Wirtschaftsdepression schienen im Vergleich damit eine sorglos heitere Zeit gewesen zu sein. Wie sehr sich die Zeiten geändert hatten, wurde in erschreckender Weise deutlich, als Anthony 1949 nicht mehr in seinem Wagen vom Chauffeur nach New Court gebracht wurde, sondern mit der Untergrundbahn zur Arbeit fuhr. Zu seiner Überraschung stellte er fest, daß er so viel schneller zur Bank kam als mit dem Auto. Andere folgten seinem Beispiel, und es kam zu einer „Minirevolution der Großkapitalisten".

Viele glaubten, durch dieses Verhalten hätten die Rothschilds sich endgültig zur Demokratie bekehrt, doch auf anderen Gebieten wollte Anthony auf keine Kompromisse eingehen. Er war ein Grandseigneur, ein Intellektueller, ein Kunstliebhaber mit erlesenem Geschmack. Deshalb war das neue Zeitalter mit seiner schrillen Stimme und seinem aggressiven Konkurrenzkampf ein absoluter Gegensatz zu allem, an was er glaubte. Doch obwohl viele neue Firmen sich darum bemühten, am großen Geschäft beteiligt zu werden, fiel Anthony eines der größten Entwicklungsprojekte aller Zeiten in den Schoß, ohne daß er auch nur einen Finger gerührt hätte.

Das hatte er dem Namen Rothschild zu verdanken. 1951, bald nachdem

Winston Churchill zum zweitenmal Premierminister geworden war, empfing dieser den Premierminister von Neufundland, Mr. Smallwood. Smallwood trug ihm die Pläne für ein umfangreiches Entwicklungsvorhaben in Labrador und Neufundland vor. Um es zu verwirklichen, brauchte man ungeheure Mengen britischen Kapitals. Edmund de Rothschild schreibt: „Nachdem Mr. Smallwood das Beratungszimmer des Kabinetts verlassen hatte, wendete sich Churchill an seinen Privatsekretär J. R. Colville und sagte: ‚Jock, wen kennen wir in der City?'" Der Zufall, der in der Geschichte manchmal eine entscheidende Rolle spielt, wollte es, daß Jock Colville, ein alter Freund der Rothschilds, am gleichen Tage schon in New Court gewesen war, und deshalb antwortete er: „Die Rothschilds." „Gut", sagte Churchill und zitierte das Lied des Schatzkanzlers aus *Iolanthe* von Gilbert und Sullivan:

The shares are a penny and ever so many
Are taken by Rothschild and Baring,
And just as a few are allotted to you
You awake with a shudder despairing...

Der große Mann war persönlich mit Anthony befreundet, und als das Firmenkonsortium gebildet wurde, freute er sich über die Tatsache, daß die Firma N. M. Rothschild & Sons dabei die Führung übernahm. Später schrieb er an Edmund, erwähnte die engen Beziehungen zwischen den beiden Familien und sagte: „Ich freue mich sehr darüber, daß die Verbindung bis in mein hohes Alter nicht abgebrochen ist."

Nach einer Reihe von Lunchs und stundenlangen Konferenzen wurde die British Newfoundland Corporation – Brinco – gegründet. Dahinter stand ein Konsortium, dem 29 Großfirmen angehörten, unter ihnen die Anglo-American Corporation of South Africa, die Anglo-Newfoundland Development Company, Bowaters, English Electric, die Frobisher Mining Company und Río Tinto.

Anthony hatte zwar das Fundament für die Brinco gelegt, wurde aber wenige Jahre später krank, und Edmund übernahm das Projekt, für das er noch heute arbeitet. Das Ausmaß des Vorhabens war atemberaubend. Die Brinco übernahm die Erforschung eines 60000 Quadratmeilen großen Gebiets in Neufundland und Labrador, das größer war als England und Wales und enorme Vorräte an Bodenschätzen, Holz und Wasserkraft enthielt. In den vergangenen zwanzig Jahren hat die Brinco mehr als eine Milliarde Pfund für dieses Entwicklungsvorhaben bereitgestellt. Die Wasserkraftwerke von Churchill Falls in Labrador sind das größte Privatunternehmen in Nordamerika. An dieser einen Stelle werden sieben Millionen PS erzeugt. Das unterirdische Kraftwerk nimmt mehr Raum ein als die Grand Central Station in New York, und jeder der elf Generatoren ist so groß wie ein neunstöckiges Haus.

Aber die Brinco war nur der Anfang. Andere Mitglieder der Familie Rothschild errangen weitere Triumphe.

12 Die Rothschilds heute: die Bankiers

(1953–1973)

Gemälde von Hepple, das „Partnerzimmer“ im alten Gebäude von New Court.

„Die Zeit geht nie ohne die Rothschilds weiter, denn die Rothschilds gehen immer mit der Zeit“, hat jemand in den 1950er Jahren gesagt, als die französischen Rothschilds auf ihre Bentleys verzichteten und sich in Paris von ihren Chauffeuren in Minis herumfahren ließen.

Die finanzielle Vormachtstellung der Rothschilds gehörte natürlich der Vergangenheit an. Weder sie noch irgendeine andere Familie kontrollierten noch die Geldmärkte, und sie bestimmten auch nicht mehr die Wechselkurse oder die Krönung und Absetzung von Königen. Als die Hochfinanz, jene geheimnisvolle kapitalistische Erfindung, sich im Nebel des Ersten Weltkrieges auflöste, mußten auch die Rothschilds ihre Monopolstellung aufgeben. Sogar die Struktur der Rothschildschen Bankhäuser hatte sich drastisch verändert, denn sie blieben zwar im Privatbesitz, wurden aber nach 1908 unabhängig voneinander geführt. Das war im Kriege ganz bequem, aber in Friedenszeiten verlor die Familie ihren internationalen Einfluß, der bislang ihre Stärke gewesen war.

Es folgten drei gefährliche Jahrzehnte, die für das Bankgeschäft besondere Risiken brachten. In den 1920er Jahren war es die Inflation, in den 1930er Jahren die Depression und in den 1940er Jahren die Gewalttätigkeiten im Krieg. Vorübergehend wurde ein großer Teil Europas von Hitler überrannt, und weite Gebiete gerieten auf die Dauer in die Sklaverei Stalins. Während dieser Zeit verringerte sich die Zahl der Rothschildschen Bankhäuser von drei auf zwei, doch New Court und die Bank an der Rue Laffitte führten noch stolz das Wappen mit den fünf Pfeilen.

Eine Zeitlang sah es sogar aus, als sei die ureigene Handelsware der Rothschilds, das Geld, knapp geworden. In die Taschen der englischen Rothschilds hatten die Erbschaftsteuern wieder große Löcher gerissen, und die österreichischen Rothschilds versuchten vergeblich, für die von den Nazis beschlagnahmten und später von den Regierungen hinter dem Eisernen Vorhang verstaatlichten Vermögenswerte angemessene Entschädigungen zu bekommen. Und obwohl der größte Teil der märchenhaften Kunstschätze aus dem Besitz der französischen Rothschilds im Lauf der Zeit nach Paris zurückgebracht wurde, war es einigen Mitgliedern der Familie, besonders der Schwester von Maurice, Miriam, schlecht dabei gegangen. Die nach Deutschland verschleppten Wertgegenstände wurden wieder aufgefunden, aber viele Gemälde, die sie selbst versteckt hatte, waren verlorengegangen. Augenscheinlich war das Versteck ausgeplündert worden, und man hatte den Schuldigen nicht dingfest machen können.

Doch die Rothschilds waren für ihre Elastizität berühmt, und die meisten Menschen waren überzeugt, daß sie, sobald die Ordnung wieder eingekehrt war, ihre Rolle als eine der reichen und kultivierten Familien Europas wieder übernehmen würden. Andere waren weniger optimistisch. Sie sagten, die Massenbewegungen, die Massenproduktion und die Massenherrschaft der Nachkriegsära seien ihrem Wesen nach jenem Individualismus feindlich, der die Rothschilds berühmt gemacht hatte.

Niemand erwartete eine Renaissance der Rothschilds. Niemand sagte voraus, daß die Familie das neue Zeitalter begrüßen und ihm eine besondere Vitalität verleihen werde; daß die junge Generation sich mit dem Zeitalter des gemeinen Mannes identifizieren, es fördern und mit ihm zum Altar gehen werde. Niemand glaubte, daß dieser Enthusiasmus die Macht der Rothschilds wiederherstellen würde, zwar nicht als Familienverband oder als Finanzgigant, aber als eine Gruppe von Individuen, deren jedes seinen Beitrag leistet und seinen persönlichen Einfluß ausübt.

Wie es sich gehörte, gingen die ersten Schritte zur Erneuerung von den Bankiers in London, den Erben des großen Nathan, aus. 1962 wurde das Bankhaus in New Court abgerissen, und 1965 zog die Firma N. M. Rothschild & Sons an derselben Stelle in einen neuen prächtigen Glaspalast ein, dessen Fronten mit schwarzem Marmor und Aluminium verkleidet waren. Die Japaner waren augenscheinlich nicht davon überrascht, denn gerade so etwas erwarteten sie von den Rothschilds. Als ihr Londoner Korrespondent jedoch telegraphierte, das neue Bankhaus habe sechs Stockwerke, glaubte man in Tokio, das sei ein Druckfehler und müsse 60 heißen. Alles, was die Rothschilds anpackten, mußte nach ihrer Meinung übernormale Proportionen haben.

Wenn auch nichts Aufsehenerrgendes geschehen war, so wurde die Reorganisation in der City dennoch aufmerksam verfolgt; denn nun hatte eine neue Generation die Firma übernommen. Anthony war 1961 nach mehrjähriger Krankheit, die es ihm nicht mehr erlaubt hatte, in seinem Büro zu arbeiten, gestorben. Edmund war im Alter von 45 Jahren als leitender Direktor an seine Stelle getreten und wurde von seinem fünfunddreißigjährigen Bruder Leo und Anthonys neunundzwanzigjährigem Sohn Evelyn unterstützt.

Der Wandel vollzog sich nur langsam, denn die englischen Handelsbanken waren so stark in ihren Traditionen verwurzelt wie kaum andere Banken in der ganzen Welt, und dies wirkte sich hemmend aus. Sie befinden sich alle im gleichen Teil der City, den man allgemein „die Quadratmeile" nennt. Die Straßen tragen hier wunderbare alte Namen, wie Bishopsgate, Poultry, Cheapside, Lombard, Threadneedle und Old Jewry. Aus dem Umstand, daß sie so nahe beieinander liegen, ergibt sich vielleicht die Tatsache, daß hier jeder die Geschäfte des anderen so gut kennt. Deshalb werden in der City von London mehr Millionengeschäfte allein auf mündliche Absprache hin abgeschlossen als irgendwo sonst in der Welt. Das bedeutet, daß die persönliche Integrität eines Bankiers sein wertvollster Besitz ist und daß man den Spruch „Das Wort eines Engländers genügt als Bürgschaft" wörtlich nehmen kann. Obwohl man die Handelsbank als eine der typischsten englischen Institutionen betrachtet, sind paradoxerweise die Gründer fast all dieser Firmen Ausländer gewesen. Die Rothschilds kamen aus Frankfurt, die Barings aus Bremen, die Warburgs und Schröders aus Hamburg, die Lazards aus dem Elsaß, die Brandts aus St. Petersburg und die Morgans aus Boston.

Noch 1945 war das Bankhaus Rothschild die Privatbank mit dem bekanntesten Namen in Europa. Weil es außerdem als eine Feudalhierarchie geführt wurde, in der strenge Regeln und Traditionen herrschten, die man noch nie verletzt hatte, erregte jede Neuerung Aufsehen. 1960 nahm die Firma den ersten Außenseiter als Partner auf, eine Stellung, die bisher nur den männlichen Mitgliedern der Familie Rothschild vorbehalten war, und 1970 hörte die Bank auf, eine offene Handelsgesellschaft zu sein. Sie wurde zur Gesellschaft mit beschränkter Haftung umstrukturiert. Über beide Ereignisse berichteten die Zeitungen ausführlich. Offene Handelsgesellschaften durften laut Gesetz zunächst höchstens zehn Gesellschafter haben, später höchstens zwanzig. Neue, ehrgeizige Juniorpartner blieben nur dann da, wenn sie glaubten, an die Spitze vorrücken zu können. Die Gesellschaft mit beschränkter Haftung befand sich natürlich noch immer in den Händen der Familie Rothschild; denn von dem Stammkapital, das ausschließlich der Reserven £ 10 000 000 betrug, besaß die Familie 95 Prozent. Die Zahl der Direktoren vergrößerte sich rasch, und heute gibt es 29. Nur vier von ihnen sind Rothschilds.

Zu den Neuerungen, die 1960 eingeführt wurden, gehörten die Ausstattung mit modernen Maschinen, die Werbung (auf die man bis dahin mißbilligend herabgesehen hatte) und neue Methoden bei der Einstellung von Personal. Nicht alle waren damit einverstanden, und der Sekretär der Bank, Ronald Palin, glaubte, der kultivierte Anthony hätte die Eile verabscheut, mit der diese Dinge eingeführt wurden. Aber Anthonys Sohn Evelyn schien diese Theorie zu widerlegen. Obwohl er beim Tode seines Vaters 1961 noch nicht ganz dreißig Jahre alt war und den größten Anteil an der Bank geerbt hatte, begrüßte er nicht nur die Modernisierung, sondern machte auch selbst Vorschläge dazu. Er war der erste Rothschild, der sich für die Aufnahme von Partnern einsetzte, die nicht den Namen Rothschild trugen. Er befürwortete am lebhaftesten das Abreißen des alten Bankhauses von New Cort und die Errichtung eines neuen Gebäudes. Obwohl er noch recht unerfahren war, übernahm er sogar persönlich die Verantwortung für den Neubau. Er bestimmte den Architekten und ließ in Zusammenarbeit mit ihm ein Haus entstehen, das nicht nur eindrucksvoll aussah, sondern auch praktisch war.

Evelyn fühlte sich dem Andenken seines Vaters verpflichtet, und es lag ihm viel daran, sich dessen verantwortungsbewußter Geschäftsführung in den krisenreichsten Jahrzehnten des Jahrhunderts würdig zu erweisen. Er war überzeugt, die Bank werde erst nach einer drastischen Reorganisation wieder eine führende Stellung einnehmen können. Was jedoch den stürmischen Verlauf der Veränderungen besonders begünstigte, war die Tatsache, daß der Sohn und Erbe von Victor, der dritte Lord Rothschild, Nathaniel Charles Jacob, jetzt in die Bank eintrat.

Anders als sein Vater, der die Universitäten von Harrow und Cambridge besucht hatte, wurde Jacob in Eton und Oxford erzogen. Er war ein hochgewachsener, schmächtiger junger Mann mit den „schwulstigen Lippen der Rothschilds" – das einzige Mitglied der Familie, das heute dieses Merkmal trägt – und dabei sehr intelligent, von Stimmungen abhängig und aggressiv. Da er selbst durchaus von der Überlegenheit seiner Intelligenz überzeugt war, bereitete es einige Schwierigkeiten, mit ihm fertig zu werden. In Eton hatte er keine besonderen Leistungen aufzuweisen und fühlte sich dort nicht wohl. Er verließ das Internat im Alter von siebzehn Jahren und genügte dann seiner Wehrpflicht bei den Life Guards in Windsor. Er trat als Lance Corporal ein und war bei den Unteroffizieren und Soldaten beliebt. Einer seiner Kameraden schilderte ihn bei einem Presseinterview als einen Exzentriker, weil er immer wieder behauptet hatte, kein Geld zu haben[1]. Leider machte er auf seine Vorgesetzten keinen guten Eindruck und mußte dreimal einen Antrag stellen, bevor er zur Offiziersausbildung zugelassen wurde.

Erst als er auf das Christ Church College in Oxford kam, war er in seinem Element. Er fand eine Reihe guter Freunde und zeichnete sich besonders in dem Fach Geschichte aus. Sein Ziel war es, in die Bank einzutreten. Er wollte das jedoch nicht tun, bevor er sich gewisse Kenntnisse im Geldgeschäft angeeignet hatte. Er nahm deshalb an einem Buchhaltungskursus teil, arbeitete kurze Zeit als Volontär an einer Londoner Finanzierungsgesellschaft und ging dann nach New York zu Morgan Stanley.

Sobald er in das Bankhaus Rothschild eingetreten war, wußte er, daß er seinen Beruf gefunden hatte. Das gleiche galt für seine Vettern. Wenn man ihm zum erstenmal begegnete, machte er einen ruhigen und beherrschten Eindruck, und man sah in ihm einen liebenswürdigen jungen Mann mit hoher Stirn und geradem Blick. Aber hinter dem äußerlich bescheidenen Auftreten verbarg er einen eisernen Willen und vorgefaßte negative oder positive Meinungen, von denen er sich nicht leicht abbringen ließ. Niemand zweifelte daran, daß der Mantel des großen Nathan auf Jacobs Schultern gefallen war, denn sein durchdringender Verstand ließ ihn augenscheinlich jede Nuance auf dem Geldmarkt erkennen. Bald war

Jacob Rothschild war maßgeblich an der Umorganisation der Firma N. M. Rothschild & Sons beteiligt.

Rechts: Ecke im großen Salon des Hauses von Baron und Baronin Élie de Rothschild an der Rue Masseran. Das Haus wurde 1787/88 von Brongniart für den Fürsten Masserano, den Botschafter Karls V. von Spanien am Hof von St. James, gebaut. Über dem Louis-Quatorze-Bücherschrank im Stil von Boulle das 1787 entstandene Gemälde von Gainsborough, „The Marsham Children".
Nächste Seite: Weinkeller in Château Lafite. Jedes der 24 Fässer aus bosnischer Eiche faßt etwa 150 Hektoliter.

9
8

er in der Lage, ebenso leicht und schnell Entscheidungen zu treffen wie sein berühmter Vorfahr, der sich damit gebrüstet hatte, genügend Intuition zu besitzen, um sofort die richtigen Preise zu bestimmen.

Zunächst ging es Jacob darum, moderne Techniken einzuführen, denn die Firma hatte eben eine demütigende Niederlage hinnehmen müssen, weil es ihr nicht gelungen war, zu verhindern, daß ihr Kunde, das Verlagshaus Odhams, von der Mirrorgruppe, die unter der Leitung von Sigmund Warburg stand, übernommen wurde. Ein Kommentator aus der City schrieb: „Es hat eine rapide Entwicklung im Ringen um Firmenübernahmen begonnen, und die Öffentlichkeit hat erlebt, daß Rothschild in diesem Zweig des Bankgeschäfts nicht der Meister ist, der er sein sollte.“ Andere Verfasser von Finanzspalten kritisierten die Rothschilds für ihre taktischen Fehler und meinten zum Beispiel, es sei falsch gewesen, Odhams zu raten, sie sollten ihren Aktionären schriftlich die Erhöhung der Dividende von 17 1/2 auf 37 1/2 Prozent mitteilen. Die *Sunday Times* warf ihnen vor, die Geschäftslage von Odhams und der Mirror-Gruppe „mit einer seltsamen Auswahl von Gewinnziffern“ illustriert zu haben. „Sie haben es versäumt, Odhams davor zu bewahren, daß der Verlag vom *Daily Mirror* übernommen wurde“, fuhr die Zeitung fort, „obwohl sie natürlich immer stolz auf die Tatsache zurückblicken können, daß sie Disraeli dabei geholfen haben, die Kontrolle über den Suezkanal zu gewinnen.“

Siehe Marginalie S. 161.

Jacob dachte nicht daran, auf irgend etwas zurückzublicken. Er gründete eine neue Abteilung für die Finanzierung von Körperschaften und stellte sich selbst an ihre Spitze. Ihre Aufgabe war es, Firmenübernahmen, Firmenzusammenschlüsse und Eurodollar-Anleihen zu bearbeiten und alle Dienstleistungen zu gewähren, die sich für einen modernen Investitionsbankier denken lassen. Jacob hatte sehr positive Vorstellungen. Der Presse teilte er mit: „Handelsbanken dürfen nicht auf Gelegenheiten warten; sie müssen sie schaffen. Unsere Kunden andererseits sollten zu uns kommen, um von uns Anregungen zu verlangen und nicht nur Geld.“

Die Vorstellung, eine Bank müsse ein Gehirntrust sein, ist nicht mehr neu, aber Jacob förderte diese Entwicklung dadurch, daß er eine Handvoll begabter Zeitgenossen in die Firma aufnahm. Der Star war Rodney Leach, einer der intelligentesten Leute seiner Generation. Die neue Gruppe erwies sich als so geschickt beim Auflegen von Eurodollaranleihen, daß die erste englische Bank, die auf diesem Gebiet Pionierarbeit geleistet hat, das Bankhaus Warburg, sich darum bemühen mußte, ihren Anteil am Geschäft zu behalten. Zwar wurden alle Abteilungen des Bankhauses Rothschild umorganisiert, aber die Abteilung für die Finanzierung von Körperschaften wurde am heftigsten kritisiert, und durch sie wird das Interesse der Öffentlichkeit für das Haus Rothschild wachgehalten. Während der ersten Jahre ihres Bestehens hat sie mit Erfolg das Unternehmen Showerings bei der Übernahme der Firma Harvey beraten und mit gleichem Erfolg die größte Grundstückhandelsfirma Englands, Metropolitan Estates, davor bewahrt, von der Commercial Union übernommen zu werden. Sie half der Sun Alliance Insurance Company, ein Konkurrenzunternehmen zu schlukken, und diese Transaktion war besonders befriedigend, weil die Alliance von Nathan Rothschild gegründet worden war. Jetzt war sie £ 100000000 wert und zum Glück ein treuer Kunde des Bankhauses Rothschild. Zu den bedeutendsten Transaktionen gehörte das Angebot der Grand Metropolitan in Höhe von £ 420000000 für die Firma Watney, das höchste Gebot in der Wirtschaftsgeschichte Großbritanniens. Bei diesem Geschäft bezeichnete man Rothschild als die „graue Eminenz“. Doch die Rolle, die

Einer von zwei Louis-Quatorze-Schränken im Hôtel Masseran. Der mit Schildpatt, Perlmutter und Elfenbein eingelegte Schrank wird Boulle zugeschrieben, zeigt jedoch auch holländische Stilelemente.

die Firma bei der Beratung von Mr. Jim Slater spielte, als dieser für Isaac Wolfsons Mutterfirma, Drage, das zum schließlichen Triumph führende Angebot machte, war alles andere als schattenhaft oder auch nur „grau".

Die Abteilung für die Finanzierung von Körperschaften erlebte einen so meteorhaften Aufstieg, daß ihr Personal – 1959 war Jacob noch ganz allein – heute aus 108 Angestellten und zehn Direktoren besteht. Und in unserem Zeitalter der Werbung hat das öffentliche Interesse, das sie erregte, zweifellos dem Ansehen der Bank genützt. Selbst auf dem orthodoxen Gebiet der Kreditbeschaffung hat die Firma Bedeutendes geleistet. In den vergangenen zehn Jahren überstieg der Umsatz eine Milliarde Pfund, und zu den Unternehmen, denen die Kredite gewährt wurden, gehören Weltfirmen wie Shell, Anglo-American und der riesige Elektrokonzern Philips. Auch die britische Regierung hat die Bank in Anspruch genommen; denn nachdem die Konservativen 1970 an die Macht gekommen waren, wurde das Bankhaus Rothschild aufgefordert, Käufer für die Investitionen der Industrial Reorganization Corporation zu finden, die von der Labourregierung gegründet worden war. In jüngster Zeit hat eine weitere Behörde, und zwar diesmal der Liquidator der Firma Rolls Royce, die Rothschilds aus einem Dutzend Bewerbern dazu auserwählt, das profitable Unternehmen Rolls Royce Motors zu verkaufen.

1972 konnte ein Konzern, der Jacob ebenfalls besonders am Herzen liegt, der Rothschild Investment Trust, neue große Erfolge verbuchen. 1970 übernahm Jacob den Vorsitz, und innerhalb von zwei Jahren wuchs der Marktwert des Trusts von £ 5000000 auf £ 80000000, während sich der Wert der Originalaktien, die sich im Besitz von Privatpersonen befinden, mehr als verdoppelt hat. Einige der Investitionen waren von amüsanter Originalität. Der Trust kaufte 20 Prozent vom Kapital des berühmten Versteigerungshauses Sotheby und 15 Prozent von Wedd, Durlacher, den bekanntesten Börsenmaklern in der City. Jacob und seinen Partnern ist nicht viel daran gelegen, den beherrschenden Kapitalanteil an irgendeinem Unternehmen zu erwerben, so einträglich dieses auch sein mag. Sie vertreten die Auffassung, daß Bankiers bei ihrem eigenen Fach bleiben sollen: „Was verstehen wir schon von gefrorenem Fisch?" fragt Jacob bescheiden.

Jacob ist mit der Nichtjüdin Serena Dunn verheiratet. Sie ist eine Enkelin des Earl of Rosslyn und von Sir James Dunn, einem kanadischen Finanzier, der ein Vermögen Rothschildscher Größenordnung erworben hat. Ihr Vater, Philipp Dunn, ist ein Geschäftsmann, der einmal die Stellung des Präsidenten der *News of the World* innegehabt hat. Serena und Jacob haben drei Töchter und einen 1971 geborenen Sohn namens Nathaniel.

Jacob arbeitet zwölf Stunden am Tage und beschwert sich darüber, daß er nicht wisse, wie andere Bankiers die Zeit finden könnten, ihrem Vergnügen nachzugehen. Aber in Wirklichkeit ist für ihn die Arbeit das Vergnügen. Er tut das, was ihm am besten gefällt, und leistet dabei Hervorragendes. Zwar fällt es ihm manchmal schwer, seine Arroganz zu verbergen, denn er tritt den Leuten auf die Zehen und macht sich unbeliebt, aber die klügsten Männer in der City erkennen ihn als hochqualifizierten Fachmann an und betrachten ihn als einen der führenden Männer auf seinem Gebiet. Ein ehemaliges Mitglied der Weltbank hat ihn als den intelligentesten Bankier Europas bezeichnet.

Wie die meisten englischen Rothschilds lebt Jacob bescheiden. Er besitzt in London ein hübsches, aber schlichtes Haus in Little Venice und ein Landhaus in Hungerford. Er spielt Tennis und sammelt englische Gemälde aus dem Anfang des 20. Jahrhunderts. Aber mit seinem größten Hobby

Die Königin überreicht Evelyn de Rothschild den Queen's Cup. Seine Polomannschaft „The Centaurs" hat oft gegen die Mannschaften des Herzogs von Edinburgh und des Barons Élie de Rothschild gespielt.

erweckt er den Eindruck, als könne er sich von seinem Beruf nicht lösen, denn er hat vor einiger Zeit die Firma P. D. Colnaghi, eines der ältesten und angesehensten Kunsthandelshäuser in London, gekauft. Vor einigen Jahren erwarb er etwa hundertfünfundzwanzig Morgen Land auf der Insel Korfu, das wahrscheinlich ein wertvolles Erbteil für seinen Sohn sein wird.

Wenn Jacob der begabteste Bankier in der Familie Rothschild ist, dann ist Edmund das gutherzigste, Leo das bescheidenste und Evelyn das diplomatischste und vielleicht freigebigste Mitglied der Familie. Alle drei sind begeisterte Sportsleute. Edmund und Leo sind Segler, Evelyn ist ein hervorragender Polospieler und hat noch vor wenigen Jahren mit seiner Mannschaft „The Centaurs" häufig gegen Mannschaften unter der Führung Prinz Philips' oder seines französischen Vetters Baron Élie gespielt.

Edmund ist erster Direktor des Bankhauses Rothschild, und in seinem Büro findet man zahlreiche Familienporträts und historische Erinnerungsstücke. Er sitzt an einem Schreibtisch, der seinem Urgroßvater Lionel gehört hat. An der Wand hängt ein Brief, der Nathan beauftragt, Wellingtons Armee in Spanien Gold zu schicken. Die auf einem der

Ahnenbilder dargestellte Persönlichkeit hat große Ähnlichkeit mit Edmund. Es ist ein grauhaariger Mann mit grauem Schnurrbart, rosigen Wangen und großen, freundlichen Augen. Das Bild stellt seinen Großvater Leo dar, jenen „Engel mit festem Einkommen", von dem Edmund augenscheinlich nicht nur das Aussehen, sondern auch den Stolz auf die jüdische Abstammung geerbt hat.

Bei Edmund ist das Rassenbewußtsein am stärksten entwickelt. Zwar behauptet er nicht, streng orthodox zu sein, nimmt aber regelmäßig an den Gottesdiensten in der großen Synagoge teil, deren Vorsteher er ist. Er gehört dem Direktorium zahlreicher jüdischer philanthropischer Organisationen an, darunter der Gesellschaft jüdischer Kriegsteilnehmer, deren Präsident er ist, und dem Rat der Christen und Juden, in dem er das Amt des Schatzmeisters innehat. Seine vier Kinder sind im jüdischen Glauben erzogen. Als sein ältester Sohn Nicholas 1964 *Barmitzvah* wurde, hielt der Oberrabbiner Brodie den feierlichen Gottesdienst ab. Diese Feier entspricht etwa der christlichen Konfirmation. Viele Verwandte nahmen daran teil, unter ihnen Baron Eugene aus Österreich, Baron Philip aus Frankreich und Lady Rothschild aus England.

Wie alle Rothschilds war auch Edmund durch den Sechstagekrieg zutiefst beunruhigt und bemühte sich verzweifelt darum, eine praktische Lösung für das schier unlösbare Problem zu finden. Ende Juni 1967

Edmund de Rothschild mit einem seiner Hunde in Inchmery House, Exbury, Hampshire.

schrieb er an die *Times* und schlug vor, Großbritannien, die Vereinigten Staaten und Rußland sollten Anlagen zur Entsalzung von Meerwasser bauen, um in Israel und Jordanien täglich 400 Millionen Liter Süßwasser zu erzeugen. Eine kleinere Anlage sollte im Gazastreifen errichtet werden. Er glaubte, wenn man die Wüste zum Blühen brächte, dann könnte man genügend Nahrungsmittel erzeugen, und es gäbe keinen Grund mehr, Krieg zu führen.

Obwohl er von seinem Vater ein etwa tausend Hektar großes Gut in der Nähe von Southampton geerbt hat, leben er und Leo in bescheidenen Häusern an der Küste. Das schöne Landhaus von Exbury aus dem 18. Jahrhundert, das früher der Familie Mitford gehörte, steht heute leer und verlassen da, obgleich es weder groß noch unbequem ist. Wenn die prächtigen Büsche in Blüte stehen, wird der Park für zwei Monate im Jahr geöffnet, und man zählt jährlich 50000 Besucher. Edmund hat von Lionel das besondere Verständnis und die Liebe für Blumen geerbt, und er hat als Blumenzüchter schon viele Preise gewonnen, darunter einen von seinem Vater gestifteten. Er beschäftigt jetzt nicht mehr sechzig, sondern nur noch dreißig Gärtner, um die Anlagen rentabel zu machen, die jedoch nichts von ihrer Pracht eingebüßt haben.

Anders als ihre Vorfahren verkehren Edmund und Leo weder in der vornehmen Londoner Gesellschaft, noch streben sie nach politischer Macht. Wichtige ausländische Gäste empfängt Edmund in der Bank, und wer das Glück hat, hier zum Lunch eingeladen zu werden, bekommt erlesene Speisen und Getränke vorgesetzt. Das gesellige Leben findet für Edmund auf dem Lande statt, und die vier oder fünf Tage in der Woche, die er in London zubringt, gehören ausschließlich dem Geschäft oder einem karitativen Zweck. Hier beteiligt er sich am Feldzug gegen den Hunger in der Welt oder an der Arbeit des Institute of District Nursing.

Leo interessiert sich noch weniger für das gesellschaftliche Leben. Er leitet die lateinamerikanische Abteilung der Bank, ist einer der Direktoren der Bank von England und gehört dem Aufsichtsrat von Covent Garden an. Seine außerberuflichen Interessen gelten der klassischen Musik und der Industriegeschichte. Er lebt so zurückgezogen wie kein anderes Mitglied der Familie Rothschild.

Vetter Evelyn andererseits besucht eifrig die amüsantesten Londoner Gesellschaften. Der hochgewachsene, dunkelhaarige und gut aussehende Mann wird von den Damen bewundert. Wie sein Vater besitzt er ein schönes Gestüt und interessiert sich lebhaft für den Rennsport. Dennoch ist der Vierzigjährige ein fleißiger und gewissenhafter Arbeiter. Welchen Eindruck er in der City macht, zeigt sich darin, daß man ihn 1972 aufforderte, den Vorsitz im Aufsichtsrat der angesehensten britischen Finanzzeitung, *The Economist*, zu übernehmen. Daneben ist er stellvertretender Aufsichtsratsvorsitzender der Gesellschaft, die die neue Stadt Milton Kenyes verwaltet. Zu diesem Posten wurde er von der Regierung ernannt.

Während Jacob den Vorsitz in dem Exekutivausschuß führt, der das Bankhaus Rothschild leitet, und große finanzielle Transaktionen plant, beschäftigt sich Evelyn mit der Gesamtstrategie der Bank und sorgt für den glatten Ablauf der Geschäfte in den verschiedenen Abteilungen. Viele halten ihn für den charmantesten Rothschild, denn er ist nicht nur taktvoll und aufmerksam, sondern auch ein sehr gefälliger Mann, dem es Freude macht, allen Menschen in seiner Umgebung zu helfen. Neben seinen Verpflichtungen in England hat er auch die Aufgabe des reisenden Botschafters seiner Firma übernommen. In den vergangenen zehn Jahren ist er auf der Suche nach neuen geschäftlichen Verbindungen nach Amerika, Kanada, Australien, in den Fernen Osten und nach Afrika gereist. Ihm ist es unter anderem zu verdanken, daß zwischen den Rothschilds und der anglo-amerikanischen Chartergruppe von De Beer so gute Beziehungen bestehen.

Evelyn verbringt auch viel Zeit in Frankreich, und ebenso wie Guy de Rothschild den Posten eines Direktors der englischen Bank innehat, gehört auch Evelyn zum Direktorium der Banque Rothschild. Als halber Franzose ist er der richtige Mann, eine Brücke über den Kanal zu bauen und die englischen und französischen Vettern über die beiderseitigen Vorhaben auf dem laufenden zu halten. 1972 gründete das Haus N. M. Rothschild & Sons den New Court Investment Trust, ein neues Unternehmen, dessen Leitung Evelyn übernommen hat. Der Geschäftszweck besteht darin, für die Gesellschaft und ihre Kunden durch Investitionen in aussichtsreichen europäischen Unternehmen Geld zu verdienen.

Das wesentliche Element bei den Bankhäusern in England und Frankreich ist das gleiche, das sie seit ihrer Gründung ausgezeichnet hat: die Familie Rothschild. Trotz der in den vergangenen zehn Jahren eingetretenen Veränderungen beherrschen ausschließlich die männlichen Mitglieder der Familie Rothschild beide Firmen finanziell. In London arbeiten zwei Brüder Rothschild und zwei Vettern zusammen; das Geschäft in Paris wird von zwei Brüdern Rothschild und einem Vetter des gleichen Namens geleitet, die drei jüngere Rothschilds als Nachwuchs heranbilden. Das sind Guys Sohn David, Alains Sohn Éric und Élies Sohn, der sechsundzwanzigjährige Nathaniel, der erste Rothschild, der sein Abschlußexamen an der Harvard Business School bestanden hat.

Die französischen Rothschilds haben nicht später als ihre englischen Vettern damit begonnen, Neuerungen einzuführen, sind dabei aber weniger erfolgreich gewesen als diese mit ihren revolutionierenden Maßnahmen jenseits des Kanals. Anders als in England haben französische Bankiers das unwiderstehliche Verlangen, die Industrie zu beherrschen. Als die französischen Rothschilds daher 1967 ihre Anteile in die vor 130 Jahren zur Finanzierung der Chemin de Fer du Nord gegründete Holdinggesellschaft La Compagnie du Nord einbrachten, waren die Unternehmen, an denen sich diese Gesellschaft beteiligte, Industrieunternehmen und nicht Finanzgesellschaften. Die weltberühmte Rothschildbank war zum Beispiel ein verhältnismäßig kleines Unternehmen, während Le Nickel-Penarroya der zweitgrößte Nickelerzeuger der Welt und einer der größten Erzeuger von Zink und Kupfer war.

Baron Guy de Rothschild ist leitender Direktor der Compagnie du Nord, und obwohl dies kein Riese, sondern eine Gesellschaft mittlerer Größe mit einem Stammkapital von £ 60 000 000 ist, ist sie doch an vielen verschiedenartigen Unternehmen beteiligt, die ihren Sitz überall in der Welt, von Neukaledonien bis Südamerika, Afrika und Europa haben. Zu den Bergbaugesellschaften gehören die berühmten Nickelminen von Le Nickel bis zur Miferna, die in Mauretanien Eisenerz abbaut, und bis zur Compagnie Française des Minerais d'Uranium, die in Frankreich Uranerz gewinnt. Der *Nord* gehören außerdem die Aktienmehrheiten von Immobiliengesellschaften, Lebensmittelfabriken, Kreditinstituten, Reisegesellschaften, Schiffahrtsgesellschaften und einer Gruppe, die es sich zur Aufgabe gemacht hat, einen Tunnel unter dem englischen Kanal zu finanzieren.

Das meiste Interesse erregte jedoch die Umorganisation des Bankhauses

Der Sohn von Baron Élie, Nathaniel, der erste Rothschild, der sein Abschlußexamen auf der Harvard Business School gemacht hat.

Messieurs de Rothschilds Frères. Es war eine große Leistung, als es Baron Guy und seinen Vettern Élie und Alain gelang, die Firma, die schwierige Zeiten hinter sich hatte, nach dem Kriege wiederaufzubauen. Sie stellten sie nicht nur wieder auf die Füße, sondern versicherten sich auch der Hilfe eines Mannes, der inzwischen ein großer französischer Staatsmann geworden ist. 1956 trat Herr Pompidou in die Firma ein, als Herr Fillon, ein ehemaliger Lehrer von Baron Guy und Angestellter der Bank, sich entschloß, in die Politik zu gehen. Fillon versprach, er werde jemanden finden, der an seine Stelle treten könnte, und stellte dann Pompidou vor, der als Staatsbeamter auf einem sehr langweiligen Posten stand. Während des ganzen Krieges war Pompidou Lehrer gewesen. 1945 hatte irgend jemand ihn de Gaulle empfohlen, auf dessen Veranlassung er das französische Erziehungswesen untersuchte und einen Bericht mit Empfehlungen für notwendige Reformen anfertigte.

Pompidou hatte eine eindrucksvolle akademische Laufbahn hinter sich. Sein Abitur hatte er an der École Normale Supérieure gemacht und dann Abiturienten als Griechisch- und Lateinlehrer auf die Prüfung vorbereitet. Unter de Gaulle diente er als Staatsbeamter, und als dieser sich 1946 aus dem öffentlichen Leben zurückzog, behielt er seinen obskuren Posten. 1956 war er gerne bereit, das Angebot von Baron Guy anzunehmen, und brachte es bald zum Geschäftsführer. 1958 rief de Gaulle ihn wieder zu sich, und er verließ das Haus Rothschild für fast ein Jahr. 1959 kehrte er jedoch zurück und blieb bis 1962, als de Gaulle ihn aufforderte, Ministerpräsident zu werden. Fillon, der aus der Bank ausgetreten war, um Politiker zu werden, verschwand für eine Zeit von der Bildfläche, trat dann aber wieder in die Dienste des Hauses Rothschild, wo er heute bei zwei Unternehmen Vorsitzender des Aufsichtsrates und bei vielen anderen Direktor ist.

1967 kam es in der Bank zu drastischen Veränderungen. Wie ihre englischen Vettern trennten sich auch die französischen Direktoren von dem berühmten alten Haus an der Rue Laffitte 19 und rissen es ab, um an seiner Stelle eine moderne Superstruktur aus Beton zu errichten. Élies Frau Liliane, die ein hervorragendes Farb- und Formempfinden besitzt, war verantwortlich für die Inneneinrichtung, die sie gemeinsam mit Michel Boyer gestaltete. Auch die Aufgaben der Bank veränderten sich. Anstatt sich auf Investitionen zu spezialisieren, wurde sie jetzt zu einer Depositenbank und richtete im Parterre einen Autoschalter ein. Sie nahm sogar den neuen Namen La Banque Rothschild an. Baron Guy sagte auf einer Pressekonferenz: „Ein Bankier ist ein Herr A, der von einem Herrn B Geld borgt, um es Herrn C zu leihen.“ Das wäre natürlich die Definition einer reinen Handelsbank, die sich grundsätzlich von einer englischen Bank unterscheidet und eine ganz andere Rolle spielt als die ehemalige Firma Messieurs de Rothschild Frères. Augenscheinlich gehörte auch Herr Pompidou zu denen, die Guy empfahlen, die Neuerungen einzuführen, um zu Kapital zu kommen, das in der Industrie investiert werden könnte.

Leider entwickelte sich nicht alles so, wie die Familie es erhofft hatte, denn das Bankhaus Rothschild mußte feststellen, daß es nur ein kleiner Fisch in einem großen Teich war. Die Kosten für die Einrichtung von Filialen in den Vororten und Provinzstädten waren sehr hoch, und der Versuch den im öffentlichen Besitz befindlichen französischen Bankriesen erfolgreich Konkurrenz zu machen, erwies sich als aussichtsloses Unternehmen. Die Bank war auch nicht das einzige Sorgenkind.

Viel bedenklicher war der Umstand, daß Le Nickel sich in Schwierigkeiten befand, weil die Nachfrage für Nickel überall in der Welt zurückgegangen war. Die Aktien, die Ende der 1970er Jahre einen Kurswert von $ 54 hatten, waren Anfang 1973 auf etwa $ 20 gefallen. Auch der Wert der Aktien von Le Nord ging zurück. 1971 hatten sie auf $ 12 gestanden und brachten 1973 nur noch $ 8.

Doch die Rothschilds hatten, als die ersten Schwierigkeiten sichtbar wurden, angefangen, ihre zahlreichen Beteiligungen in eindrucksvoller Weise umzugruppieren: Der Anteil an Schiffahrtsaktien wurde verringert und die Beteiligung an Kreditinstituten und Immobilienfirmen der gegenwärtigen Lage angepaßt. Der Londoner Finanzier Jimmy Goldsmith erhielt den Auftrag, die Lebensmittelfirmen der Rothschilds zu reorganisieren, und Baron Edmond, der Besitzer der Banque Privée in der Schweiz und einer Handelsbank in Paris, wurde gebeten, als Direktor in die Banque Rothschild einzutreten. Obwohl man sich auch heute noch nicht ganz darüber schlüssig ist, nach welchen Grundsätzen die Bank arbeiten sollte, nimmt man doch an, daß die von Éric, Nathaniel und David vertretene junge Generation dafür ist, die Beziehungen zum Bankhaus in England zu vertiefen, vielleicht sogar beide Banken nach dem Muster des vorigen Jahrhunderts zusammenzuschließen.

Obwohl alle diese Schwierigkeiten öffentlich bekannt waren, mußten die Rothschilds nicht überall Verluste hinnehmen. Die Zeitschrift *News Week* versicherte ihren Lesern, daß die Familie „auf festem Felsengrund“ stehe. Andere meinten, die Statistikkurve der Compagnie du Nord zeige bereits einen Aufwärtstrend an, der trotz des zögernden Beginns in den siebziger Jahren triumphale Ausmaße annehmen werde. Eines der vielversprechendsten Unternehmen der Familie ist die PLM. Das sind die Anfangsbuchstaben der beiden Eisenbahngesellschaften, welche die Rothschilds 1857 miteinander vereinigten, der *Paris-Lyons* und der *Lyons-Méditerranée.* 1956 wurde der elegante Baron Élie im Alter von 39 Jahren Präsident der PLM und trat damit an die Stelle eines Herrn von 89. Zehn Jahre später machte er daraus ein Unternehmen, das Hotels, Motels und Restaurants baute und betrieb. 1972 wurde in Paris das erste PLM-Hotel eröffnet. Es ist das „Hôtel Saint-Jacques“ mit 812 Zimmern.

Die Frau des Barons, Liliane, kümmerte sich um die Inneneinrichtung, und Dutzende von Angestellten der Rothschilds wurden gebeten, das Hotel in den ersten vier Wochen nach der Eröffnung zu testen. Sie prüften die Spiegel, die Warmwasserleitungen, die Waschräume, das Essen, den Service, ja praktisch alles, womit ein Hotelgast in Berührung kommt. Baron Élie wußte genau, was für ihn wichtig war. „Ich möchte, daß die Badewanne in zwei Minuten mit heißem Wasser vollgelaufen ist. Ich will keine Geräusche in den Leitungen hören. Ich verlange ein bequemes Bett und weiche Kissen. Ich will nicht auf das Frühstück warten, und wünsche dazu erstklassiges Gebäck. Schließlich sind wir hier in Paris. Hier will ich höflich behandelt werden und keine Beschwerden anhören müssen.“

Die Wünsche des Barons erfüllten sich, und das „Hôtel Saint-Jacques“ ist immer auf Monate im voraus ausgebucht. Heute gehört es zu einer Kette von Hotels in verschiedenen Teilen Frankreichs und der Schweiz. An den französischen Autobahnen gibt es sieben PLM-Restaurants und eines im Kasino von Chamonix, das die PLM gemeinsam mit M. Ortiz Patino vor einigen Jahren gekauft hat. Offenbar war es schwierig, die Genehmigung für die Renovierung des Kasinos zu bekommen, denn hier waren Napoleon III. und Eugénie bei einem Besuch des Kurorts abgestiegen, und deshalb betrachtete man das Haus als historisches Monument.

Oben: Baron Élie de Rothschild, Teilhaber der Banque Rothschild und Präsident der PLM, einer Gesellschaft, die Hotels, Motels und Restaurants baut und betreibt.

Unten: Das von der PLM betriebene „Hôtel Saint-Jacques“.

Zwar sind Alain und Élie in ihrem Wesen ganz verschieden und verkehren jeder in ganz anderen französischen Kreisen, hängen aber dennoch sehr aneinander. Der gut aussehende Alain hat in der jüdischen Gemeinde Frankreichs eine führende Stellung inne. Er gibt der konservativen Atmosphäre des Faubourg Saint-Germain den Vorzug vor der modisch eleganten Gesellschaft. In seiner Freizeit betreibt er den Segelsport und beteiligt sich gelegentlich an Segelregatten. Er ist mit Mary Chauvin du Treuil, einer der hübschesten und liebenswürdigsten Gastgeberinnen von Paris, verheiratet.

Nach dem Kriege wohnten beide Brüder an der Avenue de Marigny 23, wo sie aufgewachsen waren. Das war das große Haus, in das Lord Rothschild im Krieg eingezogen war. Aber Ende der 1950er Jahre zogen Baron Élie und seine Frau Liliane in ein eigenes Haus an der Rue Masseran 11. Es ist fast ebenso groß wie das Haus an der Avenue Marigny, aber hübscher. Es stammt aus dem 18. Jahrhundert, wurde 1785 von Brongniart gebaut und gehörte vorher dem Grafen Étienne de Beaumont. Liliane hat es sehr geschmackvoll eingerichtet, und heute findet man darin Familienporträts, Antiquitäten, Möbel aus dem 18. Jahrhundert, Gemälde aus dem 20. Jahrhundert und klassische Meisterwerke.

Unten: „Der Fahnenträger" von Rembrandt, wahrscheinlich ein Selbstporträt, im Besitz von Baron Élie.

Vorhergehende Seite: Die Rothschild-Kamee, ein in Sardonyx geschnittenes Doppelporträt, wahrscheinlich Kaiser Konstantin II. und seine Gemahlin. Die Kamee wird um das Jahr 335 datiert, die Fassung aus vergoldetem Silberfiligran ist eine byzantinische Arbeit aus dem 12. Jahrhundert.

Links: Porträt von Henri Bernstein als Knabe von Édouard Manet. Im Besitz der Sammlung Rothschild in Paris. Der um die Jahrhundertwende mit den Rothschilds befreundete Bühnenschriftsteller Bernstein hat die folgenden Stücke geschrieben: „Judith", „Félix" und „La Galerie des Glaces".

Das Haus an der Avenue Marigny hat einen ganz anderen Stil. Hier herrschen Vergoldungen und roter Damast vor. Die Engländer nennen das „viktorianisch", die Franzosen „*le style Rothschild*". Bis zum Ende des Jahres 1972 war das Haus an der Avenue de Marigny 23 das einzige in Paris, das ein Rothschild (Gustave 1885) erbaut hatte und das noch von einem Mitglied der Familie, Baron Alain, bewohnt wurde. Doch heute hat die Familie auch diese letzte sentimentale Bindung aufgegeben. 1972 kaufte die französische Regierung das Haus für £ 2500000, was in der linken Presse einen Sturm der Entrüstung entfachte. Die Zeitung *Minute* brachte am 27. Oktober die Schlagzeile: „Das Geschenk Pompidous an die Rothschilds." In dem Artikel hieß es: „Die Pompidou-Republik ist eine junge Dame, die zu einem Rothschild nicht ‚nein' sagen kann."

Zum allgemeinen Erstaunen hat Alain de Rothschild einen Teil des Gartens behalten und wird dort ein neues großes Haus bauen. Seit Ende des Ersten Weltkriegs ist wohl noch niemand auf eine ähnliche Idee gekommen. Das Haus an der Avenue de Marigny 23 liegt in der unmittelbaren Nachbarschaft des Élyséepalasts, und die Regierung wird es als Gästehaus einrichten.

Da nur sehr wenige Rothschildschen Ehen geschieden worden sind, erregte es einiges Aufsehen, als sich Baron Guy von seiner Frau Alix, die in der ganzen Familie sehr beliebt war, scheiden ließ und 1957 wieder heiratete. Die Braut war eine sechsundzwanzigjährige geschiedene Frau, deren Großmutter eine Rothschild gewesen war. Es war die Gräfin Marie-Hélène van Zuylen, die ehemalige Frau des Grafen Nicolai. Sie war katholisch, aber der Vatikan hatte die erste Ehe annulliert und es damit ermöglicht, daß sie wieder heiratete. Für Guy war die Situation jedoch nicht so einfach. Er kam nach reiflicher Überlegung zu dem Entschluß, sein Amt als Oberhaupt der religiösen jüdischen Gemeinde zur Verfügung zu stellen, das nun von seinem Vetter Alain übernommen wurde. Er blieb aber Vorsitzender der größten jüdischen Organisation in Frankreich, der French Jewish United Appeal. Sein einziger Sohn Édouard ist im jüdischen Glauben erzogen.

Marie-Hélène ist eine der kontroversesten Persönlichkeiten in Paris. Die Menschen nehmen leidenschaftlich für oder gegen sie Stellung, und die bloße Erwähnung ihres Namens auf einer Dinnerparty löst die heftigsten Streitgespräche aus. In unserem verhältnismäßig langweiligen Zeitalter veranstaltet sie rauschende Feste. Alljährlich öffnen sich auf ihren Befehl die Portale von Ferrières, wo sie einen Kostümball veranstaltet, zu dem die „schönsten Menschen" der Welt eingeladen werden. Das letzte Fest fand im Dezember 1972 statt. Salvador Dalí schuf die Dekorationen, und die Gäste waren gebeten worden, in surrealistischen Kostümen zu erscheinen. Hier versammelte sich vor dem märchenhaften Hintergrund alter Meisterwerke „die neue Welt", vom Comte de Paris bis zu Elizabeth Taylor und von der Fürstin Gracia Patricia bis zu Gunter Sachs.

Nach Guys zweiter Heirat zog sein Sohn David in die Wohnung seiner Mutter Alix. 1969 klopfte eines Tages jemand an die Tür, und herein kam der dreiundzwanzigjährige ehemalige Fremdenlegionär Joseph Stadnik mit einem Revolver in der Hand. Er drohte, Alix und David zu erschießen, wenn sie ihm nicht £ 150000 in bar verschafften. David rief seinen Vater an, der versprach, zu kommen, sobald er das Geld besorgt habe.

Der damals 26 Jahre alte David bat seine Mutter, im Schlafzimmer zu warten, bis Guy gekommen sei, und verwickelte den Verbrecher indessen in ein nichtssagendes Gespräch. Dabei kam Stadnik versehentlich mit dem

Baron Guy mit seiner zweiten Frau Marie-Hélène und seinem Sohn David in Longchamps.

Finger an den Abzug seiner Waffe, ein Schuß löste sich und ging in den Teppich. Die arme Alix erschrak zutiefst, denn sie dachte, David sei ermordet worden, und kam aufgeregt ins Zimmer gelaufen.

Endlich erschien Baron Guy mit einer Aktentasche voller Banknoten. Um Zeit zu gewinnen, verlangte er, Stadnik sollte sie zählen, denn er hatte die Polizei benachrichtigt, die dem Räuber eine Falle stellen wollte. Aber Stadnik war zu vorsichtig und forderte seinerseits, David solle ihn in seinem (Davids) Wagen aus der Stadt bringen. Doch Guy konnte den Mann dazu überreden, ihn an Davids Stelle mitzunehmen.

Die beiden stiegen in Guys Wagen und fuhren ab. Bald waren sie von allen Seiten von getarnten Polizeiwagen beschattet, die Stadnik nicht als solche erkannte. Als sie an einer auf rot stehenden Verkehrsampel halten mußten, wurde die Tür auf Stadniks Seite plötzlich aufgerissen, und er sah sich einer auf ihn gerichteten Pistole gegenüber. Alles ging so schnell, daß er keine Zeit hatte, Widerstand zu leisten.

Die Geschichte fand ein seltsames Ende. Offenbar hatte Guy Mitleid mit Stadnik, der kein Berufsverbrecher, sondern nur ein junger Mann war, der nach „sozialer Gerechtigkeit" verlangte. Er sagte, er bedauere es, daß er „den Teppich der Baronin beschädigt" habe, als er hineinschoß. Damit rührte er an das weiche Herz von Guy, der mit seiner Aussage erreichte, daß Joseph nur fünf Jahre Gefängnis mit Bewährung erhielt. Diesmal waren die Zeitungen – wenigstens die englischen – nicht einverstanden mit den Rothschilds. Am 28. Mai 1971 schrieb der Londoner *Evening Standard:* „Niemand wird etwas gegen die menschliche Haltung des Richters sagen, aber andere, die etwas Ähnliches vorhaben, könnten versucht sein, derartigen Verbrechen einen politischen Glanz zu verleihen." Die Baronin Alix aber war begeistert. Sie sagte einem Zeitungsreporter: „Er hat nur zu viele Kriminalromane gelesen, das ist alles."

Alle Beteiligten hatten sich vorbildlich benommen. David war tapfer gewesen, Guy noch tapferer, und Alix hatte die andere Wange hingehalten. Der Ausgang war günstiger als erwartet. Der Revolverheld kehrte dem Verbrechen den Rücken und nahm eine feste Arbeit an. Jedes Jahr im Dezember schickt er Guy eine Weihnachtskarte.

13 Die „Rothschilds" heute: die „anderen"

(1953–1973)

Während die Bankiers des Hauses Rothschild ihre Stellung in der Finanzwelt von neuem festigten, bewiesen diejenigen Mitglieder der Familie, die sich nicht im Bankgeschäft betätigten, mit der Hartnäckigkeit von wildwachsenden Blumen gerade dort ihre erstaunliche Vitalität, wo man es am wenigsten erwartet hätte. In den vergangenen 25 Jahren haben sich diese unkonventionellen Mitglieder der Familie als Wissenschaftler, Dichter, Staatsbeamte und selbständige Unternehmer einen Namen gemacht.

In London wird ein Rothschild dafür bezahlt, daß er das Kabinett berät, und in Paris wird ein zweiter häufig vom Präsidenten konsultiert. Die Rothschilds übersetzen elisabethanische Lyrik, züchten wunderbare Gartensträucher, besitzen große Rennställe, erzeugen hervorragenden Wein, bauen bezaubernd schöne Häuser und geben wahrscheinlich mehr Geld für wohltätige Zwecke aus als irgendeine andere Familie in der Welt. Weil sie alle im Wettbewerb miteinander stehen, sammeln sie die gleichen Dinge und übertreffen sich gegenseitig in ihren Fachkenntnissen auf den verschiedensten Gebieten. Dabei kann es sich um Silber, Porzellan, Möbel aus dem 18. Jahrhundert oder seltene Bücher handeln. Für ihre Freunde ist es besonders angenehm, daß alle Rothschilds sich an die 150 Jahre alte Familientradition halten und eine hervorragende Küche pflegen. Lord Rothschild hat einmal zu einem Freund gesagt: „Wenn ich einen Streit unter meinen Vettern anstiften will, dann brauche ich sie nur zum Essen einzuladen und zu fragen, welcher von ihnen den besten Koch hat."

Lord Rothschild ist – und wie sollte das auch anders sein – das provokanteste Mitglied der Familie. Er ist außerdem der klügste, amüsanteste und offenbar undurchschaubarste, denn jeder, der ihn kennt, beurteilt seinen Charakter anders. Als die Regierung Heath im Oktober 1970 bekanntgab, Lord Rothschild werde die Leitung einer Behörde mit der Bezeichnung Central Capability Unit übernehmen, konnten sich die Journalisten nicht darüber einig werden, was sie vor ein größeres Rätsel stellte, der Posten oder der Mann, der ihn einnehmen sollte. Seine Aufgabe bestand darin, ein „Gedankenreservoir" zu schaffen, in dem Probleme analysiert wurden, die von den Beamten in den Ministerien nur einseitig beurteilt werden konnten. Der dafür ausersehene Mann war ein hochbegabter Akademiker, der sich nichts aus dem modernen gesellschaftlichen Leben machte und bisher nur als Forscher und wissenschaftlicher Lehrer in Cambridge gearbeitet hatte. Die *Sunday Times* veröffentlichte ein Porträt von ihm, das wie folgt begann:

Lord Rothschild, „das provozierendste Mitglied der Familie".

Wenn man seine Freunde nach Victor Rothschild fragt, dann beschreibt jeder ihn anders, und zwar als Genie oder als Einfaltspinsel, als akademischen Einsiedler, als Weltmann, als frustrierten Versager oder als ein Überbleibsel des alten Bloomsbury, als leidenschaftlichen Perfektionisten, als Gestalt aus einem der weniger guten Romane von Scott Fitzgerald oder als genialen Verwaltungsmann. Alle sind sich aber darin einig, daß die vierfache Bürde seines Namens, seiner Rasse, seines Geldes und seiner Intelligenz ihn zu einer der komplexesten Persönlichkeiten unserer Zeit gemacht hat [1].

Victors Lebenslauf ist jedoch, wenigstens äußerlich, sehr unkompliziert gewesen. Aus dem Kriege war er zurückgekehrt mit dem *Bronze Star*, der Georgsmedaille und seiner Verlobten, Fräulein Teresa Mayor, einer charmanten jungen Dame, die eben ihr Abschlußexamen in Cambridge bestanden hatte, 1941 in das Kriegsministerium eingetreten war und Lord Rothschild bei seiner Arbeit in der Sabotageabwehr unterstützt hatte. Fräulein Mayor war eine Großnichte von Beatrice Webb und eine Anhängerin der Labourpartei. Die erste Stelle, die sie nach dem Kriege annahm, war sogar die einer Sekretärin von Mr. Philip Noel-Baker, der im Kabinett Attlee Minister war.

Victor und Tess heirateten 1946, und obwohl Lord Rothschild kein *homo politicus* war, begann er, die „sozialistische Geißel", die seinen Großvater so geärgert hatte, mit etwas freundlicheren Augen anzusehen. Schon vor dem Kriege hatte er seinen Sitz im Oberhaus auf einer Bank der Labourpartei eingenommen, obwohl das mehr Ausdruck hochmütigen Trotzes als seiner politischen Überzeugung war. Es geschah, weil Winston Churchill ihn provoziert hatte. Zwar gehörte Churchill damals nicht zur Regierung, aber er ärgerte sich doch, als er erfuhr, daß ein Rothschild – und dazu ein Enkel des großen alten Mannes im Bankgeschäft – auf einer Querbank eine neutrale Position einnahm und nicht bereit war, die kapitalistische Zitadelle zu verteidigen. „Sie haben also auf einer Querbank Platz genommen", brummte er Victor an. „Ich nehme an, Sie sitzen dort auf Ihren Dividenden." Churchill hatte augenscheinlich vergessen, daß er zu Beginn des Jahrhunderts selbst die Tories verlassen hatte und zu den Radikalen übergewechselt war, und jetzt hatte Victor Anlaß, sich zu ärgern. Ohne weitere Umstände nahm dieser seinen Sitz auf den Labourbänken ein und gab *Reynolds News* ein Interview, in dem er begründete, weshalb er die Sozialisten unterstützte. Der Reporter schien sich jedoch mehr dafür zu interessieren, wie ein Rothschild lebte, als was ein Rothschild dachte, und deshalb bestanden die Antworten Victors bald nur noch aus Beteuerungen, die Rothschilds äßen nicht von goldenen Tellern und besäßen keine Wasserhähne, aus denen Pfundnoten kämen. Er sagte: „Ich glaube nicht, daß irgend jemand viel Geld besitzen sollte, der es nicht verdient hat. Es genügt nicht, der Sohn eines reichen Mannes zu sein."

Um sich vor sich selbst zu rechtfertigen, wurde Victor zu einem der fleißigsten Assistenten in Cambridge. Sein Spezialgebiet war die Biophysik der Zeugung, und er versuchte den Stoffwechsel im Ei bei der Vereinigung mit dem Sperma zu erforschen. Ihn interessierte, wie ein Spermatozoon schwamm und woher es seine Energie nahm. Er filmte Spermatozoen unter dem Mikroskop und behauptet, als einziger Wissenschaftler der Welt einen Film zeigen zu können, in dem man sehen kann, wie das Sperma eines Bullen sich mit einem Ei vereinigt. Als Forscher wurde Lord Rothschild zum Fellow der Royal Society gewählt, erwarb in Cambridge zweimal den Doktorgrad und erhielt die Ehrendoktorwürde der Universitäten von Newcastle und Manchester.

Neben seiner wissenschaftlichen Arbeit wurde Victor 1949 Vorsitzender des landwirtschaftlichen Forschungsrats. Damals setzte er sich leidenschaftlich für die absolute Unabhängigkeit des Wissenschaftlers ein. Am 8. Oktober 1951 sagte er auf einer Ratssitzung: „Bezeichnend für das Leben an der Universität ist es, daß wir hier die Forschung um ihrer selbst willen betreiben. Die großen Fortschritte in der Wissenschaft, sei es nun in der Grundlagenforschung oder in der angewandten Wissenschaft, sind in Friedenszeiten das Ergebnis der Bemühungen fleißiger Arbeiter und sind weniger den zentralen Koordinatoren zu verdanken, die festlegen wollen, was die Nation braucht. Forschungsräte sind die Diener und nicht die Meister der Wissenschaftler, die sie mit Geld unterstützen, und es ist wichtig, sie von Zeit zu Zeit daran zu erinnern."

Manche Menschen waren 1959 überrascht, als Victor eine sehr untergeordnete Stellung bei der Royal Dutch Shell Company als nebenberuflicher Berater für die große Forschungsorganisation der Gesellschaft annahm. Sein Gehalt entsprach der bescheidenen Aufgabe, und obwohl die Leitung des Konzerns überzeugt war, ein gutes Pferd gekauft zu haben, war sie sich doch noch nicht der Tatsache bewußt, daß es ein Derbysieger werden sollte. Victor legte so glänzende Analysen vor und erwies sich als so tüchtiger Organisator, daß er innerhalb von sechs Jahren die bedeutende Stellung des Koordinators für sämtliche Forschungen der Royal-Dutch-Shell-Gruppe übernahm, zu der mehr als fünfhundert Unternehmen gehörten. Ihm stand ein Jahresbudget von £ 34 000 000 zur Verfügung, und er leitete die Arbeit von 7000 Menschen an 28 Forschungsinstitutionen in sieben Ländern. Sein Gehalt erhöhte sich zu einer Summe mit Rothschildschen Dimensionen, und 1968 wurde er schließlich als Vorsitzender der Shell-Forschung an den höchsten Posten gestellt, der hier zu vergeben war. 1970 aber erreichte er das in der Gesellschaft übliche Pensionsalter von 60 Jahren und ging anschließend Herrn Heath ins Netz.

Als die Presse erfuhr, daß der Premierminister Lord Rothschild aufgefordert hatte, die Leitung seiner Capability Unit zu übernehmen, die man als *think-tank* [Gedankenreservoir] bezeichnete, waren die Journalisten fasziniert von der Tatsache, daß ein ehemaliger Anhänger der Labourpartei Berater einer Toryregierung geworden war. Doch fast alle lobten die Entscheidung, und Richard Crossman gratulierte Heath dazu, daß er „einen Tiger in den Tank" getan habe.

Aber der feinsinnige Lord Rothschild benimmt sich nicht wie ein Tiger. Er ist geistreich und amüsant und kann, wenn er will, die Vögel von den Bäumen locken. Aber wenn er es nicht will, kann er zum gefährlichen Gegner werden, wobei er seine scharfen Ausfälle in freundliche Worte verpackt. Ein Bewunderer meint: „Niemand kann so mühelos wie Lord Rothschild äußerste Unhöflichkeit mit äußerster Höflichkeit vereinigen."

Aber Lord Rothschild erregt viel häufiger das Gefallen der Leute als das Mißfallen. Er ist warmherzig und großzügig, hat sehr viel Mitgefühl, behauptet aber dennoch, der Kopf sei viel wichtiger als das Herz. Alles an ihm ist paradox. Er ist zugleich verschlagen und offenherzig, arrogant und schüchtern, er ist ein Millionär mit einem Gewissen, der sechzehn Stunden am Tage arbeitet, um zu rechtfertigen, daß er ein Rothschild ist. Seine auffallendsten Wesenszüge sind sein scharfer Verstand und sein wacher Sinn für Humor. Als der Premierminister ihn 1971 nach Chequers einlud, um zum erstenmal vor dem Kabinett einen Vortrag zu halten, war sich Victor des Umstandes bewußt, daß er hier auf scharfe Ablehnung seiner Person und seiner Organisation stoßen könnte. Zwar wäre es taktlos gewesen, diesen Antagonismus direkt zu erwähnen, aber es konnte nichts schaden, eine kleine Attacke gegen den Schatzkanzler zu führen. So sagte er ganz harmlos: „Als ich in Whitehall ankam, sah mich Sir Douglas Allen an, als sei er Lord Langford, der ein pornographisches Machwerk zu prüfen hat.“ Britische Politiker schätzen nichts mehr, als zum Lachen gebracht zu werden. So hatte Lord Rothschild die Mitglieder des Kabinetts mit einem Satz für sich und sein „Gedankenreservoir“ gewonnen.

Diese Organisation setzt sich aus etwa 30 Mitgliedern zusammen. Dreiviertel von ihnen sind hochqualifizierte Akademiker im Alter zwischen 20 und 30 Jahren. Ihre Berichte behandeln die verschiedensten Themen, von Flugzeugen bis zur Regionalverwaltung, von Irland bis zur Energiepolitik, von den Gewerkschaften bis zu den verstaatlichten Industrien. Aber nichts erregte soviel Aufsehen wie die Empfehlung, die Lord Rothschild im Widerspruch zu dem, was er vor zehn Jahren öffentlich erklärt hatte, machte, daß nämlich wissenschaftliche Forschungsräte vom Verbraucher kontrolliert werden müßten, in diesem Falle in erster Linie von den Ministerien. Der *New Statesman* jubelte: „Ein Revolutionär in Whitehall.“ Und in der Times wurde eine Flut von Zuschriften veröffentlicht, die Wissenschaftler aus ganz Großbritannien eingesandt hatten, von denen keiner Rothschild zustimmte. Schließlich schloß man den typisch britischen Kompromiß, der niemanden befriedigte.

In London bewohnt Lord Rothschild eine Wohnung im geräumigen Hause seiner Kusine, Mrs. James de Rothschild – von ihren Freunden „Dolly“ genannt –, einer hochintelligenten, charmanten Frau, die wie sechzig aussieht, in Wirklichkeit aber schon über siebzig Jahre alt ist. Das von Dolly bewohnte Haus ist das einzige in einer ganzen Reihe, das die Luftangriffe auf London überstanden hat. Zwei der in der Nachbarschaft zerstörten Häuser gehörten Lord Camrose und dem verstorbenen Lord Beaverbrook. Eines der Kinder von Lord Camrose sagt: „Die Rothschilds hatten tüchtigere Luftschutzwarte. Sie hoben einfach die Brandbomben auf, die auf ihr Dach gefallen waren, und warfen sie auf die Nachbarhäuser hinüber.“

In Cambridge bewohnt Victor ein geräumiges, niedriges Haus aus weißen Ziegeln mit einigen Nebengebäuden und Garagen. Das Grundstück ist einige Morgen groß und besteht aus einem Garten, einem Tennisplatz, einem Krocketrasen und dem aufwendigsten Schwimmbad, das man in England finden kann und zu dem auch eine Sauna gehört. Das Schwimmbecken liegt wie ein Treibhaus unter einer Glaskuppel, die man je nach Wetterlage öffnen oder schließen kann. Victor Rothschild besitzt auch ein Ferienhaus in Barbados, wo er alljährlich einige Wochen zubringt, und das große Gut Rushbrooke bei Cambridge, wo er Äpfel anbaut, die er an Marks & Spencer verkauft. Seine Kinder aus zweiter Ehe sind die begabte fünfundzwanzigjährige Emma, die Oxford in dem unglaublich jugendlichen Alter von 17 Jahren absolvierte und dann ein Stipendium am Massachusetts Institute of Technology erhielt. Es folgen die zwanzigjährige Victoria und der achtzehnjährige Amschel.

Victors zwei Jahre ältere Schwester Miriam ist fast ebenso klug wie ihr Bruder. Als gut aussehende Frau mit originellen Ideen ist Miriam Lane eine der interessantesten Gesprächspartnerinnen in England. Alles an ihr ist ungewöhnlich. Obwohl zum Beispiel ihr fünfundzwanzigjähriger Sohn Charles Lane als Bester seines Jahrgangs das Schlußexamen in Cambridge bestanden und in Oxford für seine Doktorarbeit einen Preis bekommen hat, lehnt sie Examina entschieden ab und meint, sie seien eine Zeitverschwendung; denn die Studenten bemühten sich mehr darum, einen guten

Mrs. James de Rothschild ist Präsidentin des Hanadiv, eines Trusts zur Förderung der Erziehung, der Wissenschaft und der Kultur in Israel.

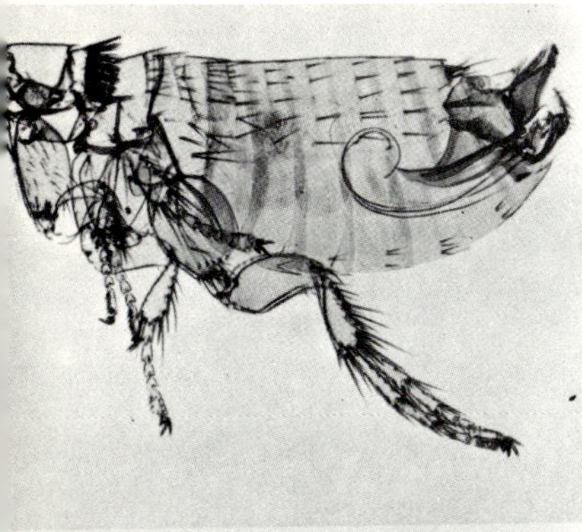

A

Zeichnung eines Flohs aus „The Illustrated Catalogue of the Rothschild Collection of Fleas“ von Miriam de Rothschild.

Eindruck zu machen, als Wissen zu erwerben. Miriams eigener akademischer Bildungsgang war einzigartig. Weil ihre Eltern es nicht für richtig hielten, ein junges Mädchen studieren zu lassen, hatte sie keine Universität besucht, war jedoch für ihre wissenschaftlichen Leistungen vielfach ausgezeichnet worden. Heute ist sie Honorary Fellow des St. Hugh's College in Oxford, Ehrendoktor und Professor der Biologie an der Londoner Universität. Ihre Kollegen haben offenbar gegen alle Regeln verstoßen, als sie eine Dame mit Ehrungen überschütteten, die nicht einmal den niedrigsten akademischen Grad nachweisen kann.

Das bedeutet natürlich nicht, daß Miriam keine wissenschaftliche Ausbildung erhalten hat. Ihr Vater, ihr Onkel und die Kuratoren des Museums ihres Onkels in Tring haben ihr ein reiches Wissen vermittelt. 1951 spezialisierte sie sich auf Parasiten an Vögeln, und als sie ein Kind erwartete, schrieb sie gemeinsam mit Theresa Clay ein Buch mit dem Titel *Flöhe, Saugwürmer und Kuckucks,* das vier Auflagen erlebte. Das war der Auftakt für eine Arbeit, die sie aus Anhänglichkeit an ihren Vater unternommen hat: die Katalogisierung der zehntausend Spezies von Flöhen in der Sammlung ihres Vaters, mit der sie sich seit zwanzig Jahren beschäftigt. Das Ergebnis ist ein aus fünf dicken, reich illustrierten Bänden bestehendes Werk.

Miriam ist eine wohlhabende Frau, denn sie hat von ihrem enterbten Onkel, dem zweiten Lord Rothschild, der mit einer kümmerlichen Million hatte auskommen müssen, ein Vermögen geerbt. Dazu hinterließ ihr ihre Mutter etwa 300 Hektar Land in Northamptonshire, und ihr Vater vererbte ihr das Landhaus von Ashton Wold. Augenscheinlich hatte sich Charles Rothschild in die Landschaft von Northampton verliebt, als er dort nach Schmetterlingen jagte. Besonders beeindruckte ihn ein leerstehendes elisabethanisches Haus, das früher von einem Gutsbesitzer bewohnt worden war. Er erkundigte sich, wem es gehörte, und man sagte ihm, „einem alten Sonderling, der sich weigert, es zu verkaufen“. Weitere Nachforschungen ergaben, daß der alte Sonderling niemand anderes war als sein eigener Vater, Lord Rothschild. Augenscheinlich hatte jemand, der seine Schulden nicht bezahlen konnte, ihm dafür das Haus überlassen.

Charles bat seinen Vater, es ihm zu überschreiben, und dieser überredete ihn, es zu verkaufen, weil es in einer Bodenvertiefung lag und alle Rothschilds glaubten, es sei ungesund, „in der Tiefe“ zu leben. Charles baute deshalb ein neues, geräumiges Landhaus mit sehr großen und schönen elisabethanischen Fenstern, die im Stil an das andere erinnerten, auf einem geeigneten, höher gelegenen Grundstück. Gegenwärtig läßt Miriam Lane das Gebäude umbauen und vier oder fünf Wohnungen für sich und ihre Kinder darin einrichten. Das Dorf Ashton besteht aus 35 bis 40 ansehnlichen strohgedeckten Landhäusern, die Charles zu Beginn des Jahrhunderts bauen ließ, die aber schon damals mit Badezimmern und Elektrizität ausgestattet wurden. Wie sein Vater war auch er einer der fortschrittlichsten Großgrundbesitzer des Landes. Miriam hat das Gut kürzlich an drei ihrer vier Kinder als gemeinsamen Besitz übereignet und hofft, daß es ihnen gelingen wird, zwei eigentlich unvereinbare Dinge miteinander zu versöhnen; die Landhäuser in Ashton dem Gut zu erhalten und die Landwirtschaft so zu betreiben, daß sie einen Gewinn abwirft.

Wie die meisten Rothschilds ist auch Miriam sehr freigebig. Sie hat vier eigene Kinder und hat zwei weitere adoptiert, mit deren Eltern sie befreundet war und die gestorben sind. In den vergangenen zehn Jahren hat sie ein geräumiges Haus am Stadtrand von Oxford bewohnt, wo sie jeden

Sonntag ihre Gäste empfing. Hier genossen ihre jungen und alten Freunde das vorzügliche Essen, das sie ihnen vorsetzte, und durften kommen und gehen, wie es ihnen paßte. Zwar hat ein Schriftsteller, der an einem dieser Essen teilnahm, kürzlich behauptet, der Wein sei nicht *Mouton Rothschild*, sondern nur ein einfacher roter Tischwein gewesen, aber in Wirklichkeit war es – wie immer – ein *Château Lafite*.

In den Häusern von Miriam hängen, wie überall, wo die Rothschilds wohnen, klassische Meisterwerke an den Wänden, aber hier endet die Ähnlichkeit; denn Miriam lebt in einem Wald von Büchern. Die Bücherwände reichen vom Fußboden bis unter die Decke, und die Bücher stapeln sich auf den Tischen und dem Boden. Ihr Schlafzimmer ist ein halbes Laboratorium. Hier hat sie ein Mikroskop, einen Aktenschrank voller wissenschaftlicher Papiere, präparierte Schmetterlinge, Vögel in Käfigen und Hunderte von Büchern. Miriam hält das Andenken ihres Vaters und Großvaters in Ehren und hat, wie Victor, die große Gewissenhaftigkeit von ihnen geerbt.

Wie andere Mitglieder ihrer Familie reist sie oft nach Israel und nimmt manchmal eines oder zwei ihrer Kinder mit. Im Sechstagekrieg 1967 gab Victor für die dreißig prominentesten jüdischen Familien in Großbritannien ein Essen, um bei dieser Gelegenheit Geld zu sammeln. Die Rothschilds verlangten zwar, daß die Spender anonym blieben, aber die Gäste versetzten jedermann – und sogar die Israelis – in Erstaunen, als sie die riesige Summe von $ 7000000 aufbrachten[2].

Oft dient Israel als Grund für ein Treffen der englischen und der französischen Rothschilds. Der Trust des verstorbenen Barons Edmond, der von James de Rothschild verwaltet wird, hat zum Beispiel den ersten Golfplatz in Israel finanziert. Er ist vierhundert Morgen groß, hat achtzehn Löcher, und die Anlage hat £ 200000 gekostet. Der Platz liegt in der Nähe des römischen Hafens Caesarea an der Mittelmeerküste, an dessen Erschließung der heute lebende Baron Edmond maßgeblich beteiligt ist. Der Golfplatz wurde 1961 gemeinsam von ihm und seinem Vetter Victor eingeweiht. Letzterem gelang es, mit einem Stahlschläger Nr. 2 den Ball trotz stürmischen Wetters 175 Yards weit zu schlagen. Edmond übernahm die weniger schwierige Aufgabe, dem damaligen Erziehungsminister, Herrn Abba Eban, die Schlüssel des Klubhauses zu überreichen.

Abba Eban wurde später israelischer Außenminister.

Der siebenundvierzigjährige Baron Edmond ist das reichste Mitglied der Familie Rothschild. Als Enkel des großen Edmond und Neffe des verstorbenen James de Rothschild, des letzten Privateigentümers von Waddesdon, ist Edmond der einzige Sohn des einzigen Rothschild, den man als Playboy bezeichnen könnte. Aber diese Bezeichnung trifft nicht ganz zu, denn sein Vater Maurice hatte in Geldsachen einen untrüglichen Instinkt, der den meisten Leuten, die viel Geld ausgeben, fehlt. Maurice ist 1940 mit einer Aktentasche vor den Deutschen geflohen, in die wahrscheinlich Edelsteine im Wert von £ 250000 eingenäht waren. Nach seiner Ankunft in England spekulierte er an der Börse in London und New York und vervielfachte dabei sein Vermögen.

Auch die Frau von Maurice, Naomi Halphen, war ungewöhnlich geschäftstüchtig. Sie stammte von der berühmten Familie Pereire ab, die seinerzeit Jacob de Rothschild seine finanzielle Überlegenheit streitig gemacht hat und dafür büßen mußte. Bald nach der Geburt von Edmond trennte sich Naomi 1926 nach siebzehnjähriger Ehe von Maurice. Sie liebte die Schweiz und reiste mit ihrem kleinen Sohn und seinem Kindermädchen, Fräulein Pfeiffer, mit der sie Freundschaft schloß und die ihre

Baron Edmond de Rothschild, der ungewöhnlich energische Chef eines weltweiten Geschäftsunternehmens.

Geschäftspartnerin wurde, in den Alpen umher. Naomi beschloß, ein neues Erholungszentrum zu erschließen, und beauftragte zwei Bergführer, sie dabei zu beraten. Nach eingehender Prüfung empfahlen sie ihr das Val d'Isère und Megève. Sie entschied sich für das letztere, ließ am Fuße des Mont d'Arbois ein prächtiges Hotel bauen, mußte jedoch die Weiterentwicklung des Erholungsortes aufgeben, weil es ihr an Geld mangelte. Später bewies aber ihr Sohn Edmond, daß sie die richtige Wahl getroffen hatte.

Edmond war knapp zwanzig Jahre alt, als der Zweite Weltkrieg zu Ende ging. Der gut aussehende junge Mann besaß viel Energie und Begeisterung und war eher ein Unternehmer als ein Bankier. Er beschloß, sein Vermögen in Unternehmen zu stecken, die ihn interessierten. Mit echt Rothschildscher Intuition wendete er sich der Goldgrube des Jahrhunderts zu, dem Massentourismus. Er stellte sich hinter den Club Méditerranée und baute alles, was der sich rasch ausdehnenden Fremdenindustrie diente:

Intercontinental-Hotels der Pan American, Bungalowsiedlungen auf Mallorca, ein Luxuserholungszentrum in Israel, Wohnhäuser in Paris, Ferienzentren auf Guadeloupe und Martinique und schließlich Chalets, Skilifts und ein weiteres großes Hotel in dem von seiner Mutter entdeckten Megève. Das „Hôtel du Mont d'Arbois" erhebt sich etwa 1500 Meter oberhalb des Dorfes und hat so moderne Einrichtungen, wie ein geheiztes Schwimmbad unter Glas und eine Terrasse, von der aus Skiläufer in Hubschraubern auf die Berge befördert werden können.

Baron Edmond ist ein geschickter Propagandist. 1963 lud er zur Eröffnung 120 Gäste aus Paris und New York ein und flog sie in gecharterten Flugzeugen für einen vier Tage dauernden Skiurlaub nach Megève. Er schloß für seine Gäste eine Versicherung über £ 8 000 000 gegen den Verlust oder Diebstahl ihres Schmucks ab, eine Tatsache, die von den Zeitungen lebhaft kommentiert wurde, was wiederum zweifellos auf Anregung seines Presseagenten geschah.

Edmonds Büro in Paris, in dem er 30 Mitarbeiter beschäftigt, liegt an der Rue de Faubourg Saint-Honoré 45. Die Unternehmen, an denen er beteiligt ist, sind über die ganze Welt verstreut und befinden sich in Europa, in Südamerika, im Nahen Osten und in New York. Die *Compagnie Financière* ist die Holdinggesellschaft für seine Beteiligungen in Frankreich. Er beschäftigt sich nicht nur mit dem Tourismus, sondern besitzt auch eine Privatbank in Paris, die mehr einer englischen Handelsbank gleicht als die *Banque Rothschild* seiner Vettern. Er besitzt auch die Aktienmehrheit der größten Spielwarenfabrik und des größten Herstellers tiefgefrorener Lebensmittel in Frankreich. In der Schweiz gehören ihm die Banque Privée und eine Gesellschaft, die Hotels in Genf, Frankfurt und Hamburg unterhält und in Deutschland und Holland Wohnwagen baut. In Belgien ist er einer der Direktoren bei der Banque Lambert, in Südafrika bei der Consolidated Mines von De Beer, in Holland gehört er dem Steering Committee der Bilderberg Meetings an, in Israel ist er Aufsichtsratsvorsitzender der Tricontinental Pipelines, die 1958 gegründet wurde, um das Rote Meer mit dem Mittelmeer zu verbinden, jetzt aber nur eine Holdinggesellschaft ist. Daneben ist er Aufsichtsratsvorsitzender der Israel Corporation und der Isrop, einer Investmentgesellschaft, die die Aktienmehrheit der Israel General Bank besitzt.

Auf karitativem Gebiet ist er ebenso umfassend tätig wie auf geschäftlichem. Er gehört dem Verwaltungsrat der Hebräischen Universität von Jerusalem an und ist Direktor des Middle East Peace Institute, das er nach dem Sechstagekrieg 1967 gegründet hat. Er hat sich an der Einrichtung französischer Schulen in Jerusalem und Tel Aviv beteiligt und spendet regelmäßig Geld für das von seinem Großvater, dem ersten Baron Edmond, gegründete Biologisch-Physiochemische Institut. In Frankreich und der Schweiz sitzt er in etwa einem Dutzend von Verwaltungsräten für Krankenhäuser und wissenschaftliche Institute.

1961 heiratete Edmond ein schönes junges Mädchen, die Nachtklubsängerin Nadine Lhôpitalier. 1963 wurde sein einziger Sohn Benjamin geboren. Edmonds Haus in Paris an der Rue de l'Élysée ist ebenso bemerkenswert wie seine Energie. Es liegt ganz in der Nähe seines Büros gegenüber dem Élyséepalast. Hier befindet sich ein einzigartiges, 30 Meter langes Schwimmbecken, das aussieht wie ein natürlicher Teich und von einem tropischen Garten umgeben ist. Das Ganze liegt unter Glas. Weil das Schwimmbecken in der gleichen Höhe liegt wie der Keller, hat er auch diesen ausgebaut und eine eigene unterirdische Welt geschaffen. Hier befindet sich eine großartige Sporthalle und ein Filmvorführungsraum für fünzig Personen.

Als Propagandist hat Baron Edmond nur einen Rivalen in der Familie, den romantischen, hochintelligenten Baron Philippe, den Besitzer des Weinguts Mouton Rothschild, das er von seinem Vater Henri geerbt hat. Philippe verliebte sich während des Ersten Weltkrieges in das Weingut, als er sechzehn Jahre alt war. Damals wurde er nach Bordeaux geschickt, um nicht in das Feuer der „dicken Berta" zu geraten. Das Leben im Médoc war zu dieser Zeit noch sehr primitiv. Die Straßen waren schlecht, und es gab weder Elektrizität noch fließendes Wasser. 1922 übereignete Baron Henri das Weingut seinem Sohn Philippe, der Mouton nicht vernachlässigte, obwohl er alle Sportarten betrieb, die Geschwindigkeit und Gefahr miteinander verbanden, wie das Segeln und Autorennen. Er machte es der Öffentlichkeit zugänglich und investierte viel Geld in die Modernisierung, wenn auch der Weinbau damals noch keineswegs Gewinne brachte. Aber Philippe hing mit ganzem Herzen an diesem Besitz. Die Heiterkeit der kleinen Enklave am Ufer der Gironde, die Schönheit der Sonne, der Erde und der Jahreszeiten und dazu die Geschicklichkeit und Geduld der Menschen vermittelten Philippe ein Gefühl für die Anmut und Zeitlosigkeit des Daseins, das seinem Leben eine neue Dimension gab.

Als die Deutschen Frankreich 1940 überrannten, beschlagnahmten sie die beiden Weingüter der Rothschilds, Mouton und das benachbarte Lafite, das heute gemeinsamer Besitz von Baron Guy, Alain, Élie, Edmond und der Witwe von Jimmy de Rothschild, Dolly, ist. Die französische Regierung verstaatlichte alles, um die Eindringlinge daran zu hindern, die vielen tausend Flaschen, die in den Kellern heranreiften, fortzuschleppen und als „jüdische Konterbande" nach Deutschland zu bringen. Doch die deutschen Truppen verhielten sich korrekt, denn es wurde ein für den Weinbau verantwortlicher Beamter eingesetzt, der seinen Sitz in Bordeaux hatte. Er hatte die Aufgabe, dafür zu sorgen, daß die Keller unberührt blieben, damit Göring und seine Genossen den „Endsieg" mit dem besten Rotwein der Welt feiern könnten. Obwohl der Befehlshaber der Flakbatterien in Südostfrankreich sein Hauptquartier in Mouton einrichtete, blieben die Weingärten und der Keller unangetastet. Leider kann man das von den Wohnräumen nicht sagen. Eines Abends schossen betrunkene Offiziere auf die Pastellporträts Philippes und seiner Geschwister James und Nadine. Dabei zerstörten sie zwei Gemälde, aber mitten in der Schießerei kam die Köchin der Familie Rothschild ins Zimmer, nahm Philippes Porträt von der Wand und trug es hinaus. Am folgenden Tage verließ die Köchin das Haus, nahm das Bild mit und setzte bis zu Philippes Rückkehr ihren Fuß nicht mehr über die Schwelle des Châteaus. Das Porträt hängt heute wieder an der alten Stelle.

In den ersten zehn Jahren nach dem Zweiten Weltkrieg hatte Philippe Schwierigkeiten, sein Erbe zu erhalten. Weil halb Europa jetzt hinter dem Eisernen Vorhang lag, während die andere Hälfte unter den Nachwirkungen des Krieges und dem Flüchtlingsproblem litt und die Vereinigten Staaten sich nur für harte Getränke interessierten, schien es unmöglich, den Anbau von Wein rentabel zu gestalten. Philipp griff jeden neuen Gedanken auf, um seinen Wein populär zu machen und bat unter anderem berühmte Künstler, jedes Jahr die Etiketten für seine Flaschen zu entwerfen. Für 1947 machte Cocteau eine romantische Zeichnung von der Weinlese. 1955 entwarf Braque das Etikett und stellte darauf die Gegenstände dar, die nach einem guten Essen auf dem Tisch stehenbleiben. 1958 war es ein ab-

Oben: Baron Philippe auf seinem Weingut Mouton bei Pauillac im Médoc.

Unten: Baron und Baronin Philippe in einem Raum des Anfang der 1960er Jahre von ihnen gegründeten Weinmuseums in Mouton. Die Sammlung umfaßt nur Gegenstände, welche die Traube zum Motto haben.

straktes Gemälde von Tschelitschew, und zwar ein rot-goldener Fleck vor einem schwarzen Hintergrund. 1967 zeichnete Henry Moore Hände, die ein Glas halten, und 1970 malte Marc Chagall ein Liebespaar in einer Prärielandschaft.

Doch schon lange bevor Moore das Etikett entworfen hatte, war die Marke Mouton Rothschild aus den Schwierigkeiten heraus und wuchs in die Kategorie eines der gewinnbringendsten Unternehmen hinein. Einem Freunde vertraute Philippe an: „Wäre ich nicht ein Rothschild gewesen, dann hätte ich die schwierigen Zeiten finanziell nicht überstehen können." Doch ein Rothschild zu sein bedeutete Bankkredit zu haben. 1955 deutete sich ein Wandel an. Über Nacht schienen sich die Amerikaner zum Weintrinken bekehrt zu haben. Von da an brauchten sich die Weinbauern im Médoc keine Sorgen mehr zu machen.

Heute besitzt Baron Philippe nicht nur zwei Weingüter, Mouton Rothschild und Mouton Baron Philippe, sondern auch das 1970 erworbene dritte, Château Clerc-Milon. Die von ihm gegründete Handelsfirma La Bergerie vertreibt nun den Mouton-Cadet und andere Weine. Er bestellt insgesamt etwa 400 Morgen Land mit Reben, die mindestens £ 7000000 wert sind. Seit Jahren hat er beharrlich darum gekämpft, die 1855 festgesetzte Klassifizierung aufheben zu lassen, nach welcher der Mouton in die zweite Wachstumskategorie eingeordnet wurde. Im Jahre 1973 ernannte das Landwirtschaftsministerium endlich einen Ausschuß zur Überprüfung der Situation und folgte dessen Urteil. Im Juni schrieb die Londoner *Times:* „Rothschilds Mouton ist jetzt ein Löwe." Ebenso wie das andere Weingut der Rothschilds trägt der Mouton heute die Bezeichnung *Premier Grand Cru.*

Etwas ganz anderes als die Revolution in den Trinkgewohnheiten der Amerikaner waren die Veränderungen im Leben Philippes, die sich in den 1950er Jahren vollzogen. Die erste Baronin Philippe war während der Besatzungszeit in Paris verhaftet und in ein Konzentrationslager gebracht worden, wo sie starb. Die kleine Tochter hatte das unglaubliche Glück gehabt, diesem Schicksal zu entgehen. 1954 heiratete Philippe zum zweitenmal. Seine Braut war die faszinierende Amerikanerin Pauline Potter aus Baltimore, die eine Gestalt aus einem Roman von Henry James sein könnte. Trotz ihrer vornehmen Vorfahren aus der Kolonialzeit war sie eher eine Französin als eine Amerikanerin, denn sie hatte den größten Teil ihrer Kindheit in Paris zugebracht. Als Philippe sie kennenlernte, arbeitete sie als Designerin für Hattie Carnegie. Mit ihrer sanften Stimme, den weit auseinanderstehenden Augen und dem verführerischen Lächeln war Pauline nicht nur intelligent und humorvoll, sondern war mit ihren ungewöhnlichen Ansichten und ihrer einzigartigen Persönlichkeit etwas so Besonderes, daß man in diesem Fall die Bezeichnung „bezaubernd" für sie anwenden darf, ohne fürchten zu müssen, daß es wie ein Gemeinplatz klingt. Sie ist eine Künstlerin, die nicht malt, sondern schöne Dinge erzeugt. Manchmal nehmen sie Form und Farbe an, manchmal sind es nur sichtbar gemachte Ideen. Abends trägt sie seidene Hemden und Knickerbocker und läßt das Haar über eine Schulter fallen. Im Sommer fährt sie nicht der Sonne entgegen, sondern wendet sich nach Norden und reist nach Skandinavien, Sibirien oder sogar nach Island. 1965 war sie in Rußland und hat ein Buch mit dem Titel *The Irrational Journey* geschrieben. Es ist mehr Lyrik als Prosa und zeichnet sich durch seine lebendige Phantasie aus.

Mit der Heirat von Pauline und Philippe begann eine bemerkenswerte

Partnerschaft. Philippe hatte schon seit Jahren Gedichte geschrieben, ja eines davon mit dem Titel *Vendange* hatte Darius Milhaud zu einem Ballett inspiriert, dessen Ausstattung und Kostümentwürfe Dalí und dessen Choreographie Serge Lifar übernommen hatte. Der Entwurf lag jedoch fast zwanzig Jahre vergessen in den Schubladen der Pariser Oper. 1972 beschloß man, den achtzigsten Geburtstag von Milhaud mit einer Sondervorstellung zu feiern. *Vendange* wurde wiederentdeckt, und im Mai fand die Aufführung in Nizza statt. Der Verfasser war hoch erfreut, und die Kritiker spendeten reichlich Beifall.

Bald nach der Heirat regte Pauline ihren Mann dazu an, Werke englischer Dichter aus der elisabethanischen Zeit zu übersetzen. Zu ihnen gehörten Metaphysiker wie Marvell, Donne, Crashaw und Henry Vaughan. Die Arbeit kostete soviel Mühe und war so komplex – zeitweise erschien sie sogar fast als unmöglich –, daß sie fünfzehn Jahre in Anspruch nahm. Über jedes Wort, jeden Satz und jeden Laut wurde diskutiert und gefeilt, bis man glaubte, das Werk der Öffentlichkeit vorstellen zu können. 1969 aber bewiesen die hervorragenden Kritiken, daß sich die Mühe gelohnt hatte. Daneben hat Philippe auch zwei Bühnenstücke von Christopher Fry übersetzt, *The Lady's not for Burning* und *The Dark is Light Enough*, die beide im Pariser Staatstheater aufgeführt worden sind. Seine letzte Arbeit war die glänzende Übersetzung des *Dr. Faustus* von Christopher Marlowe, die 1972 veröffentlicht wurde.

Gemeinsam haben Philippe und Pauline das kleine viktorianische Château in Mouton renoviert und die aus dem 17. Jahrhundert stammenden Ställe umbauen lassen. Das Stallgebäude ist heute ein luxuriöses neues Haus mit einem riesigen Wohnzimmer und einer Bibliothek, die Bücher in vier oder fünf verschiedenen Sprachen enthält. Das bedeutendste gemeinsame Unternehmen aber war die Einrichtung eines Weinmuseums, das als eines der originellsten und vollkommensten privaten Museen in Europa gelten kann.

Zu dieser Idee wurden sie durch eine Sammlung prächtiger Silbergefäße angeregt, die Philippe von seiner Großmutter, der Tochter von Baron Carl aus Frankfurt, geerbt hatte. Er überlegte sich, wie interessant es wäre, Kunstwerke zu sammeln, die mit der Weintraube in Zusammenhang stehen. In den folgenden sieben oder acht Jahren suchten Philippe und Pauline überall auf der Welt nach Gegenständen, die diesen Vorstellungen entsprachen.

Das Ergebnis ist eine einzigartige und vielseitige Sammlung, die sogar einen Gilgameschbecher enthält, der 2500 Jahre vor Christus getrieben wurde. Daneben findet sich ein von dem griechischen Maler Theseus mit schwarzen Figuren bemaltes Trinkgefäß. Dazu kommen blau-weiße Porzellanschalen aus der Mingperiode, die in vergoldetes Silber aus der elisabethanischen Zeit gefaßt sind, und das Fragment eines Basreliefs der fünften Dynastie aus einem Grab in Sakkarah. Weiter enthält sie eine Sammlung von Gobelins aus dem Ende des 15. Jahrhunderts, die bei Colmar hergestellt worden sind und die Weinlese darstellen, sowie Krüge aus dem 9. Jahrhundert vor Christus, die im Iran gefunden wurden. Zu den schönsten Stücken gehören hohe deutsche Deckelpokale, ein aus dem Jahr 1570 datierter französischer Silberbecher, ein burgundischer Weinkrug, den van Eyck bemalt haben könnte, eine chinesische Silberschüssel aus dem 12. Jahrhundert, eine goldene Amlash-Trinkschale, deren Gravur eine heute ausgestorbene Hirschart zeigt, und eine sassanidische Trinkschale aus Silber und Gold mit der Darstellung eines jagenden Königs, von dessen

Rechts oben: Gedeckter Mittagstisch im großen Salon des Château Mouton. Das Fenster blickt auf die Rebengärten hinaus. Das italienische Holzpferd aus dem 16. Jahrhundert diente einem Maler als Modell.

Rechts unten: Gobelin aus dem Weinmuseum. Es stellt die Weinlese bei Straßburg oder Niederweiler dar und stammt aus dem frühen 16. Jahrhundert.

Nächste Seite: Zwei deutsche, in vergoldetem Silber gefaßte Nautiluspokale aus dem Weinmuseum. Der höhere mit einem Pferd, einer Sirene, Delphinen und einem Seepferd wurde 1680 in Augsburg von dem bekannten Goldschmied Johann Phelot hergestellt. Der kleinere stammt aus einer Sammlung von Lionel de Rothschild. Ein kniender Atlas trägt den mit Masken und einer Sirene verzierten Pokal, der wahrscheinlich Ende des 16. Jahrhunderts in Nürnberg hergestellt wurde.

Krone goldene Bänder herabfallen. Die moderne Bildhauerkunst ist durch ein prächtiges Stück vertreten, das den Titel „Der Geist des Weines“ trägt. Es ist ein Netz aus Goldfäden und rot emailliertem Platin und Kupfer und wurde 1957 von Richard Lippold in New York geschaffen.

Als der Herausgeber der englischen Kunstzeitschrift *Apollo,* Denys Sutton, Mouton besucht hatte, wurde er zu einer überschwenglichen Lobeshymne angeregt:

> Das Studium der Künste hat viele Reize, aber am lohnendsten ist es …, wenn man das Glück hat, auf eine Sammlung zu stoßen, die mit Begeisterung und einem verwöhnten Geschmack zusammengetragen worden ist. Dieses Museum beweist, daß es auch heute noch möglich ist, eine Sammlung zusammenzustellen, die außerhalb des Gewöhnlichen liegt und dem persönlichen Geschmack entspricht … Bezeichnend ist es vielleicht, daß dieses Museum in der Gironde liegt und daß die Traube ihr Thema ist. Über den Wein und seine Vorzüge wird natürlich viel Unsinn geredet. Es läßt sich aber sicher nicht leugnen, daß die Fähigkeit, Qualität zu entdecken, die bei der Prüfung des Weins so unerläßlich ist, sich auch auf die Künste anwenden läßt … Ich möchte glauben, wenn man sein Leben in einer Gegend zubringt, in der man in allen sozialen Schichten nach *La qualité et la gloire* sucht, dann wirkt sich das auch auf die Fähigkeiten des Auges aus. In diesem Fall ist daraus ein Museum entstanden, das das Andenken an seine Gründer wachhalten und jedem Besucher unendliche Freude bereiten wird[3].

Weinbauer mit Hund aus vergoldetem Silber, teilweise emailliert, Augsburg, Ende des 16. Jahrhunderts; aus dem Weinmuseum in Mouton.

Ein Besuch auf dem Weingut Mouton Rothschild ist ein erregendes Erlebnis, denn alles trägt hier den besonderen Stempel der phantasievollen und warmherzigen Besitzer. Das ehemalige Stallgebäude ist heute ein Teil des weiß getünchten, langen und geräumigen Haupthauses. Das riesige, 35 Meter lange und 7 Meter breite Wohnzimmer hat sieben Bogenfenster, durch die man auf die bis an das Haus heranreichenden Weingärten blickt. Nachts werden sie von Scheinwerfern angestrahlt und vermitteln den Eindruck einer bewegten Wasserfläche mit Schaumkämmen auf den Wellen.

Die Baronin Philippe ist eine Perfektionistin, und der Haushalt funktioniert wie am Schnürchen. Die Gäste werden verwöhnt, wie es im 19. Jahrhundert üblich war. Ihre Kleider werden ein- und ausgepackt, gewaschen, gebügelt, in die Schränke gelegt und auf Bügel gehängt. Doch im übrigen gleicht in Mouton kein Tag dem anderen. Die Mahlzeiten werden zum Beispiel nie im gleichen Zimmer serviert, und die Essenszeiten richten sich nach der Laune der Hausfrau.

Das große Wohnzimmer wird beherrscht von einem an der einen Seite stehenden lebensgroßen italienischen Holzpferd. In den Gästezimmern stehen exotische Bäume, die bis unter die Decke reichen. Der Eßtisch ist ein Kunstwerk für sich und ist mit Blumendekorationen geschmückt, die sich niemand anders ausdenken könnte als Pauline. Eine der hübschesten waren krause Kohlblätter, die in den Vasen aussahen wie Federn.

Tagsüber trägt Philippe Tweedhosen und eine Samtjacke, aber am Abend erscheint er im farbigen Smoking und mit bestickten Hausschuhen. Das Essen ist vorzüglich, was den Besucher jedoch fasziniert, ist natürlich der Wein. Zu jeder Mahlzeit gibt es drei Sorten Rotwein, und die Jahrgänge liegen manchmal hundert Jahre auseinander. Am Ende jeder Mahlzeit wird ein kleines Glas mit geeistem Château Yquem gereicht. Aus einigen Zimmern in Mouton kann man die Rebengärten des mit Mouton in Konkurrenz stehenden Weinguts Lafite sehen, denn die beiden Besitzungen trennt nur ein schmaler Fußweg.

Das Innere des aus dem 18. Jahrhundert stammenden Hauses, in dem Philippe als Junggeselle gelebt hat und das Pauline mit ihm teilte, als die Ställe ausgebaut wurden, ist eine Perle im viktorianischen Stil. An den

Großer Salon in Mouton. Der Fußboden ist mit blauen und ziegelroten Kacheln belegt. Die Fenster blicken auf die Rebengärten hinaus.

Wänden hängen kostbare *petit-point*-Stickereien, und auf dem Boden liegt ein gestickter Teppich, auf dem dargestellt ist, wie Königin Viktoria und Napoleon III. einen Freundschafts- und Handelsvertrag austauschen. Oft werden die Gäste gefragt, ob sie glauben, die Figuren seien lebensgroß oder nicht. Um zu zeigen, daß sie recht gehabt haben, legen sie sich gelegentlich auf den Teppich, „aber", sagt Pauline, „nie auf die Königin Viktoria; immer auf den Kaiser".

Heute besteht die Familie Rothschild aus 22 männlichen und 27 weiblichen Mitgliedern. Dazu kommen 15 Ehefrauen und 5 ehemalige Ehefrauen, also sind es zusammen 69. Der Älteste ist der aus Wien stammende Baron Eugene, der mit seiner Frau, der ehemaligen Schauspielerin Jeanne Stewart, in Monte Carlo lebt. Der Jüngste ist der zweijährige Nathaniel, der Sohn von Jacob und Serena Rothschild, der eines Tages der fünfte Lord Rothschild sein wird.

Müßte man sich auf zwei Adjektive beschränken, um die Rothschilds zu charakterisieren, dann käme man automatisch auf das Paradox, das so typisch für die Familie ist; denn die Worte „reich" und „energisch" passen nicht automatisch zusammen. Über Generationen hinweg haben sich die Rothschilds geweigert, jene Rolle von Nichtstuern zu spielen, die den Erben großen Reichtums oft so gut gefällt. Zwar hat die zweite Generation der englischen Rothschilds riesige Landhäuser gebaut und einmal allein in Buckinghamshire 10000 Morgen Land besessen. Die Familie zeigte jedoch keine Neigung, sich im Stil des begüterten Adels auf dem Lande niederzulassen. Es ist ein Zeichen der Familienvitalität, daß in den vergangenen 40 Jahren alle großen Landhäuser der Rothschilds in England dem National Trust gestiftet oder an ihn verkauft worden sind, während die ehemaligen Besitzer kleinere Häuser bezogen haben, die sich in der heutigen Zeit leichter erhalten lassen. Das einzige von einem Rothschild erbaute große Landhaus, das sich noch heute in Privathand befindet, ist Mentmore Towers, der Besitz des heutigen Lord Rosebery, des Sohnes von Hannah Rothschild.

Vor allem sind die Rothschilds tätige und freigebige Menschen. Sie sind zwar keine Intellektuellen, haben jedoch intellektuelle Anlagen, und das begann mit den Kindern des ersten Lord Rothschild, des berühmten Natty. Natty hatte nicht nur zwei kluge Söhne, Walter und Charles, die beide Wissenschaftler waren, sondern Charles hatte auch einen klugen Sohn und eine kluge Tochter, Victor und Miriam, die sich wiederum beide der Wissenschaft zuwendeten. Auch die Kinder von Victor, Jacob, der Bankier, und die Journalistin Emma, sowie der vierundzwanzigjährige Sohn von Miriam, Charles, der eine besondere Begabung für die Wissenschaft zeigt, sind sehr intelligent. Der andere intellektuelle Rothschild ist Philippe, dessen Vorfahren zwar seit 130 Jahren in Frankreich gelebt haben, den die englischen Rothschilds jedoch zu den Ihren rechnen, weil sein Großvater Nathaniel Nathans Sohn und ein Onkel des ersten Lord Rothschild war. Die französischen Rothschilds können jedoch ebenfalls mit einem Sproß der Familie aufwarten, der beachtliche intellektuelle Leistungen aufzuweisen hat. Das ist Nathalie Josso, eine Enkelin von Baron Robert de Rothschild, die im Alter von 21 Jahren die jüngste Doktorin in Paris war.

Neben ihrem Reichtum und ihrer Vitalität besitzen die Rothschilds noch eine weitere Eigenschaft, eine schöpferische Veranlagung, die sich nicht nur in Weingütern, Gärten, Rennställen und Sammlungen zeigt, sondern auch in der Kunst, zu leben. Alle Rothschilds sind als Gastgeber unübertroffen. Die französischen Vettern leben noch in riesigen Pariser Häusern und lassen sich bei Tisch von weißbehandschuhten Dienern bedienen. Die englischen Rothschilds andererseits haben viel Geld ausgegeben, um ihren Lebensstil zu vereinfachen. Nach Presseberichten hatte Victor Rothschild in Cambridge 1960 für sein Arbeitskräfte sparendes Haus, die Nebengebäude und das Schwimmbad £ 300000 ausgegeben. In dem wenige Meilen von Waddesdon entfernten Eyethrope, das früher einmal der Teepavillon von Alice de Rothschild war, soll um dieselbe Zeit für den Umbau etwa die doppelte Summe ausgegeben worden sein. Die Witwe von James de Rothschild, Dolly, verwandelte diese Extravaganz in ein gepflegtes Haus mit acht Schlafzimmern, von dem aus man einen schönen Ausblick auf einen großartigen Park, grüne Hügel, Rasenplätze und prächtige Laubbäume hat.

Wenige Meilen von hier lebt die Witwe von Anthony de Rothschild, Yvonne. Ihr Sohn Evelyn bewohnt einen Teil des Landhauses von Ascott, das dem National Trust als Stiftung übergeben wurde, während seine Mutter und Großmutter – eine wunderbar lebendige funfundneunzigjährige Russin – in einem bezaubernden kleinen Landhaus leben, das aussieht wie eine Märchenillustration. Das weißgetünchte und rosenumrankte Haus entspricht dem Jedermanns-Traum vom Leben auf dem Lande.

Es gibt keine armen Rothschilds, nur solche, die reicher sind als andere

Rothschilds. Die Besitzerin einer der größten Privatsammlungen der Welt ist die Mutter von Guy, die neunundachtzigjährige Baronin Édouard, die in einem Haus an der Avenue Foch lebt und unter anderem kostbaren Renaissanceschmuck, wertvolle Möbel aus dem 18. Jahrhundert und erlesenes, bei den Rothschilds so beliebtes Sèvresporzellan besitzt. In einem der Räume hängt der einzige Vermeer, der in Frankreich in Privatbesitz ist: „Der Astronom", den Jacob 1863 gekauft hat und der heute Guy gehört.

Die französischen und englischen Vettern sind durch eine herzliche Freundschaft miteinander verbunden. Die Baronin Alix unternimmt häufig Reisen mit Victors Schwester Miriam. Baron Guy und Evelyn, Baron Edmond und Jacob sind gute Freunde. Lord Rothschilds Lieblingsverwandte in Frankreich sind Cécile und Liliane. Cécile, die Schwester von Élie und Alain, ist eine in den Fünfzigern stehende, kluge, belesene Frau, die unverheiratet geblieben ist und in der Rue de Faubourg Saint-Honoré wohnt. Hier umgeben sie Gemälde von Goya, Renoir, Manet und Picasso. Ihre Abendgesellschaften sind berühmt für das gute Essen, den vorzüglichen Wein und die anregende Unterhaltung. Sie spielt Golf und begleitet Victor oft, wenn er in seinem Urlaub zum Golfspielen fährt.

Doch von allen Damen der Familie Rothschild beiderseits des Kanals spielt wahrscheinlich Liliane die unentbehrlichste Rolle. Sie ist klug und talentiert, hat viel Humor und ist das ausgleichende Element in der Familie. Das ist eine interessante Aufgabe für eine Frau, die sich ihren Lebensunterhalt nicht nur als Designerin oder Innenarchitektin hätte verdienen können, sondern auch so viel von alter und moderner Kunst versteht, daß sie es zu einer bedeutenden Kunsthändlerin hätte bringen können. Statt dessen hat sie sich damit zufriedengegeben, die Frau eines Rothschild zu sein. Sie weiß mehr über die Familiengeschichte und den Besitz der Familie als irgend jemand sonst und verbringt viel Zeit damit, Biographen, Herausgeber von Kunstzeitschriften und Photographen zu orientieren, die sich mit Rothschildiana befassen. Ihr Mann Élie leitet das Weingut Château Lafite, das zwar das „Erste unter den Ersten" ist, dem jedoch Philippes Mouton scharfe Konkurrenz macht. Als Philippes Tochter 1961 heiratete und Hunderte von Gästen zur Hochzeit nach Bordeaux kamen, gaben Liliane und Élie das Hochzeitsdiner in dem riesigen Weinkeller von Lafite. Hier tranken die Vettern auf die Gesundheit der Braut mit Rotweinen beider Weingüter.

Auch heute werden die Rothschilds beiderseits des Kanals durch finanzielle und geschäftliche Verbindungen zusammengehalten, aber der Staat Israel hat ein neues Band geschmiedet. Im Sechstagekrieg stifteten allein die französischen und englischen Vettern mehr als $ 1 000 000, eine Spende, die von keiner anderen Familie übertroffen wurde. Als Baron Alain bald darauf Israel besuchte und zur Klagemauer kam, war er so ergriffen, daß er in Tränen ausbrach. Baronin Alix ist die Präsidentin der Gesellschaft Youth Aliyah, die die Auswanderung jüdischer Kinder nach Israel organisiert. Edmund de Rothschild ist Schatzmeister für die Freunde der Hebräischen Universität von Jerusalem. Evelyn de Rothschild führt den Vorsitz im Direktorium des Technion, des israelischen Instituts für Technologie. Da die Existenz des Staates Israel in Krieg und Frieden von der Erfindungsgabe und Geschicklichkeit seiner Bewohner abhängt, ist diese Aufgabe eine der wichtigsten, die die Regierung zu vergeben hat. Wer diesen Posten bekleidet, muß nicht nur ein ausgezeichneter Manager sein, sondern auch die Fähigkeit und Entschlossenheit besitzen, große Geldsummen zu beschaffen.

Oben: Baronin Alix, die erste Frau von Baron Guy.

Unten: Baronesse Cécile de Rothschild, die Schwester von Baron Élie.

Liliane de Rothschild, die Frau von Baron Élie, eine hervorragende Innenarchitektin mit viel Kunstverstand. Sie ist die beste Kennerin der Familiengeschichte.

Was jedoch das Geld betrifft, so kann nichts mit den Spenden konkurrieren, die die viele Jahre zuvor von dem verstorbenen Baron Edmond eingerichteten Trusts aufbringen. Diese Organisationen haben die Bevölkerung in Israel über einen Zeitraum von fast hundert Jahren ununterbrochen unterstützt. Der erste Trust war die sogenannte Pica – Palestine Jewish Colonization Association. Als es sich jedoch herausstellte, daß die Kolonisierung nach Gründung des Staates Israel von der Regierung durchgeführt werden würde, änderten sich seine Aufgaben. Der Sohn von Edmond, James, gab dem Trust den neuen Namen „Hanadiv". Das ist das hebräische Wort für „Wohltäter", die Bezeichnung, unter der sein Vater in Palästina bekannt war. Die Geldmittel des Trusts wurden jetzt auch zur Förderung der Erziehung, der Wissenschaft und der Kultur zur Verfügung gestellt. Als James 1957 starb, übernahm seine Witwe Dolly den Vorsitz, den sie auch jetzt noch innehat. Viele Jahre hat Lord Rothschild sie wirkungsvoll unterstützt, und vor einiger Zeit hat sie auch seinen Sohn Jacob dafür gewonnen, ihr zu helfen. Der Trust kennt keine einengenden Bestimmungen. In den 1960er Jahren stellte er auf Wunsch von James für die Errichtung der Knesset, des neuen Parlamentsgebäudes in Jerusalem, Geld zur Verfügung. Heute unterstützt der Trust Universitäten, Krankenhäuser, öffentliche Bibliotheken und archäologische Ausgrabungen sowie das Weizmann-Institut und das Schulfernsehen in Israel.

Die Rothschilds haben zu allen Zeiten großzügig gespendet, aber von allen Charaktereigenschaften, die sie auszeichnen – Freigebigkeit, schöpferische Kraft oder Vitalität – fällt auch heute keine mehr ins Auge als das Grundprinzip, das der Begründer dieser Dynastie an seine Söhne weitergab: die Solidarität. Wenn der alte Mayer Amschel Rothschild nie müde wurde, darauf hinzuweisen, wie schwach und zerbrechlich ein einzelner Stab ist und wie stark ein Bündel aus mehreren Stäben sein kann, dann haben seine Nachkommen diese Lehre beherzigt. Alle Rothschilds sind immer noch von der Richtigkeit des Grundsatzes überzeugt: „Eine Familie, die zusammenhält, ist unbesiegbar."

- Mayer Amschel Rothschild (1744–1812) ∞ 1770 Gutel Schnapper (1753–1849)
  - (Schönche) (1771–1859) ∞ 1795* Benedict Moses Worms
  - Amschel Mayer (1773–1855) ∞ 1796 Eva Hanau (1779–1848)
  - Salomon Mayer (1774–1855) ∞ 1800 Caroline Stern (1782–1854)
    - Anselm Salomon (1803–74) ∞ 1826 Charlotte de Rothschild (L)
      - Mayer Anselm Leon (1827–8)
      - (Caroline) Julie (1830–1907) ∞ 1850 Adolph von Rothschild (F)
      - (Hannah) Mathilde (1832–1924) ∞ 1849 Wilhelm Carl von Rothschild (F)
      - (Sarah) Louise (1834–1924) ∞ 1858* Baron Raymondo von Franchetti
      - Nathaniel Mayer (1836–1905)
      - Ferdinand James (1839–98) ∞ 1865 Evelina de Rothschild (L)
      - Salomon Albert (1844–1911) ∞ 1876 Bettina Caroline de Rothschild (P)
        - Georg Anselm (1877–1934)
        - Alphonse Mayer (1878–1942) ∞ 1911 Clarice Sebag-Montefiore (geb. 1894)
          - Albert Anselm Salomon Nimrod (1922–1938)
          - Bettina Jemima (geb. 1924) ∞ 1943* Matthew Looram
          - Gwendoline Charlotte Frances Joan (geb. 1927) ∞ 1948* Roland Henry Hoguet
        - Louis Nathaniel (1882–1955) ∞ 1946 Countess Hildegard Johanna Caroline Marie Auersperg (geb. 1895)
        - Eugene Daniel (geb. 1884) ∞ 1925 Countess Kitty Schönborn-Bucheim (geb. Wolff) (1885–1946) 2. ∞ 1952 Jeanne Stuart
        - Charlotte Esther (geb. u. gest. 1885)
        - Valentine Noémi (geb. 1886) ∞ 1911* Sigismund, Baron Springer
        - Oscar Ruben (1888–1909)
      - Alice Charlotte (1847–1922)
    - Betty (1805–86) ∞ 1824 James (Jacob) de Rothschild
  - Nathan Mayer (1777–1836) ∞ 1806 Hannah Barent Cohen (1783–1850)
    - Charlotte (1807–59) ∞ 1826 Anselm Salomon von Rothschild (W)
    - Lionel (1808–79) ∞ 1836 Charlotte von Rothschild (F)
      - Leonora (1837–1911) ∞ 1857 Mayer Alphonse de Rothschild (P)
      - Evelina (1839–66) ∞ 1865 Ferdinand James von Rothschild (P)
      - Nathaniel Mayer (2nd Baronet, 1st Baron U.K.) (1840–1915) ∞ 1867 Emma Louise von Rothschild (F)
        - Lionel Walter (3rd Baronet, 2nd Baron U.K.) (1868–1937)
        - Charlotte Louise Adela Evelina (1873–1947) ∞ 1899* Clive Behrens (gest. 1935)
        - Nathaniel Charles (1877–1923) ∞ 1907 Rozsika von Wertheimstein (1870–1940)
          - Miriam Louisa (geb. 1908) ∞ 1942* George Lane gesch. 1956
          - Elizabeth Charlotte (geb. 1909)
          - Nathaniel Mayer Victor (4th Baronet) (3rd baron U.K.) (geb. 1910) ∞ 1933 Barbara Judith Hutchinson (geb. 1911) 2. ∞; 1946 Teresa Georgina Mayor (geb. 1915)
            - Sarah (geb. 1934)
            - Nathaniel Charles Jacob (geb. 1936) ∞ 1961 Serena Dunn
              - Hannah Mary (geb. 1962)
              - Beth Mathilda (geb. 1964)
              - Emily Magda (geb. 1967)
              - Nathaniel Philip Victor James (geb. 1971)
            - Miranda (geb. 1940)
            - Emma Georgina (geb. 1948)
            - Victoria Katherine (geb. 1953)
            - Amschel Mayor James (geb. 1955)
          - Kathleen Annie Pannonica (geb. 1913) Jules de Koenigswarter gesch. 1956
          - Rosemary Leonora Ruth (geb. 1913) ∞ 1934* Denis Gomer Berry (geb. 1911) 2. ∞; 1942* John Antony Seys (geb. 1914)
          - Edmund Leopold (geb. 1916) ∞ 1948 Elizabeth Edith Lentner (geb. 1923)
            - Katherine Juliette (geb. 1949)
            - Nicholas David (geb. 1951)
            - Charlotte Henrietta (geb. 1955)
            - David Lionel (geb. 1955)
          - Naomi Louisa Nina (geb. 1920) ∞ 1941* Jean Pierre Reinach (1915–1942) 2. ∞ 1947* Bertrand Goldschmidt
          - Leopold David (geb. 1927)
      - Alfred Charles (1842–1918)
      - Leopold (1845–1917) ∞ 1881 Maria Perugia (1862–1937)
        - Lionel Nathan (1882–1942) ∞1912 Marie-Louise Beer (geb. 1892)
        - Evelyn Achille (1886–1917)
        - Anthony Gustav (1887–1961) ∞ 1926 Yvonne Lydia Louise Cahen d'Anvers (geb. 1899)
          - Renée Louise Marie (geb. 1927)
          - Anne Sonia (geb. 1930)
          - Evelyn Robert Adrian (geb. 1931)
    - Anthony (1st Baronet) (1810–76) ∞ 1840 Louise Montefiore (1821–1910)
      - Constance (1843–1931) ∞ 1877 Cyril Flower (1st Lord Battersea) (gest. 1807)
      - Annie (1844–1926) ∞ 1873 Hon. Eliot Yorke
    - Nathaniel (1812–70) ∞ 1842 Charlotte de Rothschild (P)
      - Nathalie (geb. u. gest. 1843)
      - James Edouard (1844–81) ∞ 1871 Laura Thérèse von Rothschild (F)
        - Henri James (1872–1946) ∞ 1895 Mathilde Weissweiler (1874–1926)
          - James Nathaniel Charles Leopold (geb. 1896) ∞ 1923 Claude Dupont (geb. 1904) 2. ∞; Yvette Choquet
            - Nicole (geb. 1924)
            - Monique (geb. 1925) ∞ 1945* Jean-François Drach 2. ∞; 1950 Georges Halphen
          - Nadine Charlotte Thérèse (1898–1958) ∞ 1919* Adrien Thierry
          - Philippe (geb. 1902) ∞ 1935 Elizabeth de Chambure (gest. im II. Weltkrieg, 1939–45) 2. ∞ 1954 Pauline Fairfax Potter (geb. 1908)
            - Philippine Mathilde Camille (geb. 1935) ∞ 1961* Jacques Sereys
            - Charles Henri (geb. + gest. 1937)
        - Jeanne Charlotte (1874–1929) ∞ 1896 David Leonino
      - Mayer Albert (1846–50)
      - Arthur (1851–1903)
    - Hannah (1815–64) ∞ 1839* Hon. Henry Fitzroy
    - Mayer Amschel (1818–74) ∞ 1850 Juliana Cohen (1831–77)
      - Hannah (1851–90) ∞ 1878* Earl of Rosebery (1847–1929)
    - Louise (1820–97) ∞ 1842 Mayer Carl von Rothschild (F)
      - Adele Hannah Charlotte (1843–1922) ∞ 1862 Salomon James de Rothschild (P)
      - Emma Louise (1844–1935) ∞ 1867 Nathaniel Mayer (Lord Rothschild) (L)
  - (Belche) Isabella (1781–1861) ∞ 1802* Bernard Judah Sichel

Die Rothschilds

Die Nachkommen weiblicher Rothschilds, die nicht Mitglieder der Familie Rothschild geheiratet haben, sind nicht aufgeführt. Die Auslassungen sind mit * markiert. Die Buchstaben F, L, N, P, W bedeuten Frankfurt, London, Neapel, Paris oder Wien.

- Breinliche (Babette) (1784–1869) ∞ 1808* Sigmund L. Beyfus
- Carl Mayer (1788–1855) ∞ 1818 Adelheid Herz (1800–53)
  - Charlotte (1819–84) ∞ 1836 Lionel de Rothschild (L)
  - Mayer Carl (1820–86) ∞ 1842 Louise de Rothschild (L)
    - Clementine Henriette (1845–65)
    - Laura Thérèse (1847–1931) ∞ 1871 James Edouard de Rothschild (P–L)
    - Hannah Louisa (1850–92)
    - Margaretha Alexandrine (1855–1905) ∞ 1878* Agénor, Duc de Gramont (1851–1925)
    - Bertha Clara (1862–1903) ∞ 1882* Alexandre, Prince de Wagram (gest. 1911)
  - Adolph (1823–1900) ∞ 1850 (Caroline) Julie von Rothschild (W)
  - Wilhelm Carl (1828–1901) ∞ 1849 (Hannah) Mathilde von Rothschild (W)
    - Georgine Sara (1851–69)
    - Adelheid (1853–1935) ∞ 1877 Edmond James de Rothschild (P)
    - Minna Caroline (1857–1903) ∞ 1878* Max B. H. Goldschmidt (gest. 1940)
  - Anselm Alexander (1835–54)
- Julie (1789–1815) ∞ 1811 Meyer Beyfus
- Henrietta (1791–1866) ∞ Abraham Montefiore*
- James (Jacob) Mayer (1792–1868) ∞ 1824 Betty von Rothschild (W)
  - Charlotte (1825–99) ∞ 1842 Nathaniel de Rothschild (L)
  - Mayer Alphonse (1827–1905) ∞ 1857 Leonora de Rothschild (L)
    - Bettina Caroline (1858–92) ∞ 1876 Salomon Albert von Rothschild (W)
    - Charlotte Beatrix (1864–1934) ∞ Maurice Ephrussi
    - Édouard Alphonse James (1868–1949) ∞ 1905 Germaine Alice Halphen (geb. 1884)
      - Alphonse Édouard Émile Lionel (1906–1911)
      - Guy Édouard Alphonse Paul (geb. 1909) ∞ 1937 Alix Schey de Koro. 2. ∞ 1957 Marie-Hélène, Comtesse de Nicolai (geb. Van Zuylen) (geb. 1931)
        - David René James (geb. 1942)
        - Édouard Étienne Alphonse (geb. 1957)
      - Jacqueline Rebecca Louise (geb. 1911) ∞ 1930 Robert Paul Michel Calmann-Lévy (geb. 1899) 2. ∞; 1937* Gregor Piatigorsky
      - Bethsabée Louise Émilie Beatrix (geb. 1914) ∞ 1948 Donald Bloomingdale (geb. 1913) gesch. 1951
  - Gustave Salomon (1829–1911) ∞ 1859 Cecilie Anspach (1840–1912)
    - Octave (geb. + gest. 1860)
    - Zoë Lucie Betty (1863–1916) ∞ 1882* Baron Leon Lambert (gest. 1919)
    - Alice Caroline (1865–1909) ∞ 1887* Sir Edward A. Sassoon, Bart.
    - Bertha Juliette (1870–1906) ∞ Baron Emmanuel Leonino*
    - André (1874–7)
    - Robert Philippe Gustave (1880–1946) ∞ 1907 Gabrielle Nelly Beer (1886–1945)
      - Diane Cécile Alice Juliette (geb. 1907) ∞ 1932 Anatole Muhlstein* 2. ∞; 1952 Joseph Benvenuti (geb. 1898)
      - James Gustave Jules Alain (geb. 1910) ∞ 1938 Mary Chauvin du Treuil (geb. 1916)
        - Béatrice Juliette Ruth (geb. 1939) ∞ Armand de la Baumelle*
        - Eric Alain Robert David (geb. 1940)
        - Robert James (geb. 1947)
      - Cécile (geb. 1913)
      - Élie (geb. 1917) ∞ 1942 (Ferntrauung) Liliane Fould-Springer (wieder vereinigt 1945)
        - Nathaniel (geb. 1946)
        - Nelly Sabine (geb. 1947)
        - Elizabeth Clarisse Esther Gustava (geb. 1952) ∞ 1970 Marc Leland
  - Salomon James (1835–64) ∞ 1862 Adele Hannah von Rothschild
    - Helen Betty Louise Caroline (1863–1947) ∞ Baron de Zuylen de Nyevelt (gest. 1934)*
  - Edmond James (1845–1934) ∞ 1877 Adelheid von Rothschild (F)
    - James Armand (1878–1957) ∞ 1913 Dorothy Pinto (geb. 1895)
    - Maurice Charles (1881–1957) ∞ 1909 Naomi Halphen
      - Edmond Adolphe Maurice Jules Jacques (geb. 1926) ∞ 1958 Mme Lina (geb. Georgina) Blanc 2. ∞: Nadine Lhôpitalier
        - Benjamin (geb. 1963)
    - Miriam Caroline (geb. 1884) ∞ 1910 Albert Max von Goldschmidt

Anmerkungen

Der vollständige Titel eines Buchs und der Name des Verfassers erscheinen in jedem Kapitel, in dem noch einmal auf das Buch Bezug genommen wird. Verlag und Jahr des Erscheinens werden nur bei der Ersterwähnung genannt.

Kapitel 1

1 J. W. von Goethe, *Dichtung und Wahrheit*, Bd. I, London 1908, S. 129.
2 M. E. Ravage, *Five Men of Frankfurt*, London 1929, S. 25.
3 A. Dietz, *Stammbuch*, zitiert von Eugene Meyer in *Jews of Frankfurt*, Jewish National University Library, S. 408.
4 *Memoirs of Sir Thomas Foxwell Buxton*, hrsg. von Charles Buxton, London 1848, S. 352.

Kapitel 2

1 *Correspondence of Napoleon I*, Bd. XIII, Paris 1865, S. 585.
2 Ebenda, S. 588.
3 C. W. Berghoeffer, *Meyer Amschell Rothschild*, Frankfurt am Main 1928, S. 79.
4 Ebenda, S. 78.
5 Conte Corti, *The Rise of the House of Rothschild*, London 1928, S. 64, 65.
6 Ravage, a. a. O., S. 85.
7 Corti, a. a. O., S. 95.
8 Ebenda, S. 106.
9 Ebenda, S. 112.
10 Ebenda, S. 114.
11 *Memoirs of Sir Thomas Foxwell Buxton*, S. 333.
12 John Sherwig, *Guineas and Gunpowder*, Cambridge, Mass., 1944, S. 232.
13 John Fortescue, *History of the British Army*, Bd. VII, London 1912, S. 235.
14 M. Marion, *Histoire financière de la France depuis 1715*, Bd. IV, Paris 1914, S. 358.
15 Robert Wilson, *Private Diary*, Bd. I, London 1861, S. 226.
16 Sherwig, a. a. O., S. 329.
17 Thomas Raikes, *Portion of a Journal*, Bd. I, London 1912, S. 457.

Kapitel 3

1 *Briefwechsel zwischen Friedrich Gentz und Adam Heinrich Müller*, Stuttgart 1857, S. 267.
2 Ebenda.
3 Ravage, a. a. O., S. 202.
4 John Reeves, *The Rothschilds*, London 1887, S. 195.
5 Ebenda, S. 192–193.
6 Ronald Palin, *Rothschild Relish*, London 1970, S. 13.
7 *Diaries of Sir Moses and Lady Montefiore*, Bd. II, hrsg. von L. Loewe, London 1890, S. 3.
8 *Wilhelm und Caroline von Humboldt in ihren Briefen*, Bd. IX, Berlin 1912, S. 320.
9 *Memoirs of Sir Thomas Foxwell Buxton*, S. 345–346.
10 Reeves, a. a. O., S. 182–185.
11 Corti, a. a. O., S. 214–215.
12 Ebenda.
13 A. Ayer, *A Century of Finance*, Privatdruck für N. M. Rothschild & Sons, London 1905.
14 Corti, a. a. O., S. 237.
15 Ebenda, S. 253.
16 Ebenda, S. 265–266.
17 Ebenda, S. 274.
18 Ebenda, S. 291.
19 M. Schwenner, *Geschichte der Freien Stadt*, Bd. II, Frankfurt a. M. 1840, S. 138.
20 Ignatius Balla, *The Romance of the Rothschilds*, London 1913, S. 246–247.

Kapitel 4

1 Corti, a. a. O., S. 346.
2 Hormayr zu Hartenburgh, *Kaiser Franz und Metternich*, Leipzig 1848, S. 80.
3 Ravage, a. a. O., S. 305.
4 *Mémoires du prince Talleyrand, publiées par le Duc de Broglie*, Bd. III, Paris 1892, S. 456.
5 Corti, a. a. O., S. 433.
6 M. J. Quinn, *Trade of Banking in England*, London 1833, S. 45–46.
7 *An American in England*, zitiert in *Transactions of the Jewish Historical Society*, Bd. XIII.
8 *Observer*, 1. Dezember 1833.
9 Fürst Pückler-Muskau, *Tour of a German Prince*, Bd. III, London 1832, S. 62–64.
10 *Memoirs of Sir Thomas Foxwell Buxton*, S. 343–345.
11 *Simon Moritz von Bethmann und seine Vorfahren*, Frankfurt a. M. 1898, S. 128.
12 Conte Corti, *The Reign of the House of Rothschild*, London 1928, S. 133.

Kapitel 5

1 W. Monypenny und G. Buckle, *Life of Benjamin Disraeli*, Bd. II, London 1910–1920, S. 20.
2 Ebenda, S. 183.
3 Zitat von John Reeves aus einer Flugschrift: *Rothschild et les états européens*, a. a. O., S. 101.
4 Conte Corti, *The Reign of the House of Rothschild*, S. 245–246.
5 Heinrich Heine, *Gedanken und Einfälle*, Bd. VII, Berlin 1909, S. 430.
6 Monypenny und Buckle, a. a. O., Bd. II, S. 51.
7 Frederick Morton, *The Rothschilds*, London 1962, S. 73–74.
8 Balla, a. a. O., S. 180–181.
9 Corti, *The Reign of the House of Rothschild*, S. 89.
10 *The Greville Diary*, Bd. I, hrsg. von Philip Whitwell Wilson, New York 1927, S. 321.
11 Corti, *The Reign of the House of Rothschild*, S. 97.
12 Ludwig Börne, *Gesammelte Schriften*, Bd. III, Stuttgart 1840, S. 354.
13 *The Greville Diary*, Bd. I, S. 321.
14 *Constitutional*, 14. Oktober 1840.
15 Corti, *The Reign of the House of Rothschild*, S. 197.
16 *The Greville Diary*, Bd. II, S. 110.
17 Ebenda, Bd. I, S. 205–206.
18 Corti, *The Reign of the House of Rothschild*, S. 258.
19 *Mémoires de Caussidière*, Paris 1849, S. 92.
20 *Tocsin des Travailleurs*, 28. Juni 1848.
21 Corti, *The Reign of the House of Rothschild*, S. 274.

Kapitel 6

1 Reeves, a. a. O., S. 377–381.
2 A. Ayer, *A Century of Finance*.
3 Cecil Roth, *The Magnificent Rothschilds*, London 1939, S. 45.

4 *Annual Register,* London 1848, S. 90–91.
5 Corti, *The Reign of the House of Rothschild,* S. 283.
6 Ebenda, S. 286.
7 Ebenda, S. 355.
8 Ravage, a.a.O., S. 316.
9 *Fürst Bismarcks Briefe an seine Braut...,* Mai 1851.
10 Morton, a.a.O., S. 92.
11 Corti, *The Reign of the House of Rothschild,* S. 342–343.
12 *Die Rheinpolitik Kaiser Napoleons III. und der Ursprung des Krieges,* Bd. II, Berlin 1926, S. 113.
13 Victor Fournel, *Paris Nouveau et Paris Futur,* Paris 1865, S. 47–48.
14 Roth, a.a.O., S. 60.
15 C. de B. an Salomon Rothschild, 21. Februar 1865, zitiert von Corti, *The Reign of the House of Rothschild,* S. 324.

Kapitel 7

1 Roth, a.a.O., S. 122–123.
2 A. Hyamson, *Transactions of the Jewish Historical Society,* Bd. XVII, S. 98.
3 Frances, Countess of Warwick, *Life's Ebb and Flow,* London 1942, S. 74–75.
4 *Letter from Paris,* hrsg. von Robert Henrey, London 1942, S. 14.
5 Lucy Cohen, *Lady Louisa de Rothschild and Her Daughters,* London 1935, S. 145.
6 Corti, *The Reign of the House of Rothschild,* S. 117–118.
7 Cohen, a.a.O., S. 147.
8 Mrs. James de Rothschild, *Waddesdon and the Rothschild Family.*
9 Ebenda.
10 Unveröffentlichter Brief, Copyright bei Lord Rosebery.

Kapitel 8

1 Randolph S. Churchill, *Winston S. Churchill,* Bd. I, London 1966, S. 285.
2 Roth, a.a.O., S. 98–99.
3 J. Clapham, *The Bank of England,* Bd. I, Cambridge University Press 1944, S. 328–329.
4 Roth, a.a.O., S. 106.
5 Palin, a.a.O., S. 22.
6 Ebenda, S. 72.
7 Roth, a.a.O., S. 149–150.
8 Lord Asquith and Oxford, *Memoires & Reflections,* Bd. II, London 1928, S. 200.
9 Frances, Countess of Warwick, *Afterthoughts,* London 1931, S. 87.
10 Lily Langtry, *Days I Knew,* London 1925, S. 235.
11 Palin, a.a.O., S. 43.
12 Langtry, a.a.O., S. 159.
13 Warwick, *Afterthoughts,* S. 89.
14 Ebenda, S. 89.
15 Cohen, a.a.O., S. 232.
16 Ebenda, S. 235.
17 G. Kressel, *Father of the Yishuv,* übersetzt aus dem Hebräischen von I. M. Lask, unveröffentlichtes Manuskript, S. 23.
18 David Druck, *Baron Edmond de Rothschild,* Privatdruck, New York 1928, S. 123–126.
19 *The Diaries of Theodor Herzl,* hrsg. von Marvin Lowenthal, London 1958, S. 19.
20 Ebenda, S. 187.
21 Isaac Naiditch, *Baron Edmond de Rothschild,* unveröffentlichtes Manuskript, Britisches Museum 1945, S. 25–26.
22 Corti, *The Reign of the House of Rothschild,* S. 436.

Kapitel 9

1 *The Diaries of Theodor Herzl,* S. 47–48.
2 Ebenda, S. 364.
3 André Maurois, *The Edwardian Era,* New York 1933, S. 309.
4 Martin Harper, *Mr. Lionel,* London 1970, S. 63–64.
5 Baron von Eckardstein, *Ten Years at the Court of St. James,* London 1921, S. 170–171.
6 Roth, a.a.O., S. 165.
7 Kressel, a.a.O., S. 1.
8 Ebenda, S. 68 u. S. 4.
9 Chaim Weitzmann, *Trial and Error,* London 1949, S. 177.
10 Ebenda, S. 178.
11 Ebenda, S. 165.
12 Roth, a.a.O., S. 276–277.

Kapitel 10

1 Auszug aus einem Aufsatz über Walter Rothschild von seiner Nichte Miriam Rothschild.
2 Miriam Rothschild, Vorwort zu *Illustrated Catalogue of the Rothschild Collection of Fleas,* Bd. I, Britisches Museum, London 1953.
3 Auszug aus Ansprache von Lord Rothschild im Empire Club of Canada am 4. März 1965.
4 Vorwort zu *Illustrated Catalogue of the Rothschild Collection of Fleas,* Bd. I.
5 Auszug aus Ansprache von Lord Rothschild im Empire Club of Canada am 4. März 1965.
6 Palin, a.a.O., S. 187.
7 Ebenda, S. 63.
8 *The Times,* 12. November 1938.
9 *L'Expansion,* Dezember 1967: Guy de Rothschild in einem Interview mit Roger Priouret.

Kapitel 11

1 E. de Rothschild, *Window on the World,* S. 172–173.
2 Rede von B'nai B'rith vor der Liga für Menschenrechte in Toronto am 11. Dezember 1971.
3 Ebenda.
4 Brief an den Verfasser.
5 Ebenda.
6 *Daily Telegraph,* 13. April 1946.
7 James Rorimer, *Survival,* New York 1950, S. 260.
8 Ebenda, S. 262.
9 Ebenda, S. 185–186.
10 Frederick Morton, a.a.O., S. 237–238.

Kapitel 12

1 *Daily Sketch,* 3. August 1955.

Kapitel 13

1 1. November 1970.
2 *Daily Express,* 10. Juni 1967.
3 *Apollo,* September 1963.

Register

PLOETZ-Bildbiografien

Die neue Reihe der „Ploetz-Bildbiografien“ setzt den Leser nicht nur über historische Persönlichkeiten „ins Bild“, sondern auch über ihren zeitgenössischen Hintergrund — Kunst, Kultur, Politik — in wissenschaftlich fundierten Texten und ausgesucht schönen Farbillustrationen.

Cottie A. Burland

MONTEZUMA

Herrscher der Azteken (1467—1520)

1974. Ca. 256 Seiten mit 32 Farbtafeln und 128 Abb. im Text,
ISBN 3-87640-063-5

Dieses reich illustrierte, wissenschaftlich fundierte Sachbuch über die altamerikanische Kultur der Azteken und ihren letzten Herrscher Montezuma läßt die Zeit der weltgeschichtlichen Begegnung mit dem spanischen Eroberer Hernan Cortez und der abendländisch-christlichen Kultur lebendig werden.
Die meisten Geschichten über den Untergang des aztekischen Reiches und seines letzten großen Herrschers Montezuma sind aus der Sicht der spanischen Eroberer geschrieben, und sie messen eine von der unseren grundverschiedene Gesellschaft mit den Maßstäben der europäischen Kultur.
Burland schildert den bedeutsamen Lebensweg des Aztekenherrschers aus der Sicht von Montezumas eigener Epoche und Gesellschaft. Gestützt auf die wenigen noch erhaltenen, zeitgenössischen aztekischen Dokumente sowie auf spanische Chroniken der Eroberungszeit und auf Berichte einheimischer Aristokraten aus der Epoche danach, läßt er den Glanz und die Vielfalt der aztekischen Gesellschaft und die machtvolle Persönlichkeit des unglücklichen Montezuma wieder aufleben.
Burland folgt dem Leben Montezumas von der Geburt als unbedeutender Prinz der Herrscherfamilie über seine traditionelle Erziehung in den Tempel- und Kriegsschulen bis zu seiner Berufung zum „Großen Sprecher“ der aztekischen Nation. Durch aztekische Augen gesehen, gewinnt der Schlag der spanischen Eroberung neue Bedeutung.

Marina Warner

DIE KAISERIN AUF DEM DRACHENTHRON

Leben und Welt der chinesischen Kaiserinwitwe Tz'u-hsi 1835—1908

1974. 269 Seiten mit 32 Farbtafeln und 98 Abb. im Text,
ISBN 3-87640-061-9

„Die Geschichte der Tz'u-hsi, wie Marina Warner sie beschreibt, ist ein farbiger Schnellkursus in neuerer chinesischer Geschichte.“ Gerd Ruge in DIE WELT des Buches

Peter Green

ALEXANDER DER GROSSE

Mensch oder Mythos?

1974. 272 Seiten mit 48 Farbtafeln und 150 Abb. im Text,
ISBN 3-87640-060-0

„Peter Green trägt Holz herbei, um den Altar des Gottes Alexander zu verbrennen. Soweit das Quellenmaterial dies zuläßt, versucht er, Alexanders Gestalt vom überwuchernden Mythos zu entkleiden und den historischen Menschen aus Fleisch und Blut zu entdecken.“ Friedrich Heer in DIE WELT des Buches

Der farbige PLOETZ

Hinter dem Titel dieser einbändigen illustrierten Weltgeschichte verbirgt sich:
ein altbekanntes Markenzeichen für objektive, zuverlässige Daten- und Faktenvermittlung,
eine seit langem gewünschte Ergänzung mit Illustrationen und Karten,
die unserem optisch orientierten Zeitalter entgegenkommt.
Bild, Schautafel und Farbe tragen wesentlich dazu bei, die Geschichte aller Völker und Staaten von der Urzeit bis in unsere Tage lebendig zu veranschaulichen. Dabei wollen die zahlreichen Abbildungen im Text, die Farbtafeln, Karten und graphischen Darstellungen aber nicht nur illustrieren und dokumentieren, sondern *zusätzliche Information* vermitteln.
Bei der Bildauswahl wurden besonders Kunst und Kultur, in der neueren und neuesten Geschichte außerdem Wirtschaft und Gesellschaft berücksichtigt. Sämtliche Abbildungen wurden nach pädagogisch-didaktischen Gesichtspunkten angeordnet und im Farbteil auch zu thematischen Bildtafeln zusammengefaßt. „Der farbige Ploetz" basiert auf der Schul- und Volksausgabe des „Auszug aus der Geschichte", deren Text überarbeitet und in der Darstellung der Zeitereignisse bis zur unmittelbaren Gegenwart fortgeführt wurde.
Für die sorgfältige Erarbeitung von Text und Bild zeichnen in Forschung und Lehre erfahrene Fachhistoriker und Pädagogen, die in engster Zusammenarbeit mit der wissenschaftlichen Verlagsredaktion dieses historische Nachschlagewerk entwickelt haben.
Das übersichtlich gegliederte Inhaltsverzeichnis und das ausführliche Personen- und Sachregister ermöglichen zusammen mit den zahlreichen Querverweisen rasches Auffinden gesuchter Einzelinformationen.
Sie verhelfen aber auch zu tieferer Einsicht in die Zusammenhänge historischen Geschehens.